Studien zum Internationalen Wirtschaftsrecht/
Studies on International Economic Law

Herausgegeben von

Prof. Dr. Marc Bungenberg, LL.M., Universität des Saarlandes

Prof. Dr. Christoph Herrmann, LL.M., Universität Passau

Prof. Dr. Markus Krajewski, Friedrich-Alexander-Universität
Erlangen-Nürnberg

Prof. Dr. Carsten Nowak, Europa Universität Viadrina,
Frankfurt/Oder

Prof. Dr. Jörg Philipp Terhechte,
Leuphana Universität Lüneburg

Prof. Dr. Wolfgang Weiß, Deutsche Universität
für Verwaltungswissenschaften, Speyer

Band 38

Philipp Reinhold

Rohstoffhandel und Exportabgaben

Zum Umgang mit Exportabgaben auf Rohstoffe
innerhalb des welthandelsrechtlichen Mehrebenensystems
am Beispiel der Europäischen Union

 Nomos

Gedruckt mit Unterstützung der Montan-Stiftung-Saar.

Die Deutsche Nationalbibliothek verzeichnet diese Publikation in
der Deutschen Nationalbibliografie; detaillierte bibliografische
Daten sind im Internet über http://dnb.d-nb.de abrufbar.

Zugl.: Saarbrücken, Universität des Saarlandes, Diss., 2022

ISBN 978-3-7560-0528-4 (Print)
ISBN 978-3-7489-3884-2 (ePDF)

Onlineversion
Nomos eLibrary

Meiner Familie

Vorwort

Die vorliegende Arbeit wurde im Sommersemester 2022 von der juristischen Fakultät der Universität des Saarlandes als Dissertation angenommen. Literatur und Rechtsprechung wurden bis Ende Oktober 2022 berücksichtigt.

Besonders bedanken möchte ich zuvorderst bei meinem Doktorvater, Herrn Prof. Dr. *Marc Bungenberg*, LL.M. (Lausanne), zum einen für seine umfassende Unterstützung bei und seine wichtigen Anmerkungen zu diesem Großprojekt, zum anderen aber auch für die Förderung und Forderung in meiner Zeit als Mitarbeiter am Lehrstuhl. Ohne diese Erfahrungen wäre die Arbeit in ihrer heutigen Gestalt nicht möglich gewesen. Darüber hinaus gilt mein Dank Herrn Prof. Dr. *Frank Hoffmeister* für die Einblicke in die Arbeit der Europäischen Kommission und die zügige Erstellung des Zweitgutachtens. Danken möchte ich auch den Herausgebern für die freundliche Aufnahme dieser Arbeit in die Schriftenreihe sowie der Montan-Stiftung-Saar für die großzügige Förderung der Veröffentlichung.

Diese Arbeit baut auf dem Austausch mit und der Hilfe von einer Vielzahl von Personen auf. Davon hat nicht nur die Arbeit profitiert, sondern auch ich habe mich dadurch in persönlicher und wissenschaftlicher Hinsicht weiterentwickelt. Besonders nennen möchte ich in diesem Zusammenhang: Herrn Prof. Dr. *Thomas Weck*, LL.M. (San Francisco); Frau Dr. *Johanna Braun*; Herrn *Konstantin Sinn*; Herrn *Lothar Ehring*; Herrn Prof. Dr. *Walter Summersberger*; Herrn Prof. Dr. *Thomas Bieber*; Herrn Dr. *Wolfgang Müller*; Herrn Prof. Dr. *Thomas Cottier*, LL.M. (Michigan); Herrn Dr. *Christian Häberli*; Frau Prof. Dr. *Ilaria Espa*; Herrn Dr. *Christian Pitschas*, LL.M. (Georgia); Herrn Prof. Dr. *Rainer Bierwagen*; Herrn *Michael Schmidt*; Herrn Prof. Dr. *Bruno Schönfelder*; Herrn Prof. Dr. *John Weche*; Frau Prof. Dr. *Julia Qin*, LL.M. (Harvard); Herrn PD Dr. *Robert Frau*; Herrn Dr. *Ronnie R. F. Yearwood*. Ihnen allen sei ebenfalls herzlich gedankt!

Schließlich gilt ein besonderer Dank meinen Eltern, Frau Dr. *Sabine Reinhold* und Herrn Prof. Dr. *Uwe Reinhold*, für ihre liebevolle Unterstützung, meiner Schwester *Lisa Reinhold* für ihren künstlerischen Beitrag zu meiner Arbeit sowie meiner Frau *Barbara Reinhold* für den ununterbrochenen Rückhalt und das Verständnis.

Ich verlasse Sisyphos am Fuße des Berges! Seine Last findet man immer wieder. Sisyphos jedoch lehrt uns die höhere Treue, die die Götter leugnet und Felsen hebt. Auch er findet, dass alles gut ist. Dieses Universum, das nun keinen Herren mehr kennt, kommt ihm weder unfruchtbar noch wertlos vor. Jeder Gran dieses Steins, jedes mineralische Aufblitzen in diesem in Nacht gehüllten Berg ist eine Welt für sich. Der Kampf gegen Gipfel vermag ein Menschenherz auszufüllen. Wir müssen uns Sisyphos als einen glücklichen Menschen vorstellen.

Albert Camus

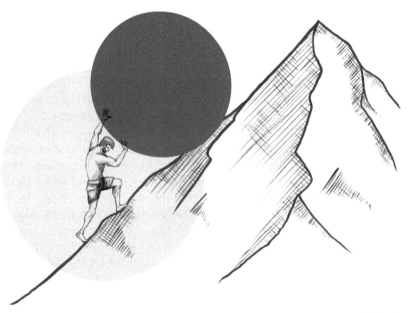

Inhaltsverzeichnis

Abkürzungsverzeichnis   15

Kapitel 1: Einleitung   19

A. Gegenstand und Ziel der Untersuchung   19

B. Gang der Darstellung   27

Kapitel 2: Exportabgaben im Rohstoffbereich   28

A. Exportabgaben, Exportzölle und Exportsteuern als Formen einer
   fiskalischen Exportbeschränkung   28

B. Beweggründe und Verbreitung   32

C. Die Auswirkungen von Exportabgaben im Rohstoffbereich   34

    I. Rohstoffbegriff   34

    II. Grundbedingungen des Rohstoffhandels   36

    III. Wirtschaftliche Auswirkungen von Exportabgaben   39

D. Zwischenfazit   44

Kapitel 3: Exportabgaben als Gegenstand des Welthandelsrechts   46

A. Exportabgaben im Rahmen der WTO-Rechtsordnung   47

    I. Die Behandlung von Exportabgaben im GATT   48

      1. Regelungssystematik des GATT   48

      2. Exportabgaben als Gegenstand des GATT   51

        a) Exportzölle als Gegenstand des GATT   53

          aa) Meistbegünstigungsgebot gemäß Art. I:1 GATT   54

          bb) Transparenzbestimmungen gemäß Art. X GATT   55

          cc) Zugeständnisse gemäß Art. II GATT   56

            (1) Verpflichtende Zugeständnisse im Bereich
von Exportzöllen   57

            (2) Möglichkeit der Änderung und Aufhebung
von Zugeständnissen bei Exportzöllen   60

            (3) Zwischenfazit   62

          dd) Zollwertbemessung gemäß Art. VII GATT   63

          ee) Verwaltungsgebühren gemäß Art. VIII GATT   63

ff) Das Verbot mengenmäßiger Beschränkungen
gemäß Art. XI GATT 64
b) Exportsteuern als Gegenstand des GATT 68
c) Exportabgaben als Gegenstand einer
Nichtverletzungs- oder Situationsbeschwerde 72
3. Zwischenfazit 77
II. Exportabgaben als Gegenstand von WTO-
Beitrittsverhandlungen 78
1. Die Beitrittsverpflichtungen Chinas 80
2. Die Beitrittsverpflichtungen Russlands 86
3. Die Rolle von Exportabgaben in den übrigen
Beitrittsverhandlungen 91
4. Zwischenfazit 94
III. Bisherige Reformbestrebungen im Bereich von
Exportabgaben 96
IV. Zwischenfazit: Die Regelung von Exportabgaben im WTO-
Recht 99
B. Exportabgaben im Rahmen von „externen" Handelsabkommen 100
I. Exportabgaben als Gegenstand von regionalen
Handelsabkommen der EU 102
1. Umfassende Handelsabkommen der EU als Ersatz für
eine WTO-Rechtsreform 104
a) Regelungen zu Exportabgaben auf Grundlage der
Systematik des GATT 105
b) Exportabgaben als Bestandteil eigenständiger
Rohstoffkapitel 110
2. Assoziierungsabkommen der EU: Exportabgaben im
Kontext unterschiedlicher politischer Zielsetzungen 113
a) Beitrittsassoziierungsabkommen und Exportabgaben 114
b) Freihandelsassoziierungsabkommen und
Exportabgaben 117
c) Entwicklungsassoziierungsabkommen und
Exportabgaben 121
d) Zwischenfazit 128
3. Exportabgaben im Kontext eines Austritts aus dem EU-
Binnenmarkt 128
4. Die Durchsetzung von Handelszugeständnissen als ein
Schwerpunkt der neueren Handelspolitik der EU 130
5. Zwischenfazit 134

II. Spannungsverhältnis zum WTO-Recht   135
  1. Regionale Handelsabkommen und WTO-Recht   136
    a) Materielle Anforderungen des Art. XXIV GATT   137
    b) Formelle Kontrollmechanismen   141
  2. Zwischenstaatliche Grundstoffabkommen und WTO-Recht   145
  3. Weitere Anknüpfungspunkte innerhalb der WTO-Rechtsprechung   147
    a) Formeller Ausschluss eines WTO-Streitbeilegungsverfahrens   148
    b) Auslegung und Modifikation des WTO-Rechts   150
  4. Zwischenfazit   153
III. Zwischenfazit: Die Regelung von Exportabgaben in externen Handelsabkommen   154

C. Zwischenfazit: Exportabgaben als Gegenstand des Welthandelsrechts   155

Kapitel 4: Exportabgaben als Gegenstand des Antidumping- und Antisubventionsrechts   158

A. „Input Dumping" und Subventionierung – Exportabgaben als eine unfaire Handelspraktik   159

B. Exportabgaben als Gegenstand des EU-Antidumpingrechts   164
  I. Das EU-Antidumpingrecht als autonomer Handelsschutz im Mehrebenensystem   164
  II. Der Preisvergleich als Kern des Antidumpingrechts   170
  III. Die Bedeutung von Exportabgaben für die Dumpingfeststellung   174
    1. Berücksichtigungsmöglichkeiten bei der Normalwertermittlung   174
      a) Exportabgaben im Kontext einer Ablehnung von Inlandspreisen des Verkäufers   175
        aa) Der Einfluss von Exportabgaben auf den „normalen Handelsverkehr"   175
          (1) Der Einfluss von Exportabgaben auf die Angemessenheit der Herstellungskosten   178
          (2) Kein zusätzlicher Ablehnungsgrund für Exportabgaben   183
          (3) Zwischenfazit   189

bb) Der Einsatz von Exportabgaben als Fall einer „besonderen Marktlage" 189

(1) Die besondere Marktlage als Ausdruck einer individuellen Marktbetrachtung 191

(2) Notwendigkeit einer uneinheitlichen Auswirkung auf die Vergleichbarkeit 195

cc) Der Einsatz von Exportabgaben als Fall einer „nennenswerten Verzerrung" 198

dd) Zwischenergebnis 201

b) Exportabgaben im Kontext alternativer Berechnungsmethoden 202

aa) Exportabgaben und die Normalwertberechnung gemäß Art. 2 Abs. 6a AD-GVO 203

(1) Der Einfluss von Exportabgaben auf die Auswahl von Preisen und Vergleichswerten 204

(2) Vereinbarkeit mit den WTO- sowie den unionsrechtlichen Vorgaben 205

bb) Exportabgaben und die Normalwertberechnung gemäß Art. 2 Abs. 7 AD-GVO 209

c) Zwischenfazit 210

2. Auswirkung rohstoffbezogener Exportabgaben auf Ausfuhrpreis und Vergleich 211

IV. Die Bedeutung von Exportabgaben für die Anwendung der „Niedrigzollregel" 213

1. Exportabgaben als Fall einer Verzerrung gemäß Art. 7 Abs. 2a AD-GVO 214

2. Vereinbarkeit von Art. 7 Abs. 2a AD-GVO mit dem WTO-Recht 216

V. Zwischenfazit: Die Regelung von Exportabgaben im EU-Antidumpingrecht 221

C. Exportabgaben als Gegenstand des EU-Antisubventionsrechts 222

I. Das EU-Antisubventionsrecht als dualer Handelsschutz im Mehrebenensystem 223

II. Der welthandelsrechtliche Subventionstatbestand als Anknüpfungspunkt eines unilateralen sowie multilateralen Verfahrens 227

III. Exportabgaben als Gegenstand eines
Antisubventionsverfahrens 230
  1. Exportabgaben als Subventionsmaßnahme 232
    a) Exportabgaben als Fall einer Betrauung oder
    Anweisung 233
      aa) Betrauung oder Anweisung 234
        (1) Der handlungsbezogene Auslegungsansatz in
        US – Export Restraints 235
        (2) Der Finalitätsansatz des Appellate Body 238
        (3) Die Antisubventionspraxis der EU 242
        (4) Stellungnahme: Exportabgaben als Fall einer
        Betrauung oder Anweisung 245
      bb) Private Einrichtung 255
      cc) Finanzielle Beihilfe i.S.v. Ziff. i) bis iii) 257
      dd) Regierungsaufgabe und -handlung 260
      ee) Zwischenfazit 263
    b) Exportabgaben als Fall einer Einkommens- oder
    Preisstützung 264
      aa) Auslegung innerhalb der bisherigen WTO- und
      EU-Subventionspraxis 265
      bb) Stellungnahme: Exportabgaben als Fall einer
      Einkommens- oder Preisstützung 270
    c) Zwischenfazit 274
  2. Vorteilsberechnung im Fall von Exportabgaben 275
    a) Vorteilsberechnung im Fall einer indirekten
    Zurverfügungstellung von Waren 277
      aa) Möglichkeit einer Abweichung von
      Marktpreisen im Land der Zurverfügungstellung 278
      bb) Alternative Bezugsgrößen für eine
      Vorteilsberechnung 282
    b) Vorteilsberechnung im Fall einer Einkommens- oder
    Preisstützung 284
    c) Zwischenfazit 285
  3. Spezifität im Fall von Exportabgaben 286
  4. Exportabgaben als Faktor bei der
  Subventionsberechnung 291
IV. Zwischenfazit: Die Regelung von Exportabgaben im
Antisubventionsrecht 291

D. Das Antidumping- und Antisubventionsrecht als ein alternativer
Regelungsansatz zum Umgang mit Exportabgaben 292

E. Zwischenfazit: Exportabgaben als Gegenstand des Antidumping-
und Antisubventionsrechts   296

Kapitel 5: Schlussbetrachtungen   299

A. Zusammenfassung der wesentlichen Forschungsergebnisse   299

B. Mögliche Reformen für den Umgang mit Exportabgaben im
Welthandelsrecht   307
   I. Reformmöglichkeiten auf Ebene der WTO   307
  II. Reformmöglichkeiten auf Ebene der externen
Handelsabkommen der EU   310
 III. Reformmöglichkeiten auf Ebene des Antidumping- und
Antisubventionsrechts   311

C. Ausblick   313

Literaturverzeichnis   315

Abkürzungsverzeichnis

AA	Assoziierungsabkommen
a.A.	andere Ansicht
AAAPSS	The Annals of the American Academy of Political and Social Science
a.a.O.	am angegebenen Ort
AD	Antidumping
ADÜ	WTO-Übereinkommen zur Durchführung des Artikels VI des Allgemeinen Zoll und Handelsübereinkommens 1994
ASÜ	WTO-Übereinkommen über Subventionen und Ausgleichsmaßnahmen
ABl.	Amtsblatt der Europäischen Gemeinschaften; seit 1.2.2003 Amtsblatt der EU
Abs.	Absatz/Absätze
a.E.	am Ende
AET	WTO Agreement on Export Taxes
AEUV	Vertrag über die Arbeitsweise der Europäischen Union
a.F.	alte Fassung
AJIL	American Journal of International Law
AK 1968	Antidumping-Kodex 1968
AK 1979	Antidumping-Kodex 1979
Alt.	Alternative
Art.	Artikel
Aufl.	Auflage
AVR	Archiv des Völkerrechts
BGBl.	Bundesgesetzblatt
BISD	Basic Instruments and Selected Documents of the GATT
bspw.	beispielsweise
BTW	Beiträge zum Transnationalen Wirtschaftsrecht
bzw.	beziehungsweise
bzgl.	bezüglich
CA	Central Africa
CAP	Chinese Accession Protocol
CARIFORUM	Caribbean Forum
CDT	Cuadernos de Derecho Transnacional
CETA	Comprehensive Economic and Trade Agreement
CJIL	Chinese Journal of International Law
Colum. L. Rev.	Columbia Law Review
Cornell Int'l. L. J.	Cornell International Law Journal
COVID-19	Coronavirus Disease 2019

CRTA	Committee on Regional Trade Agreements
ders.	derselbe
dies.	dieselbe(n)
d.h.	das heißt
Diss.	Dissertation
DSU	WTO-Vereinbarung über Regeln und Verfahren zur Beilegung von Streitigkeiten
EAC	East African Community
ECOWAS	Economic Community of West African States
ed(s).	editor(s)/edition
EFTA	European Free Trade Association
EG	Europäische Gemeinschaften
EGKS	Europäische Gemeinschaft für Kohle und Stahl
ELJ	European Law Journal
ESA	Eastern and Southern Africa
EStAL	European State Aid Law Quarterly
et. al	et alii
etc.	et cetera
EU	Europäische Union
EuG	Europäisches Gericht
EuGH	Europäischer Gerichtshof
EuR	Europarecht (Zeitschrift)
EUV	Vertrag über die Europäische Union
EuZW	Europäische Zeitschrift für Wirtschaftsrecht
EWG	Europäische Wirtschaftsgemeinschaften
EWR	Europäischer Wirtschaftsraum
EYIEL	European Yearbook of International Economic Law
f./ff.	folgende Seite(n)
FAZ	Frankfurter Allgemeine Zeitung
FHA	Freihandelsabkommen
Fn.	Fußnote
FTR	Foreign Trade Review
ggf.	gegebenenfalls
gem.	gemäß
grds.	grundsätzlich
GA	Generalanwalt/Generalanwältin
GATT	Allgemeines Zoll- und Handelsübereinkommen
GATT 1947	Allgemeines Zoll- und Handelsübereinkommen 1947
GATT 1994	Allgemeines Zoll- und Handelsübereinkommen 1994
GB	Großbritannien
GTCJ	Global Trade and Customs Journal
GVO	Grundverordnung
GYIL	German Yearbook of International Law
Harv. Int'l. L. J.	Harvard International Law Journal
Hrsg.	Herausgeber/Herausgeberin

Hs.	Halbsatz
ibid	ebenda
IMA	Mittelmeer-Interimsassoziationsabkommen
i.S.d.	im Sinne des/ im Sinne der
i.S.e.	im Sinne eines/ im Sinne einer
i.S.v.	im Sinne von
i.V.m.	in Verbindung mit
IMF	International Monetary Fund
IOLR	International Organizations Law Review
IWPA	Interim-Wirtschaftspartnerschaftsabkommen
JED	Journal of Economic Development
JICE	Journal of International Commerce and Economics
JIDS	Journal of International Dispute Settlement
JIE	Journal of International Economics
JIEL	Journal of International Economic Law
JLA	Journal of Legal Analysis
JWT	Journal of World Trade
Kap.	Kapitel
KH	Handels- und Kooperationsabkommen
krit.	kritisch
LandÜ	Übereinkommen über die Landwirtschaft
Law & Contemp. Probs.	Law and Contemporary Problems
LDCs	Least-Developed Countries
LIEI	Legal Issues of Economic Integration
lit.	Buchstabe(n) (littera)
MA	Mittelmeer-Abkommen
Md. J. Int'l L.	Maryland Journal of International Law
MFN	Most-Favoured-Nation
MJIEL	Manchester Journal of International Economic Law
MPEPIL	Max Planck Encyclopedia of Public International Law
MPIA	Multiparty Interim Appeal Arbitration Agreement
m.w.N.	mit weiteren Nachweisen
NAFTA	North American Free Trade Agreement
NILR	Netherlands International Law Review
NJW	Neue Juristische Wochenschrift
Nr.	Nummer(n)
NZZ	Neue Zürcher Zeitung
OAG	Ostafrikanische Gemeinschaft
OAKP	Organisation Afrikanischer, Karibischer und Pazifischer Staaten
OECD	Organisation for Economic Co-operation and Development
OPEC	Organization of the Petroleum Exporting Countries
o.V.	ohne Verfasser

PIF	Pacific Islands Forum
PLO	Palästinensische Befreiungsorganisation
RdTW	Recht der Transportwirtschaft
Rn.	Randnummer(n)
Rs.	Rechtssache
S.	Seite(n)
SADC	Southern African Development Community
SEJ	Southern Economic Journal
Slg.	Rechtsprechungssammlung des EuGH
sog.	so genannte(n)/so genannter/so genanntes
Spstr.	Spiegelstrich
TL&D	Trade Law & Development
u.a.	unter anderem/und andere
Uabs.	Unterabsatz
UEMOA	West African Economic and Monetary Union
UN	United Nations
U. Pa. J. Int'l L.	University of Pennsylvania Journal of International Law
U.S.	United States
U.S.A.	United States of America
ÜSM	Übereinkommen über Schutzmaßnahmen
verb. Rs.	verbundene Rechtssache(n)
vgl.	vergleiche
VO	Verordnung
Vol.	Volume
WPA	Wirtschaftspartnerschaftsabkommen
WTO	Welthandelsorganisation
WTR	World Trade Review
WVK	Wiener Vertragsrechtskonvention
z.B.	zum Beispiel
Ziff.	Ziffer(n)

Kapitel 1: Einleitung

A. *Gegenstand und Ziel der Untersuchung*

Digitalisierung und das Ziel größerer Nachhaltigkeit versprechen eine Revolution der weltweiten Wirtschaft. Die Europäische Kommission spricht diesbezüglich in ihrer Mitteilung „Eine neue Industriestrategie für Europa" vom 10. März 2020 von einem „zweifache[n] ökologische[n] und digitale[n] Wandel", der „alle Teile unserer Wirtschaft, unserer Gesellschaft und unserer Industrie betr[ifft]".[1] Dieser zweifache Wandel ist nicht nur mit der Hoffnung auf eine effizientere und nachhaltigere Weltwirtschaft verbunden, er lässt zugleich auch neue Märkte entstehen.[2] Die digitale und ökologische Transformation führt daher nicht nur zu stärkerer Effizienz und Umweltverträglichkeit, sondern auch zu einem Wettbewerb[3] um Marktstellungen in Folge von strukturellen Veränderungen der Weltwirtschaft.

Für die Zwecke der Klimaneutralität und Wettbewerbsfähigkeit kommt es entscheidend auf den Zugang zu Rohstoffen[4] als dem Ausgangspunkt

---

1 *Europäische Kommission*, Mitteilung der Kommission an das Europäische Parlament, den Europäischen Rat, den Rat, den Europäischen Wirtschafts- und Sozialausschuss und den Ausschuss der Regionen, Eine neue Industriestrategie für Europa, COM(2020) 102 final, S. 1. In Folge des Ausbruchs der COVID-19-Pandemie wurde diese am 5. Mai 2021 ergänzt durch Mitteilung der Kommission an das Europäische Parlament, den Europäischen Rat, den Rat, den Europäischen Wirtschafts- und Sozialausschuss und den Ausschuss der Regionen, Aktualisierung der neuen Industriestrategie von 2020: einen stärkeren Binnenmarkt für die Erholung Europas aufbauen, COM(2021) 350 final.

2 *Europäische Kommission*, Eine neue Industriestrategie für Europa, COM(2020) 102 final, S. 1; Aktualisierung der neuen Industriestrategie von 2020: einen stärkeren Binnenmarkt für die Erholung Europas aufbauen, COM(2021) 350 final, S. 6 u. 23.

3 Der Begriff „Wettbewerb" ist im Folgenden vereinfacht zu verstehen als das Streben einer oder mehrerer Personen nach einem Ziel, wobei der höhere Zielverwirklichungsgrad einer Person oder Gruppe sich zu Lasten der anderen Person oder Gruppe auswirkt. Wettbewerb ist vorliegend also als eine Konkurrenzsituation anzusehen. Siehe hierzu *Schmidt/Haucap*, S. 3 m.w.N.; *Stucke*, in: Zimmer (ed.), S. 32.

4 Zum Rohstoffbegriff siehe Kapitel 2, Abschnitt C. I.

neuer Technologien und Anwendungen an.[5] So basiert bspw. die gängigste Batterieform für Elektroautos auf einer Reihe von Mineralien, zu denen typischerweise Lithium, Kobalt, Nickel, Graphit und Mangan gehören.[6] Insgesamt ist in Folge einer zunehmenden Verbreitung sog. „Zukunftstechnologien" mit einem starken Anstieg des Rohstoffbedarfs zu rechnen.[7] Die Nachfrage wird weiter verstärkt durch den Aufstieg der Volksrepublik China zu einer wirtschaftlichen Großmacht und einer inzwischen treibenden Kraft der globalen Rohstoffnachfrage.[8] Weiteren Einfluss auf die Rohstoffnachfrage nehmen jüngst auch Ereignisse, wie etwa die kriegerischen Auseinandersetzungen zwischen Russland und der Ukraine.[9]

Für einige Länder bedeutet die gestiegene Nachfrage nach bestimmten Rohstoffen eine Chance: Eine Reihe von Entwicklungsländern – aber auch China selbst – verfügen über einige der Rohstoffvorkommen, die einen Schlüssel für die Herstellung von digitalen und klimafreundlichen Produkten bilden.[10] Für diese Staaten ergeben sich durch die steigende Nachfrage neue Einnahmequellen, die zum eigenen Wohlstand beitragen können. Abgaben auf Rohstoffe können eine erhebliche Finanzquelle darstellen.[11] Hinzu tritt die Möglichkeit, durch eine Beschränkung der Ausfuhr, Rohstoffe zu niedrigen Preisen der eigenen Industrie zuzuleiten

---

5 *Europäische Kommission*, Mitteilung der Kommission an das Europäische Parlament, den Europäischen Rat, den Rat, den Europäischen Wirtschafts- und Sozialausschuss und den Ausschuss der Regionen, Der europäische Grüne Deal, COM(2019) 640 final, S. 10; Eine neue Industriestrategie für Europa, COM(2020) 102 final, S. 4 u. 17; Critical Raw Materials for Strategic Technologies and Sectors in the EU, A Foresight Study, 2020; Aktualisierung der neuen Industriestrategie von 2020: einen stärkeren Binnenmarkt für die Erholung Europas aufbauen, COM(2021) 350 final, S. 20; *Hund et al.*

6 *Europäische Kommission*, Commission Staff Working Document, Report on Raw Materials for Battery Applications, SWD(2018) 245/2 final; *Coffin/Horowitz*, JICE 2018, S. 1 ff.

7 *Europäische Kommission*, Eine neue Industriestrategie für Europa, COM(2020) 102 final, S. 17; Critical Raw Materials for Strategic Technologies and Sectors in the EU, A Foresight Study, 2020. Siehe dazu bspw. auch die Berechnungen von *Marscheider-Weidemann et al.*, Rohstoffe für Zukunftstechnologien 2016; *dies.*, Rohstoffe für Zukunftstechnologien 2021; *Hund et al.*, S. 37 ff.

8 *Schüler-Zhou/Felizeter/Ottsen*, S. 10 ff.

9 *Siedenbiedel/Plickert/Piller*, „Ansturm auf die Industriemetalle", abrufbar unter: <https://www.faz.net/aktuell/finanzen/industriemetall-preise-steigen-durch-ukrai ne-krieg-und-teure-energie-17864568.html>, (letzter Abruf am 1.11.2022).

10 *Marscheider-Weidemann et al.*, Rohstoffe für Zukunftstechnologien 2016, S. 252 ff.; *dies.*, Rohstoffe für Zukunftstechnologien 2021, 274 ff. Zu Chinas Rolle als Rohstoffproduzent *Schüler-Zhou/Felizeter/Ottsen*, S. 12 f. u. 44 ff.

11 Dazu *Broadway/Keen*, in: Daniel/Keen/McPherson (eds.), S. 13, 17 f.

und damit die heimische Industrie zu begünstigen.[12] Schließlich steigt angesichts der hohen Nachfrage auch die Bedeutung von Rohstoffen als ein politisches Mittel.[13]

Importstaaten wiederum fürchten eine Beschränkung des Rohstoffhandels, der zu einem Wettbewerbsnachteil der eigenen verarbeitenden Industrie und – je nach Marktanteil des Exportstaates – zu höheren Weltmarktpreisen führt.[14] Die Europäische Kommission hat zwar zuletzt verkündet, dass sie die heimische Förderung von Rohstoffen vorantreiben will, die EU bleibt jedoch auf nicht absehbare Zeit abhängig von Rohstoffimporten.[15] Die Europäische Kommission hat deshalb bereits im Jahr 2008 in ihrer sog. „Rohstoffinitiative" Eckpunkte einer Strategie erarbeitet, mit der sie u.a. gegen Zugangsbeschränkungen und die damit verbundenen Wettbewerbsverzerrungen vorgehen will.[16] Eine Reihe von Rohstoffen werden von ihr dabei als „kritisch" eingestuft, was bedeutet, dass sie für die Wirtschaft der EU von großer Bedeutung sind und ihre Versorgung zugleich mit einem hohen Risiko verbunden ist.[17] Mit den Plänen zu einem europäischen „Gesetz über kritische Rohstoffe" soll dieser Ansatz weiter ausgebaut und intensiviert werden.[18]

---

12 *Fliess/Arriola/Liapis*, in: OECD (ed.), Export Restrictions in Raw Materials Trade, S. 17, 40 f.; *Radetzki/Wårell*, S. 60 f. Zu den Beweggründen für Exportbeschränkungen siehe Kapitel 2, Abschnitt B.

13 Siehe zuletzt etwa „Russland verhängt Exportverbot für Hunderte Produkte", abrufbar unter: <https://www.zeit.de/politik/ausland/2022-03/russland-sanktionen -export-energie-gas>, (letzter Abruf am 1.11.2022).

14 Zu den Auswirkungen von Exportbeschränkungen siehe Kapitel 2, Abschnitt C. III.

15 *Europäische Kommission*, Mitteilung der Kommission an das Europäische Parlament, den Rat, den Europäischen Wirtschafts- und Sozialausschuss und den Ausschuss der Regionen, Widerstandsfähigkeit der EU bei kritischen Rohstoffen: Einen Pfad hin zu größerer Sicherheit und Nachhaltigkeit abstecken, COM(2020) 474 final.

16 *Europäische Kommission*, Mitteilung der Kommission an das Europäische Parlament und den Rat, Die Rohstoffinitiative – Sicherung der Versorgung Europas mit den für Wachstum und Beschäftigung notwendigen Gütern, KOM(2008) 699 endgültig. Dazu bspw. die Beiträge von *Hartmann* in: Ehlers et al. (Hrsg.), S. 29, 29 ff. sowie *von Trott*, in: Ehlers et al. (Hrsg.), S. 185, 185 ff.

17 Siehe dazu die Veröffentlichungen unter: <https://ec.europa.eu/growth/sectors/ra w-materials/specific-interest/critical_de>, (letzter Abruf am 1.11.2022).

18 *Europäische Kommission*, Critical Raw Materials Act: securing the new gas & oil at the heart of our economy I Blog of Commissioner Thierry Breton, Statement v. 14. September 2022, STATEMENT/22/5523; Aufforderung zur Stellungnahme zu einer Folgenabschätzung, Europäisches Gesetz über kritische Rohstoffe, Ref. Ares(2022)7155798.

Der Interessenkonflikt von Export- und Importstaaten ist typisch für die internationalen Rohstoffmärkte, deren rechtliche Grundierung dem mehrdimensionalen „Kampf um Rohstoffe" folgt.[19] International wurde das Interesse der (Import-)Staaten an einem gleichberechtigten Zugang zu den weltweiten Rohstoffvorkommen wohl erstmals in der sog. „Atlantik-Charta" von 1941[20] ausdrücklich formuliert.[21] Das Gegenstück dazu bildet für die Exportstaaten die in Resolution 1803 (XVII) der UN-Generalversammlung vom 14. Dezember 1962[22] verkündete Anerkennung ihrer Souveränität über natürliche Ressourcen durch die Staatengemeinschaft.[23] Davon ausgehend eröffnen sich eine Vielzahl von Konfliktfeldern – von der Förderung bis hin zum Handel mit Rohstoffen –, die vor dem Hintergrund des digitalen und ökologischen Wandels einer rechtlichen Betrachtung unterzogen werden können.[24]

Ein wiederkehrender Vorwurf von Rohstoffimporteuren gegenüber den Exportstaaten lautet, dass diese durch den Einsatz von Exportbeschränkungen[25] den internationalen Rohstoffhandel verzerren, um dadurch der eigenen Industrie gegenüber der ausländischen Konkurrenz einen Vorteil zu verschaffen.[26] Gleichzeitig können die Endprodukte regelmäßig von den

---

19 *Feichtner*, in: Dann/Kadelbach/Kaltenborn (Hrsg.), S. 287, 293. Siehe auch *Bungenberg/Hobe*, „Der Kampf um Ressourcen", abrufbar unter: <https://www.faz.net/aktuell/politik/staat-und-recht/wirtschaftsrecht-kampf-um-ressourcen-12006277.html>, (letzter Abruf am 1.11.2022).

20 Declaration of Principles, unterzeichnet und in Kraft getreten am 14. August 1941, abrufbar unter: <https://avalon.law.yale.edu/wwii/atlantic.asp>, (letzter Abruf am 1.11.2022). Dort heißt es: „Fourth, they will endeavor, with due respect for their existing obligations, to further the enjoyment by all States, great or small, victor or vanquished, of access, on equal terms, to the trade and to the raw materials of the world which are needed for their economic prosperity."

21 *Schrijver*, S. 37; *Feichtner*, in: Dann/Kadelbach/Kaltenborn (Hrsg.), S. 287, 300. Die Atlantik-Charta wird von *Tietje*, in: Tietje/Nowrot (Hrsg.), § 1 Rn. 47 als „informelles Gründungsdokument" der UN bezeichnet.

22 *UN-Generalversammlung*, Resolution 1803 (XVII), 14. Dezember 1962.

23 *Feichtner*, in: Dann/Kadelbach/Kaltenborn (Hrsg.), S. 287, 298. Umfassend dazu *Schrijver*.

24 Zu einer an Konfliktlinien ausgerichteten Betrachtung bspw. *Feichtner*, in: Dann/Kadelbach/Kaltenborn (Hrsg.), S. 287, 287 ff. Siehe dazu auch die Arbeit von *Oehl*. Für eine kritische Bewertung der europäischen Rohstoffpolitik, siehe zuletzt etwa *Crochet*, EJIL 2/2022, S. 381, 381 ff.

25 Zum Begriff der Exportbeschränkung Kapitel 2, Abschnitt A.

26 *Europäische Kommission*, Die Rohstoffinitiative – Sicherung der Versorgung Europas mit den für Wachstum und Beschäftigung notwendigen Gütern, KOM(2008) 699 endgültig, S. 5; Mitteilung der Kommission an das Europäische Parlament, den Rat, den Europäischen Wirtschafts- und Sozialausschuss und den Ausschuss

im Rahmen der WTO ausgehandelten, niedrigen Zollsätzen profitieren.[27] Tatsächlich hat die OECD in einer Reihe von Studien festgestellt, dass Staaten mehr und mehr auf Exportbeschränkungen zurückgreifen und dadurch der Preis von Rohstoffen weltweit in die Höhe getrieben wird, während auf dem Heimatmarkt des jeweiligen Exportstaates regelmäßig eine Preissenkung zu verzeichnen ist.[28]

Die Europäische Kommission hat vor diesem Hintergrund bereits 2008 angekündigt, dass „[d]ie EU (…) allgemein gegen protektionistische Exportbeschränkungen in Drittländern vorgehen [will], vorrangig gegen diejenigen, die der europäischen Industrie die größten Schwierigkeiten bereiten oder die den nachgelagerten Industriezweigen in Drittländern einen ungerechtfertigten Wettbewerbsvorteil auf dem Weltmarkt verschaffen".[29] In der europäischen Handelspolitik ist dies, einerseits, als ein direktes Vorgehen gegen derartige Beschränkungen formuliert worden.[30] Andererseits wird immer wieder auf ein Bemühen um einen „diskriminierungsfreien Zugang" auf Grundlage von Handelsabkommen hingewiesen.[31]

---

der Regionen, Grundstoffmärkte und Rohstoffe: Herausforderungen und Lösungsansätze, KOM(2011) 25 endgültig, S. 6.

27 *Europäische Kommission*, Die Rohstoffinitiative – Sicherung der Versorgung Europas mit den für Wachstum und Beschäftigung notwendigen Gütern, KOM(2008) 699 endgültig, S. 5.

28 *OECD*, The Economic Impact of Export Restrictions on Raw Materials, 2010; *OECD*, Export Restrictions in Raw Materials Trade, 2014 sowie die in regelmäßigen Abständen aktualisierten Daten zu Exportbeschränkungen unter: <https://www.oecd.org/trade/topics/trade-in-raw-materials/>, (letzter Abruf am 1.11.2022).

29 *Europäische Kommission*, Die Rohstoffinitiative – Sicherung der Versorgung Europas mit den für Wachstum und Beschäftigung notwendigen Gütern, KOM(2008) 699 endgültig, S. 8.

30 *Europäische Kommission*, Mitteilung der Kommission an das Europäische Parlament, den Rat, den Europäischen Wirtschafts- und Sozialausschuss und den Ausschuss der Regionen, Handel, Wachstum und Weltgeschehen Handelspolitik als Kernbestandteil der EU-Strategie Europa 2020, KOM(2010) 612 endgültig, S. 3 u. 10; Europe's Trade Defence Instruments now stronger and more effective, S. 3, abrufbar unter: <https://trade.ec.europa.eu/doclib/docs/2018/june/tradoc_156921.pdf>, (letzter Abruf am 1.11.2022)

31 Vgl. *Europäische Kommission*, Handel, Wachstum und Weltgeschehen Handelspolitik als Kernbestandteil der EU-Strategie Europa 2020, KOM(2010) 612 endgültig, S. 4 u. 10; Mitteilung der Kommission an das Europäische Parlament, den Rat, den Europäischen Wirtschafts- und Sozialausschuss und den Ausschuss der Regionen, Handel für alle – Hin zu einer verantwortungsbewussten Handels- und Investitionspolitik, COM(2015) 497 final, S. 11; Mitteilung der Kommission an das Europäische Parlament, den Rat, den Europäischen Wirtschafts- und Sozialausschuss und den Ausschuss der Regionen, Überprüfung der Handelspolitik –

Die nachfolgende Untersuchung will sich gezielt mit diesem von der EU und europäischen Wirtschaftsverbänden[32] geäußerten Vorwurf einer durch Exportbeschränkungen auf Rohstoffe herbeigeführten Wettbewerbsverzerrung beschäftigen. Es geht dabei um die Frage, ob bzw. wie Beschränkungen des Rohstoffexports rechtlich erfasst werden können. Der weltweite Warenhandel unterliegt den Regeln der WTO, dem Recht der außerhalb der WTO geschlossenen Handelsabkommen sowie der Vielzahl von autonomen Maßnahmen der Staaten. Diese Rechtsquellen können i.S.e. Mehrebenensystems des Welthandelsrechts verstanden werden, das als Bezugspunkt für die nachfolgende Untersuchung fungiert.[33] Die Darstellung erfolgt dabei am Beispiel der EU, deren spezifisches Rechtssystem sowohl die Ebene der Handelsabkommen außerhalb der WTO als auch die Ebene der autonom ergriffenen Maßnahmen prägt.[34]

In Folge der Veröffentlichungen der OECD ist der Umgang mit mengenmäßigen Exportbeschränkungen im WTO-Recht vielfach betrachtet worden.[35] Das WTO-Recht verfügt mit Art. XI:1 GATT 1994 über eine Regelung, die ein ausdrückliches Verbot gegenüber der Beschränkung des Exports ausspricht, wobei jedoch fiskalische Maßnahmen zugleich ausdrücklich ausgenommen sind.[36] Die Literatur geht daher davon aus, dass der Einsatz von fiskalischen Maßnahmen grds. nicht durch das WTO-Recht eingeschränkt wird.[37] Ausnahmen dazu bilden einzelne Regelungen in Beitrittsprotokollen und die hierzu ergangene WTO-Rechtsprechung, die bereits von einigen Autoren bewertet und dabei häufig kritisiert worden

---

Eine offene, nachhaltige und entschlossene Handelspolitik, COM(2021) 66 final, S. 14.

32 So bspw. *Bundesverband der Deutschen Industrie*, Handels- und Wettbewerbsverzerrungen bei Rohstoffen – Für einen diskriminierungsfreien Zugang und verlässliche Handelsregeln, abrufbar unter: <https://bdi.eu/media/presse/publikationen/energie-und-rohstoffe/20151001_Positionspapier_Handels-und-Wettbewerbsverzerrungen_bei_Rohstoffen.pdf>, (letzter Abruf am 1.11.2022).

33 Anders etwa bei *Weiß/Ohler/Bungenberg*, § 1 Rn. 73. Dort wird der Begriff mit dem Recht der WTO gleichgesetzt.

34 Dazu Kapitel 3, Abschnitt B. u. Kapitel 4.

35 So bspw. von *Karapinar*, JWT 6/2011, S. 1139, 1139 ff.; *ders.*, JIEL 2/2012, S. 443, 443 ff.; *Espa*, Export Restrictions; *Matsushita/Schoenbaum/Mavroidis/Hahn*, S. 541 ff.; *Marceau*, in: Matsushita/Schoenbaum (eds.), S. 99, 99 ff.; *dies.*, JWT 4/2016, S. 563, 563 ff.; *Wu*, Law and Politics on Export Restrictions.

36 Siehe dazu Kapitel 3, Abschnitt A.

37 So bspw. *Karapinar*, JWT 6/2011, S. 1139, 1143; *ders.*, JIEL 2/2012, S. 443, 444; *Espa*, Export Restrictions, S. 140 ff.; *Matsushita/Schoenbaum/Mavroidis/Hahn*, S. 542 f.; *Marceau*, JWT 4/2016, S. 563, 566; *dies.*, in: Matsushita/Schoenbaum (eds.), S. 99, 102 f.; *Wu*, Law and Politics on Export Restrictions, S. 23 ff.

ist.[38] Insbesondere *Ilaria Espa* hat die Regelung von Exportbeschränkungen im WTO-Recht 2015 umfassend untersucht.[39]

Die bisherigen Untersuchungen beschränken sich in ihrer Analyse allerdings nahezu ausschließlich auf das WTO-Recht, ohne dabei auch die immer wichtiger werdenden Handelsabkommen der Mitglieder einzubeziehen, die diese außerhalb des WTO-rechtlichen Rahmens in zunehmender Zahl abschließen. Eine Ausnahme bildet die 2021 veröffentlichte Untersuchung von *Wu*, der zugleich darauf hinweist, dass die rechtliche Einbettung von Exportbeschränkungen noch immer nur wenig betrachtet wurde.[40] Er selbst unternimmt den Versuch, die Anknüpfungspunkte einer rechtlichen Diskussion um Exportbeschränkungen allgemein herauszuarbeiten und bezieht dabei auch die außerhalb der WTO geschlossenen Handelsabkommen mit ein, allerdings ohne sich vertieft mit den einzelnen Regelungen auseinanderzusetzen.[41]

Abgesehen von der Begrenzung der untersuchten Rechtsquellen, konzentrieren sich die bisherigen Untersuchungen außerdem schwerpunktmäßig auf die staatliche Maßnahme selbst. Nur vereinzelt wird die Frage aufgeworfen, ob die damit verbundenen Auswirkungen (auf den Rohstoffpreis) z.B. als Form einer Subvention[42] oder als sog. „Input Dumping"[43] rechtlich erfasst werden können. Schließlich werden fiskalische Formen der Exportbeschränkung in den bisherigen Untersuchungen nahezu immer auf Abgaben begrenzt, die aufgrund des Grenzübertritts einer Ware erhoben werden.[44] Abgaben, die nicht den tatsächlichen Grenzübertritt voraussetzen, sondern als Form der Binnenbesteuerung den internen Ver-

---

38 Siehe dazu bspw. *Qin*, JWT 5/2012, S. 1147, 1147 ff.; *Han/B. Gao*, MJIEL 3/2013, S. 336, 336 ff.; *Matsushita/Schoenbaum/Mavroidis/Hahn*, S. 543. Allgemein zu den Regelungen der Beitrittsprotokolle in diesem Fall *Osakwe/Yu/Beslać*, in: Dadush/Osakwe (eds.), S. 741, 741 ff.; *Espa*, Export Restrictions, S. 145 ff.

39 *Espa*, Export Restrictions.

40 *Wu*, Law and Politics on Export Restrictions, S. 11.

41 *Wu*, Law and Politics on Export Restrictions, S. 92 ff.

42 Siehe dazu die knappen Darstellungen bei *Qin*, JWT 5/2012, S. 1147, 1169; *Espa*, Export Restrictions, S. 247 ff.; *Marceau*, in: Matsushita/Schoenbaum (eds.), S. 99, 134 ff.; *Wu*, Law and Politics on Export Restrictions, S. 36 ff.; *Crochet*, EJIL 2/2022, S. 381, 401 ff.

43 Exemplarisch *Pogoretskyy*, GTCJ 4/2009, S. 313, 313 ff.; *ders.*, in: Selivanova (ed.), S. 181, 181 ff.; *Tietje/Kluttig/Franke*, JWT 5/2011, S. 1071, 1071 ff.; *Wu*, Law and Politics on Export Restrictions, S. 54 ff.; *Crochet*, EJIL 2/2022, S. 381, 389 ff.

44 So bspw. auch das Begriffsverständnis bei *Espa*, Export Restrictions, S. 72 ff. Als einzige Ausnahme dazu siehe *Ehring/Chianale*, in: Selivanova (ed.), S. 109, 137 f.

brauch gegenüber dem Export von Waren privilegieren, werden davon nicht erfasst.

Die nachfolgende Arbeit knüpft an den bisherigen Forschungsstand an, geht jedoch anhand der identifizierten Bereiche über diesen hinaus: Zum einen soll der Gesamtbereich der fiskalischen Exportbeschränkungen betrachtet werden, der im Rahmen dieser Untersuchung unter den Begriff der Exportabgaben zu fassen ist.[45] Bei diesen besteht ein Spannungsverhältnis zwischen einem Einsatz zur Erzielung von wichtigen Einnahmen des Staates und einer Nutzung zu industriepolitischen Zwecken. Um den Gesamtbereich der fiskalischen Maßnahmen zu erfassen, die speziell den Export belasten und dadurch potenziell einen Vorteil für die heimische Industrie herbeiführen können, soll der Begriff im Rahmen dieser Arbeit so gewählt werden, dass sowohl die grenzüberschreitende Belastung als auch eine diskriminierende Binnenbesteuerung umfasst werden.

Zum anderen soll in dieser Arbeit die Frage nach dem rechtlichen Umgang mit Exportabgaben einer Mehrebenenbetrachtung unterworfen werden, die deutlich über den Rahmen des WTO-Rechts hinausgeht. Neben dem WTO-Recht ist dafür einerseits auf die Vielzahl von Handelsabkommen einzugehen, die von der EU außerhalb der WTO geschlossen wurden und die sowohl einer eigenständigen Systematik als auch einer rechtlichen Weiterentwicklung unterliegen. Andererseits soll untersucht werden, inwieweit sich autonome Handelsschutzinstrumente auf eine durch Exportabgaben hervorgerufene Preisentwicklung anwenden lassen. Eine direkte Regelung des Einsatzes von Exportabgaben und eine Anwendung autonomer Handelsschutzinstrumente sollen in diesem Zusammenhang als zwei alternative Regelungsansätze herausgearbeitet und einander gegenübergestellt werden. Um bei dieser Vorgehensweise zu einem rechtlichen Gesamtbild zu gelangen, soll jeweils auch auf das rechtliche Verhältnis zwischen den einzelnen Quellen des Welthandelsrechts eingegangen werden.

Die nachfolgende Untersuchung strebt damit eine umfassende Einordnung von Exportabgaben in das Mehrebenensystem des Welthandelsrechts an, bei der auch ökonomische sowie politische Betrachtungen einbezogen werden. Durch die Ausrichtung am Beispiel der EU wird der Umgang mit Exportabgaben dabei in den Kontext der europäischen Rohstoff- und Handelspolitik gestellt und diese auf ihre Vereinbarkeit mit dem Welthandelsrecht hin überprüft.

---

45 Zum Begriff der Exportabgaben sowie den hierunter zu fassenden Fallgruppen siehe Kapitel 2, Abschnitt A.

B. Gang der Darstellung

Die Untersuchung betrachtet die verschiedenen Ebenen des Welthandelsrechts und analysiert, ob bzw. inwieweit sich Exportabgaben auf Rohstoffe
in dieses rechtliche Gesamtsystem einordnen lassen. Aus Sicht der EU
lässt sich dies in die Fragestellung übersetzen, wie gegen den Einsatz
von Exportabgaben rechtlich vorgegangen werden kann. Die Arbeit gliedert sich dazu in vier thematische Abschnitte: Im ersten Abschnitt soll
das zu betrachtende Phänomen der Exportabgaben auf Rohstoffe näher
erläutert und begrifflich abgegrenzt werden (Kapitel 2). Dadurch wird
eine Tatsachengrundlage geschaffen, die an den rechtlichen Maßstäben des
Welthandelsrechts gemessen werden kann. Die sich daran anschließende
rechtliche Analyse wird maßgeblich dadurch bestimmt, dass sowohl das
staatliche Handeln als auch der daraus resultierende Preiseffekt untersucht
werden. So soll im zweiten Abschnitt dieser Arbeit zunächst geprüft werden, inwieweit Exportgaben durch das WTO-Recht[46] bzw. das Recht von
außerhalb der WTO geschlossenen Handelsabkommen unmittelbar erfasst
werden (Kapitel 3). Aus Sicht der EU entspricht dies einem direkten Vorgehen gegen die staatliche Maßnahme selbst. Im Anschluss daran soll in
einem dritten Abschnitt analysiert werden, inwieweit Exportabgaben auf
Rohstoffe bzw. die damit verbundenen wirtschaftlichen Auswirkungen als
eine „unfaire Handelspraktik" zum Gegenstand von Handelsschutzverfahren gemacht werden können (Kapitel 4). Dies entspricht der Fragestellung,
ob die EU in indirekter Weise gegen den Effekt der staatlichen Maßnahme im Rahmen des ihr völkerrechtlich verbliebenen Spielraums vorgehen
kann. Die Analyse erfolgt dabei anhand des Antidumping- sowie des Antisubventionsrechts der EU, das als ein eigenständiger Regelungsansatz einer
direkten Erfassung von Exportabgaben gegenübergestellt werden soll. Im
vierten Abschnitt sollen schließlich die einzelnen Erkenntnisse dieser Untersuchung zu einem Gesamtergebnis zusammengeführt und ein Ausblick
über die zukünftige Rolle von Exportabgaben im Welthandelsrecht gegeben werden (Kapitel 5).

---

46 Für das WTO-Recht existiert, anders als für das EU-Recht, keine amtliche Fassung
in deutscher Sprache. Daher wird allein der englische Text als offizielles Zitat
angegeben. Die deutsche Übersetzung stützt sich auf *Tietje*, Welthandelsorganisation sowie auf *Hummer/Weiss*.

Kapitel 2: Exportabgaben im Rohstoffbereich

Dem Konflikt um die wettbewerblichen Implikationen von Exportabgaben im Rohstoffbereich liegt ein mehrgliedriges Phänomen zugrunde, das sich aus einem staatlichen Handeln (Erhebung von Exportabgaben) in Bezug auf einen spezifischen Produktbereich (Rohstoffe) sowie einem daraus resultierenden Preiseffekt (Preisentwicklung) zusammensetzt. Um diesen Gesamtkomplex in das Welthandelsrecht einordnen zu können, bedürfen die einzelnen Elemente einer näheren Konkretisierung. Zu diesem Zweck soll zunächst der für diese Untersuchung maßgebliche Begriff der Exportabgaben definiert werden, um dadurch die Merkmale des staatlichen Eingreifens in den Rohstoffhandel offen zu legen (dazu A.). Auch die Beweggründe für den Einsatz von Exportabgaben sowie ihre Verbreitung sind in diesem Zusammenhang von Bedeutung (dazu B.). Schließlich sollen auch die damit verbundenen wirtschaftlichen Auswirkungen näher betrachtet werden (dazu C.).

A. *Exportabgaben, Exportzölle und Exportsteuern als Formen einer fiskalischen Exportbeschränkung*

Zentraler Betrachtungsgegenstand der vorliegenden Untersuchung sind Exportabgaben. Unter diesem Begriff sollen alle Formen einer fiskalischen Beschränkung von Exporten zusammengefasst werden. Unter einer Exportbeschränkung kann nach einem Definitionsansatz der OECD grds. jede staatliche Maßnahme verstanden werden, die *de jure* oder *de facto* die Menge oder Richtung von Ausfuhren beeinflusst.[47] Exportabgaben sind in diesem Zusammenhang – ebenso wie die bereits vielfach behandelten

---

[47] Vgl. *OECD*, Methodological note to the Inventory of Export Restrictions on Industrial Raw Materials (last updated 1.12.2020), S. 6, abrufbar unter: <https://www.oecd.org/trade/topics/trade-in-raw-materials/documents/methodological-note-inventory-export-restrictions-industrial-raw-materials.pdf>, (letzter Abruf am 1.11.2022). Dort heißt es bei dem Begriff „other export measures": „Measures not elsewhere specified, but which influence de jure or de facto the level or direction of exports (…)".

mengenmäßigen Exportbeschränkungen[48] – als eine Unterkategorie anzusehen.

Fiskalische Exportbeschränkungen werden in der welthandelsrechtlichen Literatur bislang überwiegend mit einer Geldleistung gleichgesetzt, die aufgrund des Grenzübertritts einer Ware anfällt. Hierfür werden – teils synonym – die Begriffe „Exportzoll" oder „Exportabgabe"[49] bzw. „Export duty", „Export tariff", „Export tax", „Export cess", „Export charge" oder „Export levy"[50] verwendet. Gemeint sind damit immer Zölle oder andere Abgaben, die im Zusammenhang mit der Ausfuhr erhoben werden.[51]

Lediglich vereinzelt werden daneben auch steuerliche Abgaben auf Exporte genannt, die nicht aufgrund eines Grenzübertritts erhoben werden, die jedoch den Export einer Ware gegenüber dem Verkauf bzw. Verbrauch im Inland diskriminieren.[52] Derartige Abgaben belasten ebenfalls speziell den Export, werden jedoch „vor der Grenze" erhoben, d.h. sie knüpfen tatbestandlich nicht an einen Grenzübertritt an.[53] Die OECD verwendet

---

48 Vgl. Fn. 35.

49 *Summersberger/Bieber*, RdTW 4/2021, S. 145, 148 f.

50 So bspw. *OECD*, Methodological note to the Inventory of Export Restrictions on Industrial Raw Materials, S. 5: „A tax collected on goods or commodities at the time they leave a customs territory. This tax can be set either on a per unit basis or an ad valorem (value) basis." In diesem Sinne auch *Staiger*, Staff Working Paper ERSD-2012–01, S. 2 u. 4 f.; *Ehring/Chianale*, in: Selivanova (ed.), S. 109, 110; *Han/B. Gao*, MJIEL 3/2013, S. 336, 337; *Espa*, Export Restrictions, S. 72 f.; *Marceau*, JWT 4/2016, S. 563, 563 ff.; *dies.*, in: Matsushita/Schoenbaum, S. 99, 100; *Goode*, Eintrag „Export tariffs" u. Eintrag „Export duties"; *Van den Bossche/ Zdouc*, S. 513.

51 So heißt es bspw. bei *Van den Bossche/Zdouc*, S. 513: „Generally speaking, an export duty, be it a customs duty or another duty or charge on exports, is a financial charge or tax on exported products, due because of their exportation. Market exit of the product concerned is conditional upon the payment of the export duty. " Diesem Bereich sind auch solche Abgaben zuzuordnen, die beim Verlassen eines Zollgebiets zusätzlich zum eigentlichen Exportzoll erhoben werden. Diese werden von der OECD als „Export surtax" oder „Export surcharge" bezeichnet. Vgl. *OECD*, Methodological note to the Inventory of Export Restrictions on Industrial Raw Materials, S. 5.

52 *OECD*, Methodological note to the Inventory of Export Restrictions on Industrial Raw Materials, S. 5. Dort heißt es: „A tax not paid at the border, but which applies only or discriminates against goods or commodities intended for exportation." So auch *Ehring/Chianale*, in: Selivanova (ed.), S. 109, 137 f.

53 *Ehring/Chianale*, in: Selivanova (ed.), S. 109, 138: „before-the-border levies that specifically burden exports (and not internal sales)".

hierfür die Begriffe „Fiscal tax on exports" oder „Export royalty".[54] Exemplarisch wird dabei auf eine Umsatzsteuer verwiesen, die für diejenigen Güter erhöht ist, die für die Ausfuhr bestimmt sind, gegenüber denen, die auf dem Heimatmarkt angeboten werden.[55] Es handelt sich bei derartigen Fällen um eine diskriminierende Anwendung des inländischen Steuersystems.

Diese Gegenüberstellung von Grenzabgaben und Formen der diskriminierenden Binnenbesteuerung findet sich auch im EU-Recht: Während Art. 30 AEUV die Erhebung von Ein- und Ausfuhrzöllen sowie Abgaben gleicher Wirkung untersagt, verbietet Art. 110 AEUV eine Diskriminierung innerhalb des inländischen Besteuerungssystems, nach Rechtsprechung des EuGH auch für den Exportfall.[56] Art. 110 AEUV wird in diesem Zusammenhang als „Umgehungsschutz" zu dem Verbot der Zölle und zollgleichen Abgaben gem. Art. 30 AEUV verstanden, denn hierdurch werden spezifische Nachteile ausgeführter Waren bei der näheren Ausgestaltung des Steuerobjekts, der Bemessungsgrundlage, des Steuersatzes oder des Verfahrensrechts erfasst, die nicht dem Anwendungsbereich von Art. 30 AEUV unterfallen.[57]

Der Gesamtbereich fiskalischer Exportbeschränkungen lässt sich vor diesem Hintergrund in Zölle bzw. zollgleiche Abgaben einerseits und diskriminierende Inlandssteuern andererseits einteilen. In ökonomischer Hinsicht wirken sich derartige Maßnahmen in gleicher Weise aus, sodass es auf eine Abgrenzung nicht ankommt.[58] In rechtlicher Hinsicht kann dieser Unterschied hingegen bedeutsam sein.[59] Nachfolgend werden daher diejenigen Abgaben, die aufgrund des Exports einer Ware erhoben wer-

---

54 *OECD*, Methodological note to the Inventory of Export Restrictions on Industrial Raw Materials, S. 5.

55 ibid.

56 Hierzu grundlegend *Schön*, EuR 2/2001, S. 216, 218 ff.; *ders.*, EuR 3/2001, S. 341, 353 f.

57 *Schön*, EuR 2001, S. 216, 220; *ders.*, EuR 2001, S. 341, 353 f. m.w.N. Zur Erstreckung von Art. 110 AEUV auf die Exportseite zuletzt EuGH, Urteil v. 6. Dezember 2018, Rs. C-305/17, *FENS*, ECLI:EU:C:2018:986, Rn. 30.

58 So bspw. bei *Fliess/Arriola/Liapis*, in: OECD (ed.), Export Restrictions in Raw Materials Trade, S. 17, 28. Auf das Erfordernis einer Bündelung aufgrund einer gleichen ökonomischen Wirkung wird auch hingewiesen bei *Mendez Parra/Schubert/Brutschin*, S. 9 sowie *Ehring/Chianale*, in: Selivanova (ed.), S. 109, 138. *Goode*, Eintrag „Duty" weist allgemein darauf hin, dass der Unterschied zwischen einem Zoll und einer Steuer inzwischen häufig verschwimmt und dass die Auswirkungen aus ökonomischer Sicht ohnehin gleich sind.

59 Siehe dazu im Einzelnen Kapitel 3.

den, als Exportzölle bezeichnet. Interne Abgaben, die den Export gegenüber dem inländischen Verkauf oder Verbrauch diskriminieren, werden in Abgrenzung dazu unter den Begriff der Exportsteuern zusammengefasst.

Abzugrenzen sind hiervon Gebühren, die allgemein an das Ausfuhrverfahren anknüpfen (bspw. die Zollabfertigung), wenngleich eine Abgrenzung im Einzelfall schwierig sein kann.[60] Der Einsatz solcher Verwaltungsgebühren zu Zwecken, die denjenigen einer Exportabgabe gleichkommen, ist letztlich eine Frage des Missbrauchs derartiger Gebühren bzw. einer diskriminierenden Anwendung, die ebenso für den Import gilt und die einer eigenen rechtlichen Betrachtung bedarf.

Insgesamt ergeben sich damit für die nachfolgende Untersuchung drei relevante Begrifflichkeiten: Unter einer Exportabgabe ist jede finanzielle Belastung zu verstehen, die aufgrund der Ausfuhr einer Ware erhoben wird oder die Ausfuhr einer Ware gegenüber dem Verbleib auf dem Heimatmarkt diskriminiert und die zugleich keine reine Verwaltungsgebühr darstellt. Ein Exportzoll beschreibt in diesem Zusammenhang jede finanzielle Belastung, die aufgrund der Ausfuhr erhoben wird. Eine Exportsteuer ist davon abzugrenzen als jede inländische Abgabe, die die Ausfuhr einer Ware gegenüber dem Verbleib auf dem Heimatmarkt diskriminiert.

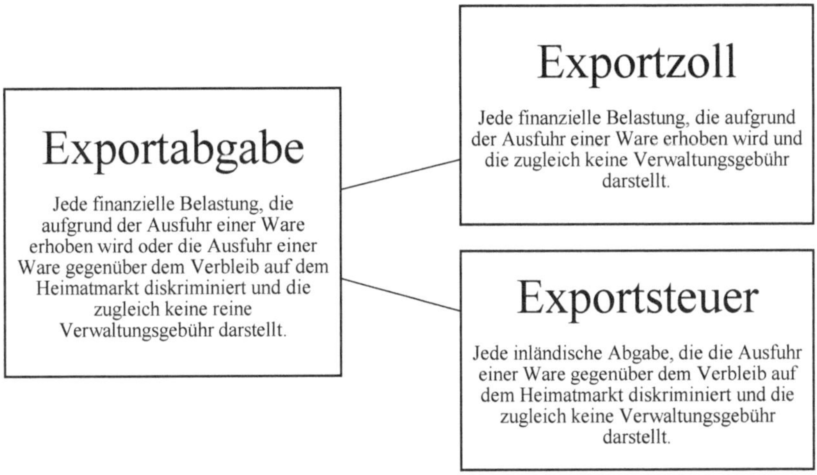

Abb. 1: Abgrenzung fiskalischer Exportbeschränkungen

---

60 Ein solcher Ausschluss bspw. auch bei *Kim*, in: OECD (ed.), The Economic Impact of Export Restrictions on Raw Materials, S. 13, 15 Fn. 7.

B. Beweggründe und Verbreitung

Exportbeschränkungen im Allgemeinen und Exportabgaben im Besonderen lassen sich bis weit in die Geschichte hinein zurückverfolgen und dienten dabei immer schon unterschiedlichsten politischen Zielen.[61] Diese können in ökonomische sowie nicht-ökonomische Zwecke unterteilt werden, wenngleich eine trennscharfe Abgrenzung nicht immer möglich ist.[62] Als die wohl wichtigsten nicht-ökonomischen Beweggründe für die Vornahme von Exportbeschränkungen lassen sich die Bereiche Sicherheit, Gesundheit, Kultur und Religion sowie Umweltschutz benennen.[63] Dem stehen als ökonomische Gründe der Schutz sog. „junger Industrien" („infant industries"), die Unterstützung der heimischen Industrie insgesamt, die Herstellung bzw. der Erhalt von Preisstabilität, finanzielle Einnahmen des Staates, positive Austauschbedingungen (sog. „terms-of-trade"-Effekte), der Erhalt von Rohstoffen sowie die Währungs- und Finanzstabilität und der Ausgleich von Handelsschutzmaßnahmen anderer Staaten gegenüber.[64] Während die meisten der Maßnahmen auf autonome politische Zwecke zurückgeführt werden können, vollziehen andere Maßnahmen vertragliche Vereinbarungen, die zwischen den Staaten getroffen wurden (wie bspw. beim Verbot der Ausfuhr von gefährlichen Stoffen).[65]

Blickt man auf die Verbreitung derartiger Maßnahmen, so ist festzustellen, dass Exportbeschränkungen in der Mehrheit von Entwicklungsländern und den am wenigsten entwickelten Ländern (sog. „Least-Developed Countries"; im Folgenden: LDCs) erlassen werden.[66] Betrachtet man die von Exportbeschränkungen erfassten Produkte, so liegt ein Schwerpunkt

---

61 Für eine historische Betrachtung siehe *Viner*, Foreign Affairs 4/1926, S. 585, 585 ff.; *Edminster*, AAAPSS 1/1930, S. 89, 89 ff.; *Reubens*, PSQ 1/1956, S. 42, 45 ff.; *Levin*, S. 1 ff.; *Goode/Lent/Ojha*, IMF Staff Papers 3/1966, S. 453, 454 ff.

62 *OECD*, Analysis of Non-Tariff Measures: The Case of Export Restrictions, 2003, TD/TC/WP(2003)7/FINAL, S. 17 f.; *Bonarriva/Koscielski/Wilson*, S. 3; *Kim*, in: OECD (ed.), The Economic Impact of Export Restrictions on Raw Materials, S. 13, 17.

63 *Pieremartini*, S. 3 ff.; *Bonarriva/Koscielski/Wilson*, S. 3 ff. Vgl. den Überblick bei *Kim*, in: OECD (ed.), The Economic Impact of Export Restrictions on Raw Materials, S. 13, 17 ff.; *Fliess/Arriola/Liapis*, in: OECD (ed.), Export Restrictions in Raw Materials Trade, S. 17, 40 ff.; *Fliess/Idsardi/Rossouw*.

64 ibid.

65 *Bonarriva/Koscielski/Wilson*, S. 5.

66 *Pieremartini*, S. 2.

auf un- sowie halbverarbeiteten Erzeugnissen.[67] Es scheint allerdings nicht unbedingt eine Verbindung zwischen der Art des Gutes und der Art der erlassenen Exportbeschränkung zu bestehen.[68] Allgemein ist zu beobachten, dass Exportbeschränkungen in zeitlich unregelmäßigen Abständen und dabei insbesondere im Rahmen von Versorgungskrisen sowie starken Veränderungen des Weltmarktpreises erlassen werden.[69] Daraus folgt auch, dass derartige Maßnahmen häufig in einer Art Dominoeffekt auftreten und einen gesamten Produktbereich erfassen.[70] Insgesamt ist in den letzten Jahren ein Anstieg bei Exportbeschränkungen zu verzeichnen.[71] Dabei gehören Exportabgaben zu den am häufigsten auftretenden Exportbeschränkungsmaßnahmen.[72] Sie werden insbesondere aus fiskalischen Gründen sowie industriepolitischen Zwecken eingesetzt.[73]

Angesichts all dieser Aussagen muss allerdings hervorgehoben werden, dass sich der Zugang zu Informationen über den Erlass sowie die Beweggründe als äußerst schwierig gestaltet.[74] Statistische Erhebungen hierzu sind in hohem Maße auf öffentlich zugängliche sowie freiwillig herausgegebene Informationen angewiesen.[75] Die umfassendste Sammlung von Daten zu Exportbeschränkungen gegenüber Rohstoffen wird von der OECD

---

67 *Bonarriva/Koscielski/Wilson*, S. 1; *Kim*, in: OECD (ed.), The Economic Impact of Export Restrictions on Raw Materials, S. 13, 16; *WTO*, World Trade Report 2010, S. 116.

68 *Fliess/Mård*, S. 17; *Fliess/Arriola/Liapis*, in: OECD (ed.), Export Restrictions in Raw Materials Trade, S. 17, 40.

69 Siehe *Reubens*, PSQ 1/1956, S. 42, 43 ff.; *Carter/Rausser/Smith*, Annual Review of Resource Economics 3/2011, S. 87, 110 ff.; *Martin/Anderson*, S. 2 ff. Selbiges Phänomen konnte auch im Kontext der Corona-Krise beobachtet werden. Siehe dazu bspw. *OECD*, Covid-19 and International Trade: Issues and Actions, S. 6 f.

70 *Kim*, in: OECD (ed.), The Economic Impact of Export Restrictions on Raw Materials, S. 13, 21.

71 *Fliess/Arriola/Liapis*, in: OECD (ed.), Export Restrictions in Raw Materials Trade, S. 17, 22 f. sowie die aktualisierten Daten unter: <https://www.oecd.org/trade/topics/trade-in-raw-materials/>, (letzter Abruf am 1.11.2022).

72 *Fliess/Mård*, S. 13 f.; *Fliess/Arriola/Liapis*, in: OECD (ed.), Export Restrictions in Raw Materials Trade, 17, 27.

73 *OECD*, Analysis of Non-Tariff Measures: The Case of Export Duties, 2003, TD/TC/WP(2002)54/FINAL, S. 5 u. 14; *Fliess/Mård*, S. 13 f.; *Fliess/Idsardi/Rossouw*.

74 Dies ist gleichzeitig auch Hintergrund der Bemühungen der OECD um Transparenz in diesem Bereich. Vgl. dazu *OECD*, Analysis of Non-Tariff Measures: The Case of Export Restrictions, 2003, TD/TC/WP(2003)7/FINAL, S. 21; *Fliess/Mård*; *Fliess/Arriola/Liapis*, in: OECD (ed.), Export Restrictions in Raw Materials Trade, S. 17, 22.

75 *Fliess/Mård*, S. 6 ff.

bereitgestellt.[76] Hierdurch wird ein gewisses Maß an Transparenz geschaffen, das einen Eindruck über die Motivation und die Verbreitung von Exportbeschränkungen vermitteln kann.

C. Die Auswirkungen von Exportabgaben im Rohstoffbereich

Zentral für die Kritik gegenüber rohstoffbezogenen Exportabgaben ist der damit einhergehende Preiseffekt. Aus Sicht der Importstaaten resultiert daraus ein Wettbewerbsnachteil für die eigene verarbeitende Industrie.[77] Mit diesem Preiseffekt verbindet sich letztlich die Auseinandersetzung um eine Begrenzung fiskalischer Exportbeschränkungen durch das Welthandelsrecht bzw. die Möglichkeit eines Einsatzes von autonomen Gegenmaßnahmen seitens der Importstaaten. Um diese Wirkweise von Exportabgaben zu verdeutlichen, sollen nachfolgend zunächst der unter den Rohstoffbegriff zu fassende Produktbereich abgegrenzt (dazu I.) und die wesentlichen Grundbedingungen des Handels mit derartigen Erzeugnissen (dazu II.) dargestellt werden. Anschließend soll vor diesem Hintergrund der ökonomische Effekt näher erläutert werden, der sich durch den Einsatz von Exportabgaben für den heimischen und mitunter auch den Weltmarktpreis für Rohstoffe ergibt (dazu III.).

I. Rohstoffbegriff

Vielfach wurde bereits festgestellt, dass eine allgemein anerkannte Definition des Rohstoffbegriffs nicht existiert.[78] In juristischen Abhandlungen, die sich mit dem Bereich der Rohstoffe beschäftigen, wird häufig auf Art. 56 Abs. 1 der Havanna-Charta von 1948[79] bzw. auf die Anmerkungen zu Art. XVI GATT zurückgegriffen, worin der Begriff „primary commodity" bzw. „primary products" definiert wird als „jedes Erzeugnis der Landwirtschaft, Forstwirtschaft und Fischerei sowie jedes mineralische Erzeug-

---

76 Siehe dazu die Veröffentlichungen unter: <http://www.oecd.org/trade/topics/trad e-in-raw-materials/>, (letzter Abruf am 1.11.2022).

77 Vgl. dazu Kapitel 1, Abschnitt A.

78 So etwa *Dederer* in: Ehlers et al. (Hrsg.), S. 37, 38; *Zeisberg*, S. 38; *Bungenberg/Weiss*, in: Tietje/Nowrot (Hrsg.), § 7 Rn. 2.

79 *United Nations Conference on Trade and Employment*, Havana/Cuba, 21.11.1947 – 24.3.1948, Final Act and Related Documents, E/Conf 2/78, p. 3.

nis, und zwar in natürlicher Form oder in der üblichen, für den Absatz in größeren Mengen auf dem Weltmarkt erforderlichen Veredelung".[80]

Dederer weist demgegenüber darauf hin, dass der Rohstoffbegriff im Völkerrecht je nach seinem Regelungskontext unterschiedlich zu definieren ist, was insgesamt zu einer „verwirrenden Begriffsvielfalt" führe.[81] In einer Gesamtschau geht er davon aus, dass darunter sowohl „natürliche Ressourcen (natural resources)", definiert als „in der Natur vorkommende Stoffe und Lebewesen, die dem Menschen von Nutzen oder Wert sind oder sein können bzw. könnten", als auch „Urprodukte (primary products)", die als „land-, fischerei- und forstwirtschaftliche sowie mineralische und fossile Primärprodukte (auch Grundstoffe genannt)" definiert werden, gefasst werden können.[82] Hieraus gewinnt *Dederer* eine Schnittmenge, die aus den „fossilen, metallischen und mineralischen Rohstoffen, also Öl, Gas, Kohle, Holz, Metalle, Erze und Gesteine" gebildet wird.[83]

Eine im Verhältnis hierzu „prägnante"[84] Definition findet sich bei *Schorkopf*, der Rohstoffe versteht als „in der Natur vorkommende Ausgangsstoffe, die im Ernährungssektor und in der Industrie verwendet werden".[85] Der Einbezug von Ernährungsgütern rechtfertigt sich nach der Ansicht von *Schorkopf* durch „die Bedeutung des Agrarmarktes für das Verständnis der historischen, gegenwärtigen und zukünftigen Interessengegensätze in der Weltwirtschaft".[86] Als ein Beispiel wird in diesem Zusammenhang die energetische Nutzung von Biomasse genannt.[87]

---

80 In Art. 56 Abs. 1 der Havanna-Charta heißt es: „For the purposes of this Charter, the term 'primary commodity' means any product of farm, forest or fishery, or any mineral, in its natural form or which has undergone such processing as is customarily required to prepare it for marketing in substantial volume in international trade." Diese Definition wurde in den Anmerkungen und ergänzenden Bestimmungen zu Artikel XVI Abschnitt B Abs. 2 für den Begriff „primary products" übernommen. Die Formulierung wird als Definition des Rohstoffbegriffs verwendet z.B. bei *Franke*, BTW 84/2009, S. 6; *Desta*, in: Peters (ed.), MPEPIL, Rn. 1 f.; *Oehl*, S. 11.

81 *Dederer* in: Ehlers et al. (Hrsg.), S. 37, 37 f. Auf die teils synonyme Verwendung unterschiedlicher Begriffe verweisen auch bspw. *Espa*, Export Restrictions, S. 41; *Goode*, Eintrag „Commodity" sowie *Oehl*, S. 5 f.

82 *Dederer* in: Ehlers et al. (Hrsg.), S. 37, 37.

83 *Dederer* in: Ehlers et al. (Hrsg.), S. 37, 37 f.

84 So die Formulierung bei *Schladebach*, in: Lorenzmeier/Folz (Hrsg.), S. 593, 595.

85 *Schorkopf*, AVR 2/2008, S. 233, 235. Dieser Begriff wird bspw. übernommen von *Schladebach*, in: Lorenzmeier/Folz (Hrsg.), S. 593, 595.

86 *Schorkopf*, AVR 2/2008, S. 233, 235.

87 ibid.

Ein stärkerer Fokus auf die industrielle Verwendung findet sich demgegenüber bei *Espa*, die den Begriff „raw materials" für die Zwecke ihrer Arbeit definiert als „products obtained from naturally occurring assets that
can be traded in their unprocessed or semi-processed forms and are essen-
tial to industrial production processes".[88]

Aus der Gegenüberstellung der vorstehenden Definitionsansätze[89] geht
hervor, dass der Rohstoffbegriff im Recht funktional verstanden wird,
d.h. dass er in Abhängigkeit vom konkreten Betrachtungsgegenstand unterschiedlich abgegrenzt werden kann bzw. muss. Die vorliegende Untersuchung befasst sich mit dem Einfluss von Exportabgaben auf den internationalen Industriewettbewerb und einer Einordnung dieses Phänomens in
das Regelungsregime des Welthandelsrechts, wobei dieses nicht lediglich
mit dem Recht der WTO gleichzusetzen ist.[90] Es kommt demnach nicht
allein auf die Handelbarkeit, sondern entscheidend auf die industrielle
Verwendung der mit Exportabgaben belegten Rohstoffe an.[91] Es geht
dabei um diejenigen Stoffe, die eine notwendige Voraussetzung für die
industrielle Herstellung von Gütern darstellen, und deren Preis sich in
erheblicher Weise auf die Produktionskosten auswirkt.[92] Diese industrielle
Verwendungsweise steht bei der Definition von *Espa* im Zentrum. Daher
soll ihr für die Zwecke der nachfolgenden Untersuchung gefolgt werden.
Diese Definition entspricht der Funktion des Rohstoffbegriffs im Rahmen
dieser Arbeit. Sie ist zudem unabhängig von einem rein WTO-rechtlichen
Begriffsverständnis nach Maßgabe von Art. 56 Abs. 1 der Havanna-Charta.
Ein Rohstoff ist daher nachfolgend als ein Stoff zu verstehen, der aus
natürlichen Beständen gewonnen wird, in nicht- bzw. halbverarbeitetem
Zustand handelbar ist und ein notwendiges Einsatzmittel für die industri-
elle Produktion darstellt.[93]

II. Grundbedingungen des Rohstoffhandels

Unter den Rohstoffbegriff im genannten Sinne lassen sich ganz unterschiedliche Erzeugnisse wie Öl, Erze oder Holz fassen, deren Marktbedin-

---

88 *Espa*, Export Restrictions, S. 44.
89 Für weitere Definitionsansätze siehe *Zeisberg*, S. 38 ff.; *Oehl*, S. 6 ff.
90 Siehe dazu Kapitel 1, Abschnitt A.
91 Für einen ähnlichen Ansatz vgl. *Radetzki/Wårell*, S. 29.
92 Dazu *Marscheider-Weidemann et al.*, Rohstoffe für Zukunftstechnologien 2016,
   S. 21.
93 *Espa*, Export Restrictions, S. 44.

gungen teils deutlich voneinander abweichen. Gleichwohl können eine Reihe von gemeinsamen Rahmenbedingungen identifiziert werden, die den weltweiten Rohstoffhandel prägen: Rohstoffvorkommen sind grds. regional ungleich verteilt und zudem oft geografisch konzentriert, d.h. dass überhaupt nur wenige Länder als Exportnationen in Betracht kommen.[94] In diesem Zusammenhang werden Rohstoffe häufig als „kritisch" bezeichnet, wenn sie sich durch eine besondere Bedeutung für die industrielle Produktion und gleichzeitig durch ein hohes Versorgungsrisiko auszeichnen.[95] Die Europäische Kommission führt eine regelmäßig überarbeitete Liste von Rohstoffen, die aus Sicht der EU als „kritische Rohstoffe" zu bezeichnen sind.[96] Umgekehrt stellen die Einnahmen aus dem Verkauf von Rohstoffen für die Exportländer häufig die einzige Möglichkeit dar, ihre Volkswirtschaften zu entwickeln und zu industrialisieren.[97]

Die Förderung sowie der Handel von Rohstoffen erfolgt sowohl durch Staats- als auch private Unternehmen.[98] Diese sind häufig vertikal integriert, was bedeutet, dass sie mehrere Verarbeitungs- oder Handelsstufen abdecken.[99] Die Homogenität von Rohstoffen und eine zumeist einfach durchzuführende Qualitätskontrolle, ermöglichen einen Verkauf über organisierte Handelsplätze.[100] Häufig erfolgt ein Handel an Börsen in Form von Spot- oder Terminverträgen, wobei Letztere eine Bezugspflicht in der Zukunft statuieren und Erstere den direkten Transport unter Beteili-

---

94 *WTO*, World Trade Report 2010, S. 48 f. sowie Statistical Appendix; *Sievers*, in: Ehlers et al. (Hrsg.), S. 195, 198 ff.; *Radetzki/Wårell*, S. 41 ff.

95 Vgl. *Espa*, Export Restrictions, S. 48 ff.; *Europäische Kommission*, Methodology for Establishing the Critical Raw Materials List for the EU – Guidelines, 2017, S. 2 ff.

96 *Europäische Kommission*, Die Rohstoffinitiative – Sicherung der Versorgung Europas mit den für Wachstum und Beschäftigung notwendigen Gütern, KOM(2008) 699 endgültig, S. 6; Grundstoffmärkte und Rohstoffe: Herausforderungen und Lösungsansätze, KOM(2011) 25 endgültig, S. 13 f. u. Anhang. Diese Liste wird seither immer wieder aktualisiert: Mitteilung der Kommission an das Europäische Parlament, den Rat, den Europäischen Wirtschafts- und Sozialausschuss und den Ausschuss der Regionen, über die Überprüfung der Liste kritischer Rohstoffe für die EU und die Umsetzung der Rohstoffinitiative, COM(2014) 297 final; Mitteilung über die Liste kritischer Rohstoffe für die EU 2017, COM(2017) 490 final; Widerstandsfähigkeit der EU bei kritischen Rohstoffen: Einen Pfad hin zu größerer Sicherheit und Nachhaltigkeit abstecken, COM(2020) 474 final.

97 *Oehl*, S. 16 f.; *Crochet*, EJIL 2/2022, S. 381, 384 f.

98 *Radetzki/Wårell*, S. 219 ff.

99 *WTO*, World Trade Report 2010, S. 62 f.

100 *WTO*, World Trade Report 2010, S. 60; *Neukirchen/Ries*, S. 12 f.

gung der gesamten Wertschöpfungskette aus Produzenten, Vermarkter, Handelsgesellschaften, lokalen Vertriebsgesellschaften und Konsumenten (vor allem die Industrie) einschließen.[101] Daneben existieren jedoch auch Langfristverträge, die langfristige Bezugspflichten statuieren und sowohl zwischen privaten als auch staatlichen Akteuren geschlossen werden.[102]

Die Preisbildung bei Rohstoffen wird regelmäßig durch die hohen Fixkosten der Förderung und die erhebliche Zeitdauer im Vorfeld einer Rohstoffgewinnung beeinflusst. Misst man die Preiselastizität des Angebots, d.h. wie die Angebotsmenge auf eine Preissteigerung reagiert[103], so stellt man bei Rohstoffen häufig eine kurzfristig niedrige Preiselastizität des Angebots fest.[104] Die Angebotsmenge reagiert kaum merklich auf die Preisänderung (das Angebot ist unelastisch).[105] Steigt die Nachfrage nach Rohstoffen, so erfolgt kurzfristig zumeist keine entsprechende Kapazitätsausweitung, da in der Regel zwischen einer Investition und dem Beginn der Rohstoffförderung Jahre vergehen.[106] Die Folge ist ein Preisanstieg.[107] Mittel- bis langfristig können sich jedoch Investitionen in einer Kapazitätsausweitung äußern.[108]

Gleichzeitig führt die oft nur begrenzte Substitutionsmöglichkeit bei Rohstoffen zu einer geringen Preiselastizität der Nachfrage.[109] Rohstoffkonsumenten können sich der Preissteigerung kaum entziehen. Die Preiselastizität der Nachfrage misst, wie sich die Nachfragemenge angesichts einer Preisänderung verhält.[110] Sie ist als „elastisch" zu bezeichnen, wenn Preisänderungen relativ große Mengenänderungen bewirken, wohingegen sie als „unelastisch" zu bezeichnen ist, wenn die Nachfragemenge kaum merklich auf Preisänderungen reagiert.[111] Langfristig können Innovatio-

---

101 *WTO*, World Trade Report 2010, S. 59 ff.; *Neukirchen/Ries*, S. 12.
102 *WTO*, World Trade Report 2010, S. 61 f.; *Neukirchen/Ries*, S. 12 f.
103 *Mankiw/Taylor*, S. 109.
104 *Herz/Drescher*, in: Eller/Heinrich/Perrot/Reif (Hrsg.), S. 85, 86 f.
105 Dazu *Mankiw/Taylor*, S. 109.
106 *Herz/Drescher*, in: Eller/Heinrich/Perrot/Reif (Hrsg.), S. 85, 87; *Fliess/Arriola/Liapis*, in: OECD (ed.), Export Restrictions in Raw Materials Trade, S. 17, 20. Daneben kommt auch eine Drosselung in Betracht, wie sie z.B. durch Produzentenvereinigungen wie der OPEC gezielt vorgenommen wird. Dazu bspw. *Desta*, JWT 3/2003, S. 523, 523 ff.; *Bungenberg/Weiss*, in: Tietje/Nowrot (Hrsg.), § 7 Rn. 32 ff.; *Zeisberg*, S. 158 ff.
107 ibid.
108 *Herz/Drescher*, in: Eller/Heinrich/Perrot/Reif (Hrsg.), S. 85, 87.
109 ibid.
110 *Mankiw/Taylor*, S. 95.
111 *Mankiw/Taylor*, S. 95 f.

nen bessere Substitutionsmöglichkeiten schaffen und dadurch die Elastizitäten erhöhen.[112] Ein kritischer Faktor ist dabei die Gewinnaussicht. Bei einer Vielzahl von Rohstoffen ist die Gewinnmarge angesichts der hohen Produktionskosten nur gering, sodass veränderte Rentabilitätserwartungen die Aufnahme bzw. Aufrechterhaltung einer Förderung stark beeinflussen.[113] Die Rentabilität wird wiederum durch eine Vielzahl von Faktoren, wie bspw. Kriege oder konkrete politische Maßnahmen (z.B. Umweltauflagen) beeinflusst.[114] Ein negativer Einfluss auf die Rohstoffpreise ergibt sich u.a. aus der steigenden Zahl von Exportbeschränkungen, insbesondere im Falle von geografisch eng begrenzten Rohstoffvorkommen.[115]

III. Wirtschaftliche Auswirkungen von Exportabgaben

An die gezeigten Marktbedingungen knüpft der mit Exportabgaben einhergehende wirtschaftliche Effekt. Die ökonomische Literatur hat sich mit diesem – vor allem am Beispiel von Exportzöllen – bereits vielfach beschäftigt.[116] Es wird dabei zunächst von den Produzenten des betroffenen Gutes als direkten Adressaten einer Exportabgabe ausgegangen. Für diese wird durch den Einsatz von Exportabgaben der Export verteuert, wodurch sich bei gleichbleibenden Weltmarktpreisen der Gewinn verringert.[117] In Folge wird die Produktion für ausländische Märkte weniger attraktiv, was zu einer Reduzierung der exportierten Menge führt (von ESw0 zu ESw1

---

112 ibid.
113 *Neukirchen/Ries*, S. 13.
114 ibid.
115 *Peeling et al.*, in: OECD (ed.), The Economic Impact of Export Restrictions on Raw Materials, S. 155, 156 ff.; *Fliess/Arriola/Liapis*, in: OECD (ed.), Export Restrictions in Raw Materials Trade, S. 17, 19.
116 Siehe bspw. *Reubens*, PSQ 1/1956, S. 42, 42 ff.; *Goode/Lent/Ojha*, IMF Staff Papers 3/1966, S. 453, 461 ff.; *Hasan/Reed/Marchant*, JED 2/2001, S. 77, 77 ff.; *Devarajan et al.*; *Pieremartini*; *Bonarriva/Koscielski/Wilson*; *WTO*, World Trade Report 2010, S. 125 ff.; *Kim*, in: OECD (ed.), The Economic Impact of Export Restrictions on Raw Materials, S. 13, 21 f.; *Bouët/Laborde Debucquet*, in: OECD (ed.), The Economic Impact of Export Restrictions on Raw Materials, S. 59; 59 ff.; *Latina/Piermartini/Ruta*; *Pothen/Goeschl/Löschel*; *Liefert/Westcott/Waino*; *Fung/Korinek*, in: OECD (ed.), Export Restrictions in Raw Materials Trade, S. 63, 63 ff.; *van Tongeren et al.*, in: OECD (ed.), Export Restrictions in Raw Materials Trade, S. 93, 93 ff.; *Liapis*, in: OECD (ed.), Export Restrictions in Raw Materials Trade, S. 115, 115 ff. Siehe auch die Nachweise bei *Roessler*, JWT 1/1975, S. 25, 31.
117 *Goode/Lent/Ojha*, IMF Staff Papers 3/1966, S. 453, 464; *Pothen/Goeschl/Löschel*, S. 44.

bei Abb. 2 und 3).[118] Dadurch erhöht sich die Gütermenge auf dem heimischen Markt, da die Produzenten zur Vermeidung der Exportabgabe versuchen ihre Güter „vor Ort" zu verkaufen, was wiederum mit Preissenkungen und einem geringeren Gewinn einhergehen kann (siehe Sd bei Abb. 2 und 3).[119]

In der Literatur wird regelmäßig zwischen marktstarken (Abb. 3) und marktschwachen (Abb. 2) Staaten unterschieden. Dies bestimmt sich danach, ob der Anteil an der weltweiten Produktion so groß ist, dass Veränderungen in der Ausfuhrmenge den Weltmarktpreis beeinflussen können oder nicht.[120] Ist der Weltmarktanteil der von der Exportabgabe betroffenen Produzenten eher gering, werden die ausländischen Konsumenten in Folge auf diejenigen Produzenten ausweichen, deren Güter keiner Exportabgabe unterliegen (siehe P0 bei Abb. 2).[121] Dies führt zu einem Verlust von Weltmarktanteilen für die heimischen Produzenten, deren Güter mit einer Exportabgabe belastet sind.[122]

Ist hingegen der Weltmarktanteil der von der Exportabgabe betroffenen Produzenten groß, so steigt bei einem Einsatz von Exportabgaben der Weltmarktpreis an (siehe P2 bei Abb. 3).[123] Die Reaktion der Konsumen-

---

118 *Kim*, in: OECD (ed.), The Economic Impact of Export Restrictions on Raw Materials, S. 13, 21; *Bouët/Laborde Debucquet*, in: OECD (ed.), The Economic Impact of Export Restrictions on Raw Materials, S. 59, 62 f.; *Latina/Piermartini/Ruta*, S. 14; *Pothen/Goeschl/Löschel*, S. 44; *Fung/Korinek*, in: OECD (ed.), Export Restrictions in Raw Materials Trade, S. 63, 68.

119 *Bonarriva/Koscielski/Wilson*, S. 6 f.; *Latina/Piermartini/Ruta*, S. 14; *Kim*, in: OECD (ed.), The Economic Impact of Export Restrictions on Raw Materials, S. 13, 21; *Bouët/Laborde Debucquet*, in: OECD (ed.), The Economic Impact of Export Restrictions on Raw Materials, S. 59, 62 f.; *Fung/Korinek*, in: OECD (ed.), Export Restrictions in Raw Materials Trade, S. 63, 68.

120 *Goode/Lent/Ojha*, IMF Staff Papers 3/1966, S. 453, 464; *Pieremartini*, S. 3; *Kim*, in: OECD (ed.), The Economic Impact of Export Restrictions on Raw Materials, S. 13, 21; *Bouët/Laborde Debucquet*, in: OECD (ed.), The Economic Impact of Export Restrictions on Raw Materials, S. 59, 62; *Liefert/Westcott/Waino*, S. 11 f.; *Pothen/Goeschl/Löschel*, S. 41; *Fung/Korinek*, in: OECD (ed.), Export Restrictions in Raw Materials Trade, S. 63, 65.

121 *Goode/Lent/Ojha*, IMF Staff Papers 3/1966, S. 453, 464; *Bonarriva/Koscielski/Wilson*, S. 6.

122 Am Beispiel der indonesischen Palmölproduzenten *Hasan/Reed/Marchant*, JED 2/2001, S. 77, 87 f.

123 *Bonarriva/Koscielski/Wilson*, S. 7; *WTO*, World Trade Report 2010, S. 126; *Kim*, in: OECD (ed.), The Economic Impact of Export Restrictions on Raw Materials, S. 13, 21 f.; *Bouët/Laborde Debucquet*, n: OECD (ed.), The Economic Impact of Export Restrictions on Raw Materials, S. 59, 63; *Pothen/Goeschl/Löschel*, S. 43;

ten hängt dann von der Preiselastizität der Nachfrage ab.[124] Wie bereits dargestellt, zeichnet sich der Rohstoffsektor einerseits durch eine kurzfristig geringe Elastizität des Angebots bzw. der Nachfrage und andererseits durch zumeist geografisch wie wirtschaftlich konzentrierte Märkte aus.[125] Es ist also davon auszugehen, dass die Nachfrage mangels bestehender Substitutionsmöglichkeiten nicht auf ein anderes Gut gelenkt oder reduziert werden kann. Die verarbeitende Industrie sieht sich daher in den Fällen einer hohen wirtschaftlichen Konzentration der Anbieter regelmäßig höheren Kosten durch einen erhöhten Weltmarktpreis gegenüber.[126]

Entscheidend ist jedoch, dass – unabhängig von der Größe des Weltmarktanteils – die Menge des angebotenen Gutes auf dem heimischen Markt steigt, wodurch im Ergebnis der Preis für die Konsumenten des Heimatmarktes sinkt (siehe P1 bei Abb. 2 sowie P2' bei Abb. 3).[127] Dadurch erhalten die heimischen Konsumenten das betreffende Gut zu einem Preis, der unter dem ursprünglichen Weltmarktpreis liegt.[128] Damit bewirkt eine Exportabgabe in jedem Fall eine Versorgung der heimischen Konsumenten mit preisgünstigen Gütern.[129]

Auf den Rohstoffsektor bezogen bedeutet dies, dass die verarbeitende Industrie des die Exportabgabe verhängenden Staates einen gegenüber der ausländischen Konkurrenz vergünstigten Zugriff auf Rohstoffe erhält, unabhängig vom Weltmarktanteil.[130] Der Kostenvorteil gegenüber der ausländischen Konkurrenz wird in Situationen, in denen es sich um kritische

---

Fung/Korinek, in: OECD (ed.), Export Restrictions in Raw Materials Trade, S. 63, 68;

124 *Goode/Lent/Ojha*, IMF Staff Papers 3/1966, S. 453, 463; *Fung/Korinek*, in: OECD (ed.), Export Restrictions in Raw Materials Trade, S. 63, 69.

125 Siehe Kapitel 2, Abschnitt C. II.

126 Vgl. *WTO*, World Trade Report 2010, S. 126.

127 *Kim*, in: OECD (ed.), The Economic Impact of Export Restrictions on Raw Materials, S. 13, 21; *Bouët/Laborde Debucquet*, in: OECD (ed.), The Economic Impact of Export Restrictions on Raw Materials, S. 59, 62 f.; *Latina/Piermartini/Ruta*, S. 14 u. 16; *Liefert/Westcott/Waino*, S. 9 ff.; *Fung/Korinek*, in: OECD (ed.), Export Restrictions in Raw Materials Trade, S. 63, 68.

128 *Latina/Piermartini/Ruta*, S. 14 u. 16; *Liefert/Westcott/Waino*, S. 9 ff.; *Fung/Korinek*, in: OECD (ed.), Export Restrictions in Raw Materials Trade, S. 63, 68.

129 *Kim*, in: OECD (ed.), The Economic Impact of Export Restrictions on Raw Materials, S. 13, 21; *Latina/Piermartini/Ruta*, S. 14 u. 16; *Liefert/Westcott/Waino*, S. 9 ff.; *Pothen/Goeschl/Löschel*, S. 44; *Fung/Korinek*, in: OECD (ed.), Export Restrictions in Raw Materials Trade, S. 63, 68 f.

130 *Kim*, in: OECD (ed.), The Economic Impact of Export Restrictions on Raw Materials, S. 13, 21; *Bouët/Laborde Debucquet*, in: OECD (ed.), The Economic Impact of Export Restrictions on Raw Materials, S. 59, 64; *Latina/Piermartini/Ru-*

Rohstoffe handelt noch gesteigert. Ein hoher Weltmarktanteil des handelnden Staates bewirkt neben der Begünstigung der heimischen Industrie eine noch darüberhinausgehende Benachteiligung der ausländischen Industrie durch einen zusätzlich erhöhten Weltmarktpreis (siehe P2 bei Abb. 3).[131] Dadurch wird die Kostendifferenz vergrößert. Dem kann aus Sicht der ausländischen Konkurrenz – wenn überhaupt – nur langfristig durch Investitionen in weitere Förderkapazitäten[132] oder die Entwicklung von Substituten begegnet werden.

---

ta, S. 16 f.; *Pothen/Goeschl/Löschel*, S. 44; *Fung/Korinek*, in: OECD (ed.), Export Restrictions in Raw Materials Trade, S. 63, 68 f.

131 *Liefert/Westcott/Waino*, S. 15; *Fung/Korinek*, in: OECD (ed.), Export Restrictions in Raw Materials Trade, S. 63, 69.

132 Natürlich nur sofern diese nicht in dem betreffenden Staat liegen.

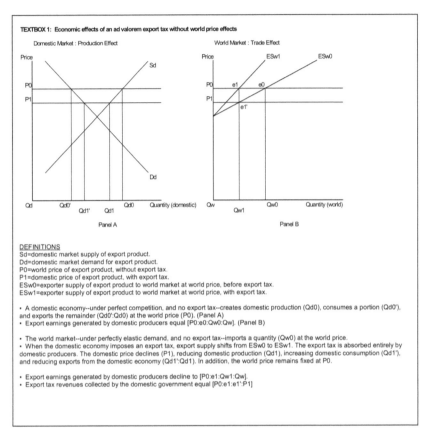

Abb. 2: Auswirkungen von Exportabgaben bei einem „marktschwachen Staat".
Quelle: Bonarriva/Koscielski/Wilson, S. 8.

Im Ergebnis führen Exportabgaben damit – unabhängig vom Marktanteil des Exportstaates – zu einer Begünstigung der heimischen Rohstoffkonsumenten. Bei marktstarken Exportstaaten tritt eine zusätzliche Benachteiligung der rohstoffimportierenden Staaten durch eine Erhöhung des Weltmarktpreises hinzu.

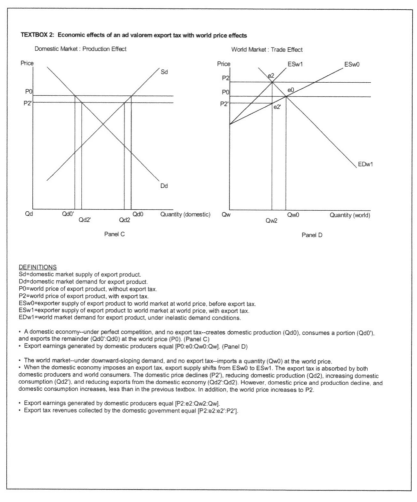

Abb. 3: Auswirkungen von Exportabgaben bei einem „marktstarken Staat".
Quelle: Bonarriva/Koscielski/Wilson, S. 9.

D. Zwischenfazit

Exportabgaben stellen eine verbreitete Variante der Exportbeschränkung dar. Ihr Einsatz dient dabei sowohl fiskalischen als auch industriepolitischen Zwecken. Werden Exportabgaben auf Rohstoffe erhoben, wird dadurch letztlich Einfluss auf das wettbewerbliche Verhältnis auf Ebene der verarbeitenden Industrien im In- und Ausland genommen. Dies folgt aus einer hierdurch verursachten Preissenkung für Rohstoffe auf dem Heimat-markt, die der heimischen Industrie zugutekommt. Die besondere Markt-situation bei Rohstoffen bringt es dazu in der Regel mit sich, dass die ausländische Industrie durch einen steigenden Weltmarktpreis zusätzliche Einbußen erleidet. Sie wird dann sogar in doppelter Hinsicht im interna-tionalen Wettbewerb benachteiligt. Aus all dem ergibt sich ein Interesse der rohstoffimportierenden Staaten gegen den Einsatz von Exportabgaben vorzugehen. Es stellt sich in diesem Zusammenhang die Frage, ob Export-abgaben direkt auf Ebene der WTO oder im Rahmen sonstiger Handels-abkommen geregelt werden oder, ob zumindest die daraus resultierende Preisdiskriminierung als Folge einer unfairen Handelspraktik zum Gegen-stand von autonomen Handelsschutzverfahren gemacht werden kann.

Kapitel 3: Exportabgaben als Gegenstand des Welthandelsrechts

Staatliche Eingriffe in den grenzüberschreitenden Handel und ihre Auswirkungen auf den internationalen Wettbewerb stehen in einem Spannungsverhältnis zu der Idee eines freien Welthandels, die mit den Regelungen des Welthandelsrechts verbunden wird. Für Exportabgaben wird dadurch die Frage nach ihrer Vereinbarkeit mit dem Welthandelsrecht aufgeworfen. Für deren Beantwortung bildet das Recht der WTO immer noch den maßgeblichen Anknüpfungspunkt (dazu A.).[133] Exportabgaben sollen in diesem Zusammenhang zunächst am Maßstab des GATT als dem zentralen Abkommen für den Warenhandel gemessen werden (dazu A. I.). Dessen Regeln werden für eine Reihe von Mitgliedern durch Zugeständnisse modifiziert, die diese im Rahmen ihres Beitritts zur WTO eingegangen sind. Daher soll anschließend untersucht werden, inwieweit Exportabgaben im Rahmen derartiger Beitrittsverpflichtungen bislang eine Rolle spielen (dazu A. II.). Abschließend soll im Sinne einer perspektivischen Betrachtung auf die Bedeutung von Exportabgaben im Kontext der fortlaufenden Reformbemühungen einzelner WTO-Mitglieder eingegangen werden (dazu A. III.).

Neben die multilaterale WTO-Rechtsordnung treten zunehmend Handelsabkommen, die außerhalb der WTO geschlossen werden und die als eine weitere Quelle des Welthandelsrechts[134] anzusehen sind. Sie bilden dadurch einen weiteren Anknüpfungspunkt für die Frage nach der direkten Regelung von Exportabgaben (dazu B.). Durch diese Abkommen werden die WTO-rechtlich determinierten Handelsbeziehungen im Verhältnis zwischen den beteiligten Staaten modifiziert. Für die EU ergibt sich dabei die Möglichkeit, weitergehende Handelsliberalisierungen zu vereinbaren. Vor diesem Hintergrund soll zunächst untersucht werden, inwieweit sich Regelungen zu Exportabgaben in derartigen Abkommen der EU finden

---

133   Zur Bedeutung und Krise der WTO bspw. *Marceau,* IOLR 17/2020, S. 345, 345 ff.; *Bäumler,* in: Bungenberg et al. (eds.), EYIEL 2020, S. 321, 321 ff. Siehe auch die einzelnen Beiträge in *Lewis et al.,* die von der Vorstellung einer Post-WTO-Welt ausgehen.

134   In diesem Sinne auch das Verständnis von „[i]nternational trade law" bei *Van den Bossche/Zdouc,* S. 39 f.

lassen (dazu B. I.). Zugleich stellt sich hierbei die Frage nach dem Verhältnis zum multilateralen Ansatz der WTO. Daher soll anschließend das daraus resultierende Spannungsverhältnis zur WTO-Rechtsordnung und dessen Auflösungsmöglichkeiten am Beispiel von Exportabgaben ebenfalls näher beleuchtet werden (B. II.).

Insgesamt soll durch diese Verknüpfung der WTO-Rechtsordnung mit den EU-Handelsabkommen die direkte rechtliche Erfassung von Exportabgaben im Welthandelsrecht zu einem Gesamtbild zusammengeführt werden (dazu C.).

A. Exportabgaben im Rahmen der WTO-Rechtsordnung

Die feierliche Unterzeichnung der Schlussakte der sog. Uruguay-Runde (1986–1994) in Marrakesch am 15. April 1994 bedeutete einen Richtungswechsel in der weltweiten Handelsliberalisierung, deren Anfänge man bereits in der Weltwirtschaftskonferenz von 1927 erblicken kann.[135] Erstmalig existierte mit der WTO eine mit eigener Rechtspersönlichkeit ausgestattete internationale Organisation (Art. VIII:1 WTO-Übereinkommen), die in das Zentrum einer umfassenden (WTO-)Rechtsordnung gestellt wurde. Diese WTO-Rechtsordnung gliedert sich entlang der für alle WTO-Mitglieder verbindlichen Anhänge 1 bis 3 zum WTO-Übereinkommen (Art. II:2 WTO-Übereinkommen), in multilaterale Abkommen zum Waren- (Anhang 1A) und zum Dienstleistungshandel (Anhang 1B) sowie zu den Rechten des geistigen Eigentums (Anhang 1C), die durch die Bestimmungen zur Streitbeilegung (Anhang 2) und der Überwachung der Handelspolitik (Anhang 3) verklammert werden. Daneben enthält Anhang 4 einzelne plurilaterale Handelsabkommen, welche nur für diejenigen Mitglieder Wirkung entfalten, die diese angenommen haben (Art. II:3 WTO-Übereinkommen).

Die vorliegende Untersuchung beschäftigt sich mit dem Rohstoffhandel und knüpft insoweit an die Bestimmungen über Waren an. Hierbei steht das Allgemeine Zoll- und Handelsübereinkommen (GATT) in seiner Form ab 1994 im Zentrum. Die Rechtsnormen des GATT werden durch aktuell 12 zusätzliche Übereinkommen erweitert und konkretisiert, die ebenfalls Bestandteil des Anhangs 1A sind.[136] Im Falle eines Widerspruchs zwischen

---

135 *Mavroidis*, Vol. 1, S. 2.

136 Hierbei handelt es sich um den Bereich der Landwirtschaft, der sanitären und phytosanitären Maßnahmen, der technischen Handelshemmnisse, des An-

Regelungen des GATT mit einem dieser Übereinkommen sollen nach einer allgemeinen Auslegungsregel zu Anhang 1A die spezielleren Bestimmungen der einzelnen Übereinkommen maßgebend sein.

I. Die Behandlung von Exportabgaben im GATT

Eine Regelung, die sich ausschließlich mit Exportabgaben beschäftigt, fehlt innerhalb des GATT. Die Frage, ob bzw. inwieweit Exportabgaben durch das GATT erfasst werden, muss daher anhand der im GATT enthaltenen Einzelbestimmungen beantwortet werden. Diesen liegt eine Regelungssystematik zugrunde, die geprägt ist durch eine Unterscheidung zwischen sog. „tarifären" und „nicht-tarifären Handelsbeschränkungen" sowie durch eine Asymmetrie zwischen der Import- und der Exportseite (dazu 1.).[137] Exportzölle und Exportsteuern sind entsprechend dieser Systematik getrennt voneinander auf ihre Vereinbarkeit mit dem GATT zu überprüfen (dazu 2.).

1. Regelungssystematik des GATT

Ein wesentliches Strukturmerkmal des GATT ist die Unterscheidung zwischen tarifären und nicht-tarifären Handelsbeschränkungen. Unter tarifären Handelsbeschränkungen sind in diesem Zusammenhang Zölle sowie zollgleiche Abgaben zu verstehen, während eine nicht-tarifäre Maßnahme als Sammelbezeichnung für alle anderen Formen von Handelsbeschränkungen fungiert (z.B. Kontingente und Lizenzen).[138]

---

tidumping und der Subventionen, der Schutzmaßnahmen, der handelsbezogenen Investitionsmaßnahmen, der Zollwertbestimmung, der Warenkontrolle vor dem Versand, der Ursprungsregeln, des Einfuhrlizenzverfahrens und der Handelserleichterung.

137 Eine Betrachtung der Regelungssystematik des WTO-Rechts im Hinblick auf die Einordnung von Exportzöllen findet sich auch bei *Espa*, Export Restrictions, S. 128 ff.

138 So z.B. *Jackson*, World Trade and the Law of GATT, S. 517; *Bender*, in: Hilf/ Oeter (Hrsg.), § 10 Rn. 10; *Staiger*, Staff Working Paper ERSD-2012–01, S. 2; *Van den Bossche/Zdouc*, S. 456 u. 522.

Diese Unterscheidung, die sich auch bereits in der Präambel des GATT wiederfindet[139], erklärt sich aus der Entstehungsgeschichte: Historisch gesehen sollte das GATT von 1947 als multilaterales Zollabkommen neben die ambitioniertere Havanna-Charta zur Errichtung einer internationalen Handelsorganisation treten.[140] Diese war neben dem Weltwährungsfonds und der Weltbank als dritte Säule einer neuen internationalen Weltwirtschaftsordnung gedacht. Das GATT 1947 selbst zielte im Wesentlichen auf gegenseitige Zollzugeständnisse, die nur durch vereinzelte Regelungen zu nicht-tarifären Handelsschranken flankiert wurden, mit dem Ziel, so weit wie möglich eine Umgehung der getroffenen Vereinbarungen zu verhindern.[141] Die Verhandlungsparteien standen allgemein noch unter dem Eindruck der Zolleskalation der 1930er Jahre, bei der einige Staaten – neben Zöllen – auch auf nicht-tarifäre Instrumente wie Quoten zurückgegriffen hatten, und wollten derartige Situationen für die Zukunft, ebenso wie eine Umgehung von eingegangenen Zollzugeständnissen („tariff concessions"), vermeiden.[142] Grds. war man sich zwar einig, dass Beschränkungsformen wie Quoten verboten werden sollten, konnte jedoch gleichzeitig in Bezug auf eine Vielzahl von anderen nicht-tarifären Handelsschranken keinen Konsens erzielen.[143] Ein umfassender Ansatz, durch den tarifäre und nicht-tarifäre Maßnahmen in gleicher Weise begrenzt werden, wurde dadurch von Beginn an verhindert.

Aus der Historie erklärt sich damit eine klare Präferenz des GATT 1947 für tarifäre Maßnahmen, die im Wege regelmäßiger Zollrunden reduziert werden sollten, während Einzelregelungen zu nicht-tarifären Handelsbeschränkungen als Absicherung der eingegangenen Zugeständnisse aufgenommen wurden.[144] Als die Havanna-Charta letztlich scheiterte, nahm

---

139 So heißt es dort: „Being desirous of contributing to these objectives by entering into reciprocal and mutually advantageous arrangements directed to the substantial reduction of tariffs and other barriers to trade and to the elimination of discriminatory treatment in international commerce (…)".

140 Zur geschichtlichen Entwicklung des GATT siehe insbesondere *Jackson*, World Trade and the Law of GATT, S. 35 ff. sowie *Irwin/Mavroidis/Sykes*. Speziell zum Bereich der nicht-tarifären Handelsbeschränkungen vgl. *WTO*, World Trade Report 2012, S. 39 ff.

141 *Jackson*, World Trade and the Law of GATT, S. 43 u. 49; *WTO*, World Trade Report 2012, S. 39.

142 *Jackson*, World Trade and the Law of GATT, S. 39 f., 195 u. 306 f.; *Ehring/Chianale*, in: Selivanova (ed.), S. 109, 112.

143 *Jackson*, World Trade and the Law of GATT, S. 43 ff.; *WTO*, World Trade Report 2012, S. 40 f.

144 *Jackson*, World Trading System, S. 139; *WTO*, World Trade Report 2012, S. 40.

das GATT 1947, welches seit dem 30. Oktober 1947 vorläufig angewendet wurde, dessen Stellung ein.[145] Im Zuge fortschreitender Zollrunden verloren die tarifären Handelshemmnisse an Bedeutung, wodurch sich der Fokus zunehmend auf den Bereich der nicht-tarifären Handelsschranken richtete.[146] Zu Beginn der sog. Kennedy-Runde (1964–1967) wurde bereits der Wille zu Verhandlungen über weitreichendere Regelungen zu nicht-tarifären Handelsschranken erkennbar, jedoch stellten sich die Ergebnisse diesbezüglich als überschaubar dar.[147] Erst im Rahmen der sog. Tokio-Runde (1973–1979) und im Anschluss an eine weitreichende Absenkung von Zöllen setzte sich die Überzeugung durch, dass es zur Aufrechterhaltung von bereits erzielten Liberalisierungen sowie für die Weiterentwicklung des Welthandelssystems zwingend einer weitergehenden Regelung von nicht-tarifären Handelsbarrieren bedarf.[148] Im Ergebnis wurden einzelne – jedoch nur plurilaterale – Abkommen vereinbart, die fast alle an das GATT anknüpften und die nicht-tarifäre Handelsschranken regulieren bzw. weiter zurückdrängen sollten.[149]

Auch im Rahmen der Uruguay-Runde waren nicht-tarifäre Handelsschranken von Bedeutung. Es gelang den Verhandlungsparteien diesbezüglich zahlreiche weitere Regelungen hinzu- bzw. die plurilateralen Bestimmungen in einen multilateralen Rahmen einzufügen.[150] Damit konsolidiert und erweitert das GATT 1994 Vereinbarungen zur Regelung von nicht-tarifären Maßnahmen, behält jedoch die Grundstrukturen des GATT 1947 und somit die Gegenüberstellung von tarifären und nicht-tarifären Beschränkungen bei. Ein wesentlicher Unterschied zwischen tarifären und nicht-tarifären Handelsbeschränkungen wird dadurch noch deutlicher: Während tarifäre Handelsbeschränkungen als Zoll oder zollgleiche Abgabe immer einen Grenzbezug aufweisen, ist dies für die nahezu unbegrenz-

---

145 Dazu *Jackson*, World Trade and the Law of GATT, S. 49 ff.
146 *Jackson*, World Trade and the Law of GATT, S. 223 ff.; WTO, World Trade Report 2012, S. 41.
147 *WTO*, World Trade Report 2012, S. 41.
148 *WTO*, World Trade Report 2012, S. 41 f.
149 *WTO*, World Trade Report 2012, S. 42.
150 *WTO*, World Trade Report 2012, S. 43. Dazu auch *Edozien*, in: Stewart (ed.), Vol. I, S. 699, 699 ff.

te Zahl von nicht-tarifären Maßnahmen[151] nicht der Fall.[152] Durch sie erweitert sich der Regelungsbereich des GATT auch auf Maßnahmen „hinter der Grenze".[153]

Neben der Unterscheidung zwischen tarifären und nicht-tarifären Handelsbeschränkungen ist die im GATT enthaltene Regelungsasymmetrie zwischen Import- und Exportbeschränkungen als ein weiteres Strukturmerkmal anzusehen. Das quantitative Ungleichgewicht von Import- und Exportregelungen erklärt sich ebenfalls aus der historischen Entwicklung des GATT, dem ursprünglich vor allem der Gedanke an einen besseren Marktzugang für Exporteure zugrunde lag.[154] Auch wurde unter den damals beteiligten Vertragsparteien ein deutlich geringerer Gebrauch von Export- gegenüber Importzöllen gemacht, sodass eine Regelung als deutlich weniger dringend erschien.[155] Folglich diente das GATT 1947 als Verhandlungsforum, innerhalb dessen in reziproker und freiwilliger sowie in nicht-diskriminierender Art und Weise Zollverhandlungen geführt werden sollten, mit dem Ziel (Import-)Zollbindungen zu erreichen.[156] Das GATT 1994 erweitert den Regelungsbestand, während die Regelungssystematik auch in dieser Hinsicht grds. erhalten bleibt.

2. Exportabgaben als Gegenstand des GATT

Die beschriebene Systematik des GATT hat zur Folge, dass mit der Bezeichnung der tarifären Handelsschranken regelmäßig allein die Importseite adressiert wird; der englische Begriff „tariff" wird dabei häufig mit einem Importzoll gleichgesetzt.[157] Damit ist zugleich gesagt, dass alle Maß-

---

151 So spricht *Jackson*, World Trading System, S. 49 davon, dass der Erfindergeist des Menschen in diesem Bereich eine umfassende Regulierung immer verhindern wird.

152 Siehe daher bspw. die Unterscheidung bei *Staiger*, Staff Working Paper ERSD-2012–01, S. 2; *WTO*, World Trade Report 2012, S. 51 sowie *Bender*, in: Hilf/Oeter (Hrsg.), § 10 Rn. 10 ff.

153 Als „behind-the-border measures" bei *Staiger*, Staff Working Paper ERSD-2012–01, S. 2 sowie *WTO*, World Trade Report 2012, S. 51.

154 *Staiger*, Staff Working Paper ERSD-2012–01, S. 8 f.; *Matsushita/Schoenbaum/Mavroidis/Hahn*, S. 220.

155 *Van den Bossche/Zdouc*, S. 514.

156 *Staiger*, Staff Working Paper ERSD-2012–01, S. 8.

157 So z.B. *Mavroidis*, Vol. 1, S. 133 sowie *Matsushita/Schoenbaum/Mavroidis/Hahn*, S. 219; *Trebilcock/Howse/Eliason*, S. 258; *Staiger*, Staff Working Paper

nahmen, welche die Ausfuhr betreffen, dem Bereich der nicht-tarifären Handelsschranken zugeordnet werden.[158]

Während diese Einordnung in Bezug auf Exportsteuern nachvollziehbar erscheint, ist sie für den Bereich der Exportzölle wiederum nicht selbstverständlich. Zum einen besteht eine ökonomischen Symmetrie zwischen Import- und Exportzöllen.[159] Zum anderen finden sich in der Geschichte des GATT vereinzelt auch Zollzugeständnisse für den Export.[160] Politisch gesehen beschränkt sich jedoch ein im Wege gegenseitiger Zugeständnisse ausgehandelter Marktzutritt – wie er im GATT vorgesehen ist – auf den Bereich der Importzölle, womit sich eine Sonderstellung rechtfertigen lässt.[161] In einem gemeinsamen Statement der U.S.A. und des Vereinigten Königreichs über Ansätze für eine Neuordnung der Weltwirtschaft von 1943 waren „Export taxes" nicht dem Bereich der Zölle zugeordnet, sondern gemeinsam mit anderen Formen einer mengenmäßigen Beschränkung aufgeführt.[162] In den von Seiten des U.S. State Department im November 1945 veröffentlichten Vorschlägen für eine Ausweitung von Welthandel und Beschäftigung wurde unter der Überschrift „Export tariffs and preferences" demgegenüber gefordert, dass die Staaten über Exportzölle ebenso verhandeln sollten, wie über den Abbau von Importzöllen.[163]

ERSD-2012–01, S. 5; *Goode*, Eintrag „Tariff". A.A. jedoch bspw. bei *Van den Bossche/Zdouc*, S. 513.

158 *Staiger*, Staff Working Paper ERSD-2012-01, S. 5. Zu diesem Ergebnis kommt auch *Espa*, Export Restrictions, S. 130.

159 Dazu grundlegend *Lerner*, Economica 11/1936, S. 306, 306 ff. Siehe auch die Erklärung bei *Goode*, Eintrag „Lerner's symmetry theorem".

160 *Espa*, Export Restrictions, S. 130 Fn. 19 verweist hierzu auf Zugeständnisse, die das Vereinigte Königreich gegenüber der damaligen Malaysischen Union von 1947 übernommen hat und solche, die aktuell von Australien eingegangen worden sind. Siehe hierzu Schedule XIX-United Kingdom, Section D, Malayan Union, in: General Agreement on Tariffs and Trade, Consolidated Schedules of Tariff Concessions, Vol. 3, S. 135 sowie Australia's Uruguay Round Goods Schedules, AUS1-201, AUS1-202, AUS1-203, AUS1-204, abrufbar unter: <https://www.wto.org/english/thewto_e/countries_e/australia_e.htm>, (letzter Abruf am 1.11.2022). Die Zugeständnisse befinden sich dabei in dem Abschnitt über tarifäre Maßnahmen.

161 *Staiger*, Staff Working Paper ERSD-2012–01, S. 6.

162 *Irwin/Mavroidis/Sykes*, S. 230 f. (Annex A-3: „Anglo-American Discussions under Article VII: Commercial Policy"). Dort heißt es: „Export taxes and other forms of government action which result in the sale of goods in foreign markets at prices higher than those corresponding to the domestic prices would be banned, subject to an exception for export taxes imposed for purposes of revenue."

163 *United States Department of State*, Proposals for Expansion of World Trade and Employment, Publication 2411, Commercial Policy Series 79, November 1945,

Gleichwohl wurden sie in den GATT-Verhandlungen nicht als tarifäre, sondern als nicht-tarifäre Beschränkung angesehen.[164] Diese Einordnung wird auch in der offiziellen Praxis seit Erstellung einer ersten Auflistung nicht-tarifärer Maßnahmen durch das GATT-Sekretariat aus dem Jahr 1968 abgebildet.[165]

Alle exportrelevanten Maßnahmen sind demnach als nicht-tarifäre Handelsbeschränkungen einzuordnen. Sie unterliegen dabei keinem einheitlichen Regelungskonzept, lassen sich jedoch zumindest entlang ihrer formellen Ausgestaltung in Grenzmaßnahmen sowie Maßnahmen hinter bzw. vor der Grenze einteilen. Auf Exportabgaben angewendet, ergibt sich daraus eine Trennung zwischen Exportzöllen und Exportsteuern[166], die auch der nachfolgenden Untersuchung zugrunde gelegt werden soll (dazu a) und b)). Eine Ausnahme bilden einzig diejenigen Bestimmungen, bei denen es auf die WTO-Rechtmäßigkeit einer Maßnahme gar nicht erst ankommt, namentlich bei einer Nichtverletzungs- oder Situationsbeschwerde gem. Art. XXIII:1(b) und (c) GATT (dazu c)).

a) Exportzölle als Gegenstand des GATT

Eine eigenständige Regelung zu Exportzöllen ist innerhalb des GATT nicht enthalten. Die Frage nach einer rechtlichen Einordnung muss sich daher an dessen Einzelbestimmungen orientieren. Dabei kommen – neben den allgemein geltenden Geboten der Meistbegünstigung sowie der Transparenz gem. Art. I und X GATT – insbesondere die auf Zölle und Gebühren anwendbaren Art. II, VII und VIII GATT in Betracht. Als zentrale Vorschrift im Bereich der nicht-tarifären Handelsbeschränkungen[167] ist zudem Art. XI GATT in den Blick zu nehmen.

S. 12 f., abrufbar unter: <https://www.worldtradelaw.net/misc/ProposalsForE xpansionOfWorldTradeAndEmployment.pdf.download>, (letzter Abruf am 1.11.2022).

164 *Irwin/Mavroidis/Sykes*, S. 136 Fn. 150.

165 M.w.N. *Espa*, Export Restrictions, S. 130.

166 Siehe dazu bereits Kapitel 2, Abschnitt A.

167 So z.B. *Weiß/Ohler/Bungenberg*, § 11 Rn. 479.

aa) Meistbegünstigungsgebot gemäß Art. I:1 GATT

Die Beseitigung von Diskriminierungen stellt eines der Grundanliegen des GATT und der WTO insgesamt dar.[168] Von wesentlicher Bedeutung ist dabei der allgemeine Grundsatz der Meistbegünstigung des Art. I GATT („Most-Favoured-Nation Treatment"; MFN), der – anders als Art. III GATT – das zwischenstaatliche Verhältnis in den Blick nimmt.[169] Dieser Grundsatz verpflichtet die Staaten dazu, jede Begünstigung, die gegenüber Waren eines Drittstaates gewährt wird, den Waren aller anderen WTO-Mitglieder ebenfalls zukommen zu lassen. Die Norm weist dabei einen weiten Anwendungsbereich auf und umfasst sowohl tarifäre als auch nicht-tarifäre Handelsbeschränkungen.[170] Wurde im Zusammenhang mit der Regelungssystematik des GATT auf eine diesem innewohnende Asymmetrie zwischen der Import- sowie der Exportseite hingewiesen, so gilt dies nicht mit Blick auf das allgemeine Gebot der Meistbegünstigung gem. Art. I:1 GATT („in connection with importation or exportation"). Vor diesem Hintergrund muss ein Staat daher jeden Vorteil, der gegenüber der Ausfuhr von Waren in ein bestimmtes Land gewährt wird, auch gegenüber den Waren aller anderen WTO-Mitglieder gewähren. Der begünstigte Staat muss selbst kein Mitglied der WTO sein.[171] Der Vorteil kann sich gem. Art. I:1 GATT ausdrücklich auf alle finanziellen Abgabeformen beziehen („customs duties and charges of any kind"). Insgesamt werden damit alle Vorteile, die im Zusammenhang mit dem Einsatz von Exportzöllen gewährt werden (z.B. einen teilweisen oder auch vollständigen Verzicht gegenüber einem Staat) erfasst.

Eine Vorteilsgewährung muss nicht *de jure* diskriminierend sein, um gegen die Verpflichtung aus Art. I:1 GATT zu verstoßen, d.h. sie muss nicht ausdrücklich an die Herkunft einer Ware anknüpfen, sondern sie

---

168 *Van den Bossche/Zdouc*, S. 337. Siehe in diesem Sinne bereits die Präambel des GATT bei Fn. 139 sowie auch die in dieser Hinsicht nahezu identische Präambel zum WTO-Übereinkommen, wo es heißt: „Being desirous of contributing to these objectives by entering into reciprocal and mutually advantageous arrangements directed to the substantial reduction of tariffs and other barriers to trade and to the elimination of discriminatory treatment in international trade relations (…)".

169 *Van den Bossche/Zdouc*, S. 337.

170 *Matsushita/Schoenbaum/Mavroidis/Hahn*, S. 159 f.; *Van den Bossche/Zdouc*, S. 343 f.

171 *Matsushita/Schoenbaum/Mavroidis/Hahn*, S. 162; *Van den Bossche/Zdouc*, S. 347 bei Fn. 40.

kann auch in einer faktischen (*de facto*) Ungleichbehandlung bestehen.[172] Entscheidendes Kriterium ist jeweils die Gleichartigkeit der betrachteten Waren („like products"), die von der WTO-Rechtsprechung im Einzelfall anhand unterschiedlicher Vergleichsmerkmale (Beschaffenheit, Art der Vermarktung etc.) ermittelt wird.[173] Die Folge kann sein, dass ein Staat, der unterschiedliche Rohstoffarten in unterschiedliche Staaten liefert, auf Grundlage einer gewissen Gleichartigkeit der Stoffe an einer Erhebung von unterschiedlich hohen Exportzöllen gehindert ist.[174]

bb) Transparenzbestimmungen gemäß Art. X GATT

Fehlende Transparenz im Hinblick auf die in einem Land geltenden Vorschriften stellt ebenfalls eine Beschränkung des internationalen Warenhandels dar und kann mithin ebenso als eine nicht-tarifäre Handelsbeschränkung angesehen werden.[175] Dem soll Art. X GATT entgegenwirken. Art. X:1 GATT verpflichtet die WTO-Mitglieder zunächst dazu, alle geltenden Gesetze, sonstige Vorschriften sowie Gerichts- und Verwaltungsentscheidungen von allgemeiner Bedeutung zu veröffentlichen soweit diese die Ein- oder Ausfuhr im Sinne der ausdrücklich dort genannten Handelsmaßnahmen betreffen. Wie bei Art. I:1 GATT, wird in diesem Zusammenhang u.a. der Gesamtbereich der fiskalischen Maßnahmen genannt, sodass die Bestimmung auch auf Exportzölle Anwendung findet („rates of duty, taxes or other charges (…) on imports or exports"). Die Veröffentlichung soll unverzüglich und in einer Weise erfolgen, welche die Regierungen und betroffenen Wirtschaftskreise dazu befähigen, sich mit diesen vertraut zu machen.[176] Der Verweis auf die allgemeine Bedeutung dieser Handelsmaßnahmen („of general application") schränkt den Anwendungsbereich allerdings auf abstrakt-generelle Regelungen ein.[177]

---

172 *Matsushita/Schoenbaum/Mavroidis/Hahn*, S. 170; *Van den Bossche/Zdouc*, S. 340 f.

173 *Matsushita/Schoenbaum/Mavroidis/Hahn*, S. 163 ff.; *Van den Bossche/Zdouc*, S. 348 ff.

174 *Ehring/Chianale*, in: Selivanova (ed.), S. 109, 111 am Beispiel von Flüssigerdgas und Öl.

175 *Van den Bossche/Zdouc*, S. 544; *Weiß/Ohler/Bungenberg*, § 11 Rn. 514.

176 WTO, *European Communities and its Member States – Tariff Treatment of Certain Information Technology Products*, WT/DS375/R, WT/DS376/R, WT/DS377/R, Panel Report (16 August 2010), Rn. 7.1015.

177 *Van den Bossche/Zdouc*, S. 545.

Während damit Art. X:1 GATT symmetrisch ausgestaltet ist, so gilt dies nicht für Art. X:2 GATT, wonach eine die Einfuhr beschränkende Maßnahme erst nach ihrer Veröffentlichung in Kraft gesetzt werden soll. In Art. X:3(a) GATT ist schließlich eine Pflicht zur einheitlichen, unparteiischen und angemessenen Anwendung der Vorschriften im Sinne des Art. X:1 GATT enthalten, die als Willkürverbot über eine Veröffentlichungspflicht hinausgeht. Es handelt sich dabei gegenüber Art. I:1 und III GATT um einen Auffangtatbestand, durch den Fälle einer Ungleichbehandlung erfasst werden, die nicht den Inhalt der Norm, sondern die Anwendungsseite betreffen.[178] Ausnahmsweise kann auch eine Vorschrift ihrem Inhalt nach angegriffen werden, soweit sich dieser wiederum auf die Art und Weise der Anwendung beschränkt.[179] Art. X:3(b) GATT verlangt daneben die Einrichtung von unabhängigen Überprüfungsinstanzen für nationale Zollangelegenheiten.[180] Art. X:3(a) und (b) GATT schließen den Exportbereich und damit auch Exportzölle mit ein. Für Art. X:3(a) GATT erfolgt dies durch direkten Verweis auf Art. X:1 GATT. Hierauf lässt sich wiederum Art. X:3(b) GATT beziehen, weshalb sich der Begriff der Zollangelegenheiten in diesem Zusammenhang auch auf Exportzölle erstreckt.[181]

cc) Zugeständnisse gemäß Art. II GATT

Prägend für das System des GATT sind die Zollverhandlungen der Mitglieder sowie die daraus hervorgehenden Zugeständnisse, die in individuellen Listen der Länder festgehalten werden (sog. „Schedules of Concession").[182] Diese Listen der Zugeständnisse unterteilen sich in vier Teile, von denen Teil I Zollzugeständnisse („Most-Favoured-Nation Tariff"), Teil II Präferenzzölle („Preferential Tariffs"), Teil III Zugeständnisse für den Bereich

---

178 M.w.N. *Van den Bossche/Zdouc*, S. 549 ff.
179 ibid.
180 *Weiß/Ohler/Bungenberg*, § 11 Rn. 516; *Van den Bossche/Zdouc*, S. 555.
181 Dies entspricht auch der weiten Auffassung in WTO, *United States – Import Prohibition of Certain Shrimp and Shrimp Products*, WT/DS58/AB/R, Appellate Body Report (12 October 1998), Rn. 183: „It is also clear to us that Article X:3 of the GATT 1994 establishes certain minimum standards for transparency and procedural fairness in the administration of trade regulations (...)". Siehe für Art. X:3(a) GATT auch *Marceau*, in: Matsushita/Schoenbaum (eds.), S. 99, 106 unter Verweis auf WTO, *Argentina – Measures Affecting the Export of Bovine Hides and the Import of Finished Leather*, WT/DS155/R, Panel Report (19 December 2005).
182 Dazu bspw. *Van den Bossche/Zdouc*, S. 464 ff.

nicht-tarifärer Handelsschranken („Non-Tariff Concessions") und Teil IV spezifische Verpflichtungen im Bereich der Landwirtschaft („Agricultural Products: Commitments Limiting Subsidization") umfasst.[183] Sie bilden gem. Art. II:7 GATT einen integralen Vertragsbestandteil des GATT. Im Rahmen von Teil I verpflichten sich die Staaten auf einen Maximalzoll für die dort aufgeführten spezifischen Produkte, der gegenüber jedem Mitglied gilt und nicht mehr überschritten werden darf (vgl. Art. II:1(a) und (b) GATT). Mit der Institutionalisierung gegenseitiger Verhandlungen ist eine regelmäßige Erweiterung der Zugeständnisse vorgesehen (Art. XX-VIII*bis* GATT). Gleichzeitig wird alle drei Jahre oder zur staatlichen Unterstützung der wirtschaftlichen Entwicklung eine Änderung oder Zurücknahme von Zugeständnissen ermöglicht (Art. XXVIII sowie XVIII GATT).

(1) Verpflichtende Zugeständnisse im Bereich von Exportzöllen

Betrachtet man die in Art. II:1 GATT enthaltenen Bestimmungen so wird erkennbar, dass ausdrücklich nur von Einfuhren die Rede ist.[184] Hieraus kann umgekehrt zwar nicht automatisch geschlossen werden, dass die Mitglieder nicht in zulässiger Weise Zugeständnisse im Bereich von Exportzöllen eingehen können, insbesondere da die Exportseite in Art. XXVIII*bis*:1 sowie der Anmerkung zu XVII:3 GATT ausdrücklich erwähnt wird.[185] Es stellt sich jedoch die Frage, ob diese Zugeständnisse – ebenso wie Importzölle – rechtlich verbindlich gemacht und in Folge auch durchgesetzt werden können.[186] Exportzollzugeständnisse könnten dabei entweder auf Grundlage des Art. II GATT zu einem integralen Bestandteil des GATT gemacht werden (Art. II:7 GATT) oder sie würden – wie jede bilaterale Vereinbarung – an Art. I GATT gemessen.[187] Dies lässt sich nur im Wege der Interpretation von Art. II:1(a) und (b) GATT entlang der allgemeinen Auslegungsregeln des WTO-Rechts ermitteln:[188]

---

183 Ein Überblick über die Struktur ist abrufbar unter: <https://www.wto.org/englis h/tratop_e/schedules_e/goods_schedules_e.htm>, (letzter Abruf am 1.11.2022).

184 Siehe den Wortlaut von Art. II:1(b) und (c) GATT.

185 So *Roessler*, JWT 1/1975, S. 25, 30 f.; *Irwin/Mavroidis/Sykes*, S. 180; *Matsushita*, TL&D 2/2011, S. 267, 273 f.; *Ehring/Chianale*, in: Selivanova (ed.), S. 109, 112 f.

186 Dazu *Roessler*, JWT 1/1975, S. 25, 25 ff.; *Espa*, Export Restrictions, S. 132 ff.

187 *Roessler*, JWT 1/1975, S. 25, 34.

188 Zur Interpretation des WTO-Rechts entsprechend der von Art. 3.2 der Vereinbarung über Regeln und Verfahren zur Beilegung von Streitigkeiten (im Folgenden: DSU) in Bezug genommenen gewohnheitsrechtlich anerkannten

Teilweise wird davon ausgegangen, dass Exportzölle nicht unter Art. II GATT gefasst werden können, da Art. II:1(b) GATT nur von Importen spreche.[189] Demgegenüber kommt die deutliche Mehrheit in der Literatur zu dem Ergebnis, dass Exportzölle zum Gegenstand von Art. II GATT gemacht werden können[190], wobei jedoch unterschiedliche Anknüpfungspunkte vorgeschlagen werden. So wird einerseits argumentiert, dass – unabhängig vom Wortlaut – Art. II:1(b) GATT als Grundlage für eine derartige Verpflichtung heranzuziehen ist.[191] Der Verweis auf Einfuhren sei mit dem historischen Fokus auf die Importseite zu erklären, habe jedoch darüber hinaus nicht die Bedeutung, dass exportrelevante Zollzugeständnisse ausgeschlossen würden.[192] Dies ergebe sich zudem auch aus Art. XXVIII*bis* GATT, der sowohl die Import- als auch die Exportseite einbeziehe und daher den Kontext für eine entsprechende Auslegung von Art. II:1(b) GATT bilde.[193] Weiterhin wird in diesem Zusammenhang auch auf Art. II:1(a) GATT verwiesen, der allgemein verlangt, dass dem Handel der anderen Vertragsparteien eine nicht weniger günstige Behandlung zukommen darf, als in dem betreffenden Teil der entsprechenden Liste vorgesehen ist.[194] Aufgrund dieser allgemeinen Formulierung, soll es auf die darauffolgende

---

Auslegungsregeln des Völkerrechts auf Grundlage von Art. 31 und 32 der Wiener Vertragsrechtskonvention (im Folgenden: WVK), bspw. *Matsushita/Schoenbaum/Mavroidis/Hahn*, S. 63 ff.; *Van den Bossche/Zdouc*, S. 62 ff. u. 200 ff. *Weiß/Ohler/Bungenberg*, § 9 Rn. 328 ff. Umfassend dazu *Van Damme*, Treaty Interpretation.

189 So bspw. *Jackson*, World Trade and the Law of GATT, S. 499; *Desta*, JWT 3/2003, S. 523, 532 f. Siehe zu dieser Diskussion auch *Wu*, Law and Politics on Export Restrictions, S. 3 f.

190 Vgl. *Espa*, Export Restrictions, S. 132 ff.; *Ehring/Chianale*, in: Selivanova (ed.), S. 109, 112 ff.; *Roessler*, JWT 1/1975, S. 25, 33 ff.; *Matsushita*, TL&D 2/2011, S. 267, 273 f. In diesem Zusammenhang wird auch darauf verwiesen, dass *Jackson*, World Trade and the Law of the GATT, S. 499 unzutreffend davon ausgeht, dass Zollzugeständnisse in Bezug auf Exporte überhaupt nicht vorkommen. Hierzu *Roessler*, JWT 1/1975, S. 25, 34 ff. sowie *Ehring/Chianale*, in: Selivanova (ed.), S. 109, 116. Zu den Beispielen siehe Fn. 160.

191 So bspw. *Matsushita*, TL&D 2/2011, S. 267, 273 f.

192 *Matsushita*, TL&D 2/2011, S. 267, 274 mit Verweis auf die Argumentation bei *Roessler*, JWT 1/1975, S. 25, 34 f.

193 *Matsushita*, TL&D 2/2011, S. 267, 274 verweist in diesem Zusammenhang zwar auf XXVIII:1 GATT, jedoch enthält dieser – anders als XXVIII*bis* GATT – keinen Verweis auf die Exportseite. Er macht sich an dieser Stelle allerdings die Argumentation von *Roessler*, JWT 1/1975, S. 25, 35 zu eigen, der auf Art. XXVIII*bis* GATT verweist.

194 *Roessler*, JWT 1/1975, S. 25, 35; *Matsushita*, TL&D 2/2011, S. 267, 274. Dort heißt es: „Each contracting party shall accord to the commerce of the other

wörtliche Eingrenzung auf Einfuhren in Art. II:1(b) GATT nicht mehr ankommen.[195]

Die Gegenansicht verneint eine derartige Verpflichtung auf Grundlage von Art. II:1(b) GATT und entnimmt diese stattdessen unmittelbar Art. II:1(a) GATT.[196] Einerseits wird hierfür auf die ausdrückliche Erwähnung des Handels („commerce") verwiesen, wodurch sowohl die Import- als auch die Exportseite erfasst werde.[197] Zudem argumentiert diese Ansicht, dass Art. II:1(a) GATT als sog. „self-standing legal obligation" eigenen Verpflichtungscharakter besitze, wofür die Entscheidung des Panels in *Korea – Various Measures on Beef*[198] angeführt wird.[199] Das Abstellen auf Art. II:1(a) GATT vermeide gegenüber Art. II:1(b) GATT zudem den Konflikt mit dem ausdrücklichen Wortlaut.[200]

Auch wenn hinsichtlich des Wortlautes entgegnet werden könnte, dass auch bei Art. II:1(a) GATT die Ausfuhr nicht ausdrücklich genannt wird[201], erscheint ein Abstellen auf diese Bestimmung insgesamt überzeugender. Art. II:1(b) GATT nennt neben der Einfuhr auch die aus dem Gebiet anderer Vertragsparteien stammenden Waren („products of territories of other contracting parties") und scheint daher insgesamt eindeutig die Importseite vor Augen zu haben. Wenn Art. II:1(a) GATT demgegenüber nicht ausdrücklich auf Exporte verweist, so entspricht dies umgekehrt der Erweiterung der Listen der Zugeständnisse durch Aufnahme nicht-tarifärer Handelsschranken (Teil III und IV).[202] Dies spricht für eine Importbezogenheit von Art. II:1(b) und (c) GATT als spezifische Ausprägungen einer durch lit. a) in offener Form ausgesprochenen Verpflichtung auf

---

contracting parties treatment no less favourable than that provided for in the appropriate Part of the appropriate Schedule annexed to this Agreement."

195 ibid.

196 *Ehring/Chianale*, in: Selivanova (ed.), S. 109, 112 ff.; *Espa*, Export Restrictions, S. 133 ff.

197 *Ehring/Chianale*, in: Selivanova (ed.), S. 109, 114; *Espa*, Export Restrictions, S. 133 f.

198 WTO, *Korea – Measures Affecting Imports of Fresh, Chilled and Frozen Beef*, WT/DS161/R, Panel Report (31 July 2000), Rn. 779: „Given that Korea made no such qualification, and that imports of grass-fed beef (…) are thus restricted, the Panel finds that imports of grass-fed beef are accorded less favourable treatment than that is provided for in Korea's Schedule, contrary to Article II:1(a)."

199 *Ehring/Chianale*, in: Selivanova (ed.), S. 109, 115 f.; *Espa*, Export Restrictions, S. 133 f.

200 *Ehring/Chianale*, in: Selivanova (ed.), S. 109, 117.

201 *Matsushita*, TL&D 2/2011, S. 267, 274.

202 *Espa*, Export Restrictions, S. 134.

die von den Vertragsparteien gemachten Zugeständnisse. Dies wird auch durch die historische Entwicklung gestützt, da zunächst die allgemeine Bestimmung in lit. a) und erst später die spezifischere Verpflichtung in lit. b) eingeführt wurde.[203]

(2) Möglichkeit der Änderung und Aufhebung von Zugeständnissen bei Exportzöllen

Können Exportzölle einem verpflichtenden Zugeständnis unterworfen werden, so stellt sich die Folgefrage, ob diese – ebenso wie Importzollzugeständnisse i.S.v. Art. II:1(b) GATT – geändert oder aufgehoben werden können.[204] Dazu müsste Art. XXVIII GATT auch auf Exportzölle Anwendung finden.

Art. XXVIII GATT ist überschrieben mit „Modification of Schedules". Gemäß Art. XXVIII:1 GATT wird in Abständen von drei Jahren jeder Vertragspartei die Möglichkeit eingeräumt, ein in der entsprechenden Liste zum Abkommen enthaltenes Zugeständnis aufzuheben oder zu ändern, soweit sie mit denjenigen Vertragsparteien, mit denen das Zugeständnis ursprünglich vereinbart worden ist oder bei denen es sich um einen Hauptlieferanten handelt, darüber verhandelt und eine Einigung erzielt hat und mit allen anderen Vertragsparteien, die ein wesentliches Interesse an dem Zugeständnis haben, Konsultationen durchgeführt wurden.[205] Zwar sollen sich die Vertragsparteien gem. Art. XXVIII:2 GATT darum bemühen, die Zugeständnisse auf einem Stand zu halten, der insgesamt für den Handel nicht weniger günstig ist als vor den Verhandlungen. Art. XXVIII:3 GATT stellt jedoch klar, dass die antragstellende Vertragspartei im Falle einer fehlenden Einigung grds. nicht daran gehindert ist das betreffende Zugeständnis zu ändern oder aufzuheben, wobei den anderen Vertragsparteien anschließend jedoch das Recht zukommt, ihrerseits ebenfalls Zugeständnisse aufzuheben.[206]

Einerseits verlangt Art. XXVIII:1 GATT ausdrücklich die Aufnahme von Verhandlungen mit derjenigen Vertragspartei, die als Hauptlieferant ange-

---

203 *Ehring/Chianale*, in: Selivanova (ed.), S. 109, 116.
204 Dazu auch *Espa*, Export Restrictions, S. 135 ff.
205 Zu dem Verfahren bspw. *Hoda*, S. 6 ff.; *Fabbricotti*, in: Wolfrum/Stoll/Hestermeyer (eds.), WTO – Trade in Goods, Art. XXVIII GATT.
206 *Hoda*, S. 6; *Fabbricotti*, in: Wolfrum/Stoll/Hestermeyer (eds.), WTO – Trade in Goods, Art. XXVIII GATT, Rn. 32.

sehen werden kann („party determined [...] to have a principal supplying interest"). Es geht dabei um Mitglieder, deren Exporte einem höheren Marktanteil entsprechen.[207] Daneben sollen Konsultationen mit Parteien durchgeführt werden, die ein wesentliches Interesse an dem betreffenden Zugeständnis haben („other contracting party determined (...) to have a substantial interest"). Auch hierbei handelt es sich um ein Exportinteresse.[208] Dies scheint insgesamt auf eine asymmetrische Ausgestaltung der Norm hinzuweisen.[209]

Auf der anderen Seite ist allerdings allgemein von Zugeständnissen die Rede und auch die Überschrift des Art. XXVIII GATT spricht nur von den Listen insgesamt.[210] Ein Einbezug von Exporten kann zudem auch durch die Aufnahme von Ausfuhren in Art. XXVIII*bis*:1 GATT begründet werden.[211] Auch besagt Absatz 6 des Marrakesch-Protokolls („Marrakesh Protocol to the General Agreement on Tariffs and Trade 1994"), dass bei Änderungen oder Aufhebungen von Zugeständnissen im Bereich nicht-tarifärer Maßnahmen das Verfahren des XXVIII GATT zur Anwendung gelangen soll.[212] Insgesamt kann daher davon ausgegangen werden, dass auch für Exportzollzugeständnisse die Möglichkeit einer Änderung oder Aufhebung gem. Art. XXVIII GATT offen steht.

Anders verhält sich dies bei Art. XVIII GATT, der für Länder mit niedrigem Lebensstandard in den Anfangsstadien der Entwicklung zusätzliche Befreiungen und Handlungsmöglichkeiten offenhält (Art. XVIII:1 und 4 GATT).[213] Zwar erlaubt Art. XVIII:7(a) GATT eine Änderung oder Aufhebung von Zugeständnissen. Jedoch handelt es sich dabei um eine Konkretisierung von Art. XVIII:2 GATT, worin ausdrücklich Maßnahmen adressiert werden, die allein die Einfuhrseite des handelnden Staates betreffen

---

207 Dazu *Hoda*, S. 8 ff.; *Fabbricotti*, in: Wolfrum/Stoll/Hestermeyer (eds.), WTO – Trade in Goods, Art. XXVIII GATT, Rn. 20 ff.
208 *Hoda*, S. 8 ff.; *Fabbricotti*, in: Wolfrum/Stoll/Hestermeyer (eds.), WTO – Trade in Goods, Art. XXVIII GATT, Rn. 26 ff.
209 So auch *Espa*, Export Restrictions, S. 136.
210 So bspw. *Qin*, JWT 5/2012, S. 1147, 1160 f.
211 *Espa*, Export Restrictions, S. 137.
212 Ausdrücklich: „In cases of modification or withdrawal of concessions relating to non-tariff measures as contained in Part III of the schedules, the provisions of Article XXVIII of GATT 1994 and the 'Procedures for Negotiations under Article XXVIII' adopted on 10 November 1980 (BISD 27S/26–28) shall apply. This would be without prejudice to the rights and obligations of Members under GATT 1994."
213 Hierzu *Espa*, Export Restrictions, S. 137 ff.

(z.B. Zollschutz für die Errichtung eines Wirtschaftszweigs).[214] Gleiches ergibt sich für Art. XVIII:5 GATT, der einen Rückgriff auf Konsultationen in Situationen vorsieht, in denen sich Probleme bei der Ausfuhr von Grundstoffen für die betreffenden Länder ergeben. An dieser Stelle wird zwar die Ausfuhrseite ausdrücklich benannt, jedoch geht es dabei gerade um die Bedeutung derartiger Ausfuhren (bzw. Ausfuhrerlöse) für ein Land mit niedrigem Lebensstandard in den Anfangsstadien der Entwicklung (Art. XVIII:4 GATT). Letztlich wird dadurch erneut der Fokus auf den Import (hier in ein anderes Land) gelegt.[215] Insoweit betrifft Art. XVIII GATT – anders als bspw. Art. XXVIII GATT – eine besondere Ausnahme für importrelevante Zugeständnisse.

Dies gilt ebenso für die in Art. XIX GATT geregelten Voraussetzungen für den Erlass sog. Notstandsmaßnahmen, die durch das Übereinkommen über Schutzmaßnahmen (im Folgenden: ÜSM) näher konkretisiert werden. Auch hier wird allein die erhöhte Einfuhr in den Blick genommen (Art. XIX:1(a) GATT sowie Art. 2.1 ÜSM).[216]

(3) Zwischenfazit

Für Exportzölle ist damit insgesamt festzustellen, dass diese im Rahmen von Zollzugeständnissen i.S.v. Art. II:1(a) GATT zu einem integralen Bestandteil des GATT gemacht werden können. Ihnen kommt dadurch ein verpflichtender Charakter zu und sie können im Rahmen eines Streitbeilegungsverfahrens durchgesetzt werden. Gleichzeitig besteht für derartige Zugeständnisse die Möglichkeit einer Änderung oder Aufhebung gem. Art. XXVIII GATT. Art. XVIII GATT und auch Art. XIX GATT sind demgegenüber als rein importbezogene Sondervorschriften zu verstehen. Von der Möglichkeit Zugeständnisse im Bereich von Exportzöllen einzugehen, hat derzeit allerdings nur Australien Gebrauch gemacht.[217]

---

214 *Espa*, Export Restrictions, S. 138.
215 *Espa*, Export Restrictions, S. 138 f.
216 *Espa*, Export Restrictions, S. 139 f.
217 Vgl. bereits Fn. 160. Interessanterweise findet sich zudem eine konsolidierte Loseblatt-Liste von Zugeständnissen, innerhalb dessen sich Exportzölle in Abschnitt III wiederfinden. Diese ist abrufbar unter: <https://www.dfat.gov.au/sit es/default/files/schedule.pdf>, (letzter Abruf am 1.11.2022). Der Ansatz weicht von dem bereits genannten Ansatz innerhalb der offiziellen Liste ab.

dd) Zollwertbemessung gemäß Art. VII GATT

Hinsichtlich der Bemessung von Zöllen[218] bestimmt Art. VII:1 GATT zunächst allgemein, dass die Vertragsparteien sich an die in den folgenden Absätzen enthaltenen Bewertungsmaßstäbe halten sollen. In den nachfolgenden Absätzen wird dann jedoch ausschließlich die Importseite adressiert. Auch in dem konkretisierend und ergänzend wirkenden Abkommen zur Zollwertbestimmung wird ausschließlich auf die Einfuhr abgestellt. Es lässt sich daher einzig aus Art. VII:1 GATT unmittelbar auch für die Ausfuhrseite das Prinzip ableiten, dass die Bemessung vom aktuellen Wert der Ware auszugehen hat.[219] Darüber hinaus spielen Exportzölle in diesem Zusammenhang keine Rolle.

ee) Verwaltungsgebühren gemäß Art. VIII GATT

Art. VIII GATT betrifft Gebühren sowie Belastungen jeglicher Art, die an der Grenze erhoben werden und mit der Ein- bzw. Ausfuhr selbst verbunden sind (Verwaltungsgebühren).[220] Exportzölle werden an dieser Stelle ausdrücklich ausgenommen. Um einen Einsatz zu rein protektionistischen Zwecken zu verhindern, verlangt Art. VIII:1 GATT, dass die Höhe der Verwaltungsabgabe dem Betrag nach ungefähr auf die Kosten der erbrachten Dienstleistung zu beschränken ist und damit weder ein mittelbarer Schutz heimischer Waren noch eine Besteuerung zur Generierung von Einnahmen verbunden sein darf. Relevant für den Bereich der Rohstoffversorgung ist dabei insbesondere, dass bereits ein mittelbarer Schutz inländischer Waren untersagt wird. Dies ist deshalb relevant, weil die Ausfuhr allein heimische Produkte umfasst und ein unmittelbarer Schutz heimischer Waren dadurch, anders als im Hinblick auf die Einfuhrseite, nicht angenommen werden könnte.[221]

---

218 Dazu allgemein *Van den Bossche/Zdouc*, S. 497 ff.; *Weiß/Ohler/Bungenberg*, § 11 Rn. 449 ff.

219 *Ehring/Chianale*, in: Selivanova (ed.), S. 109, 117.

220 Siehe zur Abgrenzung derartiger allgemeiner Verwaltungsgebühren vom Begriff der Exportabgaben Kapitel 2, Abschnitt A. Näher zu den Ein- und Ausfuhrformalitäten insgesamt *Van den Bossche/Zdouc*, S. 511 ff.; *Weiß/Ohler/Bungenberg*, § 11 Rn. 474 ff.

221 So auch *Ehring/Chianale*, in: Selivanova (ed.), S. 109, 118 f.

ff) Das Verbot mengenmäßiger Beschränkungen gemäß Art. XI GATT

Eine zentrale Norm für den Bereich der nicht-tarifären Handelsschranken stellt das Verbot mengenmäßiger Beschränkungen gem. Art. XI:1 GATT dar, der hinsichtlich landwirtschaftlicher Erzeugnisse durch Art. 12 des Übereinkommens über die Landwirtschaft („Agreement on Agriculture"; im Folgenden: LandÜ) ergänzt wird. Mengenmäßige Beschränkungen können als Archetyp der nicht-tarifären Handelsschranken gesehen werden[222]; Art. XI:1 GATT in diesem Zusammenhang als ein Grundstein des GATT-Systems[223]. Bei einer genauen Betrachtung des Wortlauts der Vorschrift wird erkennbar, dass ihr Anwendungsbereich über die in der Überschrift genannte Kategorie der mengenmäßigen Beschränkungen hinausgeht und auch sonstige Beschränkungsformen umfasst sind. Sie erwächst damit grds. zu einem allgemeinen Beschränkungsverbot mit weitem Anwendungsbereich.[224] Dabei adressiert die Norm sowohl die Import- wie auch die Exportseite.

Strittig ist allerdings ihre konkrete Reichweite, insbesondere in Abgrenzung zu Art. III GATT.[225] In einer Anmerkung zu Art. III GATT wird erklärt, dass innere Abgaben oder sonstige Belastungen, Verordnungen oder sonstige Vorschriften, die sowohl auf eingeführte als auch gleichartige inländische Waren Anwendung finden, auch dann Art. III GATT unterfallen, wenn sie zum Zeitpunkt oder am Ort der Einfuhr erhoben werden.[226] Hieraus wird verbreitet geschlossen, dass sich Art. XI GATT nur

---

222 *Van den Bossche/Zdouc*, S. 523.

223 WTO, *Turkey – Restrictions on Imports of Textile and Clothing Products*, WT/DS34/R, Panel Report (31 May 1999), Rn. 9.63.

224 GATT, *Japan – Trade in Semiconductors*, L/6309, BISD 35S/116, GATT-Panel Report (4 May 1988), Rn. 106; WTO, *India – Measures Affecting the Automotive Sector*, WT/DS146/R, WT/DS175/R, Panel Report (21 December 2001), Rn. 7.246 u. 7.264. Allgemein dazu bspw. *Bender*, in: Hilf/Oeter (Hrsg.), § 10 Rn. 16 ff.; *Van den Bossche/Zdouc*, S. 525 ff.; *Weiß/Ohler/Bungenberg*, § 11, Rn. 479 ff.

225 Dazu bspw. *Bender*, in: Hilf/Oeter (Hrsg.), § 10 Rn. 22 u. 71 f.; *Weiß/Ohler/Bungenberg*, § 11, Rn. 486 ff.

226 Dort heißt es ausdrücklich: „Any internal tax or other internal charge, or any law, regulation or requirement of the kind referred to in paragraph 1 which applies to an imported product and to the like domestic product and is collected or enforced in the case of the imported product at the time or point of importation, is nevertheless to be regarded as an internal tax or other internal charge, or a law, regulation or requirement of the kind referred to in paragraph 1, and is accordingly subject to the provisions of Article III."

auf Grenzmaßnahmen beziehe.[227] Darüber hinaus wird eine Beschränkung auf Grenzmaßnahmen mit der beispielhaften Aufzählung von Kontingenten und Bewilligungen in Art. XI GATT sowie der Tatsache begründet, dass das WTO-System keine mit der EU vergleichbare Integrationsgemeinschaft sei.[228]

Zugleich legt die WTO-Rechtsprechung Art. XI:1 GATT jedoch weit aus und sieht hiervon all jene Maßnahmen erfasst, die gegenüber der Ein- oder Ausfuhr von Waren eine hemmende Wirkung entfalten.[229] Ein gewisser Handelsbezug ist für die Anwendbarkeit von Art. XI:1 GATT allerdings erforderlich.[230] In diesem Sinne hat bspw. bereits ein GATT-Panel in *Canada – Alcoholic Drinks* angenommen, dass die Art und Weise des Inverkehrbringens von Bier nach erfolgter Einfuhr nicht Art. XI:1 GATT,

---

227 So bspw. *Bender*, in: Hilf/Oeter (Hrsg.), § 10 Rn. 22; *Ehring/Chianale*, in: Selivanova (ed.), S. 109, 133.

228 *Bender*, in: Hilf/Oeter (Hrsg.), § 10 Rn. 22.

229 So ausdrücklich in GATT, *Japan – Trade in Semiconductors*, L/6309, BISD 35S/116, GATT-Panel Report (4 May 1988), Rn. 104; WTO, *India – Quantitative Restrictions on Imports of Agricultural, Textile and Industrial Products*, WT/DS90/R, Panel Report (6 April 1999), Rn. 5.128; *India – Measures Affecting the Automotive Sector*, WT/DS146/R, WT/DS175/R, Panel Report (21 December 2001), Rn. 7.270; *Dominican Republic – Measures Affecting the Importation and Sale of Cigarettes*, WT/DS302/R, Panel Report (26 November 2004), Rn. 7.252; *Brazil – Measures Affecting Imports of Retreated Tyres*, WT/DS332/R, Panel Report (12 June 2007), Rn. 7.371; *China – Measures Related to the Exportation of Various Raw Materials*, WT/DS394/R, WT/DS395/R, WT/DS398/R, Panel Report (5 July 2011), Rn. 7.207 u. 7.394, bestätigt durch WT/DS394/AB/R, WT/DS395/AB/R, WT/DS398/AB/R, Appellate Body Report (3 January 2012), Rn. 319 f.; *Argentina – Measures Affecting the Importation of Goods*, WT/DS438/AB/R, WT/DS444/AB/R, WT/DS445/AB/R, Appellate Body Report (15 January 2015), Rn. 5.217. Zu der Rechtsprechung bspw. auch *Trebilcock/Howse/Eliason*, S. 280 ff.; *Van den Bossche/Zdouc*, S. 525 ff.

230 So stellte das Panel in *India – Autos*, Rn. 7.259 beispielsweise fest: „The use of the term ‚importation' in Article XI, rather than ‚imports', or ‚imported products', clearly suggests that what is targeted in Article XI:1 is exclusively those restrictions which relate to the importation itself, and not to already imported products." So auch WTO, *Dominican Republic – Measures Affecting the Importation and Sale of Cigarettes*, WT/DS302/R, Panel Report (26 November 2004), Rn. 7.258. In diese Richtung kann auch der Appellate Body verstanden werden in *Argentina – Measures Affecting the Importation of Goods*, WT/DS438/AB/R, WT/DS444/AB/R, WT/DS445/AB/R, Rn. 5.217, Appellate Body Report (15 January 2015), wo es ausdrücklich heißt: „Thus, in our view, not every condition or burden placed on importation or exportation will be inconsistent with Article XI, but only those that are limiting, that is, those that limit the importation or exportation of products."

sondern Art. III:4 GATT unterfällt.[231] Exportzölle als finanzielle Abgaben im Zusammenhang mit der Ausfuhr weisen diesen Handelsbezug auf und stellen damit grds. eine Maßnahme i.S.v. Art. XI:1 GATT dar.

Allerdings werden Zölle, Abgaben und sonstige Belastungen („duties, taxes or other charges") in Art. XI:1 GATT ausdrücklich aus dem Anwendungsbereich der Norm ausgeschlossen. Im Umkehrschluss kann hieraus die ausdrückliche Erlaubnis zur Einführung derartiger Fiskalmaßnahmen gelesen werden. Es drückt sich hierbei die Präferenz des GATT-Systems hinsichtlich tarifärer Maßnahmen aus, vor dessen Hintergrund Art. XI:1 GATT (gemeinsam mit Art. II GATT) als ein Tarifierungsgebot verstanden werden kann.[232] Das Verbot mengenmäßiger Beschränkungen soll zu einer Umwandlung in tarifäre Maßnahmen bewegen, die wiederum in Zollrunden abgebaut werden sollen.[233]

Da jedoch Art. XI:1 GATT Ein- sowie Ausfuhrverbote untersagt, wird teilweise argumentiert, dass die Ausnahme gegenüber Zöllen und anderen Abgaben nur soweit reiche, wie dadurch nicht effektiv ein Verbot bewirkt wird.[234] Dem ist zunächst der klare Wortlaut der Norm entgegenzuhalten.[235] Zwar umfasst Art. XI:1 GATT in seiner weiten Auslegung durch die Rechtsprechung[236] neben Maßnahmen, die *de jure* eine Beschränkung vorsehen, auch all jene staatlichen Handlungen, die *de facto* als eine Beschränkung wirken.[237] Zugleich gilt bei einer derartigen Interpretation jedoch weiterhin der ausdrückliche Ausschluss von Zöllen, Abgaben und

---

231 GATT, *Canada – Import, Distribution and Sale of Certain Alcoholic Drinks by Provincial Marketing Agencies*, DS17/R, BISD 39S/27, GATT-Panel Report (18 February 1992), Rn. 5.4: „The Panel noted that this package-size requirement, though implemented as a listing requirement, was in fact a requirement that did not affect the importation of beer as such but rather its offering for sale in certain liquor-board outlets. The Panel therefore considered that this requirement fell under Article III:4 of the General Agreement (…)."

232 *Puth/Stranz*, in: Hilf/Oeter (Hrsg.), § 11 Rn. 9; *Trebilcock/Howse/Eliason*, S. 280; *Hahn*, in: Wolfrum/Stoll/Hestermeyer (eds.), WTO – Trade in Goods, Art. II GATT, Rn. 3 f.

233 *Puth/Stranz*, in: Hilf/Oeter (Hrsg.), § 11 Rn. 9; *Trebilcock/Howse/Eliason*, S. 280; *Van den Bossche/Zdouc*, S. 531 f.

234 *Matsushita*, TL&D 2/2011, S. 267, 273; *Pitschas*, in: Ehlers et al. (Hrsg.), S. 65; *Karapinar*, WTR 3/2011, S. 389, 392; *Weiß/Ohler/Bungenberg*, § 11 Rn. 485. In diese Richtung wohl auch *Espa*, Export Restrictions, S. 141.

235 So auch *Ehring/Chianale*, in: Selivanova (ed.), S. 109, 119.

236 Siehe bereits Fn. 229.

237 Vgl. GATT, *Japan – Trade in Semiconductors*, L/6309, BISD 35S/116, GATT-Panel Report (4 May 1988), Rn. 105 ff.; WTO, *Argentina – Measures Affecting the Export of Bovine Hides and the Import of Finished Leather*, WT/DS155/R, Panel Report

sonstigen fiskalischen Belastungen.[238] In diesem Sinne hat das Panel in *Argentina – Financial Services* bspw. eine Maßnahme bereits wegen ihrer fiskalischen Natur („fiscal nature") aus dem Anwendungsbereich von Art. XI:1 GATT ausgeschlossen.[239] Wenn eine effektive Verbotswirkung von Art. XI:1 GATT erfasst würde, so müsste entsprechend der dem Wortlaut zu entnehmenden Symmetrie zwischen Export- und Importbeschränkungen auch ein prohibitiver Importzoll verboten sein. Dies wiederum stünde in einem starken Gegensatz zu einer freien Aushandlung von Zöllen bzw. einzelnen Zollbindungen im Sinne von Art. II GATT.[240] Auch wenn ausschließlich prohibitiv wirkende Exportzölle erfasst würden, spräche dies immer noch gegen die in Art. XXVIII*bis* GATT vorgesehenen Verhandlungen, die auch die Exportseite einbeziehen.[241] Eine abweichende Einschätzung ergibt sich auch nicht aus der Entstehungsgeschichte der Norm.[242] Überdies würde eine derartige Auslegung in der praktischen Umsetzung zu Schwierigkeiten führen, da konkret ermittelt werden müsste, ab wann das Niveau eines Exportverbotes erreicht wäre.[243] Bei einer solchen Betrachtung ist außerdem nicht klar, ob ein Verbotsniveau auch konstant angenommen werden kann und wie diesbezügliche Schwankungen rechtlich einzuordnen wären.[244]

In ähnlicher Weise ist eine vereinzelt gebliebene Ansicht abzulehnen, wonach aus der Verbindung von Art. XI und VIII GATT zu schließen sei, dass mit den fiskalischen Abgaben i.S.v. Art. XI GATT nur diejenigen

---

(19 December 2000), Rn. 11.17; *Colombia – Indicative Prices and Restrictions on Ports of Entry*, WT/DS366/R, Panel Report (27 April 2009), Rn. 7.251.

238 Vgl. GATT, *Japan – Trade in Semiconductors*, L/6309, BISD 35S/116, GATT-Panel Report (4 May 1988), Rn. 104; WTO, *India – Quantitative Restrictions on Imports of Agricultural, Textile and Industrial Products*, WT/DS90/R, Panel Report (6 April 1999), Rn. 5.128; *India – Measures Affecting the Automotive Sector*, WT/DS146/R, WT/DS175/R, Panel Report (21 December 2001), Rn. 7.264; *Dominican Republic – Measures Affecting the Importation and Sale of Cigarettes*, WT/DS302/R, Panel Report (26 November 2004), Rn. 7.248.

239 WTO, *Argentina – Measures Relating to Trade in Goods and Services*, WT/DS453/R, Panel Report (30 September 2015), Rn. 7.1067 ff.

240 Zur Notwendigkeit eines Ausschlusses von fiskalischen Maßnahmen vor dem Hintergrund des Art. II GATT auch *Mavroidis*, Vol. 1, S. 78.

241 *Mavroidis*, Vol. 1, S. 87.

242 So verweist bspw. *Roessler*, JWT 1/1975, S. 25, 28 auf die Aussage eines Vertreters der U.S.A., wonach der vollständige Ausschluss von Exportbeschränkungen am Widerstand einer Reihe von Exportländern gescheitert sei. So auch *Ehring/Chianale*, in: Selivanova (ed.), S. 109, 120.

243 *Ehring/Chianale*, in: Selivanova (ed.), S. 109, 120.

244 ibid.

gemeint sind, die aus rein fiskalischen Gründen erhoben werden.[245] Auch hiergegen spricht einerseits der klare Wortlaut der Norm und andererseits die Tatsache, dass die weite Auslegung innerhalb der Rechtsprechung immer unter gleichzeitiger, ausdrücklicher Anerkennung des Ausnahmebereiches erfolgt.[246] Abgesehen davon wäre in rein praktischer Hinsicht die Feststellung einer nicht-fiskalischen Zielsetzung mit nicht unerheblichen Schwierigkeiten verbunden.[247]

Insgesamt ist vor diesem Hintergrund also festzustellen, dass Exportzölle durch Art. XI:1 GATT unreguliert bleiben.

b) Exportsteuern als Gegenstand des GATT

Auch für Exportsteuern fehlt es an einer individuellen Regelung, sodass sie anhand der Einzelbestimmungen des GATT betrachtet werden müssen. Als inländische Abgabe sind sie primär an Art. III GATT zu messen, der zentralen Bestimmung für Handelsbeschränkungen „hinter der Grenze"[248].

Im Hinblick auf fiskalische Beschränkungen verbietet zunächst Art. III:1 GATT eine Anwendung interner Abgaben zu protektionistischen Zwecken, jedoch wird der Norm allgemein keine durchsetzbare Verpflichtung entnommen.[249] Gemäß Art. III:2 GATT wird Staaten eine fiskalische Diskriminierung zugunsten der heimischen Konkurrenz untersagt. Aus dem

---

245 So *Howse/Josling*, S. 17.
246 Vgl. GATT, *Japan – Trade in Semiconductors*, L/6309, BISD 35S/116, GATT-Panel Report (4 May 1988), Rn. 104; WTO, *India – Quantitative Restrictions on Imports of Agricultural, Textile and Industrial Products*, WT/DS90/R, Panel Report (6 April 1999), Rn. 5.128; *India – Measures Affecting the Automotive Sector*, WT/DS146/R, WT/DS175/R, Panel Report (21 December 2001), Rn. 7.264; *Dominican Republic – Measures Affecting the Importation and Sale of Cigarettes*, WT/DS302/R, Panel Report (26 November 2004), Rn. 7.248; *China – Measures Related to the Exportation of Various Raw* Materials, WT/DS394/R, WT/DS395/R, WT/DS398/R, Panel Report (5 July 2011), Rn. 7.907 u. 7.914 sowie WT/DS394/AB/R, WT/DS395/AB/R, WT/DS398/AB/R, Appellate Body Report (30 January 2012), Rn. 321; *Argentina – Measures Affecting the Importation of Goods*, WT/DS438/AB/R, WT/DS444/AB/R, WT/DS445/AB/R, Appellate Body Report (15 January 2015), Rn. 5.216.
247 *Espa*, Export Restrictions, S. 140.
248 *Weiß/Ohler/Bungenberg*, § 10 Rn. 397 f.
249 *Matsushita/Schoenbaum/Mavroidis/Hahn*, S. 185 ff.; *Van den Bossche/Zdouc*, S. 387 f.

Wortlaut von Art. III:2 GATT ergibt sich allerdings, dass sich diese Gleich-behandlungspflicht nur auf eingeführte Waren erstreckt.[250] Die Norm ist demnach asymmetrisch ausgestaltet und findet auf Ausfuhren keine An-wendung. Eine Auslegung, wonach auch die Ausfuhrseite erfasst würde, ist angesichts der bereits einfuhrseitig geführten Diskussionen um die Reichweite derartiger Souveränitätsbeschränkungen[251] fernliegend. Auch innerhalb der WTO-Rechtsprechung wird der Sinn und Zweck von Art. III:2 GATT ausdrücklich auf die Herstellung gleicher Wettbewerbsbedin-gungen zwischen importierten und inländischen Waren beschränkt.[252] Die Anknüpfung des Gleichbehandlungsgebots an den Import von Waren an-derer WTO-Mitglieder kann als allgemeines Prinzip auch Art. III:1 GATT entnommen werden, der zur Auslegung der übrigen Bestimmungen des Art. III GATT regelmäßig herangezogen wird.[253] Exportsteuern werden daher von Art. III GATT nicht adressiert.

Bei genauerer Betrachtung findet auch das Meistbegünstigungsgebot gem. Art. I:1 GATT keine Anwendung auf Exportsteuern. Die Norm ist zwar grds. symmetrisch ausgestaltet und umfasst daher auch die Exportsei-te.[254] Interne Maßnahmen ohne direkten Grenzbezug werden in Art. I:1 GATT allerdings durch ausdrücklichen Verweis auf Art. III:2 und 4 GATT in den Anwendungsbereich einbezogen. Geht man von der beschriebenen Asymmetrie des Art. III GATT aus, so führt dies zu einem Ausschluss von Exportsteuern.

Ehring/Chianale vertreten demgegenüber, dass Art. I:1 GATT ausdrück-lich auf die in Art. III:2 und 4 behandelten Angelegenheiten („all matters referred to") verweist und nicht allein auf diejenigen Maßnahmen, auf die Art. III GATT Anwendung findet.[255] Da Art. I GATT zudem in allgemei-ner Weise die Import- wie Exportseite adressiere, ergebe sich hieraus eine Erstreckung auch auf den Bereich einer exportrelevanten Besteuerung.[256]

250 *Matsushita/Schoenbaum/Mavroidis/Hahn*, S. 193; *Van den Bossche/Zdouc*, S. 380.
251 *Mavroidis*, Vol. 1, S. 335 ff.
252 Vgl. WTO, *Japan – Taxes on Alcoholic Beverages*, WT/DS8/AB/R, WT/DS10/AB/R, WT/DS11/AB/R, Appellate Body Report (4 October 1996), S. 16; *Canada – Cer-tain Measures Concerning Periodicals*, WT/DS31/AB/R, Appellate Body Report (30 June 1997), S. 18.
253 So bspw. WTO, *Japan – Taxes on Alcoholic Beverages*, WT/DS8/AB/R, WT/DS10/AB/R, WT/DS11/AB/R, Appellate Body Report (4 October 1996), S. 18 f.; *European Communities – Measures Affecting Asbestos and Products Containing Asbe-stos*, WT/DS135/AB/R, Appellate Body Report (12 March 2001), Rn. 98.
254 Dazu Kapitel 3, Abschnitt A. I. 2. a) aa).
255 *Ehring/Chianale*, in: Selivanova (ed.), S. 109, 132 f.
256 ibid.

Dem ist jedoch zu entgegnen, dass nicht ersichtlich ist, an welcher Stelle Art. III GATT den Bereich der Exportbesteuerung überhaupt anspricht oder auch nur als übergeordneten Gegenstand enthält. Der Sinn und Zweck von Art. III GATT richtet sich auf eine Gleichbehandlung von ausländischen Waren nach erfolgter Einfuhr mit dem Ziel, gleiche Wettbewerbsbedingungen im Inland zu gewährleisten.[257] Bei Exportsteuern handelt es sich demgegenüber um inländische Maßnahmen, die die Ausfuhr heimischer Waren gegenüber dem Verbleib im Inland diskriminieren.[258] Damit kann gerade nicht davon ausgegangen werden, dass Art. III GATT in allgemeiner Weise interne Maßnahmen zum Gegenstand hat. Es ist zudem in diesem Zusammenhang widersprüchlich, wenn Art. III GATT als asymmetrisch bezeichnet wird und gleichzeitig für die Aufnahme von Exportsteuern in den Anwendungsbereich von Art. I:1 GATT stehen soll.[259] Umgekehrt haben die Vertragsparteien einen ausdrücklichen Verweis auf Art. III:2 und 4 GATT in Art. I:1 GATT aufgenommen, der impliziert, dass der Anwendungsbereich des MFN-Grundsatzes insoweit von dem Anwendungsbereich von Art. III GATT abhängen soll.[260] Eine Lesart, nach der Art. I:1 GATT aufgrund eines Verweises auf Art. III GATT den gesamten Bereich interner Maßnahmen einbezieht, lässt sich hiermit nicht vereinbaren. In diesem Sinne hat auch das Panel in *EC – Commercial Vessels* festgestellt, dass der Verweis auf Art. III: 2 und 4 GATT mit einer Beschränkung auf den damit verbundenen Anwendungsbereich einhergeht.[261]

---

257 WTO, *Japan – Taxes on Alcoholic Beverages*, WT/DS8/AB/R, WT/DS10/AB/R, WT/DS11/AB/R, Appellate Body Report (4 October 1996), Rn. 109; *Korea – Taxes on Alcoholic Beverages*, WT/DS75/AB/R, WT/DS84/AB/R, Appellate Body Report (18 January 1999), Rn. 120; *Canada – Certain Measures Concerning Periodicals*, WT/DS32/AB/R, Appellate Body Report (30 June 1997), S. 18.

258 Kapitel 2, Abschnitt C. III.

259 So aber *Ehring/Chianale*, in: Selivanova (ed.), S. 109, 132.

260 So auch *Matsushita/Schoenbaum/Mavroidis/Hahn*, S. 161; *Mavroidis*, Vol. 1, S. 202; *Weiß/Ohler/Bungenberg*, § 10 Rn. 380.

261 WTO, *European Communities – Measures Affecting Trade in Commercial Vessels*, WT/DS301/R, Panel Report (22 April 2005), Rn. 7.83. Dort heißt es im Zusammenhang mit Maßnahmen im Sinne des Art. III:8(b) GATT: „In considering whether Article III:8(b) affects the meaning of 'all matters referred to in paragraphs 2 and 4 of Article III' in Article I, we note that Articles III:2 and 4 lay down substantive legal obligations. In light of this use of the word 'matters' to refer to provisions containing legal obligations, we consider that among the various dictionary definitions, 'subject' and 'substance' are particularly pertinent to define the meaning of the word 'matters' as used in Article I:1. Therefore, interpreting the ordinary meaning of the terms used in their context, the Panel considers that the phrase 'matters referred to in...' in Article I:1 refers to the

Selbige Autoren argumentieren in Anbetracht der bereits beschriebenen Asymmetrie zwischen der Import- und der Exportseite zudem für eine Einschränkung des Wortlauts von Art. XI:1 GATT zugunsten von Exportsteuern.[262] Nach einer engen Lesart könne Art. XI:1 GATT danach so zu verstehen sein, dass nur diejenigen fiskalischen Maßnahmen vom Anwendungsbereich auszuschließen sind, die bereits eine Regelung innerhalb des GATT erfahren haben.[263] Während danach Art. II GATT den Bereich der Import- und Exportzölle erfasse, sei aufgrund der fehlenden Abdeckung von Exportsteuern durch Art. III GATT der Ausschluss innerhalb von Art. XI:1 GATT nicht auf den Bereich der Exportsteuern anzuwenden.[264] Dies sei womöglich auch im Wege einer teleologischen Reduktion zu erreichen.[265]

Teilweise wird der Ausschluss von Zöllen, Abgaben und sonstigen Belastungen im Rahmen von Art. XI:1 GATT so verstanden, dass dabei die einzelnen Abgabearten mit zugehörigen Normen des GATT (namentlich Art. II, III, VIII) korrespondieren.[266] Angesichts dessen ließe sich durchaus argumentieren, dass mangels Erstreckung dieser Vorschriften auf den Bereich der Exportsteuern diese folgerichtig in den Anwendungsbereich des Art. XI:1 GATT fallen müssten. Allerdings wäre dabei vorauszusetzen, dass der Wortlaut des Art. XI:1 GATT auch tatsächlich in einer derartigen direkten Verbindung zu den Normen steht. Anders als Art. I:1 GATT enthält Art. XI:1 GATT jedoch gerade keinen ausdrücklichen Verweis auf andere Vorschriften des GATT. Dies scheint eher darauf hinzudeuten, dass mit dem Verweis auf fiskalische Maßnahmen zwar diejenigen Abgabearten aufgelistet werden sollen, die auch in Art. II, III und VIII GATT adressiert werden, dass damit in Abgrenzung zu Art. I:1 GATT jedoch gerade keine unmittelbare Abhängigkeit von dem jeweiligen Anwendungsbereich besteht. Außerdem steht der sehr weite Ausschluss fiskalischer Maßnahmen einer Untersagung von Exportsteuern allgemein entgegen, was von den

---

subject matter of those provisions in terms of their substantive legal content. Understood in this sense, it is clear to us that the 'matters referred to in paragraphs 2 and 4 of Article III' cannot be interpreted without regard to limitations that may exist regarding the scope of the substantive obligations provided for in these paragraphs."

262 *Ehring/Chianale*, in: Selivanova (ed.), S. 109, 137 f.
263 *Ehring/Chianale*, in: Selivanova (ed.), S. 109, 137.
264 ibid.
265 ibid.
266 *Mavroidis*, Vol. 1, S. 87.

Autoren selbst auch zugegeben wird.[267] Dabei ist Art. XI:1 GATT zudem symmetrisch ausgestaltet. Die Diskussionen um die Beschränkung staatlicher Souveränität, die im Rahmen von Art. III GATT eine Rolle spielen, lassen auch eine Untersagung der (internen) Exportbesteuerung durch Art. XI:1 GATT als eher abwegig erscheinen.[268] Dies wird auch ausdrücklich durch eine Hintergrundmitteilung des GATT-Sekretariats aus dem Jahr 1989 gestützt. Hierin heißt es, dass das GATT die Erhebung von Abgaben auf Exporte erlaubt.[269] Es ist daher festzustellen, dass der Bereich der Exportsteuern keiner direkten Regelung durch das GATT unterliegt. Sie werden einzig durch die in Art. X:1 GATT enthaltene Veröffentlichungspflicht und das Willkürverbot gem. Art. X:3(a) GATT erfasst, da hierbei keine Unterscheidung nach der Art der Maßnahme getroffen wird.

Dies schließt allerdings die Eingehung eines Zugeständnisses i.S.v. Art. II:1(a) GATT nicht aus. Wie bereits dargestellt, handelt es sich bei Art. II:1(a) GATT um eine selbstständige Verpflichtung, deren Wortlaut keinerlei Beschränkungen im Hinblick auf die konkrete Art der erfassten Maßnahme enthält („treatment"). Exportsteuern können dabei als eine nicht-tarifäre Maßnahme in Teil III aufgenommen werden.

c) Exportabgaben als Gegenstand einer Nichtverletzungs- oder Situationsbeschwerde

Bislang wurde geprüft, ob Exportabgaben innerhalb des GATT rechtlichen Beschränkungen unterworfen sind, also ob bzw. in welcher Form sie als mit dem WTO-Recht vereinbar angesehen werden können. Ein Verstoß gegen WTO-Recht ermöglicht die Einleitung eines Streitbeilegungsverfahrens (vgl. XXIII:1(a) GATT). Allerdings kann gem. Art. XXIII:1(b) GATT (bzw. Art. 26.1 DSU) ein Streitbeilegungsverfahren auch dann eröffnet werden, wenn ein Mitglied eine Maßnahme ergreift, die nicht gegen WTO-Recht verstößt (Nichtverletzungsbeschwerde; non-violation complaint). Art. XXIII:1(c) GATT (bzw. Art. 26.2 DSU) sieht die Einleitung eines Streitbeilegungsverfahrens sogar bei jeder anderen Sachlage

---

267 *Ehring/Chianale*, in: Selivanova (ed.), S. 109, 138.
268 Siehe bereits Fn. 251.
269 GATT, Group of Negotiations on Goods, Negotiation Group on Non-Tariff Measures, Export Restrictions and Charges, Background Note by the Secretariat, 8 August 1989, MTN.GNG/NG2/W/40, S. 4 („permits the imposition of charges on exports").

(„existence of any other situation") vor (Situationsbeschwerde; situation complaint). Voraussetzung ist in beiden Fällen allein, dass eine Streitpartei der Auffassung ist, dass Vorteile, die sich unmittelbar oder mittelbar aufgrund eines unter das DSU fallenden Abkommens für sie ergeben, durch Maßnahmen eines Mitglieds zunichte gemacht oder geschmälert werden.

Hinter dem Konzept der Nichtverletzungsbeschwerde steht die Überlegung, dass die verbesserten Wettbewerbschancen, die legitimer Weise von Zollbindungen erwartet werden, auch durch Maßnahmen, die mit WTO-Recht in Einklang stehen, vereitelt werden können.[270] Ziel der Verhandlungsparteien war es ein Mittel zur Verfügung zu stellen, mit dem die Gegenseitigkeit und Ausgewogenheit der Zugeständnisse auch bei sich möglicherweise ändernden Umständen oder entgegen möglicher Umgehungsversuche gewährleistet werden kann.[271] Es geht mithin bei einer Nichtverletzungsbeschwerde um die Beeinträchtigung von legitimen Erwartungen, unabhängig von einer konkreten Rechtsverletzung.[272]

Das Panel in dem Fall *Japan – Film* hat die Voraussetzungen dahingehend konkretisiert, dass die berechtigte Erwartung eines verbesserten Marktzugangs und die Störung dieser Wettbewerbsposition durch Anwendung einer nicht in vernünftiger Weise vorhersehbaren Maßnahme nachgewiesen werden müssen.[273] In diesem Zusammenhang hat das Panel zudem einschränkend darauf hingewiesen, dass eine Nichtverletzungsbeschwerde nur in Ausnahmefällen Anwendung finden könne, um das tatsächliche Verhandlungsergebnis nicht zu untergraben.[274] Dem hat sich

---

270 Vgl. GATT, *European Economic Community – Payments and Subsidies Paid to Processors and Producers of Oilseeds and Related Animal-Feed Proteins*, L/6627, BISD 37S/86, GATT-Panel Report (25 January 1990), Rn. 144. Zur *ratio legis* auch bspw. *Tietje*, Normative Grundstrukturen, S. 341 ff.

271 *Jackson*, World Trade and the Law of GATT, S. 166 ff.; *Tietje*, Normative Grundstrukturen, S. 342 ff.; *Böckenförde*, in: Wolfrum/Stoll/Kaiser (eds.), WTO – Institutions and Dispute Settlement, Art. 26 DSU, Rn. 3 u. 5; *Lester/Mercurio/Davies*, S. 173 f.

272 *Cameron/Gray*, ICLQ 2/2001, S. 248, 261; *Böckenförde*, in: Wolfrum/Stoll/Kaiser (eds.), WTO – Institutions and Dispute Settlement, Art. 26 DSU, Rn. 3.

273 WTO, *Japan – Measures Affecting Consumer Photographic Film and Paper*, WT/DS44/R, Panel Report (31 March 1998), Rn. 10.61 u. 10.82. Siehe auch WTO, *European Communities – Measures Affecting Asbestos and Products Containing Asbestos*, WT/DS135/R, Panel Report (18 September 2000), Rn. 8.288 u. WT/DS135/AB/R, Appellate Body Report (12 March 2001), Rn. 38 u. 185 f. Zu den Voraussetzungen im Einzelnen bspw. *Tietje*, Normative Grundstrukturen, S. 346 ff.

274 WTO, *Japan – Measures Affecting Consumer Photographic Film and Paper*, WT/DS44/R, Panel Report (31 March 1998), Rn. 10.36.

auch ausdrücklich der Appellate Body in dem Fall *EC – Asbestos* angeschlossen.[275]

Fraglich ist, ob die Einführung einer Exportabgabe die legitimen Erwartungen an einen verbesserten Marktzugang in unvorhersehbarer Weise
beeinträchtigt und dadurch die Wettbewerbsposition negativ beeinflusst.
Nach den bisherigen Ausführungen ist jedenfalls festzustellen, dass Exportabgaben WTO-rechtlich grds. zulässig sind. In ihrer Wirkung verteuern sie
den Export eines Gutes und führen zu einer Preissenkung im Inland.[276]
Nach dem sog. „Lernerschen Symmetrietheorem" ist die Verbilligung eines Gutes auf dem Heimatmarkt mit der Verteuerung des Imports durch
einen Importzoll gleichzusetzen.[277] Geht man von dieser Symmetrie aus,
so lässt sich tatsächlich eine Beeinträchtigung des Marktzugangs für Kon-
kurrenzprodukte begründen.

Ob die Einführung von Exportabgaben dabei als unvorhersehbar eingestuft werden kann ist eine Frage des Einzelfalls:[278] Nach Ansicht des Panels
in *Japan – Film* muss im Anschluss an die Eingehung von Zugeständnissen
der handelnde Staat nachweisen, weshalb eine spätere Maßnahme bereits
vorhersehbar war.[279] Umgekehrt muss bei einer Einführung vor der Eingehung von Zugeständnissen der jeweils andere Staat nachweisen, weshalb
die Maßnahme nicht vorhersehbar gewesen ist.[280] Dabei führt nicht jede
politische Andeutung im Vorfeld von Zugeständnissen zur Vorhersehbarkeit der Beeinträchtigung.[281] Hat sich allerdings eine Maßnahme bereits

---

275 WTO, *European Communities – Measures Affecting Asbestos and Products Containing Asbestos*, WT/DS135/AB/R, Appellate Body Report (12 March 2001),
Rn. 186.

276 Siehe Kapitel 2, Abschnitt C. III.

277 *Lerner*, Economica 11/1936, S. 306, 306 ff. Siehe dazu auch bspw. *Krause*, S. 247.

278 Dazu auch *Tietje*, Normative Grundstrukturen, S. 352 ff.; *Böckenförde*, in: Wol-
frum/Stoll/Kaiser (eds.), WTO – Institutions and Dispute Settlement, Art. 26
DSU, Rn. 23 ff.

279 WTO, *Japan – Measures Affecting Consumer Photographic Film and Paper*, WT/
DS44/R, Panel Report (31 March 1998), Rn. 10.79 unter Verweis auf GATT,
*European Economic Community – Payments and Subsidies Paid to Processors and
Producers of Oilseeds and Related Animal-Feed Proteins*, L/6627, BISD 37S/86,
GATT-Panel Report (25 January 1990), Rn. 147 f.

280 WTO, *Japan – Measures Affecting Consumer Photographic Film and Paper*, WT/
DS44/R, Panel Report (31 March 1998), Rn. 10.80.

281 GATT, *European Economic Community – Payments and Subsidies Paid to Processors
and Producers of Oilseeds and Related Animal-Feed Proteins*, L/6627, BISD 37S/86,
GATT-Panel Report (25 January 1990), Rn. 149; WTO, *Japan – Measures Affecting Consumer Photographic Film and Paper*, WT/DS44/R, Panel Report (31 March
1998), Rn. 10.79.

angekündigt oder konkret abgezeichnet, so muss nachgewiesen werden, inwiefern trotzdem berechtigte Erwartungen entstehen konnten.[282] Es kommt für die Zwecke dieser Untersuchung also darauf an, wie die Rohstoffpolitik zum Zeitpunkt der Eingehung von Marktzugangsverpflichtungen ausgestaltet gewesen ist. Bei Ländern, die bereits im Vorfeld einer Eingehung von multilateralen Zugeständnissen Exportabgaben in unterschiedlicher Form erhoben haben, wird man nicht davon ausgehen können, dass die Einführung einer konkreten Abgabeform unvorhersehbar gewesen ist.

Die symmetrische Wirkung von Exportabgaben bezieht sich allerdings nur auf Rohstoffimporte und nicht auf den dieser Untersuchung zugrundeliegenden Fall einer Preisdiskriminierung bei den Ausgangserzeugnissen einer Ware. Das Vertrauen auf einen bestimmten Rohstoffpreis eignet sich – unabhängig von der Frage einer vorhersehbaren Beeinträchtigung – wohl schon nicht als Bezugspunkt einer Nichtverletzungsbeschwerde. Nach bisheriger Rechtsprechung richtet sich diese auf den Marktzugang.[283] In dem Fall *Japan – Semi-Conductors* hat ein GATT-Panel den Einkauf zu Marktpreisen durch europäische Verwender nicht als einen tauglichen Handelsvorteil angesehen.[284] Dies lässt sich auch auf den Rohstofferwerb durch die verarbeitende Industrie übertragen.

Eine andere Frage ist, ob durch die Exportabgaben das legitime Vertrauen auf einen besseren Marktzugang für Industrieprodukte beeinträchtigt wird. Sieht man den Einsatz von Exportabgaben als eine Förderung der verarbeitenden Industrie an, durch die Zollzugeständnisse effektiv zunichte gemacht oder geschmälert werden, so lässt sich eine Parallele zu bisherigen Subventionsfällen im Rahmen von Art. XXIII:1(b) GATT ziehen.[285] Es

---

282 WTO, *European Communities – Measures Affecting Asbestos and Products Containing Asbestos*, WT/DS135/R, Panel Report (18 September 2000), Rn. 8.291 ff.

283 Siehe *Tietje*, Normative Grundstrukturen, S. 346; *Böckenförde*, in: Wolfrum/Stoll/Kaiser (eds.), WTO – Institutions and Dispute Settlement, Art. 26 DSU, Rn. 20 ff.

284 GATT, *Japan – Trade in Semi-Conductors*, L/6309, BISD 35S/116, GATT-Panel Report (4 May 1988), Rn. 131. Dazu bspw. *Tietje*, Normative Grundstrukturen, S. 351.

285 Siehe dazu bspw. die Fälle GATT, *The Australian Subsidy on Ammonium Sulphate*, GATT/CP.4/39, BISD II/188, GATT-Panel Report (3 April 1950); *Treatment by Germany of Imports of Sardines*, G/26, BISD 1S/53, GATT-Panel Report (31 October 1952); *European Economic Community – Payments and Subsidies Paid to Processors and Producers of Oilseeds and Related Animal-Feed Proteins*, L/6627, BISD 37S/86, GATT-Panel Report (25 January 1990). *Tietje*, Normative Grundstrukturen, S. 352 sieht darin einen Standardfall unter Art. XXIII:1(b) GATT.

kommt dabei nicht darauf an, dass es sich um eine Subvention nach den Bestimmungen des GATT oder ASÜ handelt.[286] Die konkrete Form der Maßnahme ist letztlich nicht entscheidend. So hat das Panel in *Japan – Film* bspw. festgestellt, dass auch unverbindliche oder nicht zwingende Politiken oder Handlungen der Regierung, die einen hinreichenden Anreiz zu einem gewissen Verhalten privater Akteure bieten, einen negativen Einfluss auf die Wettbewerbsposition beim Marktzugang haben können.[287] Es kommt vielmehr darauf an, dass eine Beeinträchtigung des Marktzugangs nachgewiesen werden kann, sowie eine Kausalitätsbeziehung zwischen der Maßnahme und der Beeinträchtigung. Bei Letzterer hat das Panel in *Japan – Film* bspw. eine Gesamtbetrachtung anhand des Grads der Kausalität, des Zwecks der Maßnahme sowie des Zusammenspiels mit anderen Faktoren vorgenommen.[288] Insgesamt verlangt Art. 26.1 lit. a) DSU eine ausführliche Begründung der Beschwerde. Die Beeinträchtigung selbst muss dabei jedoch nicht beziffert werden.[289]

Durch den weiten Anwendungsbereich kann Art. XXIII:1(b) GATT daher letztlich gegenüber jeder Form einer nicht-tarifären Handelsbeschränkung eingesetzt werden, soweit sie eine Ware betrifft, die Gegenstand eines Importzollzugeständnisses ist.[290] Damit kommen auch Exportabgaben als Gegenstand einer Nichtverletzungsbeschwerde in Betracht, insofern die Beeinträchtigung eines Marktzugangs nachgewiesen werden kann und die Maßnahme nicht vorhersehbar war.

---

286 Siehe nachfolgend dazu Kapitel 4, Abschnitt C.

287 WTO, *Japan – Measures Affecting Consumer Photographic Film and Paper*, WT/DS44/R, Panel Report (31 March 1998), Rn. 10.49: „[A] government policy or action need not necessarily have a substantially binding or compulsory nature for it to entail a likelihood of compliance by private actors in a way so as to nullify or impair legitimately expected benefits within the purview of Article XXIII:1(b). Indeed, it is clear that non-binding actions, which include sufficient incentives or disincentives for private parties to act in a particular manner, can potentially have adverse effects on competitive conditions of market access. For example, a number of non-violation cases have involved subsidies, receipt of which requires only voluntary compliance with eligibility criteria."

288 WTO, *Japan – Measures Affecting Consumer Photographic Film and Paper*, WT/DS44/R, Panel Report (31 March 1998), Rn. 10.83 ff. Dazu *Böckenförde*, in: Wolfrum/Stoll/Kaiser (eds.), WTO – Institutions and Dispute Settlement, Art. 26 DSU, Rn. 27.

289 *Tietje*, Normative Grundstrukturen, S. 358 f.

290 *Tietje*, Normative Grundstrukturen, S. 354 ff. In diese Richtung auch *Böckenförde*, in: Wolfrum/Stoll/Kaiser (eds.), WTO – Institutions and Dispute Settlement, Art. 26 DSU, Rn. 19. Krit. dazu bspw. *Cho*, Harv. Int'l. L. J. 2/1998, S. 311, 321 ff.

Sind die Voraussetzungen einer Nichtverletzungsbeschwerde gegeben, folgt daraus allerdings nicht die Pflicht zur Rücknahme der jeweiligen Maßnahme; das Panel oder der Appellate Body empfehlen einzig die Herbeiführung eines für alle Seiten zufriedenstellenden Ausgleichs (Art. 26.1 lit. b) DSU). Gemäß Art. 26.1 lit. c) DSU kann auf Antrag einer Partei eine Entscheidung über den Umfang der zunichte gemachten oder geschmälerten Vorteile verfasst sowie Mittel und Wege für einen für alle Seiten zufriedenstellenden Ausgleich vorgeschlagen werden, woraus sich allerdings keine Bindung der Parteien ergibt. Nichtverletzungsbeschwerden haben folglich keinerlei mit Verletzungsbeschwerden vergleichbare Konsequenzen.[291] Insgesamt kann Exportabgaben dadurch nicht effektiv begegnet werden. Dies gilt auch für die Situationsbeschwerde gem. Art. XXIII:1(c) GATT bzw. 26.2 DSU, die für den besonderen Fall einer makroökonomischen Krise konzipiert worden ist und damit für den Fall von Exportabgaben keine unmittelbare Relevanz hat.[292]

3. Zwischenfazit

Eine Untersuchung der bestehenden Regelungen des GATT zeigt, dass Exportabgaben darin nicht in direkter Weise adressiert werden. So fallen Exportzölle bisher mehrheitlich durch das Raster der Tarifierung in Verbindung mit dem Verbot mengenmäßiger Beschränkungen. Sie werden nur durch das Gebot der Meistbegünstigung sowie Art. X:1 und 3 GATT erfasst. Exportsteuern werden schließlich bis auf Art. X:1 und 3(a) überhaupt nicht durch das GATT adressiert. Die fehlende Regelung von Exportabgaben ist schon in der Historie des GATT angelegt, bei der ein klarer Schwerpunkt auf tarifäre Beschränkungen – d.h. Importzölle – gelegt wurde. Eine Abweichung von dem klaren Wortlaut der Art. III und XI GATT sowie der Historie des GATT durch eine erweiternde Auslegung des Anwendungsbereichs der beiden Normen ist dabei auszuschließen. Es bleibt mithin bei der Feststellung, dass der allgemeine Rechtsrahmen des GATT Exportabgaben nahezu unreguliert lässt. Sie können allerdings jederzeit zum Gegenstand von Zugeständnissen i.S.v. Art. II GATT und dadurch zu einem integralen Bestandteil des GATT gemacht werden (Art.

---

291 *Matsushita/Schoenbaum/Mavroidis/Hahn*, S. 98, Fn. 108: „In this sense, non-violation cases lack teeth."

292 Zu Situationsbeschwerden siehe bspw. *Jackson*, World Trade and the Law of GATT, S. 168; *Lester/Mercurio/Davies*, S. 176.

II:7 GATT). Daneben besteht die Möglichkeit einer Nichtverletzungsbeschwerde gem. Art. XXIII:1(b) GATT bzw. 26.1 DSU, die jedoch nicht zur Aufhebung der betreffenden Maßnahme verpflichtet.

II. Exportabgaben als Gegenstand von WTO-Beitrittsverhandlungen

Eine entscheidende Neuerung des WTO- gegenüber dem GATT-System war die einheitliche Bindung aller Mitglieder an die multilateralen Handelsübereinkünfte gem. Art. II:2 WTO-Übereinkommen (sog. „single-undertaking approach").[293] Diese einheitliche Bindung ist jedoch nicht gleichbedeutend mit einer identischen Verpflichtungsstruktur: Abgesehen von den individuellen Zollbindungen, Sonderregeln für Entwicklungsländer und LDCs sowie den einzelnen, plurilateralen Übereinkommen in Anhang 4, führen eine Vielzahl individueller Zugeständnisse im Rahmen eines WTO-Beitritts zu einer Durchbrechung dieses in Art. II:2 WTO-Übereinkommen enthaltenen Grundsatzes. In ihnen liegt für die Zwecke dieser Untersuchung ein eigenständiger Anknüpfungspunkt für die Frage, inwieweit Exportabgaben durch das WTO-Recht erfasst werden.

Mit Gründung der WTO wurden die ursprünglichen GATT-Vertragsparteien zu den neuen WTO-Mitgliedern (Art. XI, XIV:1 S. 3 WTO-Übereinkommen). Für alle anderen Staaten und Zollgebiete steht ein Beitritt auf Grundlage von individuell mit der WTO ausgehandelten Bedingungen offen (Art. XII:1 WTO-Übereinkommen). Dies macht die WTO zu einer „bedingt offenen internationalen Organisation"[294].

In einem Beitrittsverfahren werden einerseits die Voraussetzungen eines jeden Bewerbers geprüft und Maßnahmen ermittelt, die für die Herstellung einer Vereinbarkeit mit dem WTO-Recht erforderlich sind. Andererseits besteht das Verfahren aus einem offenen Verhandlungsprozess im Rahmen dessen der Beitrittskandidat mit Bedenken der Mitglieder konfrontiert wird, die nicht zwingend nur an die aktuellen Verpflichtungen der WTO anknüpfen.[295] Beitrittskandidaten übernehmen in diesem

---

293 In Abgrenzung zu dem früheren Ansatz, der als „GATT à la carte" bezeichnet wird. Vgl. dazu insgesamt *Mavroidis*, Vol. 1, S. 53 u. 64; *Weiß/Ohler/Bungenberg*, § 6 Rn. 95, 102 u. 105.

294 So *Hilf*, in: Hilf/Oeter (Hrsg.), § 6 Rn. 47.

295 Siehe für einen Überblick über das Beitrittsverfahren bspw. *Hilf*, in: Hilf/Oeter (Hrsg.), § 6 Rn. 48; *Van den Bossche/Zdouc*, S. 125 ff.; *Weiß/Ohler/Bungenberg*, § 9 Rn. 165 ff. sowie <https://www.wto.org/english/thewto_e/acc_e/acc_status_e. htm>, (letzter Abruf am 1.11.2022).

Zusammenhang regelmäßig Liberalisierungsverpflichtungen, die über die Anforderungen des bestehenden WTO-Rechts hinausgehen, d.h. weitergehende Beschränkungsverbote beinhalten (WTO[+]).[296] Die einzelnen Zugeständnisse sind in der Regel in einem Abschlussbericht der den Beitrittsprozess begleitenden Arbeitsgruppe enthalten. Sie werden über einen Verweis innerhalb eines eigenständigen Beitrittsprotokolls zu dessen Bestandteil und dadurch wiederum zu einem integralen Teil des WTO-Übereinkommens gemacht.[297]

Diese Vorgehensweise ist nicht unumstritten, führt sie doch letztlich dazu, dass für unterschiedliche WTO-Mitglieder unterschiedliche Rechtspflichten bestehen.[298] Zur Rechtfertigung wird regelmäßig auf die veränderten Bedingungen des Welthandels bzw. die unterschiedlichen Ausgangsbedingungen der Beitrittskandidaten sowie die Möglichkeit zur Stärkung und Weiterentwicklung des WTO-Rechts hingewiesen.[299] Unabhängig von der Bewertung dieser Praxis ist jedenfalls festzustellen, dass Art. XII GATT selbst keinerlei positive Agenda enthält oder Begrenzungen formuliert, sondern für die Beitrittskandidaten nur von Bedingungen spricht, die zwischen ihnen und der WTO vereinbart werden („terms to be agreed between it and the WTO").[300]

Diese Möglichkeit zu individuellen Erweiterungen des WTO-rechtlichen Pflichtenkatalogs ist für den Bereich der Exportabgaben bereits vielfach relevant geworden. In nahezu jedem Abschlussbericht der bislang der WTO beigetretenen Staaten findet sich ein Unterabschnitt, der sich mit

---

296 Diese Kategorie wird häufig auch als „WTO+" oder „WTO-plus" bezeichnet. Hierzu in Abgrenzung zu weniger strengen Verpflichtungen (WTO[-] auch WTO- oder WTO-minus) z.B. *Charnovitz*, S. 18 f.; *Ehring*, in: Cremona et al. (eds.), S. 337, 347 ff.; *Korinek/Bartos*, in: OECD (ed.), Export Restrictions in Raw Materials Trade, S. 149, 155. Umfassend dazu *Osakwe*, in: Dadush/Osakwe (eds.), S. 219, 219 ff.

297 Vgl. hierzu die Vorlage des WTO-Sekretariats auf S. 42 der Technical Note on the Accession Process, 28 November 2005, WT/ACC/10/Rev.3. Siehe zur Verpflichtungsstruktur aus dem Zusammenspiel von Beitrittsprotokollen sowie Abschlussberichten *Ehring*, in: Cremona et al. (eds.), S. 337, 340 ff.

298 Zu dieser Kritik vgl. *Qin*, JWT 3/2003, S. 483, 513 ff. sowie m.w.N. *N. Gao/ Zheng*, in: Kireyev/Osakwe (eds.), S. 357, 357 ff.

299 So z.B. *Osakwe*, in: Dadush/Osakwe (eds.), S. 219, 235 ff.; *N. Gao/Zheng*, in: Kireyev/Osakwe (eds.), 357, 363 ff.

300 *Qin*, JWT 3/2003, S. 483, 487; *Charnovitz*, S. 9 u. 18. Teilweise wird eine Begrenzung dort angenommen, wo Verpflichtungen über das Mandat der WTO hinausgehen. So bspw. *Mavroidis*, Vol. 1, S. 69 sowie *Horn/Mavroidis/Sapir*, World Economy 11/2010, S. 1565, 1565 ff., die diese Kategorie als „WTO-extra" (WTO-X) bezeichnen.

Zöllen, Gebühren und anderen Verwaltungsabgaben sowie der Erhebung von Steuern auf Exporte befasst.[301] Die Begrenzung von Exportbeschränkungen allgemein kann dabei als Ausdruck eines Interesses der WTO-Mitglieder gewertet werden, im Rahmen der WTO-Beitrittsverfahren einen verbesserten Rohstoffzugang zu erlangen.[302]

Im Folgenden soll zunächst auf das rechtlich, aber auch rohstoffpolitisch bedeutsamste Beispiel eines Zugeständnisses im Bereich von Exportabgaben eingegangen werden, das mit dem Beitritt der Volksrepublik China zur WTO verbunden ist (dazu 1.). Im Anschluss daran soll die Weiterentwicklung der damit einhergehenden Verpflichtungsstruktur im Zuge des WTO-Beitritts von Russland näher beleuchtet werden (dazu 2.). Schließlich soll aufgezeigt werden, inwieweit sich die Beitrittsverpflichtungen anderer Länder an diesen Regelungsmodellen orientierten (dazu 3.).

1. Die Beitrittsverpflichtungen Chinas

Das chinesische Beitrittsprotokoll („Protocol on the Accession of the People's Republic of China"; im Folgenden: CAP)[303] ist insoweit besonders, als dass es nicht auf die standardisierte Form und Verweisungstechnik zurückgreift, sondern selbst umfangreiche Rechte und Pflichten enthält.[304] In Abschnitt 11.3 CAP verpflichtet sich China ausdrücklich dazu, alle Formen von Abgaben zu beseitigen, die auf den Export erhoben werden,

---

301 So ausdrücklich als „Customs tariffs, fees and charges for services rendered, application of internal taxes on exports" bei Afghanistan, China, Estland, Georgien, Jemen, Jordanien, Kap Verde, Kasachstan, Kirgistan, Kroatien, Laos, Lettland, Liberia, Litauen, Moldawien, Montenegro, Nepal, Oman, Samoa, Seychellen, Tadschikistan, Mazedonien, Tonga, Ukraine und Vietnam. In anderen Fällen wird der Bereich überschrieben mit „Customs tariff nomenclature, types of duties etc." wie bei Albanien oder „Export measures" wie bei der Mongolei oder mit „Export Taxes" wie bei Bulgarien bzw. „Export Duties" wie bei Panama, Saudi-Arabien und Russland. Nur bei Ecuador, Taiwan und Vanuatu findet sich kein ausdrücklicher Abschnitt. Die einzelnen Beitrittsdokumente können abgerufen werden unter: <https://www.wto.org/english/thewto_e/acc_e/complete acc_e.htm>, (letzter Abruf am 1.11.2022). Siehe für einen Überblick über die Rolle von Exportzöllen in den bisherigen Beitrittsprotokollen auch *Espa*, Export Restrictions, S. 145 ff.; *Osakwe/Yu/Beslać*, in: Dadush/Osakwe (eds.), S. 741, 741 ff.; *Marceau*, in: Matsushita/Schoenbaum (eds.), S. 99, 113 ff.

302 *Wu*, Law and Politics on Export Restrictions, S. 63.

303 WTO, Protocol on the Accession of the People's Republic of China, 23 November 2001, WT/L/432.

304 *Qin*, JWT 3/2003, 483, 483; *Wu*, Law and Politics on Export Restrictions, S. 65 f.

es sei denn, diese sind in Anhang 6 des Protokolls ausdrücklich aufgeführt oder werden in Übereinstimmung mit Art. VIII GATT erhoben.[305] In Anhang 6 des Protokolls werden wiederum 84 Produktlinien gelistet und mit einem Prozentsatz versehen ("Export Duty Rate").[306] In einer Anmerkung zu Anhang 6 heißt es dazu, dass es sich bei den aufgeführten Angaben um Höchstsätze handelt, die von China nicht überschritten werden. Zudem bestätigt China darin, dass es die aktuell angewendeten Zollsätze nicht erhöhen werde, außer unter besonderen Umständen. In einem derartigen Fall würde China die betroffenen Mitglieder über die geplante Einführung eines erhöhten Zollsatzes informieren und Konsultationen einleiten.[307]

Insgesamt hat China damit – abgesehen von den vereinbarten Höchstsätzen für die in Anhang 6 gelisteten Produkte – einem vollständigen Verzicht auf Exportabgaben zugestimmt.[308] Wenngleich Anhang 6 sich ausschließlich auf Exportzölle bezieht, so kann nicht davon ausgegangen werden, dass dies umgekehrt den Anwendungsbereich von Abschnitt 11.3 CAP auf Exportzölle reduziert. Abschnitt 11 CAP beschäftigt sich mit jeder Form der finanziellen Belastung gegenüber Importen sowie Exporten.[309] Abschnitt 11.1 CAP verpflichtet China zu einer Erhebung von Zöllen und zollgleichen Abgaben in Übereinstimmung mit dem GATT, das für sich genommen grds. nur die Importseite bindet.[310] Gleiches gilt für

---

305 In Abschnitt 11.3 CAP heißt es: „China shall eliminate all taxes and charges applied to exports unless specifically provided for in Annex 6 of this Protocol or applied in conformity with the provisions of Article VIII of the GATT 1994."

306 Vgl. Anlage 6 des CAP (S. 93).

307 Siehe Anlange 6 des CAP (S. 95). Dort heißt es: „China confirmed that the tariff levels included in this Annex are maximum levels which will not be exceeded. China confirmed furthermore that it would not increase the presently applied rates, except under exceptional circumstances. If such circumstances occurred, China would consult with affected members prior to increasing applied tariffs with a view to finding a mutually acceptable solution."

308 Vgl. dazu auch *Espa*, Export Restrictions, S. 150 ff. sowie *Shi*, S. 136 f., wobei unklar ist, ob diese eine Erstreckung auf Exportsteuern abgelehnt haben oder diese von ihnen schlichtweg nicht in den Blick genommen wurde. Bei *Espa* kann dies bereits durch den generellen Fokus auf Exportzölle erklärt werden. Selbiges gilt für *Osakwe/Yu/Beslać*, in: Dadush/Osakwe (eds.), S. 741, 747 u. 752 f. sowie *Marceau*, in: Matsushita/Schoenbaum (eds.), S. 99, 115. A.A. *Milthorp/Christy*, in: Selivanova (ed.), S. 259, 283, die erklären, dass China zu keiner Aufhebung gezwungen werde, ohne dies jedoch näher zu begründen.

309 Dort heißt es ausdrücklich: „Taxes and Charges Levied on Imports and Exports".

310 Vgl. dazu bereits die Ausführungen zur Regelungssystematik des GATT sowie zu Art. II und VII GATT in Kapitel 3, Abschnitt A. I. 1. u. 2. a) cc) u. dd).

den wortgleich formulierten und sich auf interne Abgaben beziehenden Abschnitt 11.2 CAP.[311]

In systematischer Hinsicht ist festzustellen, dass Abschnitt 11.3 CAP sich an diese importbezogenen Regelungen anschließt, wodurch eine Übertragung der beiden in Abschnitt 11.1 und 11.2 CAP genannten Bereiche auf den Export nahegelegt wird. Dies wird auch durch den Wortlaut gestützt, da sich Abschnitt 11.3 CAP dieselbe Formulierung zu eigen macht, die sich in der Überschrift von Abschnitt 11 CAP wiederfindet („Taxes and Charges"). Der Verweis auf Art. VIII GATT unterstützt diese Auslegung ebenfalls. Dieser wäre nicht erforderlich, wenn sich die Verpflichtung nicht auf den Gesamtbereich der finanziellen Belastung von Waren erstrecken würde.

Innerhalb des Abschlussberichts finden sich ebenso Hinweise auf eine derartige Auslegung. Bestimmungen des Abschlussberichts, die nicht als verbindliche Verpflichtungen gelistet werden, können als relevanter Kontext i.S.v. Art. 31 Abs. 2 lit. b) WVK zur Auslegung herangezogen werden.[312] Der Abschlussbericht zum Beitritt Chinas enthält bspw. einen Abschnitt, der mit „Customs Tariffs, Fees and Charges for Services Rendered, Application of Internal Taxes to Exports" überschrieben und dem Bereich „Export Regulation" untergeordnet ist.[313] Darin wird der von einigen WTO-Mitgliedern geforderte, vollständige Verzicht auf „taxes and charges" mit Ausnahme der in Anhang 6 gelisteten Exportzölle sowie Abgaben i.S.v. Art. VIII GATT dokumentiert.[314] Der Wortlaut entspricht dabei der in Abschnitt 11 CAP gewählten Formulierung.

Daneben enthält der Abschlussbericht einen Abschnitt über interne Maßnahmen mit Auswirkungen auf den Warenhandel.[315] Dort werden unter der Überschrift „Taxes and Charges Levied on Imports and Exports" Zugeständnisse formuliert, wie sie sich in Abschnitt 11.1 und 11.2 CAP finden.[316] Auch hieraus lässt sich schließen, dass Abschnitt 11.3 CAP den Gesamtbereich der Exportabgaben umfasst. Zwar könnte argumentiert werden, dass die an dieser Stelle eingegangenen Zugeständnisse den Be-

---

311 Dazu Kapitel 3, Abschnitt A. I. 2. b).

312 So ausdrücklich *Ehring*, in: Cremona et al. (eds.), S. 337, 342.

313 WTO, Report of the Working Party on the Accession of China, 1 October 2001, WT/ACC/CHN/49, Rn. 155 f.

314 ibid.

315 Dort ausdrücklich bezeichnet als: „Internal Policies Affecting Foreign Trade in Goods".

316 WTO, Report of the Working Party on the Accession of China, 1 October 2001, WT/ACC/CHN/49, Rn. 169 f.

reich der internen Maßnahmen erschöpfend regeln sollen. Jedoch stellt bereits die Überschrift zu den im Abschnitt über die Regulierung des Exports eingegangenen Zugeständnissen klar, dass an dieser Stelle auch interne Steuern („internal taxes") erfasst werden. Es verbleiben China damit einzig die in Anhang 6 mit einem Höchstsatz bezifferten Exportzölle.

Diese sehr weitgehenden Regelungen sind vor allem deshalb von besonderem Interesse, weil China im Bereich vieler Rohstoffe eine wichtige Position auf dem Weltmarkt einnimmt.[317] In Folge sind die verarbeitenden Industrien vieler WTO-Mitglieder von Rohstoffimporten aus China abhängig und werden durch die Auswirkungen von Exportbeschränkungen in diesem Bereich unmittelbar getroffen.[318] Abschnitt 11.3 CAP war vor diesem Hintergrund bereits Gegenstand zweier Streitbeilegungsverfahren gegen China:[319]

Sowohl in dem Fall *China – Raw Materials* als auch in *China – Rare Earths* haben die Panels einen Verstoß gegen Art. 11.3 CAP festgestellt soweit die von China erhobenen Exportzölle nicht in Anhang 6 gelistet waren oder nicht der darin angegebenen Höhe entsprachen.[320] Eine wichtige Anschlussfrage war in diesem Zusammenhang, ob sich China diesbezüglich in rechtmäßiger Weise auf die Rechtfertigungsgründe gem.

---

317 Für die chinesische Rohstoffwirtschaft siehe *Schüler-Zhou/Felizeter/Ottsen*. Umfassend für das Verhältnis zwischen China und der EU im Rohstoffbereich *Shi*, S. 29 ff.

318 Siehe dazu bereits Kapitel 1, Abschnitt A. Für eine Übersicht über den Weltmarktanteil bei Rohstoffen, die Exportbeschränkungen unterliegen siehe auch *Fliess/Arriola/Liapis*, in: OECD (ed.), Export Restrictions in Raw Materials Trade, S. 17, 44.

319 Vgl. WTO, *China – Measures Related to the Exportation of Various Raw Materials*, WT/DS394/R, WT/DS395/R, WT/DS398/R, Panel Report (5 July 2011), Rn. 7.52 ff. u. WT/DS394/AB/R, WT/DS395/AB/R, WT/DS398/AB/R, Appellate Body Report (30 January 2012), Rn. 270 ff. sowie *China – Measures Related to the Exportation of Rare Earths, Tungsten and Molybdenum*, WT/DS431/R, WT/DS432/R, WT/DS433/R, Panel Report (26 March 2014), Rn. 7.29 ff. u. WT/DS431/AB/R, WT/DS432/AB/R, WT/DS433/AB/R, Appellate Body Report (7 August 2014), Rn. 5.1 ff.

320 WTO, *China – Measures Related to the Exportation of Various Raw Materials*, WT/DS394/R, WT/DS395/R, WT/DS398/R, Panel Report (5 July 2011), Rn. 7.64 ff., ausdrücklich bestätigt in WT/DS394/AB/R, WT/DS395/AB/R, WT/DS398/AB/R, Appellate Body Report (30 January 2012), Rn. 287 sowie *China – Measures Related to the Exportation of Rare Earths, Tungsten and Molybdenum*, WT/DS431/R, WT/DS432/R, WT/DS433/R, Panel Report (26 March 2014), Rn. 7.41 ff.

Art. XX GATT berufen kann.[321] In *China – Publications and Audiovisual Products* hatte der Appellate Body für Abschnitt 5.1 CAP diese Möglichkeit bejaht.[322] Für Abschnitt 11.3 CAP wurde dies durch beide Panels und den Appellate Body demgegenüber einhellig abgelehnt.[323] Ausgangspunkt hierfür ist zunächst, dass von der WTO-Rechtsprechung – trotz der Tatsache, dass Abschnitt 1.2 CAP das Beitrittsprotokoll und den Bericht der Arbeitsgruppe ausdrücklich zu einem integralen Bestandteil des WTO-Übereinkommens erklärt[324] – keine automatische Einbindung der Bestimmungen des Beitrittsprotokolls in den allgemeinen Bestand des WTO-Rechts angenommen wird.[325] Daraus ergibt sich die Notwendigkeit, eine Verbindung für jede Bestimmung des Beitrittsprotokolls gesondert festzustellen.[326] Für Abschnitt 11.3 CAP geht die Rechtsprechung davon

---

321 WTO, *China – Measures Related to the Exportation of Various Raw Materials*, WT/DS394/R, WT/DS395/R, WT/DS398/R, Panel Report (5 July 2011), Rn. 7.107 ff. u. WT/DS394/AB/R, WT/DS395/AB/R, WT/DS398/AB/R, Appellate Body Report (30 January 2012), Rn. 270 ff. sowie *China – Measures Related to the Exportation of Rare Earths, Tungsten and Molybdenum*, WT/DS431/R, WT/DS432/R, WT/DS433/R, Panel Report (26 March 2014), Rn. 7.53 ff. u. WT/DS431/AB/R, WT/DS432/AB/R, WT/DS433/AB/R, Appellate Body Report (7 August 2014), Rn. 5.1 ff.

322 WTO, *China – Measures Affecting Trading Rights and Distribution Services for Certain Publications and Audiovisual Entertainment Products*, WT/DS363/AB/R, Appellate Body Report (21 December 2009), Rn. 205 ff.

323 WTO, *China – Measures Related to the Exportation of Various Raw Materials*, WT/DS394/R, WT/DS395/R, WT/DS398/R, Panel Report (5 July 2011), Rn. 7.158 ff. u. WT/DS394/AB/R, WT/DS395/AB/R, WT/DS398/AB/R, Appellate Body Report (30 January 2012), Rn. 307 sowie *China – Measures Related to the Exportation of Rare Earths, Tungsten and Molybdenum*, WT/DS431/R, WT/DS432/R, WT/DS433/R, Panel Report (26 March 2014), Rn. 7.115 ff. u. WT/DS431/AB/R, WT/DS432/AB/R, WT/DS433/AB/R, Appellate Body Report (7 August 2014), Rn. 5.71 ff.

324 In Abschnitt 11.2 CAP heißt es: „This Protocol, which shall include the commitments referred to in paragraph 342 of the Working Party Report, shall be an integral part of the WTO Agreement."

325 WTO, *China – Measures Related to the Exportation of Various Raw Materials*, WT/DS394/R, WT/DS395/R, WT/DS398/R, Panel Report (5 July 2011), Rn. 7.113 f. u. 7.119 f., indirekt bestätigt durch WT/DS394/AB/R, WT/DS395/AB/R, WT/DS398/AB/R, Appellate Body Report (30 January 2012), Rn. 278 sowie *China – Measures Related to the Exportation of Rare Earths, Tungsten and Molybdenum*, WT/DS431/R, WT/DS432/R, WT/DS433/R, Panel Report (26 March 2014), Rn. 7.80 ff. u. WT/DS431/AB/R, WT/DS432/AB/R, WT/DS433/AB/R, Appellate Body Report (7 August 2014), Rn. 5.42 ff. u. 5.52 ff.

326 WTO, *China – Measures Related to the Exportation of Various Raw Materials*, WT/DS394/R, WT/DS395/R, WT/DS398/R, Panel Report (5 July 2011), Rn. 7.120

aus, dass die hierfür zur Verfügung stehenden Rechtfertigungsmöglichkeiten durch den darin enthaltenen Verweis auf Anhang 6 sowie auf zulässige Abgaben i.S.v. Art. VIII GATT abschließend geregelt werden.[327]

Die Entscheidungen sind in der Literatur nicht ohne Widerspruch geblieben.[328] Ihnen wird u.a. vorgeworfen, dass sie von einer zu sehr am Wortlaut des Abschnitts 11.3 CAP orientierten Auslegung ausgehen, die jedoch kein eindeutiges Ergebnis liefern könne.[329] Zudem widerspreche eine derartige Auslegung eklatant dem „single-undertaking"-Ansatz.[330] Diese Interpretation steht nun jedoch mit der Autorität zweier Entscheidungen durch den Appellate Body im Raum.[331] Vereinzelt ist allerdings auch darauf hingewiesen worden, dass mangels rückwirkender Sanktions- oder Ausgleichsmittel der Erfolg der Entscheidungen letztlich gering bleibt, da China nur für die Zukunft zu einer Aufhebung der getroffenen Maßnahmen verpflichtet wird.[332]

Insgesamt ergeben sich aus den Entscheidungen in *China – Raw Materials* und *China – Rare Earths* allerdings weitreichende Folgen, nicht nur für die innerhalb des CAP enthaltenen Zugeständnisse. Für jedes im Rahmen von Beitrittsverhandlungen eingegangene Zugeständnis ist danach im Ein-

---

u. WT/DS394/AB/R, WT/DS395/AB/R, WT/DS398/AB/R, Appellate Body Report (30 January 2012), Rn. 278 sowie *China – Measures Related to the Exportation of Rare Earths, Tungsten and Molybdenum*, WT/DS431/R, WT/DS432/R, WT/DS433/R, Panel Report (26 March 2014), Rn. 7.94 ff. u. WT/DS431/AB/R, WT/DS432/AB/R, WT/DS433/AB/R, Appellate Body Report (7 August 2014), Rn. 5.57.

327 WTO, *China – Measures Related to the Exportation of Various Raw Materials*, WT/DS394/R, WT/DS395/R, WT/DS398/R, Panel Report (5 July 2011), Rn. 7.116 ff. u. WT/DS394/AB/R, WT/DS395/AB/R, WT/DS398/AB/R, Appellate Body Report (30 January 2012), Rn. 285, 291 u. 299 sowie *China – Measures Related to the Exportation of Rare Earths, Tungsten and Molybdenum*, WT/DS431/R, WT/DS432/R, WT/DS433/R, Panel Report (26 March 2014), Rn. 7.97 f. u. WT/DS431/AB/R, WT/DS432/AB/R, WT/DS433/AB/R, Appellate Body Report (7 August 2014), Rn. 5.63 ff.

328 Vgl. hierzu bspw. *Franke*, BTW 114/2011, S. 15 ff.; *Liu*, JWT 4/2014, S. 751, 757 ff.; *Qin*, JWT 5/2012, S. 1147, 1149 ff.; *Han/B. Gao*, MJIEL 3/2013, S. 336, 350 ff.; *Baroncini*, CDT 2/2012, S. 49, 55 ff.; *Shi*, S. 195 ff.; *Matsushita/Schoenbaum*, in: Matsushita/Schoenbaum (eds.), S. 79, 79 ff.; *Wu*, Law and Politics on Export Restrictions, S. 71 ff.

329 *Franke*, BTW 114/2011, S. 15; *Liu*, JWT 4/2014, S. 751, 757 ff.; *Qin*, JWT 5/2012, S. 1147, 1156 ff.; *Han/B. Gao*, MJIEL 3/2013, S. 336, 350 ff.

330 *Franke*, BTW 114/2011, S. 26; *Han/B. Gao*, MJIEL 3/2013, S. 336, 352 ff.

331 Zustimmend gegenüber dem Ergebnis der beiden Entscheidungen bspw. *Ehring*, in: Cremona et al. (eds.), S. 337, 359 ff.

332 *M. Wu*, WTR 4/2017, S. 673, 673 ff.

zelfall zu prüfen, ob eine Berufung auf die Rechtfertigungsgründe gem. Art. XX GATT möglich ist. Dies führt letztlich dazu, dass bei Zugeständnissen im Bereich von Exportabgaben strengere Maßstäbe gelten können als für mengenmäßige Exportbeschränkungen gem. Art. XI:1 GATT. Im Fall von China wird dies angesichts der umfassenden Verpflichtungen gem. Abschnitt 11.3 CAP in besonderer Weise deutlich.

2. Die Beitrittsverpflichtungen Russlands

Folge der beiden Streitbeilegungsverfahren zu Abschnitt 11.3 CAP war eine rechtliche Weiterentwicklung, die erstmals im Zusammenhang mit dem Beitritt Russlands zur WTO augenscheinlich geworden ist:[333] Im Grundsatz liegt den Verpflichtungen Russlands im Bereich der Exportabgaben eine sog. Positivliste zugrunde, d.h. Abgaben werden für einzelne Produktkategorien in einer bestimmten Höhe gebunden. Eine künftige Bindung von Exportabgaben wird dadurch nicht erreicht.[334] Dies entspricht dem Ansatz, der seit jeher für die Reduzierung von Importzöllen charakteristisch ist.[335] In der Vergangenheit haben bereits die Mongolei[336],

---

333 Vgl. dazu auch *Espa*, Export Restrictions, S. 156 ff.; *Osakwe/Yu/Beslać*, in: Dadush/Osakwe (eds.), S. 741, 752; *Marceau*, in: Matsushita/Schoenbaum (eds.), S. 99, 116 f.; *Van der Loo*, LIEI 1/2013, S. 7, 22 ff.; *Wu*, Law and Politics on Export Restrictions, S. 75 ff.

334 Zu diesem Ansatz *Osakwe/Yu/Beslać*, in: Dadush/Osakwe (eds.), S. 741, 750 f.

335 Siehe dazu Kapitel 1, Abschnitt A. I. 1. u. A. I. 2. a) cc).

336 Die Mongolei hat bei ihrem Beitritt zur WTO für Kaschmir zugesagt, dass ab dem 1. Oktober 1996 ein Exportzoll von maximal 30 % *ad valorem* erhoben und innerhalb von 10 Jahren ab dem Zeitpunkt des Beitritts aufgehoben werden würde: WTO, Report of the Working Party on the Accession of Mongolia, 27 June 1996, WT/AC/MNG/9, Rn. 24. Siehe dazu *Espa*, Export Restrictions, S. 148; *Osakwe/Yu/Beslać*, in: Dadush/Osakwe (eds.), S. 741, 751 sowie *Marceau*, in: Matsushita/Schoenbaum (eds.), S. 99, 114. Im Jahr 2007 wurde der Mongolei jedoch eine begrenzte Beibehaltung aus Gründen gewährt, die sich zumindest teilweise in Art. XX(g) bis (j) GATT wiederfinden: WTO, General Council, Mongolia – Export Duties on Raw Cashmere, 27 July 2007, WT/L695. Hierzu *Ehring*, in: Cremona et al. (eds.), S. 337, 339.

Lettland[337], Saudi-Arabien[338], Vietnam[339] und die Ukraine[340] von dieser Regelungsstruktur Gebrauch gemacht und für einzelne Formen von Exportabgaben einen Höchstsatz festgelegt.

Die rechtliche Innovation ergibt sich für die russischen Zugeständnisse daraus, dass diese erstmals in einem eigenständigen Teil V der allgemeinen Liste der Zugeständnisse Russlands („Schedule CLXV") als Anhang zum

---

337 Lettland gab bei seinem Beitritt 1999 einerseits an, dass es aktuell nur Exportzölle auf einige Rohstoffsorten sowie Antiquitäten erhebe, die es in einem Anhang 3 zum Abschlussbericht auflistete. Andererseits verpflichtete es sich dazu, die dort angegebenen Zölle vollständig bis zum 1. Januar 2007 aufzuheben, bis auf die Kategorie der Antiquitäten: WTO, Report of the Working Party on the Accession of Latvia, 30 September 1998, WT/ACC/LV/32, Rn. 69. Dazu *Espa*, Export Restrictions, S. 148 f.; *Osakwe/Yu/Beslać*, in: Dadush/Osakwe (eds.), S. 741, 751 sowie *Marceau*, in: Matsushita/Schoenbaum (eds.), S. 99, 114.

338 Saudi-Arabien bekräftigte zwar ausdrücklich sein aus Art. XI GATT resultierendes Recht Exportzölle einzuführen, sagte jedoch zu, keine derartigen Abgaben auf Eisen- und Stahlabfälle zu erheben: WTO, Report of the Working Party on the Accession of the Kingdom of Saudi Arabia, 1 November 2005, WT/AC/SAU/61, Rn. 184. Dazu *Espa*, Export Restrictions, S. 152 f.; *Osakwe/Yu/Beslać*, in: Dadush/Osakwe (eds.), S. 741, 751 sowie *Marceau*, in: Matsushita/Schoenbaum (eds.), S. 99, 115.

339 Vietnam verpflichtete sich dazu, die zum damaligen Zeitpunkt auf eisenhaltigen und nicht-eisenhaltigen Schrott erhobenen Exportzölle entsprechend einer Tabelle 17 zum Abschlussbericht zu reduzieren. In einer weiteren Tabelle 16 finden sich weitergehende Abgaben, die jedoch keinerlei Bindungswirkung entfalten, sondern lediglich die zum Zeitpunkt des Beitritts erhobenen Exportzölle zusammenfassen: WTO, Report of the Working Party on the Accession of Viet Nam, 27 October 2006, WT/ACC/VNM/48, Rn. 260. Dazu *Espa*, Export Restrictions, S. 153 ff.; *Osakwe/Yu/Beslać*, in: Dadush/Osakwe (eds.), S. 741, 751 sowie *Marceau*, in: Matsushita/Schoenbaum (eds.), S. 99, 115 f.

340 Die Ukraine hat die zum Zeitpunkt der Beitrittsverhandlungen erhobenen Exportzölle in einer Tabelle 20(a) zum Abschlussbericht aufgelistet, woraus sich keine durchsetzbare Verpflichtung ergibt. Gleichzeitig verpflichtete sich die Ukraine dazu, ab dem Zeitpunkt des Beitritts die in einer Tabelle 20(b) zum Abschlussbericht aufgeführten Exportzölle nach einem dort angegebenen Schema zu reduzieren und darüber hinaus in diesem Produktbereich weder Exportzölle zu erhöhen noch andere Formen von Exportabgaben zu erheben soweit diese nicht nach den Ausnahmebestimmungen des GATT gerechtfertigt sind: WTO, Report of the Working Party on the Accession of Ukraine, 25 January 2008, WT/ACC/UKR/152, Rn. 240. Siehe dazu *Espa*, Export Restrictions, S. 156.; *Marceau*, in: Matsushita/Schoenbaum (eds.), S. 99, 116. Nach Ansicht von *Milthorp/Christy*, in: Selivanova (ed.), S. 259, 287 ist ein vollständiger Verzicht nicht vorgesehen. So wohl auch *Van der Loo*, S. 238 („Therefore, in the light of its WTO accession process, Ukraine was ‚forced' to phase out its existing export duties.").

Beitrittsprotokoll enthalten sind.[341] Schedule CLXV baut auf Zugeständnissen auf, die sich in den Rn. 636 bis 638 sowie in den Tabellen 31 und 32 des Abschlussberichts der Arbeitsgruppe wiederfinden.[342] Abschnitt II.5 des Beitrittsprotokolls erklärt, dass die Listen, die einen Anhang zum Beitrittsprotokoll bilden, zu einem Bestandteil der allgemeinen Listen der Zugeständnisse zum GATT gemacht werden. Gemäß Art. II:7 GATT werden sie dadurch zu einem integralen Bestandteil des GATT. Anders als bei den Zugeständnissen Chinas besteht dadurch eine direkte Verbindung zum GATT und somit ist für die Zugeständnisse Russlands der Weg zu Art. XX GATT offen. Weiterhin wird durch die Einbindung in das GATT die Möglichkeit zu Anpassungen i.S.v. Art. XXVIII bzw. zu Verhandlungen i.S.v. Art. XXVIII*bis* GATT eröffnet. Diese technische Verknüpfung mit dem GATT entspricht ziemlich genau der Gestaltungsmöglichkeit, wie sie bereits durch das Panel in *China – Raw Materials* aufgezeigt wurde.[343] Sie wurde später durch das Panel in *China – Rare Earths* noch einmal wiederholt.[344]

Espa geht vor dem Hintergrund der ausdrücklichen Einbindung in die Listen der Zugeständnisse davon aus, dass es sich bei derartigen Regelungen streng genommen nicht um WTO[+]-Bestimmungen handelt.[345] Dem ist zuzustimmen. Durch die Einbettung in einen Teil V nutzt Russland im Bereich der Exportabgaben die in Abschnitt A. I. 2. a) cc) dargestellte Möglichkeit einer Regelung innerhalb der Listen der Zugeständnisse, wobei allerdings ein völlig neuer Teil eingefügt wird.[346] Dieser unterliegt ebenfalls der Verpflichtung gem. Art. II:1(a) GATT und kann auch Gegenstand einer Modifikation gem. Art. XXVIII GATT sein. Gerade Letzteres gilt es in diesem Zusammenhang noch einmal zu betonen, da hierin ein weitreichender Unterschied zu den Zugeständnissen Chinas besteht, deren

---

341 WTO, Protocol on the Accession of the Russian Federation, 17 December 2011, WT/MIN(11)/24, WT/L/839 sowie Schedule CLXV – The Russian Federation, WT/ACC/RUS/70/Add.1.

342 WTO, Report of the Working Party on the Accession of the Russian Federation, 17 November 2011, WT/ACC/RUS/70, WT/MIN(11)/2, Rn. 636 ff. sowie Tabelle 31 u. 32 (S. 529 ff.).

343 WTO, *China – Measures Related to the Exportation of Various Raw Materials*, WT/DS394/R, WT/DS395/R, WT/DS398/R, Panel Report (5 July 2011), Rn. 7.140.

344 WTO, *China – Measures Related to the Exportation of Rare Earths, Tungsten and Molybdenum*, WT/DS431/R, WT/DS432/R, WT/DS433/R, Panel Report (26 March 2014), Rn. 7.84.

345 *Espa*, Export Restrictions, S. 158 f.

346 *Wu*, Law and Politics on Export Restrictions, S. 76 sieht dies als Bestätigung dafür, dass Art. II GATT auch auf Exportzölle Anwendung findet.

Beitrittsprotokolle keine mit Art. XXVIII GATT vergleichbare Klausel enthalten.[347]

Klärungsbedürftig ist allein die Frage, welche Formen von Exportabgaben im Rahmen dieser Verpflichtungsstruktur erfasst werden: So wird zunächst innerhalb des Abschlussberichts in einem über das Beitrittsprotokoll verbindlich gemachten Abschnitt bestätigt, dass Russland die in Teil V gelisteten Exportzölle nach den dort angegebenen Bedingungen handhaben wolle.[348] Kein Zoll solle zukünftig über den in Teil V enthaltenen Höchstsätzen liegen.[349] Zusätzlich verpflichtet sich Russland allerdings dazu, bzgl. der gelisteten Produktkategorien keinerlei Maßnahmen einzuführen, die den gleichen Effekt wie ein Exportzoll aufweisen.[350] In diesem Zusammenhang bindet sich Russland auch ausdrücklich an Art. I GATT.

Teil V selbst weist zu Beginn allgemein darauf hin, dass Russland nach Maßgabe des Abschnitts Exportzölle nicht erhöht, diese senkt oder aufhebt, und dass Russland diese nicht wieder einführt oder über das in dem Abschnitt angegebene Maß erhöht, außer in Übereinstimmung mit dem GATT.[351] Hierauf folgt die vereinbarte Liste von Produktkategorien mit gestaffelten Zollsätzen bzw. mit spezifischen Formeln, nach denen der zulässige Zollsatz berechnet wird. In einem Anhang zu Teil V werden zudem für einzelne Holzarten Sonderzölle festgelegt. An keiner Stelle wird auf die Verpflichtung zur Unterlassung von Maßnahmen gleicher Wirkung Bezug genommen. So entsteht bei isolierter Betrachtung der Eindruck, dass Formen der diskriminierenden Binnenbesteuerung nicht erfasst werden.

In Kombination mit den Aussagen innerhalb des Abschlussberichts wird allerdings hinreichend klar, dass die in Teil V enthaltenen Angaben sich letztlich auf Exportabgaben insgesamt beziehen. Die verbindliche Zusa-

---

347 Hierzu krit. *Espa*, Export Restrictions, S. 161 ff.
348 WTO, Report of the Working Party on the Accession of the Russian Federation, 17 November 2011, WT/ACC/RUS/70, WT/MIN(11)/2, Rn. 638. Zu den einzelnen Zugeständnissen auch *Wu*, Law and Politics on Export Restrictions, S. 75 ff.
349 WTO, Report of the Working Party on the Accession of the Russian Federation, 17 November 2011, WT/ACC/RUS/70, WT/MIN(11)/2, Rn. 638.
350 ibid.
351 WTO, Schedule CLXV – The Russian Federation, WT/ACC/RUS/70/Add.1 oder im Rahmen der allgemeinen Liste der Zugeständnisse im Warenbereich, abrufbar unter: <https://www.wto.org/english/tratop_e/schedules_e/goods_schedu les_table_e.htm>, (letzter Abruf am 1.11.2022). Dort heißt es wörtlich: „The Russian Federation undertakes not to increase export duties, or to reduce or to eliminate them, in accordance with the following schedule, and not to reintroduce or increase them beyond the levels indicated in this schedule, except in accordance with the provisions with GATT 1994."

ge eines Verzichts auf Maßnahmen gleicher Wirkung dient in diesem Kontext als Erweiterung auf Exportsteuern.[352] Dadurch werden letztlich die für Exportzölle ausgesprochenen Zugeständnisse auf den Bereich der Exportsteuern erstreckt und Exportabgaben damit insgesamt erfasst. Der Abschlussbericht stellt auch dabei einen ausdrücklichen Bezug zu Teil V her. Der Verweis in Teil V auf die Vereinbarkeit mit dem GATT lässt sich vor dem Hintergrund der WTO-Rechtsprechung zu Abschnitt 11.3 CAP als Klarstellung in Bezug auf Art. XX GATT verstehen.

Die Europäische Union hat zuletzt auf Grundlage dieser russischen Beitrittsverpflichtungen einen schriftlichen Antrag auf Aufnahme von Konsultationen an Russland gerichtet, in dem sie sich gegen unterschiedliche Formen von Exportbeschränkungen gegenüber Holz richtet.[353] Bereits 2012 hat sie zudem mit Russland ein „Abkommen in Form eines Briefwechsels (…) über die Einführung oder die Erhöhung von Ausfuhrabgaben auf Rohstoffe" abgeschlossen.[354] Dieses Abkommen enthält eine Liste mit Rohstoffen, die nicht durch Aufnahme in Teil V zu einem Bestandteil der Beitrittsverpflichtungen Russlands geworden sind und „für die gilt, dass der Anteil der Russischen Föderation an der Weltproduktion oder den weltweiten Ausfuhren mehr als 10 Prozent beträgt oder die Europäische Union derzeit oder potenziell einen hohen Einfuhrbedarf daran hat oder die Gefahr besteht, dass es bei diesen Rohstoffen zu weltweiten Versorgungsengpässen kommt". Außerdem ist dort festgehalten, dass sich Russland „nach besten Kräften [bemüht], für die im Anhang zu diesem Schreiben aufgeführten Rohstoffe keine Ausfuhrabgaben einzuführen oder zu erhöhen" und, dass Russland zwei Monate bevor derartige Abgaben erhöht oder eingeführt werden, mit der EU in Konsultationen eintritt. Aufgrund des klaren Bezugs zum Beitritt kann der Begriff der „Ausfuhrabgaben" in diesem Kontext zwar ebenfalls weit verstanden werden. Durch

---

352 *Wu*, Law and Politics on Export Restrictions, S. 76 f. sieht darin eine Erweiterung des Art. II:2(b) GATT auf die Exportseite. Allerdings ist darin der Ausschluss von Antidumping- und Ausgleichszöllen geregelt. Es scheint sich daher wohl um einen Tippfehler zu handeln. Stattdessen ließe sich entweder von einer Erweiterung des Art. II:1(b) GATT oder von einer Anknüpfung an Art. II:2(a) GATT sprechen.

353 WTO, *Russian Federation – Measures Concerning the Exportation of Wood Products*, WT/DS608/1, Request for Consultation by the European Union (24 January 2022).

354 Abkommen in Form eines Briefwechsels zwischen der Europäischen Union und der Russischen Föderation über die Einführung oder die Erhöhung von Ausfuhrabgaben auf Rohstoffe, ABl. L 57, 29.02.2012, S. 53. Dazu *Van der Loo*, LIEI 1/2013, S. 7, 25 f.

das Abkommen wird jedoch insgesamt keine rechtlich bindende Verpflichtung Russlands zu einem Verzicht auf Exportabgaben begründet.[355]

3. Die Rolle von Exportabgaben in den übrigen Beitrittsverhandlungen

Abgesehen von Armenien, Ecuador, Liberia, Moldawien sowie Taiwan (Chinese Taipei)[356], haben Exportabgaben auch in den übrigen Beitrittsverfahren eine Rolle gespielt. Einige Staaten haben dabei keinerlei Verpflichtung übernommen, z.B. weil das Land schon gar keine Exportabgaben (mehr) erhebt[357] oder weil diese aus fiskalischen, industriepolitischen oder nicht-wirtschaftlichen Gründen (z.B. Umwelt- oder Gesund-

---

355 Zur fehlenden rechtlichen Verpflichtung des Briefwechsels auch *Van der Loo*, LIEI 1/2013, S. 7, 25.

356 WTO, Report of the Working Party on the Accession of Armenia, 26 November 2002, WT/ACC/ARM/23, Rn. 105 ff.; Report of the Working Party on the Accession of Ecuador, 14 July 1995, WT/L/77, Rn. 30 f.; Report of the Working Party on the Accession of Liberia, 9 October 2015, WT/ACC/LBR/23 u. WT/MIN(15)/2, Rn. 196; Report of the Working Party on the Accession of Moldova, 11 January 2001, WT/ACC/MOL/37, Rn. 99 f.; Report of the Working Party on the Accession of Chinese Taipei, 5 October 2001, WT/ACC/TPKM/18, Rn. 90 f.

357 WTO, Report of the Working Party on the Accession of Albania, 13 July 2000, WT/ACC/ALB/51, Rn. 87; Report of the Working Party on the Accession of Yemen, 4 October 2013, WT/ACC/YEM/42, Rn. 131; Report of the Working Party on the Accession of Cabo Verde, 6 December 2007, WT/ACC/CPV/30, Rn. 104; Report of the Working Party on the Accession of Kyrgyz Republic, 31 July 1998, WT/ACC/KGZ/26, Rn. 71; Report of the Working Party on the Accession of the Former Yugoslav Republic of Macedonia, 26 September 2002, WT/ACC/807/27, Rn. 124; Report of the Working Party on the Accession of Oman, 28 September 2000, WT/ACC/OMN/26, Rn. 124; Report of the Working Party on the Accession of Samoa, 1 November 2011, WT/ACC/SAM/30, WT/MIN(11)/1, Rn. 128; Report of the Working Party on the Accession of the Republic of Seychelles, 5 November 2014, WT/ACC/SYC/64, Rn. 218 sowie Report of the Working Party on the Accession of Vanuatu, 11 May 2011, WT/ACC/VUT/17, Rn. 78.

heitsschutz) als notwendig angesehen werden[358].[359] Vereinzelt wurde auch lediglich eine ausdrückliche Bindung an das WTO-Recht erklärt.[360] Diese Bindung ergibt sich bereits aus Art. II:2 WTO-Übereinkommen und ist – wie gesehen – nicht mit einer effektiven Regelung von Exportabgaben verbunden.[361]

Nicht wesentlich weiter reicht die Verpflichtung zu einer Minimierung („minimize") von Exportabgaben.[362] Problematisch ist hierbei die Tatsache, dass keine weiteren Ausführungen dazu gemacht werden, was konkret unter einer solchen Minimierung zu verstehen ist. Es bleibt daher unklar, welche konkrete Verpflichtung sich hiervon ableiten lässt. Womöglich

---

358 WTO, Report of the Working Party on the Accession of Cambodia, 15 August 2003, WT/ACC/KHM/21, Rn. 109 sowie Tabelle 8 (S. 78); Report of the Working Party on the Accession of Lao PDR, 1 October 2012, ET/ACC/LAO/45, Rn. 100 f. u. 167 sowie Tabelle 14 (S. 81); Report of the Working Party on the Accession of the Republic of Panama, 20 September 1996, WT/ACC/PAN/19, Rn. 70; Report of the Working Party on the Accession of Jordan, 3 December 1999, WT/ACC/JOR/33 u. WT/MIN(99)/9, Rn. 111 sowie Tabelle 9 (S. 31); Report of the Working Party on the Accession of Nepal, 28 August 2003, WT/ACC/NPL/16, Rn. 76 ff. sowie Anhang VI (S. 66).

359 Keine Angaben zu den Gründen für eine Erhebung von Exportabgaben findet sich in dem Abschlussbericht Litauens. Dort sind Verpflichtungen auf die Vorgaben des WTO-Rechts und zur Aufhebung von Exportzöllen im bilateralen Verhältnis bis zum 1. Januar 2001 enthalten, die jedoch nicht in der abschließenden Zusammenfassung der Zugeständnisse aufgeführt werden und damit auch nicht über die Verweiskette verpflichtend geworden sind: WTO, Report of the Working Party on the Accession of Lithuania, 7 November 2000, WT/ACC/LTU/52, Rn. 92 ff., 185 u. 189 sowie die Tabellen 9.1 u. 9.2 (S. 78).

360 WTO, Report of the Working Party on the Accession of Croatia, 29 June 2000, WT/ACC/HRV/59, Rn. 100 f.; Report of the Working Party on the Accession of Tonga, 2 December 2005, WT/ACC/TON/17 u. WT/MIN(05)/4, Rn. 102. Zu Kroatien siehe *Espa*, Export Restrictions, S. 149 f. A.A. *Marceau*, in: Matsushita/Schoenbaum (eds.), S. 99, 114 f., die zusätzlich auch die allgemein formulierte Verpflichtung der Seychellen zur Berücksichtigung von Art. XI GATT bei der Regulierung von Exporten als eine Verpflichtung im Zusammenhang mit Exportzöllen versteht. In der dortigen Aufzählung von Beschränkungsformen werden fiskalische Formen der Exportbeschränkung allerdings nicht ausdrücklich erwähnt.

361 Siehe bereits Kapitel 3, Abschnitt A. I.

362 So bei WTO, Report of the Working Party on the Accession of Bulgaria, 20 September 1996, WT/ACC/BGR/5, Rn. 39 sowie Anhang 2 (S. 44); Report of the Working Party on the Accession of Estonia, 9 April 1999, WT/ACC/EST/28, Rn. 79; Report of the Working Party on the Accession of Georgia, 31 August 1999, WT/ACC/GEO/31, Rn. 82. So auch bspw. *Marceau*, in: Matsushita/Schoenbaum (eds.) S. 99, 114 f.

ließe sich ein derartiges Zugeständnis gegenüber einer dauerhaften Ausweitung von Exportabgaben nutzbar machen. Allerdings kommt dem betreffenden Land allein schon in zeitlicher Hinsicht ein enormer Spielraum zu. In einem Fall wurde auch lediglich eine beabsichtigte Minimierung zugesagt.[363]

In Fällen einer echten Verpflichtung im Bereich von Exportabgaben haben sich die Staaten überwiegend an dem chinesischen oder dem russischen Regelungsmodell orientiert: Tadschikistan hat bspw. in Anlehnung an Abschnitt 11.3 CAP einen Verzicht auf alle Zölle, Steuern und Gebühren gegenüber Exporten zugesagt, die nicht in der Tabelle 9 zum Abschlussbericht aufgeführt werden.[364] Auch Afghanistan erklärt innerhalb des Abschlussberichts, dass es alle Zölle, Steuern und Gebühren gegenüber Exporten aufheben und nicht wieder einführen wolle, soweit diese nicht in Anhang 12 zum Abschlussbericht aufgeführt oder in Übereinstimmung mit Art. VIII GATT angewendet werden.[365] Diese Verpflichtung wird allerdings – dem russischen Ansatz folgend – in einen eigenen Teil V innerhalb der Liste der Zugeständnisse Afghanistans (Schedule CLXX) aufgenommen und dadurch zu einem integralen Bestandteil des GATT gemacht.[366] Noch enger an dem russischen Regelungsmodell orientieren sich die Verpflichtungen Kasachstans, die mit den russischen Zugeständnissen

---

363 WTO, Report of the Working Party on the Accession of Georgia, 31 August 1999, WT/ACC/GEO/31, Rn. 82. Dort heißt es: „The representative of Georgia confirmed that after accession to the WTO, Georgia intended to minimize the use of export taxes and any such taxes applied would be in accordance with the provisions of the WTO Agreement and published in the Official Journal. Changes in the application of such measures, their level, scope, or justification, would also be published in the Official Journal. The Working Party took note of these commitments."

364 WTO, Report of the Working Party on the Accession of the Republic of Tajikistan, 6 November 2012, WT/ACC/TJK/30, Rn. 169 u. Tabelle 9 (S. 97 ff.). So auch *Espa*, Export Restrictions, S. 160 f.; *Osakwe/Yu/Beslać*, in: Dadush/Osakwe (eds.), S. 741, 752 f.

365 WTO, Report of the Working Party on the Accession of Islamic Republic of Afghanistan, 13 November 2015, WT/ACC/AFG/36, WT/MIN(15)/6/Add.1, Rn. 145.

366 Vgl. WTO, Report of the Working Party on the Accession of Islamic Republic of Afghanistan, Schedule CLXX – The Islamic Republic of Afghanistan, WT/ACC/AFG/36/Add.1 u. WT/MIN(15)/6/Add.1, Anhang V.

nahezu wörtlich übereinstimmen.[367] Besonderheiten ergeben sich allein aufgrund der Mitgliedschaft Kasachstans in der Eurasischen Union.[368]

Einen vollständigen Verzicht, ohne die gleichzeitige Auflistung einzelner Ausnahmen, hat lediglich Montenegro für den Bereich der Exportzölle zugesagt.[369] Hinsichtlich der Regelungsart handelt es sich hierbei um die umfassendste Form eines Zugeständnisses.[370] Mangels eines Verweises auf das GATT, kann sich Montenegro auch nicht auf Art. XX GATT stützen. Gleichzeitig erstreckt sich die Verpflichtung nur auf den Bereich der Exportzölle. Montenegro ist deshalb nicht daran gehindert Exportsteuern zu erheben.

4. Zwischenfazit

Individuelle Zugeständnisse im Rahmen von Beitrittsverhandlungen treten in einer Vielzahl von Fällen an die Stelle der bislang fehlenden Regelung von Exportabgaben im GATT. Es offenbart sich dabei ein Mosaik verschiedener Arten von Verpflichtungen, deren Ursache wohl maßgeblich in den Einzelinteressen durchsetzungsstarker WTO-Mitglieder begründet liegt. So hat bspw. die EU in einer Begleitunterlage zur Mitteilung über die Liste kritischer Rohstoffe und der Umsetzung der Rohstoffinitiative aus 2014 darauf hingewiesen, dass es ihr gelungen sei, Zugeständnisse im Bereich der Exportabgaben im Rahmen von WTO-Beitrittsverhandlungen zu erreichen und dass sie dies auch in zukünftigen Verhandlungen anstre-

---

367 WTO, Protocol on the Accession of the Republic of Kazakhstan, 30 July 2015, WT/L/957, inklusive Schedule CLXXII – The Republic of Kazakhstan, WT/ACC/KAZ/93/Add.1, Teil V; Report of the Working Party on the Accession of the Republic of Kazakhstan, 23 June 2015, WT/ACC/KAZ/93, Rn. 540. So auch *Marceau*, in: Matsushita/Schoenbaum (eds.) S. 99, 117 f.

368 Teil V enthält vor diesem Hintergrund in Unterabschnitt A die Zugeständnisse Kasachstans und erklärt in Abschnitt B eine zusätzliche Bindung an die Zugeständnisse Russlands für den Fall einer Vereinheitlichung von Exportzollsätzen: WTO, Report of the Working Party on the Accession of the Republic of Kazakhstan, 23 June 2015, WT/ACC/KAZ/93, Rn. 530 ff.; Schedule CLXXII – The Republic of Kazakhstan, WT/ACC/KAZ/93/Add.1, Anhang V. Siehe dazu *Kireyev/Osakwe/Varyanik*, in: Kireyev/Osakwe (eds.), S. 70, 75 f.

369 WTO, Report of the Working Party on the Accession of the Republic of Montenegro, 5 December 2011, WT/ACC/CGR/38, WT/MIN(11)/7, Rn. 132. Dazu auch *Espa*, Export Restrictions, S. 159; *Osakwe/Yu/Beslać*, in: Dadush/Osakwe (eds.), S. 741, 753 sowie *Marceau*, in: Matsushita/Schoenbaum (eds.), S. 99, 116.

370 So auch *Marceau*, in: Matsushita/Schoenbaum (eds.), S. 99, 116.

be.[371] Die Umstände der WTO-Beitrittsverhandlungen sind bereits häufig kritisiert worden, insbesondere aufgrund des augenfälligen Verhandlungsungleichgewichts und der Vielzahl von WTO+-Verpflichtungen.[372]

Im Rahmen dieser Untersuchung soll keine politische Stellung zum *modus operandi* eines WTO-Beitritts bezogen werden. Aus rechtlicher Sicht ist jedoch festzustellen, dass durch die Aushandlung von individuellen WTO+-Verpflichtungen der multilaterale Ordnungsrahmen erodiert, was zumindest in einem gewissen Widerspruch zum Prinzip des „single-under-taking" steht. Unabhängig also von der Frage, ob man die Zugeständnisse als Eintrittskarte oder aufgrund der sich verändernden wirtschaftlichen Umstände im Welthandel als gerechtfertigt ansieht, so zwingt die geltende Praxis bei der Durchführung von WTO-Beitrittsverfahren jedes beigetretene Mitglied dazu, Art und Ausmaß der individuell geltenden WTO-rechtlichen Verpflichtung anhand einer Betrachtung des Beitrittsprotokolls sowie des Abschlussberichts der Arbeitsgruppe zu ermitteln. Dabei müssen die individuellen Zugeständnisse genau analysiert und in einen Gesamtzusammenhang gestellt werden, um schließlich deren genaue Reichweite herauszuarbeiten. Seit den Entscheidungen in *China – Raw Materials* und *China – Rare Earths* ist zudem in jedem Einzelfall das Verhältnis zwischen dem Beitrittsprotokoll und dem GATT zu klären.

Diese Rechtsprechung hat im Bereich der Exportabgaben zu einer veränderten Verpflichtungsstruktur geführt, durch die es den Beitrittsländern möglich wird, sich zukünftig auch auf die Rechtfertigungsgründe des Art. XX GATT zu berufen. Bei dieser Einbindung in die Listen der Zugeständnisse handelt es sich streng genommen nicht um eine WTO+-Verpflichtung, da im Ergebnis ein Zugeständnis i.S.v. Art. II GATT eingegangen wird. Dieses führt weiterhin zu der Möglichkeit einer Anpassung oder Aufhebung gem. Art. XXVII GATT. Für Länder wie China, die keine derartige Einbindung in das GATT vereinbart haben, besteht nach derzeitigem Stand keine Möglichkeit ihre Zugeständnisse zu einem späteren Zeitpunkt anzupassen.

---

371 *Europäische Kommission*, Arbeitsunterlage der Kommissionsdienststellen über die Umsetzung der Rohstoffinitiative, Begleitunterlage zur Mitteilung der Kommission an das Europäische Parlament, den Rat, den Europäischen Wirtschafts- und Sozialausschuss und den Ausschuss der Regionen über die Überprüfung der Liste kritischer Rohstoffe für die EU und die Umsetzung der Rohstoffinitiative, SWD(2014) 171 final, S. 3.

372 *Liu*, JWT 4/2014, S. 751, 751 ff.; *Qin*, JWT 3/2003, 483, 483 ff.; *dies.* JWT 5/2012, S. 1147, 1149 ff.; *Baroncini*, CDT 2/2012, S. 49, 55 ff.

III. Bisherige Reformbestrebungen im Bereich von Exportabgaben

Angesichts einer fehlenden Regelung zu Exportabgaben bei gleichzeitig hoher Relevanz für die Versorgung mit Rohstoffen, mag es nicht verwundern, dass in der Vergangenheit bereits Versuche unternommen wurden, diese Lücke innerhalb des GATT durch Aufnahme einer zusätzlichen Vereinbarung zu schließen.[373]

Der erste Vorschlag zur Regelung von Exportabgaben wurde 2006 von der EU (damals noch EG) eingebracht und richtete sich auf den Abschluss eines „WTO Agreement on Export Taxes" für nicht-landwirtschaftliche Waren (im Folgenden: AET-Vorschlag).[374] Er steht im Zusammenhang mit der Doha-Ministererklärung, die für den Bereich der nicht-landwirtschaftlichen Güter Verhandlungen über eine weitere Reduzierung – u.a. von nicht-tarifären Handelsbeschränkungen – vorsieht.[375] Innerhalb der hiermit beauftragten Verhandlungsgruppe zum Marktzugang hatte die EG bereits 2003 auf die Notwendigkeit einer Regelung zu „export taxes" hingewiesen.[376]

Art. 1 AET-Vorschlag lautete: „No duties, taxes and other charges imposed on or in connection with the exportation of non-agricultural goods (hereinafter referred to as 'export taxes') destined for the territory of any other Member, as well as internal taxes and other charges on products exported to any other Member that are in excess of those imposed on like products destined for internal sale, shall be instituted or maintained by any WTO Member." Aus der Gegenüberstellung von fiskalischen Belastungen des Exports und einer diskriminierenden Binnenbesteuerung wird deutlich, dass damit der Gesamtbereich der Exportabgaben erfasst werden sollte, wobei der Begriff „export taxes" – der allgemeinen Praxis entsprechend – auf Exportzölle beschränkt wird. Die Regelung orientiert sich dabei an der Systematik des GATT, indem der Bereich der Zölle (Art. II GATT) mit dem Gebot der Inländergleichbehandlung (Art. III GATT) exportseitig verbunden wird.

---

373 Zum Folgenden siehe *Espa*, Export Restrictions, S. 258 ff.; *WTO*, World Trade Report 2010, S. 184 f. Siehe auch *Marceau*, in: Matsushita/Schoenbaum (eds.), S. 99, 130 f.; *Wu*, Law and Politics on Export Restrictions, S. 89 ff.

374 WTO, Negotation Group on Market Access, 27 April 2006, TN/MA/W/11/ Add.6. Dazu *Espa*, Export Restrictions, S. 258 ff.

375 WTO, Ministerial Declaration, 20 November 2001, WT/MIN(01)/DEC/1, Rn. 16.

376 WTO, Negotiation Group on Market Access, 1 April 2003, TN/MA/W/11/ Add.3, Rn. 13.

Der Vorschlag sah weiterhin vor, dass Entwicklungsländer und die LDCs Exportzölle beibehalten dürfen, sofern diese innerhalb der Liste der Zugeständnisse aufgeführt werden und das darin angegebene Maß nicht überschreiten (Art. 2 AET-Vorschlag). Außerdem mussten sie notwendig sein, um die finanzielle Stabilität zu wahren, den fiskalischen Bedarf zu decken oder die wirtschaftliche Diversifizierung zu erleichtern und eine übermäßige Abhängigkeit von der Ausfuhr von Grundstoffen zu vermeiden. Dabei durften sie jedoch den internationalen Handel nicht dadurch beeinträchtigen, dass sie die Verfügbarkeit von Waren für die WTO-Mitglieder im Allgemeinen einschränken oder die Weltmarktpreise für bestimmte Waren über die Preise hinaus anheben, die ohne diese Maßnahmen gelten würden, oder die Interessen der Entwicklungsländer in anderer Weise ernsthaft schädigen. Weiterhin war eine ausdrückliche Bindung an den Meistbegünstigungsgrundsatz vorgesehen (Art. 3 AET-Vorschlag).[377] Weitere Bestimmungen dienten der Einbindung in die Infrastruktur des GATT sowie des Streitbeilegungssystems (vgl. Art. 5, 7, 8 und 9 AET-Vorschlag).

Der innerhalb des AET-Vorschlags vorgesehene Verzicht sollte 3 Jahre ab Inkrafttreten des Abkommens für die Entwicklungsländer, 5 Jahre für die LDCs und für alle anderen WTO-Mitglieder direkt nach dem Inkrafttreten Geltung finden (Art. 4 AET-Vorschlag). Nach Ablauf von 5 Jahren sollte über die Aufgabe der gelisteten Abgaben verhandelt werden (Art. 10 AET-Vorschlag).

Die Systematik des Vorschlags spiegelt im Grundsatz die innerhalb einer Reihe von Beitrittsprotokollen verfolgte Praxis und kann daher als Beleg für den Einfluss der EU in den Beitrittsverhandlungen gelten. Dabei wird der negative Effekt von Exportabgaben betont, wohingegen das Interesse rohstoffexportierender Staaten an finanziellen Erlösen oder dem Aufbau

---

377 Dort heißt es:
„1. Export taxes may be maintained and listed in Members' schedules for a limited number of products, at low levels and only in so far as:
a) they are necessary, in conjunction with domestic measures, to maintain financial stability, to satisfy fiscal needs, or to facilitate economic diversification and avoid excessive dependence on the export of primary products; and
b) they do not adversely affect international trade by limiting the availability of goods to WTO Members in general or by raising world market prices of any goods beyond the prices that would prevail in the absence of such measures, or otherwise cause serious prejudice to the interests of developing country Members.
2. Members confirm the applicability of Article I of the GATT 1994 to the measures covered in Article 2 of this Agreement."

einer eigenen Industrie oder deren Stärkung nahezu negiert wird.[378] Vor diesem Hintergrund verwundert es nicht, dass sich der Vorschlag bei den WTO-Mitgliedern nicht durchsetzen konnte.[379]

2008 wurde ein überarbeiteter Vorschlag vorgelegt, der – anstatt eines Verbots von Exportabgaben – einen zweigleisigen Ansatz zur Steigerung von Transparenz und Vorhersehbarkeit („transparency and predictability") enthält.[380] Eine höhere Transparenz soll durch ein Notifikationssystem in Anlehnung an die Vereinbarung zur Auslegung von Art. XVII GATT erreicht werden, das u.a. die Möglichkeit zu einer Gegennotifikation vorsieht.[381] Durch eine Listung und Bindung der erhobenen Abgaben auf nicht-landwirtschaftliche Waren sollen diese – parallel zu den Importzöllen – berechenbarer werden, wobei die weniger entwickelten Länder diese nur auflisten, während alle anderen WTO-Mitglieder besonders hohe Belastungen reduzieren sollen.[382]

Letzteres knüpft an die bereits beschriebene Möglichkeit zur Bindung von Exportabgaben auf Grundlage von Art. II:1(a) GATT an. *Espa* bemerkt, dass der Vorschlag der EU keine Angaben zu möglichen Ausnahmebestimmungen enthält, wie sie noch im Zusammenhang mit dem AET-Vorschlag vorgesehen waren.[383] Sie würden sich aber wohl direkt aus den entsprechenden Normen in ihrer Anwendung auf die Verpflichtung gem. Art. II:1(a) GATT ergeben, wie auch im Verhältnis zum neuen Teil V der Liste der Zugeständnisse, der – anders als bspw. die Beitrittsverpflichtungen gem. Abschnitt 11.3 CAP – an die Regelungsstruktur des GATT angebunden ist.[384] Insgesamt ist der überarbeitete Vorschlag der EU deutlich weniger ambitioniert, wobei er jedoch hinsichtlich seiner *ratio* mit dem ursprünglichen Vorschlag übereinstimmt.[385] Auch bei diesem Vorschlag sind bis heute keine nennenswerten Fortschritte erzielt worden.[386]

Ebenso wurde im Bereich von landwirtschaftlichen Gütern von verschiedener Seite (darunter den U.S.A. und Japan) bislang erfolglos für eine

---

378 So auch *Espa*, Export Restrictions, S. 262.

379 *WTO*, World Trade Report 2010, S. 184; *Espa*, Export Restrictions, S. 262; *Wu*, Law and Politics on Export Restrictions, S. 91.

380 WTO, Negotiation Group on Market Access, TN/MA/W/101, 17 January 2008. Dazu *Espa*, Export Restrictions, S. 262 ff.

381 *Espa*, Export Restrictions, S. 263 f.

382 *Espa*, Export Restrictions, S. 264 f.

383 *Espa*, Export Restrictions, S. 265.

384 Siehe dazu Kapitel 3, Abschnitt A. II. 2.

385 *Espa*, Export Restrictions, S. 263.

386 *WTO*, World Trade Report, 2010, 184 f.; *Espa*, Export Restrictions, S. 265 f.

Beschränkung von Exportabgaben geworben, ohne dass dies jedoch mit einem konkreten Regelungsvorschlag verbunden worden wäre.[387] Eine Ausnahme kann in dem Vorschlag der Schweiz gesehen werden, der schlicht auf eine Aufhebung jeglicher Exportbeschränkungen (mit gewissen Spielräumen für LDCs) hinausläuft, jedoch aufgrund seiner Reichweite nahezu keine Aussicht auf Erfolg hat.[388]

All diese Reformbemühungen fügen sich in den allgemeinen Krisenzustand der WTO ein, der es bereits seit geraumer Zeit nicht mehr gelingt, eine substanzielle Weiterentwicklung der multilateralen Handelsregeln zu erreichen.[389] Eine Einigung der WTO-Mitglieder über eine Regelung zu Exportabgaben ist damit zum jetzigen Zeitpunkt mehr als unwahrscheinlich.

IV. Zwischenfazit: Die Regelung von Exportabgaben im WTO-Recht

Die rechtliche Erfassung von Exportabgaben im WTO-Recht kann insgesamt als hochgradig fragmentiert bezeichnet werden. Im Ausgangspunkt scheitert eine einheitliche Regelung im GATT bereits an dessen innerer Systematik. In der Verklammerung von Art. II, III sowie XI GATT bleibt der Bereich der Exportabgaben außen vor. Dies korrespondiert mit der historischen Entwicklung des GATT als (Import-)Zollabkommen.

Für eine Vielzahl von Mitgliedern, die nachträglich der WTO beigetreten sind, existiert indes eine individuelle Verpflichtung zu einem begrenzten Einsatz von oder sogar zum vollständigen Verzicht auf Exportabgaben. Eine Einbindung in die Infrastruktur des GATT, die mit der Möglichkeit einer Berufung auf Art. XX GATT verbunden ist, hängt dabei von der rechtlichen Ausgestaltung im Einzelfall ab. Eine Begrenzung von Exportabgaben dient in diesem Zusammenhang dem Importinteresse der WTO-Mitglieder, dem durch das gemeinsame Verhandlungsgewicht in Beitrittsverfahren zur Durchsetzung verholfen wird. Eine einheitliche Regelung rückt damit jedoch in weite Ferne. Für sie wäre es erforderlich, dass die Import- wie auch die Exportinteressen zusammengebracht werden. Ein

---

387 Siehe z.B. WTO, Committee on Agriculture, 19 June 2000, G/AG/NG/W/12, S. 2 sowie Committee on Agriculture, 23 June 2000, G/AG/NG/W/15, S. 3. Dazu auch *WTO*, World Trade Report, 2010, S. 185; *Wu*, Law and Politics on Export Restrictions, S. 83 ff.

388 WTO, Committee on Agriculture, 21 December 2000, G/AG/NG/W/94, Rn. 6.4. Dazu *Wu*, Law and Politics on Export Restrictions, S. 84 f.

389 Siehe dazu bereits Fn. 133.

Konsens der verschiedenen Mitglieder ist dabei nur möglich, wenn für die Exportländer der finanzielle Verlust, der mit einem Verzicht auf Exportabgaben einhergeht, durch die Importstaaten in nennenswerter Weise ausgeglichen würde. Die Notwendigkeit eines Interessengleichgewichts zeigt sich nicht zuletzt auch an den bislang gescheiterten Reformvorschlägen.

Angesichts des derzeitigen Stillstands in der WTO ist für den Gesamtbereich der Exportabgaben in absehbarer Zeit nicht mit größeren Reformen zu rechnen. Dadurch bleiben die individuellen Beitrittsverhandlungen der einzige Anknüpfungspunkt für eine Begrenzung von Exportabgaben innerhalb der WTO-Rechtsordnung.

B. Exportabgaben im Rahmen von „externen" Handelsabkommen

Im vorstehenden Abschnitt wurde die WTO-Rechtsordnung als zentraler Bestandteil des Welthandelsrechts betrachtet. Sie stellt allerdings nicht dessen einzige Rechtsquelle dar, sondern steht neben einer Vielzahl von bi- sowie multilateralen Handelsvereinbarungen, die von WTO-Mitgliedern untereinander, aber auch zusammen mit Nicht-Mitgliedern abgeschlossen werden (im Folgenden: externe Handelsabkommen[390]).[391] Die dadurch erzeugten Rechtsbeziehungen gehören – anders als die plurilateralen Abkommen der Anlage 4 zum WTO-Übereinkommen – nicht unmittelbar zum Bestand des WTO-Rechts (Art. II:4 WTO-Übereinkommen).

Im Bereich der externen Handelsabkommen erlangen besonders die auf eine tiefergehende wirtschaftliche Integration der beteiligten Staaten zielenden Verträge, die wahlweise als regionale Handelsabkommen („Regional Trade Agreements")[392] oder präferenzielle Handelsabkommen („Preferential Trade Agreements")[393] bezeichnet werden, als rechtlicher Rahmen

---

390 Bei der hier gewählten Bezeichnung handelt es sich nicht um einen festen Fachbegriff. Es soll einzig die Abgrenzung zu den Übereinkommen der WTO (insbesondere denjenigen der Anlage 4) verdeutlicht werden. Als Inspiration für diese Begrifflichkeit dient die Bezeichnung „external international law", die von *Yearwood* für eine Abgrenzung des WTO-Rechts von anderen völkerrechtlichen Quellen verwendet wird.

391 Zu diesem Rechtsquellenverständnis bereits Fn. 134.

392 Z.B. *Bartels/Ortino* (eds.); *Bartels*, in: Peters (ed.), MPEPIL; *Herzstein/Whitlock*, in: Macrory/Appleton/Plummer (eds.), 203 ff.; *Mathis*, Regional Trade Agreements.

393 Z.B. in *WTO*, World Trade Report 2011; *Bagwell/Mavroidis* (eds.); *Mavroidis* in: Choi/Hartigan (eds.), S. 239 ff.; *Matsushita/Schoenbaum/Mavroidis/Hahn*, S. 507;

für zwischenstaatliche Wirtschaftsbeziehungen zunehmend Bedeutung.[394] Gegenüber der Zeit des GATT 1947 ist nicht nur ihre Anzahl erheblich gestiegen, auch ist ihr Inhalt in den letzten Jahrzehnten immer umfangreicher geworden, sodass inzwischen teilweise von sog. „Mega-Regionals" gesprochen wird.[395]

Vielfach vereinbaren die Staaten in diesem Zusammenhang Handelsliberalisierungen, die als WTO[+] anzusehen sind oder gänzlich über das Mandat der WTO hinausgehen (WTO[X]).[396] Daneben kommen aber auch Ausnahmen von den Verpflichtungen des WTO-Rechts (WTO[-]) in Betracht. Der Bedeutungszuwachs regionaler Handelsabkommen hängt nicht zuletzt auch mit dem bereits erwähnten Stillstand in den Verhandlungen zu einer Reform der WTO zusammen.[397]

Entgegengesetzt ist die Entwicklung bei den sog. zwischenstaatlichen Grundstoffabkommen („Commodity Agreements")[398], die der gezielten Regulierung des Weltmarkts für einen bestimmten Grundstoff dienen sollen.[399] Zwischenstaatliche Grundstoffabkommen haben ebenfalls eine lange Historie, in der sich ihr Inhalt von marktintervenierenden hin zu kooperativen bzw. administrativen Vereinbarungen verschoben hat.[400] Anders als regionale Handelsabkommen haben sie in den letzten Jahrzehnten

---

Lester/Mercurio/Davies, S. 331 ff.; *Mitchell/Lockhart*, in: Lester/Mercurio/Bartels (eds.), S. 81, 81 ff.

394 Siehe dazu die Übersicht in *OECD*, Trade policy brief, Regional trade agreements, February 2020, S. 1 sowie die Datenbank der WTO zu regionalen Handelsabkommen, abrufbar unter: <https://rtais.wto.org/UI/PublicMaintainRTAH ome.aspx>, (letzter Abruf am 1.11.2022).

395 Zu der historischen Entwicklung siehe bspw. *WTO*, World Trade Report, 2011, S. 46 ff. Zum Begriff „Mega-Regionals" siehe bspw. *Riffel*, in: Peters (ed.), MPE-PIL.

396 Siehe exemplarisch zu dieser Kategorie *Horn/Mavroidis/Sapir*, World Economy 11/2010, S. 1565, 1565 ff.; *WTO*, World Trade Report 2011, S. 11; *Pauwelyn/Alschner*, in: Dürr/Elsig (eds.), S. 497, 501.

397 *WTO*, World Trade Report, 2011, S. 51 ff.; *Lester/Mercurio/Davies*, S. 333.

398 Der Begriff „Commodity Agreement", wird häufig mit dem Bezeichnung „Rohstoffabkommen" übersetzt, umfasst in diesem Zusammenhang jedoch – im Sinne der bspw. von *Schorkopf* gewählten Definition – auch Ernährungsgüter, weshalb zur Abgrenzung vom eingangs gewählten Rohstoffbegriff im Folgenden von Grundstoffabkommen gesprochen werden soll.

399 *Bungenberg/Weiss*, in: Tietje/Nowrot (Hrsg.), § 7 Rn. 27.

400 *Bungenberg/Weiss*, in: Tietje/Nowrot (Hrsg.), § 7 Rn. 28 f.; *Oehl*, S. 22 ff. u. 197 ff. Speziell zur Geschichte früherer marktintervenierender Abkommen *Wenzel*, S. 45 ff.

einen stetigen Bedeutungsverlust erlitten und spielen zur Zeit keine große Rolle für die Regelung der internationalen Handelsbeziehungen.[401]

Exportabgaben stellen – wie gesehen – einen Bereich dar, der durch das WTO-Recht nur selektiv geregelt wird und der aufgrund der Interessengegensätze der WTO-Mitglieder nur schwer zu reformieren ist. Für die EU und andere Rohstoffimporteure besteht angesichts dessen ein starker Anreiz, ihr Interesse an einem verbesserten Rohstoffzugang mit Hilfe individueller Handelsvereinbarungen zur Geltung zu bringen. Für rohstoffexportierende Staaten, die sich im Rahmen von WTO-Beitrittsverhandlungen zu einer Begrenzung von oder gar zu einem vollständigen Verzicht auf den Einsatz von Exportabgaben verpflichtet haben, ergeben sich durch externe Handelsabkommen wiederum Möglichkeiten für die Vereinbarung von Ausnahmebestimmungen.

Vor diesem Hintergrund soll im Folgenden zunächst untersucht werden, inwieweit sich Regelungen zu Exportabgaben innerhalb der verschiedenartigen regionalen Handelsabkommen der EU identifizieren lassen (dazu I.). Zugleich werfen derartige Vereinbarungen die Frage nach ihrem Verhältnis zur WTO-Rechtsordnung auf. Angesichts einer nur fragmentarischen Erfassung durch das WTO-Recht, ist das daraus resultierende Spannungsverhältnis für den Bereich der Exportabgaben von besonderer Bedeutung und soll daher im Anschluss ebenfalls beleuchtet werden (dazu II.).

I. Exportabgaben als Gegenstand von regionalen Handelsabkommen der EU

Im Rahmen ihrer Rohstoffpolitik betont die EU immer wieder die Bedeutung von regionalen Handelsabkommen für den Abbau von Exportbeschränkungen und damit für einen gesicherten Rohstoffzugang.[402] Hierin

---

401 *Bungenberg/Weiss*, in: Tietje/Nowrot (Hrsg.), § 7 Rn. 5 ff.; *Desta*, in: Peters (ed.), MPEPIL, Rn. 22 f. u. 30; *Oehl*, S. 31.

402 *Europäische Kommission*, Die Rohstoffinitiative – Sicherung der Versorgung Europas mit den für Wachstum und Beschäftigung notwendigen Gütern, KOM(2008) 699 endgültig, S. 7 f.; Mitteilung der Kommission an das Europäische Parlament, den Rat, den Europäischen Wirtschafts- und Sozialausschuss und den Ausschuss der Regionen, Grundstoffmärkte und Rohstoffe: Herausforderungen und Lösungsansätze, KOM(2011) 25 endgültig, Rn. 4.2.; Arbeitsunterlage der Kommissionsdienststellen über die Umsetzung der Rohstoffinitiative, SWD(2014) 171 final, S. 2 f. Siehe zum sog. „Trade in raw materials" auch:

liegt eine wichtige Ergänzung zu den parallelen Bemühungen um eine Liberalisierung des Rohstoffhandels auf WTO-Ebene.[403] Regionale Handelsabkommen sind spätestens seit 2006 ein essentieller Bestandteil der vertraglichen Handelspolitik der EU.[404] Die Europäische Kommission erklärte dazu in ihrer Mitteilung „Ein wettbewerbsfähiges Europa in einer globalen Welt", dass diese als ein Weg anzusehen sind, um Einigungen über handelsrelevante Bereiche zu erzielen, für die es auf Ebene der WTO an einem gemeinsamen Konsens mangelt.[405]

Dies gilt insbesondere für die neueren, umfassenden Handelsabkommen, die in Anbetracht der festgefahrenen WTO-Reform das bestehende Welthandelsrecht fortentwickeln.[406] Daneben verfolgt die EU allerdings

---

<https://ec.europa.eu/growth/sectors/raw-materials/specific-interest/trade_en>, (letzter Abruf am 1.11.2022).

403 Dazu Kapitel 3, Abschnitt A. II. und III.

404 *Bungenberg*, in: Müller-Graff (Hrsg.), S. 91, 96 ff.; *Hoffmeister*, in: Bungenberg et. al (eds.), EYIEL 2017, S. 411, 411 ff. sowie *Griller/Obwexer/Vranes*, in: dies. (eds.), S. 3, 5.

405 *Europäische Kommission*, Mitteilung der Kommission an den Rat, das Europäische Parlament, den Europäischen Wirtschafts- und Sozialausschuss und den Ausschuss der Regionen – Ein wettbewerbsfähiges Europa in einer globalen Welt, Ein Beitrag zur EU-Strategie für Wachstum und Beschäftigung, KOM(2006), S. 9 f. Dort heißt es u.a.: „Freihandelsabkommen können, sofern umsichtig davon Gebrauch gemacht wird, ausgehend von den WTO-Bestimmungen und anderen internationalen Regeln eine schnellere und weitergehende Marktöffnung und Integration fördern, wenn sie auf Fragen abstellen, die noch nicht reif sind für multilaterale Gespräche; sie können also den Weg für die nächste Stufe der multilateralen Liberalisierung ebnen. Viele Kernfragen wie Investitionen, öffentliche Aufträge, Wettbewerbsregelung, Schutz geistigen Eigentums und andere Regelungsfragen, die gegenwärtig nicht innerhalb der WTO behandelt werden, lassen sich in Freihandelsabkommen klären." Zuletzt auch in der Mitteilung „Überprüfung der Handelspolitik – Eine offene, nachhaltige und entschlossene Handelspolitik", COM(2021) 66 final, S. 10: „Um ihren geopolitischen Ambitionen weltweit gerecht zu werden, wird die EU ihre Beziehungen diversifizieren und Bündnisse mit gleich gesinnten Partnern aufbauen müssen, auch durch ihr breit angelegtes Netz von Handelsabkommen. Dieses Netz ist von entscheidender Bedeutung, und jedes aktuelle und künftige Abkommen trägt dazu bei, die Beziehungen zu Partnern zu schmieden. Die Freihandelsabkommen der EU sind Plattformen für eine verstärkte Zusammenarbeit im Sinne unserer Werte und Interessen. Sie bilden die Grundlage für die Zusammenarbeit mit wichtigen Märkten und Ländern auf der ganzen Welt, insbesondere im asiatisch-pazifischen Raum, in Lateinamerika und in der Karibik."

406 Allgemein zu den bi- und multilateralen Handelsabkommen auf Grundlage von Art. 207 AEUV: *Bungenberg*, in: Pechstein/Nowak/Häde (Hrsg.), Art. 207

seit jeher eine mit einer völkervertraglichen Assoziierung[407] einhergehende, wirtschaftliche Integration im Kontext unterschiedlicher politischer Schwerpunktsetzungen. Zuletzt ist auch der Fall einer Lockerung der wirtschaftlichen Beziehungen in Folge eines Austritts aus der EU hinzugekommen.[408] In Anbetracht dieser unterschiedlichen Kooperationsarten soll nachfolgend untersucht werden, inwieweit Exportabgaben bislang im Rahmen umfassender Handelsabkommen (dazu 1.), der verschiedenen Arten von Assoziierungsabkommen (dazu 2.) sowie den neuen Handelsbeziehungen zwischen der EU und Großbritannien (dazu 3.) eine Rolle spielen. Die Effektivität derartiger Regelungen hängt dabei maßgeblich von ihrer Durchsetzung ab. Daher sollen abschließend auch die verstärkten Bemühungen um eine effektive Durchsetzung internationaler Handelsregeln auf Grundlage neuerer Entwicklungen in der europäischen Handelspolitik in den Blick genommen werden (dazu 4.).

1. Umfassende Handelsabkommen der EU als Ersatz für eine WTO-Rechtsreform

In Folge der stärkeren Betonung WTO-unabhängiger Handelsbeziehungen hat die EU in den letzten Jahren mit Südkorea, Kanada, Singapur, Japan und Vietnam umfassende Abkommen einer neuen Generation geschlossen, die „neben den klassischen Elementen (...) wie den Abbau tarifärer und nichttarifärer Hemmnisse für den Handel mit Waren und Dienstleistungen weitere für diesen Handel bedeutsame oder unabdingbare Aspekte umfassen".[409] Darüber hinaus hat sie mit den vier Gründungsstaaten des Mercado Común del Sur (MERCOSUR) und mit Mexiko bereits eine grundsätzliche Einigung über vertiefte Handelsbeziehungen erzielt. In all diesen Fällen hat die EU Regelungen zu Exportabgaben vereinbaren können, die im Verhältnis zum WTO-Recht eine weitergehende Handelsliberalisierung bedeuten. Diese orientieren sich bislang – wie Art. 1 AET-Vor-

---

AEUV, Rn. 160 ff.; *Weiß*, in: Grabitz/Hilf/Nettesheim (Hrsg.), Art. 207 AEUV, Rn. 214 ff.

407 Siehe die ausführlichen Darstellungen zu Assoziierungsabkommen bei *Vöneky/ Beylage-Haarmann*, in: Grabitz/Hilf/Nettesheim (Hrsg.), Art. 217 AEUV; *Boysen*, in: Pechstein/Nowak/Häde (Hrsg.), Art. 217 AEUV sowie *Schmalenbach*, in: von Arnauld/Bungenberg (Hrsg.), § 6.

408 Dazu etwa *Terhechte*, NJW 7/2021, S. 417, 417 ff.

409 EuGH, Gutachten v. 16. Mai 2017, Gutachten 2/15, *Singapur-Freihandelsabkommen*, ECLI:EU:C:2017:376, Rn. 140.

schlag – an der Systematik des GATT (dazu a)). Die jüngere Entwicklung deutet daneben auf eine eigenständige Bedeutung rohstoffbezogener Regelungen in den Handelsabkommen hin (dazu b)).

a) Regelungen zu Exportabgaben auf Grundlage der Systematik des GATT

Das Freihandelsabkommen zwischen der EU und Südkorea (EU-Korea-FHA)[410] gilt als das erste umfassende Abkommen einer neuen Generation.[411] Exportbeschränkungen aller Art werden darin ausgeschlossen: Zunächst überträgt Art. 2.9 EU-Korea-FHA die Bestimmungen des Art. XI GATT ausdrücklich und macht ihn zu einem Bestandteil des Abkommens. Ergänzt wird diese Regelung durch Art. 2.11 EU-Korea-FHA („Zölle, Abgaben, Gebühren und sonstige Belastungen auf Ausfuhren"). Darin heißt es: „Die Vertragsparteien dürfen keine Zölle, Abgaben, Gebühren oder sonstigen Belastungen auf oder im Zusammenhang mit der Ausfuhr von Waren in die andere Vertragspartei und keine inländischen Abgaben, Gebühren oder Belastungen auf in die andere Vertragspartei ausgeführte Waren beibehalten oder einführen, die über das hinausgehen, was für gleichartige, zum inländischen Verkauf bestimmte Waren erhoben wird."
Die Norm enthält eine Untersagung von finanziellen Abgaben im Zusammenhang mit der Ausfuhr und verpflichtet zugleich zu einer Gleichbehandlung zwischen dem inländischen Verkauf und dem Verkauf ins Ausland. Hierdurch wird an die dem GATT zugrundeliegende Struktur angeknüpft: Auf der einen Seite soll der von Art. XI GATT ausgeschlossene Gesamtbereich der fiskalischen Exportbeschränkungen in das Abkommen einbezogen werden. Auf der anderen Seite wird das in Art. III GATT enthaltene Gleichbehandlungsgebot auf die Exportbeziehung übertragen. Dies entspricht dem Ansatz, den die EU auch in Art. 1 AET-Vorschlag verfolgt hat.[412] Durch die Kombination eines Verbots von Exportzöllen mit einem Verbot von Exportsteuern wird letztlich der Gesamtbereich der

---

410 Freihandelsabkommen zwischen der Europäischen Union und ihren Mitgliedstaaten einerseits und der Republik Korea andererseits, ABl. L 127, 14.05.2011, S. 6.

411 Zu dieser Einschätzung vgl. *Weiß*, in: Grabitz/Hilf/Nettesheim (Hrsg.), Art. 207 AEUV, Rn. 287; *Daiber*, in: Krenzler/Herrmann/Niestedt (Hrsg.), EU-Korea, Rn. 17.

412 So auch *Wu*, Law and Politics on Export Restrictions, S. 102. Siehe zu dem Vorschlag Kapitel 3, Abschnitt A. III.

Exportabgaben einer Regelung unterworfen.[413] Die Norm fügt sich in die aus der Regelungssystematik des GATT[414] resultierende Regelungslücke ein und gleicht die bestehende Asymmetrie gegenüber fiskalischen Exportbeschränkungen aus. Es handelt sich also um eine Exportabgaberegelung nach dem normativen Ansatz des GATT (im Folgenden: GATT-Ansatz).

Auf Grundlage von Art. 2.15 EU-Korea-FHA finden in diesem Zusammenhang die allgemeinen Ausnahmen des Art. XX GATT Anwendung. Gleiches gilt gem. Art. 15.9 EU-Korea FHA für den Vorrang wesentlicher Sicherheitsinteressen i.S.v. Art. XXI GATT. Anders als bei einer Regelung von Exportabgaben im Rahmen eines WTO-Beitritts stellt sich damit die Problematik einer Berufung auf die Rechtfertigungsgründe des GATT im Kontext des EU-Korea-FHA nicht.[415]

Eine nahezu identische Regelung von Exportabgaben enthalten auch das „Umfassende Wirtschafts- und Handelsabkommen" zwischen der EU und Kanada (Comprehensive Economic and Trade Agreement; CETA)[416], das mit Japan abgeschlossene Wirtschaftspartnerschaftsabkommen (EU-Japan-WPA)[417] und das Freihandelsabkommen mit Singapur (EU-Singapur-

---

413 Undeutlich bei *Daiber*, in: Krenzler/Herrmann/Niestedt (Hrsg.), EU-Korea, Rn. 18 ff., die Art. 2.11 EU-Korea-FHA als eine reine Übertragung von Art. III GATT auf den Exportbereich zu verstehen scheint.

414 Siehe dazu Kapitel 3, Abschnitt A. I.

415 Dazu Kapitel 3, Abschnitt A. II.

416 Umfassendes Wirtschafts- und Handelsabkommen (CETA) zwischen Kanada einerseits und der Europäischen Union und ihren Mitgliedstaaten andererseits, ABl. L 11, 14.01.2017, S. 23. In Art. 2.6 CETA („Bei der Ausfuhr anfallende Zölle, Steuern oder sonstige Gebühren und Abgaben" bzw. „Duties, taxes or other fees and charges on exports") heißt es: „Vertragsparteien dürfen keine Zölle, Steuern oder sonstigen Gebühren und Abgaben bei oder im Zusammenhang mit der Ausfuhr von Waren in das Gebiet der anderen Vertragspartei oder interne Steuern, Gebühren oder Abgaben auf in das Gebiet der anderen Vertragspartei ausgeführte Waren einführen oder aufrechterhalten, die über diejenigen Zölle, Steuern, Gebühren oder Abgaben hinausgehen, welche auf die betreffenden Waren erhoben würden, wenn sie für den internen Verkauf bestimmt worden wären."

417 Abkommen zwischen der Europäischen Union und Japan über eine Wirtschaftspartnerschaft, ABl. L 330, 27.12.2018, S. 3. In Artikel 2.12 EU-Japan-WPA heißt es: „Eine Vertragspartei darf keine Zölle, Steuern, Gebühren oder sonstige Abgaben jeglicher Art auf Waren, die aus dieser Vertragspartei in die andere Vertragspartei ausgeführt werden, oder inländische Steuern oder sonstige Abgaben auf Waren, die in die andere Vertragspartei ausgeführt werden, einführen oder aufrechterhalten, die über diejenigen Zölle, Steuern, Gebühren oder Abgaben hinausgehen, die auf gleichartige Waren erhoben würden, wenn sie für den internen Verbrauch bestimmt wären. Für die Zwecke dieses Artikels schließen

FHA)[418]. Auch in diesen Fällen finden die Ausnahmebestimmungen der Art. XX und XXI GATT Anwendung.[419]

Diese Einheitlichkeit gilt indes nicht für alle neueren Abkommen: Das Freihandelsabkommen der EU mit Vietnam (EU-Vietnam FHA)[420] weist mit Art. 2.11 ebenfalls eine Bestimmung über „Ausfuhrzölle, Ausfuhrsteuern und sonstige Ausfuhrabgaben" auf.[421] Die Norm bezieht sich ihrem Wortlaut nach allerdings allein auf Abgaben „bei oder im Zusammenhang mit der Ausfuhr", was auf den Ausfuhrprozess – d.h. einen Grenzübertritt – hindeutet und dadurch eine Begrenzung auf Exportzölle nahelegt. Inländische Abgaben werden nicht erwähnt. Gleichzeitig wird jedoch dabei auch auf den „internen Verbrauch" Bezug genommen, was wiederum auf ein Verbot der Steuerdiskriminierung hinweist. Eine enge Auslegung, die Art. 2.11 EU-Vietnam-FHA auf Exportzölle beschränkt, würde dazu führen, dass Teile der Norm keinerlei Sinn ergeben, denn Exportzölle können faktisch überhaupt nicht mit dem Inlandsverbrauch in Verbin-

---

Gebühren oder sonstige Abgaben jeglicher Art keine Gebühren oder sonstige Abgaben ein, die im Einklang mit Artikel 2.16 erhoben werden und in etwa auf die Kosten der erbrachten Dienstleistungen beschränkt bleiben." Anders als in beiden vorherigen Beispielen wird an den inländischen Verbrauch, statt dem inländischen Verkauf angeknüpft, ohne dass sich hierdurch ein Unterschied in der Reichweite ergeben würde.

418 Freihandelsabkommen zwischen der Europäischen Union und der Republik Singapur, ABl. L 294, 14.11.2019, S. 3. In Art. 2.7 EU-Singapur-FHA („Beseitigung von Ausfuhrzöllen und -abgaben" bzw. „Elimination of Customs Duties and Taxes on Exports") heißt es: „Die Vertragsparteien dürfen keine Zölle oder Abgaben auf die Ausfuhr oder den Verkauf zur Ausfuhr oder im Zusammenhang mit der Ausfuhr oder dem Verkauf zur Ausfuhr von Waren in die andere Vertragspartei beibehalten oder einführen, ebenso keine inneren Abgaben auf in die andere Vertragspartei ausgeführte Waren, die über das hinausgehen, was für gleichartige, zum inländischen Verkauf bestimmte Waren erhoben wird." So auch *Wu*, Law and Politics on Export Restrictions, S. 103.

419 Vgl. Art. 28.3 Abs. 1 u. 28.6 CETA; Art. 1.5 u. 2.22 EU-Japan-WPA sowie Art. 2.14 u. 16.11 EU-Singapur-FHA.

420 Freihandelsabkommen zwischen der Europäischen Union und der Sozialistischen Republik Vietnam, ABl. L 186, 12.06.2020, S. 3.

421 Dort heißt es in Abs. 1: „Eine Vertragspartei darf keine Zölle, Steuern oder sonstigen Abgaben irgendeiner Art einführen oder beibehalten, die bei oder im Zusammenhang mit der Ausfuhr einer Ware in das Gebiet der anderen Vertragspartei erhoben werden und über diejenigen Zölle, Steuern oder Abgaben hinausgehen, die auf gleichartige, für den internen Verbrauch bestimmte Waren erhoben werden, es sei denn, das geschieht nach Maßgabe des Stufenplans in Anlage 2-A-3 (Stufenplan für die Ausfuhrzölle Vietnams) zu Anhang 2-A (Abbau oder Beseitigung von Zöllen)."

dung gebracht werden. Sie werden gezielt aufgrund eines Grenzübertritts erhoben, während eine Bevorzugung des Inlandsverbrauchs nicht durch einen konkreten Ausfuhrvorgang ausgelöst wird. Auch die Überschrift, die denselben Wortlaut wie Abschnitt 11.3 CAP verwendet, spricht für eine vollständige Erfassung von Exportabgaben.[422] Es handelt sich daher an dieser Stelle wohl um ein Redaktionsversehen. Die Norm ergibt nur dann Sinn, wenn sie in einer Weise ausgelegt wird, nach der Exportzölle sowie inländische Abgaben untersagt werden, die gegenüber dem internen Verbrauch diskriminieren. Das Abkommen mit Vietnam bindet damit letztlich ebenfalls Exportzölle und Exportsteuern.

Eine Ausnahme besteht in diesem Zusammenhang für die in Anlage 2-A-3 aufgeführten Exportzölle, die nach einem darin enthaltenen Stufenplan zu reduzieren bzw. aufzuheben sind. Interessanterweise wird dabei klargestellt, dass eine Besserstellung anderer Staaten auf Grundlage eines Handelsabkommens grds. keine Auswirkungen auf die Vereinbarung zwischen der EU und Vietnam haben, jedoch der gemeinsame Handelsausschuss die Abgaben in diesem Fall auf Initiative einer der beiden Vertragsparteien hin überprüfen können soll (Art. 2.11 Abs. 2 und 3 EU-Vietnam-FHA). Diese Bezugnahme auf eine Besserstellung anderer Staaten geht über eine bilaterale Wettbewerbsgleichheit beim Rohstoffzugang hinaus und erstreckt diese auch auf das Verhältnis zu rohstoffimportierenden Drittstaaten.

Auch wenn in den bislang behandelten Abkommen damit jeweils eine vollständige Erfassung von Exportabgaben vereinbart wurde, so liegt darin keine Zwangsläufigkeit. Dies zeigt sich anhand der grundsätzlichen Übereinkunft zwischen der EU und MERCOSUR über den Abschluss eines Handelsabkommens[423], die ebenfalls Regelungen zu Exportabgaben in Form von Art. 8 des Abschnitts über den Warenhandel enthält.[424] Ähn-

---

422 Zum Anwendungsbereich von Abschnitt 11.3 CAP siehe Kapitel 3, Abschnitt II. A. 1.

423 *Europäische Kommission*, EU und Mercosur erzielen Einigung in Handelsfragen, Pressemitteilung v. 28. Juni 2019, IP/19/3396; New EU-Mercosur trade agreement, The agreement in principle, 1 July 2019, abrufbar unter: <https://trade.ec.europa.eu/doclib/docs/2019/june/tradoc_157964.pdf>, (letzter Abruf am 1.11.2022). Die einzelnen Abschnitte der prinzipiellen Übereinkunft sind abrufbar unter: <https://trade.ec.europa.eu/doclib/press/index.cfm?id=2048>, (letzter Abruf am 1.11.2022).

424 Der Abschnitt ist abrufbar unter: <https://trade.ec.europa.eu/doclib/docs/2019/july/tradoc_158144.%20Trade%20in%20Goods.pdf>, (letzter Abruf am 1.11.2022). Dort heißt es derzeit: „Neither Party shall introduce or maintain any duty or charges of any kind on or in connection with the exportation of a

lich zu Art. 2.11 EU-Vietnam-FHA weist die Überschrift („Duties, Taxes or Other Fees and Charges on Exports") auf einen weiten Anwendungsbereich hin, während der Normtext allein an den Vorgang der Ausfuhr anknüpft. Für einzelne Produktkategorien wird zudem ebenso auf einen Stufenplan für Reduzierung von Exportzöllen verwiesen („Annex 2 – Export Duties")[425], der zusätzlich eine eigenständige Ausnahmemöglichkeit für Fälle eines schwerwiegenden finanziellen und bilanziellen Ungleichgewichts („serious imbalances") vorsieht (Abschnitt B). Anders als bei Art. 2.11 EU-Vietnam-FHA fehlt es in Art. 8 jedoch an einem Bezug zum internen Verkauf oder Verbrauch, der eine Erweiterung auf diskriminierende Steuermaßnahmen nahelegen würde.

Zuletzt wird der Ansatz einer Regelung von Exportabgaben auf Grundlage der GATT-Systematik innerhalb der Verhandlungen der EU mit Indonesien erkennbar.[426] Für den Bereich des Warenhandels wird mit Art. X.7 eine Bestimmung vorgeschlagen, die im Sinne der bisher abgeschlossenen Handelsabkommen den Gesamtbereich der Exportabgaben erfasst.[427]

Insgesamt wird dadurch deutlich, dass die erfolglosen Reformbestrebungen der EU auf WTO-Ebene inzwischen bereits durch eine Reihe individueller Handelsvereinbarungen ersetzt werden. Deren Struktur basiert auf der Systematik des GATT bzw. dem von Seiten der EU eingebrachten Art. 1 AET-Vorschlag. Diese Vorgehensweise steht für eine regulatorische Anknüpfung an den rechtlichen Rahmen der WTO. Dadurch stehen die Regelungen nicht isoliert, sondern unterstützen gleichzeitig das multilaterale Reformvorhaben der EU.

---

good to the other Party, other than in accordance with the Schedule included in Annex 2 (Export Duties of MERCOSUR) after 3 years from the entry into force of this Agreement."

425   Der Annex ist abrufbar unter: <https://trade.ec.europa.eu/doclib/docs/2019/july/ tradoc_158187.%20TIG%20-%20Annex%202%20Export%20Duties.pdf>, (letzter Abruf am 1.11.2022).

426   Die Vorschläge sind abrufbar unter: <https://trade.ec.europa.eu/doclib/press/ind ex.cfm?id=1620>, (letzter Abruf am 1.11.2022).

427   Dort heißt es: „No Party shall introduce or maintain any duty, tax or other charge of any kind imposed on, or in connection with, the exportation of a good to the other Party; or any internal tax or other charge on a good exported to the other Party that is in excess of the tax or charge that would be imposed on like goods when destined for domestic consumption."

b) Exportabgaben als Bestandteil eigenständiger Rohstoffkapitel

Parallel zu der Aushandlung von exportbezogenen Regelungen, die an die Systematik des GATT anknüpfen, wird jüngst ein weiterer Ansatz erkennbar, der auf einen diskriminierungsfreien – gegenüber Drittstaaten womöglich sogar privilegierten – Zugang zu Rohstoffen abzielt. Erstmals lässt sich dieser innerhalb der grundsätzlichen Übereinkunft der EU mit Mexiko über ein neues Freihandelsabkommen identifizieren.[428]

Art. X.4 des Abschnitts über den Warenhandel sieht dabei zunächst eine Regelung zu Exportabgaben vor, die dem bereits gezeigten GATT-Ansatz entspricht.[429] Daneben enthält die Übereinkunft allerdings ein eigenes Kapitel über Energie und Rohstoffe („Energy and Raw Materials"). Die Schaffung eines solchen Kapitels wurde bereits innerhalb der Handelsstrategie „Handel für alle" der Europäischen Kommission von 2015 in Aussicht gestellt.[430] Aus ihm ergeben sich weitere Regelungen, die einen diskriminierungsfreien Zugang zu Rohstoffen ermöglichen sollen:

In Art. 3 des Kapitels wird den Vertragsparteien die Errichtung oder Beibehaltung von Import- sowie Exportmonopolen untersagt.[431] Art. 4 des Kapitels ist mit „Export pricing" überschrieben und bestimmt, dass

---

428 Siehe New EU-Mexico agreement – The agreement in principle, 23 April 2018, abrufbar unter: <http://trade.ec.europa.eu/doclib/docs/2018/april/tradoc_1567 91.pdf>, (letzter Abruf am 1.11.2022). Die einzelnen Kapitel können abgerufen werden unter: <https://trade.ec.europa.eu/doclib/press/index.cfm?id=1833>, (letzter Abruf am 1.11.2022).

429 In Abs. 1 heißt es: „No Party shall adopt or maintain any tax or charge on the exportation of a good to the other Party that is in excess of the tax imposed on that good when destined for domestic consumption." Abs. 2 erklärt in nahezu identischer Weise: „No Party shall adopt or maintain any duty or charge of any kind imposed on, or in connection with, the exportation of a good to the territory of the other Party, that is in excess of those adopted or maintained on that good when destined for domestic consumption." Das Bestehen von zwei Absätzen mit nahezu identischem Wortlaut wäre nicht erforderlich, wenn nicht in Anknüpfung an die WTO-Systematik der Gesamtbereich der Exportabgaben erfasst werden sollte. Womöglich soll die Verwendung von „tax" (Abs. 1) und „duty" (Abs. 2) auf unterschiedliche Abgabeformen hinweisen.

430 *Europäische Kommission*, Handel für alle – Hin zu einer verantwortungsbewussteren Handels- und Investitionspolitik, COM(2015) 497 final, S. 11.

431 Dort heißt es: „No Party shall designate or maintain an import or export monopoly for energy goods or raw materials. For the purposes of this Article, import or export monopoly means the exclusive right or grant of authority by a Party to an entity to import or export energy goods or raw materials to the other Party."

eine Vertragspartei für die Ausfuhr von Energiegütern oder Rohstoffen
– unabhängig von der Art der Maßnahme – keinen höheren Preis einführen oder beibehalten darf, als denjenigen, der für diese Güter erhoben
wird, wenn sie für den Inlandsmarkt bestimmt sind.[432] Diese Bestimmung
wird ergänzt durch Art. 5 („Domestic pricing"), auf dessen Grundlage
die Vertragsparteien den Preis für die inländische Versorgung mit Energieerzeugnissen und Rohstoffen („regulierter Preis") nur durch die Auferlegung einer gemeinwirtschaftlichen Verpflichtung regulieren dürfen, die
ihrerseits zeitlich befristet, transparent und verhältnismäßig sein muss.
Daneben finden sich Regelungen über Möglichkeiten zur Exploration und
Produktion (Art. 6), den Infrastrukturzugang (Art. 7, 8 und. 9) sowie zu
Formen der Kooperation (Art. 10 und 11).

Insbesondere durch Art. 4 wird eine Preisdiskriminierung bei Rohstoffen angesprochen, zu der auch die Erhebung von Exportabgaben in diesem Bereich führt.[433] Es kann daher von einem übereinstimmenden Regelungszweck ausgegangen werden. Die Formulierung lässt zunächst an
eine aktive Preissetzung (etwa durch staatlich kontrollierte Rohstoffunternehmen) denken („adopt"), jedoch erscheint auch eine Anwendung auf
staatliche Marktinterventionen – z.B. durch den Einsatz von Exportabgaben – aufgrund des Wortlauts nicht ausgeschlossen. Es käme dadurch zu
einer Überschneidung mit Art. X.4. In Fällen, in denen Exportabgaben
insgesamt nicht durch eine eigenständige Bestimmung untersagt werden,
könnte eine Auffangfunktion in Betracht kommen. Vieles spricht dafür,
die Regelungen des Rohstoffkapitels gegenüber den allgemeinen Marktzugangsbestimmungen als *lex specialis* zu betrachten. Es stellt sich in diesem
Zusammenhang auch die Frage nach möglichen Rechtfertigungsgründen.
Nach der prinzipiellen Übereinkunft zwischen der EU und Mexiko sind
die allgemeinen Rechtfertigungsgründe des Art. XX und XXI GATT allerdings auch auf das Energie- und Rohstoffkapitel anwendbar.[434]

Die enge Verknüpfung des Rohstoffkapitels mit den übrigen handelsbezogenen Regelungen der Übereinkunft wird jedenfalls in der EU-eigenen

---

432 Dort heißt es: „A Party shall not adopt or maintain a higher price for exports of
     energy goods or raw materials to the other Party than the price charged for such
     goods when destined for the domestic market, by means of any measure."
433 Siehe bereits Kapitel 2, Abschnitt C. III.
434 Siehe dazu EU-Mexico Free Trade Agreement – Exceptions, 21 April 2018,
     abrufbar unter: <https://trade.ec.europa.eu/doclib/docs/2018/april/tradoc_15683
     0.pdf>, (letzter Abruf am 1.11.2022).

Zusammenfassung deutlich.[435] Darin wird auf die Komplementarität der Bestimmungen hingewiesen und ausdrücklich erklärt, dass das Energie- und Rohstoffkapitel der Beseitigung von Exportbeschränkungen, insbesondere Exportabgaben, sowie allgemein der Verhinderung von Formen der Preisdiskriminierung dient.[436]

Auch innerhalb der jüngsten Übereinkunft mit Neuseeland sowie im Rahmen der Vertragsverhandlungen mit Australien findet sich ein entsprechendes Energie- und Rohstoffkapitel.[437] Die darin enthaltenen Bestimmungen werden in beiden Fällen durch ein Regelung zu Exportabgaben begleitet, die dem bisherigen GATT-Ansatz entspricht.[438]

In der neueren Verhandlungsgeschichte zeigt sich damit, dass die EU einen noch stärkeren Fokus auf den Energie- und Rohstoffzugang legt, der nicht lediglich auf eine reine Handelsliberalisierung, sondern auf eine tiefergehende Marktintegration im Bereich der Rohstoffversorgung insgesamt ausgerichtet ist. Auch dies steht im Kontext einer gestiegenen Bedeutung von Rohstoffen für den ökologischen und digitalen Wandel.[439] Die in den Kapiteln enthaltenen Regelungen gehen dabei deutlich über den Stand des WTO-Rechts hinaus. Neben dem Rohstoffhandel und der allgemeinen Marktregulierung, werden dabei auch Formen der Koopera-

---

435 Siehe dazu New EU-Mexico agreement, The agreement in principle, 23 April 2018, abrufbar unter: <https://trade.ec.europa.eu/doclib/docs/2018/april/tradoc_156791.pdf>, (letzter Abruf am 1.11.2022).

436 Dort heißt es auf S. 8: „In terms of promoting market access and tackling non-discrimination, one of the main aims here in the ERM chapter is to eliminate export restrictions of energy and raw material goods, including the elimination in principle of all duties (or any measure having an equivalent effect). Moreover, while both the EU and Mexico fully retain the right to regulate, the Agreement also prohibits export monopolies and unjustified government intervention in the price setting of energy goods and raw materials for industrial customers; the chapter also bans export or dual pricing where export prices are set above domestic prices."

437 Siehe dazu den Entwurf unter: <https://circabc.europa.eu/ui/group/09242a36-a438-40fd-a7af-fe32e36cbd0e/library/8c35aa40-6385-4af3-98a3-e3ab88d749b9/details>, (letzter Abruf am 1.11.2022) sowie den Verhandlungsvorschlag gegenüber Australien unter: <https://trade.ec.europa.eu/doclib/docs/2018/july/tradoc_157188.pdf>, (letzter Abruf am 1.11.2022).

438 Siehe dazu den Entwurf unter: <https://circabc.europa.eu/ui/group/09242a36-a438-40fd-a7af-fe32e36cbd0e/library/7644f136-4d6c-4c1e-b3ec-5817a7c27919/details>, (letzter Abruf am 1.11.2022) sowie den Verhandlungsvorschlag gegenüber Australien unter: <https://trade.ec.europa.eu/doclib/docs/2018/july/tradoc_157196.pdf>, (letzter Abruf am 1.11.2022). Dort jeweils unter Art. X.7 des Abschnitts.

439 Siehe dazu bereits Kapitel 1, Abschnitt A.

tion bei der Rohstoffförderung geregelt. Es muss sich noch zeigen, ob sich daraus ein neuer rohstoffspezifischer Regelungstyp entwickelt, der die durch Exportabgaben herbeigeführte Preisdiskriminierung erfasst, und in welchem Verhältnis dieser zu Marktzugangsregelungen auf Grundlage der GATT-Systematik steht.

2. Assoziierungsabkommen der EU: Exportabgaben im Kontext unterschiedlicher politischer Zielsetzungen

Die völkervertragliche Assoziierung dient dazu, Drittländer oder internationale Organisationen materiell an die EU heranzuführen, ohne dass es zu einer institutionellen Einbindung kommt.[440] Es handelt sich um völkerrechtliche Abkommen, die „durch auf Dauer angelegte gegenseitige Rechte und Pflichten, gemeinsames Vorgehen und besondere Verfahren einschließlich eigener, paritätisch besetzter und zur verbindlichen Beschlussfassung ermächtigter Organe eine besondere völkervertragliche Beziehung begründen".[441] Hierunter werden Abkommen mit unterschiedlichen politischen Schwerpunkten gefasst, die nach ihrer Zielsetzung in die Grundtypen der Beitritts-, Freihandels- und Entwicklungsassoziierung unterteilt werden können.[442] Die Übergänge sind dabei jedoch fließend, nicht zuletzt weil allen Abkommen (auch) eine dauerhafte Vertiefung der Wirtschafts- und Handelsbeziehungen gemeinsam ist.[443]

Anhand der einzelnen Grundtypen bzw. der zugrundeliegenden politischen Schwerpunktsetzungen lassen sich in diesem Zusammenhang weitere Regelungsansätze für den Bereich der Exportabgaben identifizieren: So bildet für Formen der Beitrittsassoziierung die binnenmarktrechtliche Erfassung von Exportabgaben den relevanten Maßstab (dazu a)). Bei einer reinen Freihandelsassoziierung orientieren sich die Regelungen demgegen-

---

440 *Schmalenbach*, in: von Arnauld/Bungenberg (Hrsg.), § 6 Rn. 1.

441 *Boysen* in: Pechstein/Nowak/Häde (Hrsg.), Art. 217 AEUV Rn. 16.

442 *Boysen* in: Pechstein/Nowak/Häde (Hrsg.), Art. 217 AEUV, Rn. 25; *Vöneky/Bey-lage-Haarmann*, in: Grabitz/Hilf/Nettesheim (Hrsg.), Art. 217 AEUV, Rn. 70. *Schmalenbach*, in: von Arnauld/Bungenberg (Hrsg.), § 6 Rn. 5 u. 11 sieht eine weitere Kategorie der „Nachbarschaftsassoziierung", die jedoch zugleich mit einer entwicklungspolitischen Dimension verknüpft wird. Es handelt sich dabei jedoch eher um eine terminologische Abgrenzung. In diesem Sinne auch *Boysen* in: Pechstein/Nowak/Häde (Hrsg.), Art. 217 AEUV, Rn. 18.

443 *Boysen* in: Pechstein/Nowak/Häde (Hrsg.), Art. 217 AEUV, Rn. 25; *Vöneky/Beyla-ge-Haarmann*, in: Grabitz/Hilf/Nettesheim (Hrsg.), Art. 217 AEUV, Rn. 70.

über überwiegend an der Systematik des GATT (dazu b)). Entwicklungspolitische Assoziierungen zeichnen sich wiederum vor allem durch die Vereinbarung spezifischer Ausnahmebestimmungen aus, die den Einsatz von Exportabgaben teils auch aus industriepolitischen Gründen anerkennen (dazu c)).

a) Beitrittsassoziierungsabkommen und Exportabgaben

Beitrittsassoziierungen bereiten eine künftige Mitgliedschaft in der EU vor, stellen selbst allerdings keine notwendige Bedingung für einen späteren Beitritt dar.[444] Als Kandidaten für einen EU-Beitritt gelten derzeit Albanien, Nordmazedonien, Montenegro, Serbien und die Türkei, während Bosnien und Herzegowina, der Kosovo sowie die Ukraine als potenzielle Kandidaten gehandelt werden.[445] Mit all diesen Ländern hat die EU Assoziierungsabkommen abgeschlossen.[446]

---

444 *Boysen* in: Pechstein/Nowak/Häde (Hrsg.), Art. 217 AEUV, Rn. 26 f.; *Schmalenbach*, in: von Arnauld/Bungenberg (Hrsg.), § 6 Rn. 35.

445 *Schmalenbach*, in: von Arnauld/Bungenberg (Hrsg.), § 6 Rn. 35. Siehe auch: <https://ec.europa.eu/neighbourhood-enlargement/countries/check-current-status_en#pc>, (letzter Abruf am 1.11.2022). In Folge des russischen Angriffs auf die Ukraine wird inzwischen auch ein Beitritt der Ukraine zur EU intensiv diskutiert und vorbereitet. Siehe dazu etwa *Gutschker*, „Doch ein schneller EU-Beitritt für die Ukraine?", abrufbar unter: <https://www.faz.net/aktuell/politik/ausland/eu-will-beitragsantrag-der-ukraine-schnell-pruefen-17946272.html>, (letzter Abruf am 1.11.2022).

446 Abkommen zur Gründung einer Assoziation zwischen der Europäischen Wirtschaftsgemeinschaft und der Republik Türkei, ABl. L 217, 29.12.1964, S. 3687; Stabilisierungs- und Assoziierungsabkommen zwischen den Europäischen Gemeinschaften und ihren Mitgliedstaaten einerseits und der ehemaligen jugoslawischen Republik Mazedonien andererseits, ABl. L 84, 20.03.2004, S. 13(EU-Nordmazedonien-AA); Stabilisierungs- und Assoziierungsabkommen zwischen den Europäischen Gemeinschaften und ihren Mitgliedstaaten einerseits und der Republik Albanien andererseits, ABl. L 107, 28.04.2009, S. 166 (EU-Albanien-AA); Stabilisierungs- und Assoziierungsabkommen zwischen den Europäischen Gemeinschaften und ihren Mitgliedstaaten einerseits und der Republik Montenegro andererseits, ABl. L 108, 29.04.2010, S. 1 (EU-Montenegro-AA); Stabilisierungs- und Assoziierungsabkommen zwischen den Europäischen Gemeinschaften und ihren Mitgliedstaaten einerseits und Bosnien und Herzegowina andererseits, ABl. L 164, 30.06.2015, S. 2 (EU-BH-AA); Stabilisierungs- und Assoziierungsabkommen zwischen der Europäischen Union und der Europäischen Atomgemeinschaft einerseits und dem Kosovo andererseits, ABl. L 71, 16.03.2016, S. 3 (EU-Kosovo-AA); Stabilisierungs- und Assoziierungsabkommen

Die Abkommen sehen in einem ersten Schritt eine Übernahme des „Binnenmarkt-Acquis" vor und anschließend eine Anpassung an übrige EU-Rechtsakte sowie die europäische Rechtsprechung.[447] Wie bereits erwähnt, werden Exportabgaben binnenmarktrechtlich durch eine Verklammerung des Verbots von Zöllen und Abgaben gleicher Wirkung gem. Art. 30 AEUV mit dem Verbot einer diskriminierenden Binnenbesteuerung gem. Art. 110 AEUV erfasst, wobei die exportseitige Anwendung von Art. 110 AEUV nicht dem Wortlaut selbst zu entnehmen ist, jedoch der gefestigten Rechtsprechung des EuGH entspricht.[448] In Abgrenzung zu den an der Systematik des GATT und Art. 1 AET-Vorschlag orientierten Bestimmungen, handelt es sich hierbei um einen rechtsprechungsgeprägten Ansatz, durch den Exportabgaben entlang der Regelungssystematik des Binnenmarkts adressiert werden (im Folgenden: Binnenmarkt-Ansatz). Anders als im GATT werden Exportabgaben im Binnenmarkt durch diese Kombination von Art. 30 und 110 AEUV bereits umfassend adressiert. Hieraus ergibt sich zugleich die Möglichkeit eines Rechtsexports im Rahmen von regionalen Handelsabkommen, wie er bspw. in Bezug auf das europäische Beihilfenrecht beobachtet werden kann.[449] Es stellt sich hierbei allerdings die Frage, inwieweit sich in diesem Zusammenhang auch die rechtsprechungsbasierte Ausweitung von Art. 110 AEUV auf die Exportseite übertragen lässt.

Der Binnenmarkt-Ansatz lässt sich in allen bisherigen Beitrittsassoziierungsabkommen der EU nachvollziehen. So findet sich in allen Abkommen sowohl eine Bestimmung nach dem Vorbild des Art. 30 AEUV[450] als auch ein Verbot der diskriminierenden Binnenbesteuerung i.S.v. Art. 110 AEUV[451]. Daraus folgt allerdings zugleich, dass in all diesen Fällen eine

---

zwischen den Europäischen Gemeinschaften und ihren Mitgliedstaaten einerseits und der Republik Serbien andererseits, ABl. L 278, 18.10.2013, S. 14 (EU-Serbien-AA).

447 *Schmalenbach*, in: von Arnauld/Bungenberg (Hrsg.), § 6 Rn. 37.

448 Siehe dazu bereits Kapitel 2, Abschnitt A. I.

449 Dazu bspw. *Weck/Reinhold*, EuZW 10/2015, S. 376, 376 ff. Umfassend hierzu *Neumann*.

450 Vgl. Art. 4 des Beschlusses Nr. 1/95 des Assoziationsrates EG-Türkei vom 22. Dezember 1995 über die Durchführung der Endphase der Zollunion, ABl. L 35, 13.02.1996, S. 1; Art. 20 Abs. 1 EU-Nordmazedonien-AA; Art. 21 Abs. 1 EU-Albanien-AA; Art. 22 Abs. 1 EU-Montenegro-AA; Art. 22 Abs. 1 EU-BH-AA; Art. 24 Abs. 1 EU-Kosovo-AA; Art. 22 Abs. 1 EU-Serbien-AA.

451 Vgl. Art. 50 des Beschlusses Nr. 1/95 des Assoziationsrates EG-Türkei vom 22. Dezember 1995 über die Durchführung der Endphase der Zollunion; Art. 33 Abs. 1 EU-Nordmazedonien-AA; Art. 34 Abs. 1 EU-Albanien-AA; Art. 37

Anwendung des Diskriminierungsverbots auf den Export – in Übereinstimmung mit Art. 110 AEUV – dem Wortlaut der Norm nicht entnommen werden kann. Es kommt hierfür auf eine entsprechende Auslegung
der jeweiligen Bestimmung an.

Die einzelnen Bestimmungen der Abkommen sind grds. nach völkerrechtlichen Kriterien auszulegen.[452] Der EuGH hat wiederholt betont, dass
eine parallele Auslegung nur dann in Betracht kommt, wenn Zweck und
Kontext der Vertragsbestimmung – vor allem vor dem Hintergrund der
Integrationstiefe des Vertrags – vergleichbar sind mit dem Zweck und dem
Kontext der unionsrechtlichen Bestimmung.[453] Auch wenn die Auslegung
durch den EuGH nicht für beide Vertragsparteien maßgeblich ist, wird
die Übereinstimmung einer Norm mit dem EU-Recht sowie das allgemeine Ziel einer „Angleichung der Rechtsvorschriften"[454] auch im Rahmen
der völkerrechtlichen Auslegung zu berücksichtigen sein.[455] Der EuGH
sieht in den Art. 110 bis 112 AEUV die Gewährleistung einer Neutralität
der inländischen Abgabesysteme gegenüber dem innergemeinschaftlichen
Handel begründet und gelangt dadurch zu einer Erstreckung des Art. 110
AEUV auf den Export.[456] Es handelt sich demnach um einen binnenmarktrechtlichen Grundsatz, der in dem durch die Beitrittsassoziierungsabkommen bezweckten Annäherungsszenario ebenfalls herangezogen werden

---

Abs. 1 EU-Montenegro-AA; Art. 35 Abs. 1 EU-BH-AA; Art. 39 Abs. 1 EU-Kosovo-
AA; Art. 37 Abs. 1 EU-Serbien-AA.

452 So für das EU-Serbien-AA *Müller-Ibold*, in: Krenzler/Herrmann/Niestedt (Hrsg.),
Stabilisierungs- und Assoziierungsabkommen EU-Serbien, Rn. 63. Siehe ausdrücklich bspw. Art. 13 des Protokolls Nr. 7 zum EU-Serbien-AA oder Art. 13
des Protokolls Nr. 6 zum EU-BH-AA.

453 Vgl. EuGH, Urt. v. 10. September 1996, Rs. C-61/94, *Kommission/Deutsch-
land*, Slg. 1996, I-3989, Rn. 56; Urt. v. 25. Februar 2010, Rs. C-386/08, *Brita*,
ECLI:EU:C:2010:91, Rn. 39 ff. Dazu *Vöneky/Beylage-Haarmann*, in: Grabitz/Hilf/
Nettesheim (Hrsg.), Art. 216 AEUV, Rn. 56.

454 Vgl. Art. 54 des Beschlusses Nr. 1/95 des Assoziationsrates EG-Türkei vom
22. Dezember 1995 über die Durchführung der Endphase der Zollunion;
Art. 68 EU-Nordmazedonien-AA; Art. 70 EU-Albanien-AA; Art. 72 EU-Montenegro-AA; Art. 70 EU-BH-AA; Art. 74 EU-Kosovo-AA; Art. 72 EU-Serbien-AA.

455 *Müller-Ibold*, in: Krenzler/Herrmann/Niestedt (Hrsg.), Stabilisierungs- und Assoziierungsabkommen EU-Serbien, Rn. 66.

456 Grundlegend EuGH, Urteil v. 29. Juni 1978, Rs. C-142/77, *Statens Kontrol*,
Slg. 1978, 1543, Rn. 21/27; Urteil v. 15. Juli 1982, Rs. 216/81, *COGIS*, Slg. 1982,
2701 Rn. 7. Dazu bspw. *Schenke*, in: Pechstein/Nowak/Häde (Hrsg.), Art. 110
AEUV, Rn. 93. In diesem Sinne auch *Schön*, EuR 3/2001, S. 341, 353 f.

und dadurch eine Anwendung des Verbots der Steuerdiskriminierung auf den Export begründen kann.[457]

b) Freihandelsassoziierungsabkommen und Exportabgaben

Freihandelsassoziierungen dienen dem Aufbau enger wirtschaftlicher Beziehungen ohne Beitrittsperspektive.[458] Eine besondere Form einer tiefgreifenden wirtschaftlichen Integration stellt das Abkommen über den Europäischen Wirtschaftsraum (EWR-Abkommen)[459] dar, welches zwischen der damaligen EG und den EFTA-Staaten (mit Ausnahme der Schweiz) vereinbart wurde.[460] Das EWR-Abkommen ist das Ergebnis eines starken Annäherungsprozesses, der zu dem einzigartigen Modell einer nahezu vollständigen Binnenmarktintegration ohne die mit einer EU-Mitgliedschaft verbundenen Souveränitätsausübungsverluste und Einwirkungsmöglichkeiten geführt hat.[461] Dies spiegelt sich auch in der Erfassung von Exportabgaben wider:

Art. 10 EWR-Abkommen verbietet „Ein- und Ausfuhrzölle und Abgaben gleicher Wirkung zwischen den Vertragsparteien" mit vereinzelten Ausnahmen für Finanzzölle des Fürstentums Liechtenstein (Protokoll 5 zum EWR-Abkommen). Art. 14 EWR-Abkommen formuliert ergänzend dazu ein Verbot der diskriminierenden Besteuerung i.S.v. Art. 110 AEUV. Der Mangel einer ausdrücklichen Erstreckung auf den Export wird dabei durch das in Art. 6 EWG-Abkommen verankerte Homogenitätsprinzip geheilt, wonach das zum Zeitpunkt des Vertragsschlusses geltende Binnenmarktrecht in seiner Auslegung durch den EuGH zum Maßstab des Abkommens gemacht wird.[462]

---

457 So im Hinblick auf das EU-Serbien-AA auch *Müller-Ibold*, in: Krenzler/Herrmann/Niestedt (Hrsg.), Stabilisierungs- und Assoziierungsabkommen EU-Serbien, Rn. 101.

458 *Boysen* in: Pechstein/Nowak/Häde (Hrsg.), Art. 217 AEUV Rn. 30; *Vöneky/Beylage-Haarmann*, in: Grabitz/Hilf/Nettesheim (Hrsg.), Art. 217 AEUV, Rn. 72.

459 Abkommen über den Europäischen Wirtschaftsraum, ABl. L 1, 03.01.1994, S. 3.

460 *Boysen* in: Pechstein/Nowak/Häde (Hrsg.), Art. 217 AEUV, Rn. 31; *Vöneky/Beylage-Haarmann*, in: Grabitz/Hilf/Nettesheim (Hrsg.), Art. 217 AEUV, Rn. 73. Umfassend *Holterhus*, in: Krenzler/Herrmann/Niestedt (Hrsg.), EWR.

461 *Holterhus*, in: Krenzler/Herrmann/Niestedt (Hrsg.), EWR, Rn. 4 ff. u. 9 ff. Dieser spricht daher von einer „Binnenmarktassoziierung".

462 *Holterhus*, in: Krenzler/Herrmann/Niestedt (Hrsg.), EWR, Rn. 92 u. 96 ff.

Dieses rechtliche Konstrukt stellt im Bereich der Freihandelsassoziierungen einen absoluten Einzelfall dar. Das Freihandelsabkommen zwischen der EU und der Schweiz von 1972 (EU-Schweiz-FHA)[463], das Teil einer Vielzahl von bilateralen Vereinbarungen ist, die an die Stelle des gescheiterten Beitritts der Schweiz zum EWR getreten sind, enthält keine mit Art. 6 EWG-Abkommen vergleichbare Bestimmung.[464] Gleichzeitig werden – dem Binnenmarkt-Ansatz folgend – Ausfuhrzölle und Abgaben gleicher Wirkung gem. Art. 7 EU-Schweiz-FHA ebenso untersagt, wie eine diskriminierende Binnenbesteuerung gem. Art. 18 Abs. 1 EU-Schweiz-FHA. Bei Letzterem stellt sich damit die Frage nach einer Anwendung auf den Export.

Die Interpretation des EU-Schweiz-FHA unterliegt den traditionellen völkerrechtlichen Auslegungsmethoden.[465] Anders als die Beitrittsassoziierungsabkommen, stellt es ein klassisches Handelsabkommen dar, welches nicht dazu dient, die Schweiz in den Binnenmarkt zu integrieren.[466] Bei einer fehlenden Integrationsperspektive hat der EuGH in der Vergangenheit bereits eine parallele Auslegung für das Verbot der inländischen Steuerdiskriminierung abgelehnt[467], zuletzt jedoch allgemein eine Übereinstimmung in Wortlaut und Zweck als ausreichend angesehen.[468] Aufgrund der fehlenden Integration in den Binnenmarkt kommt eine Übertragung des unionsrechtlichen Grundsatzes der steuerlichen Neutralität gegenüber dem Binnenhandel nicht ohne Weiteres in Betracht. Vielmehr scheint Art. 18 EU-Schweiz-FHA an das Verständnis des Art. III GATT anzuknüpfen, dessen asymmetrische Ausgestaltung bereits festgestellt wor-

---

463 Abkommen zwischen der Europäischen Wirtschaftsgemeinschaft und der Schweizerischen Eidgenossenschaft, ABl. L 300, 31.12.1972, S. 189.

464 Dazu umfassend *Oesch/Burckhardt*, in: Krenzler/Herrmann/Niestedt (Hrsg.), EU-Schweiz. Verhandlungen über eine Neugestaltung der Handelsbeziehungen gestalten sich seit Jahren schwierig. Der Versuch ein sog. Rahmenabkommen abzuschließen ist 2021 gescheitert. Dazu *Gafafer/Sieber/Arnold*, „Neue Etappe in der Europapolitik: Der Bundesrat beerdigt das Rahmenabkommen – welche Optionen bleiben?", abrufbar unter: <https://www.nzz.ch/schweiz/schweiz-was-die-alternativen-zum-eu-rahmenabkommen-sind-ld.1609095?reduced=true>, (letzter Abruf am 1.11.2022).

465 *Oesch/Burckhardt*, in: Krenzler/Herrmann/Niestedt (Hrsg.), EU-Schweiz, Rn. 25.

466 *Oesch/Burckhardt*, in: Krenzler/Herrmann/Niestedt (Hrsg.), EU-Schweiz, Rn. 54 u. 68.

467 So bspw. in EuGH, Urteil v. 1. Juli 1993, Rs. C-312/91, *Metalsa*, Slg. 1993, I-3751; Urteil v. 26. Oktober 1982, Rs. C-104/81, *Hauptzollamt Mainz/Kupferberg & Cie.*, Slg. 1982, 3641.

468 *Oesch/Burckhardt*, in: Krenzler/Herrmann/Niestedt (Hrsg.), EU-Schweiz, Rn. 28 u. 69.

den ist.[469] Demnach ist Art. 18 Abs. 1 EU-Schweiz-FHA nicht entgegen seinem Wortlaut auch auf den Export zu erstrecken. Exportsteuern bleiben dadurch außen vor.

In den neueren Freihandelsassoziierungsabkommen mit der Ukraine[470], Georgien[471], der Republik Moldau[472] und Armenien[473] ist ein Verbot der diskriminierenden Binnenbesteuerung nach dem Vorbild des Art. 110 AEUV gar nicht erst enthalten. Die Erfassung von Exportabgaben orientiert sich stattdessen am GATT-Ansatz, der jedoch teilweise eine abweichende Ausgestaltung erfährt, wodurch im Ergebnis nicht immer der Gesamtbereich der Exportabgaben adressiert wird:

Während Art. 116 EU-Armenien-PA ausdrücklich das Verbot einer finanzieller Belastung „bei oder im Zusammenhang mit der Ausfuhr" mit dem Verbot einer diskriminierenden Binnenbesteuerung kombiniert und dadurch Exportabgaben insgesamt untersagt[474], fehlt bspw. in Art. 31 Abs. 1 EU-Ukraine-AA das Diskriminierungselement, sodass lediglich Exportzölle erfasst werden.[475] Da für sog. Energiegüter[476] gem. Art. 270 Abs. 1 EU-Ukraine-AA eine Preisdiskriminierung zwischen der Ausfuhr und dem Inlandsverbrauch ausdrücklich verboten ist, kann nicht davon ausgegangen werden, dass es sich in Art. 31 EU-Ukraine-AA um ein Redak-

---

469 Siehe dazu bereits Kapitel 3, Abschnitt A. II. 2. b).

470 Assoziierungsabkommen zwischen der Europäischen Union und ihren Mitgliedstaaten einerseits und der Ukraine andererseits, ABl. L 161, 29.05.2014, S. 3 (EU-Ukraine-AA).

471 Assoziierungsabkommen zwischen der Europäischen Union und der Europäischen Atomgemeinschaft und ihren Mitgliedstaaten einerseits und Georgien andererseits, ABl. L 261, 30.08.2014 S. 4 (EU-Georgien-AA).

472 Assoziierungsabkommen zwischen der Europäischen Union und der Europäischen Atomgemeinschaft und ihren Mitgliedstaaten einerseits und der Republik Moldau andererseits, ABl. L 260, 30.08.2014, S. 4 (EU-Moldau-AA).

473 Abkommen über eine umfassende und verstärkte Partnerschaft zwischen der Europäischen Union und der Europäischen Atomgemeinschaft und ihren Mitgliedstaaten einerseits und der Republik Armenien andererseits, ABl. L 23, 26.01.2018, S. 4 (EU-Armenien-PA).

474 Dort heißt es: „Von keiner der beiden Vertragsparteien werden Zölle, Steuern oder sonstige Abgaben bei oder im Zusammenhang mit der Ausfuhr von Waren in das Gebiet der jeweils anderen Vertragspartei eingeführt oder beibehalten, die über diejenigen Zölle, Steuern oder Abgaben hinausgehen, die auf gleichartige für den internen Markt bestimmte Waren erhoben werden."

475 Eine Ausnahme gilt für einzelne von der Ukraine erhobene Exportzölle in Anhang I-C, die nach einem Stufenplan (Anhang I-D) abzubauen sind (Abs. 2).

476 Das sind gem. Art. 268 Abs. 1 EU-Ukraine-AA Erdgas, elektrische Energie und Rohöl.

tionsversehen handelt. Dies deckt sich auch mit der Überschrift der Norm („Ausfuhrzölle" bzw. „Customs duties on exports").

Dieselbe Überschrift tragen auch Art. 150 EU-Moldau-AA sowie Art. 29 EU-Georgien-AA. In Art. 150 EU-Moldau-AA wird allerdings als Ausnahme zu dem Verbot von Zöllen oder Abgaben „bei oder im Zusammenhang mit der Ausfuhr" ausdrücklich der Einsatz „interne[r] Abgaben" erlaubt, soweit diese „im Einklang mit Artikel 152 erhoben werden". Art. 152 EU-Moldau-AA wiederum integriert Art. III GATT in das Abkommen. Diese Einbeziehung von internen Abgaben als Ausnahme zu dem Verbot des Art. 150 EU-Moldau-AA („ausgenommen") führt zu dem Schluss, dass – entgegen der ausdrücklichen Begrenzung auf den Ausfuhrprozess – auch Formen der diskriminierenden Binnenbesteuerung erfasst sein müssen. Ansonsten wäre diese Einschränkung nicht erforderlich.

Art. 29 EU-Georgien-AA verfügt über einen nahezu identischen Wortlaut, verweist jedoch auf „interne Abgaben" i.S.v. Art. 30 EU-Georgien-AA, der wiederum ausdrücklich Art. VIII GATT in das Abkommen integriert.[477] Art. VIII GATT bezieht sich – anders als Art. III GATT – auf Grenzabgaben.[478] Trotz des eindeutigen Normbezugs scheint es sich hierbei allerdings um ein Redaktionsversehen zu handeln, da der Begriff „interne Abgaben" („internal taxes" oder „internal charges") typischerweise im Kontext von Art. III GATT Verwendung findet, während im Zusammenhang mit Art. VIII GATT meist von „Gebühren" („fees" oder „charges") gesprochen wird (so auch im Titel von Art. 30 EU-Georgien-AA). Dies wird durch die Abgrenzung der einzelnen Abgabenarten in Art. 24 EU-Georgien-AA ausdrücklich bestätigt. Auch an dieser Stelle handelt es sich um ein Redaktionsversehen. Exportsteuern werden daher durch Art. 29 EU-Georgien-AA ebenso erfasst.

Für die Freihandelsassoziierungsabkommen zeigt sich damit insgesamt eine Orientierung an dem GATT-Modell, welches auch den neuen, umfassenden Freihandelsabkommen zugrunde liegt. Ausnahmen dazu sind das EWR-Abkommen und das EU-Schweiz-FHA, deren Ausgestaltung sich jedoch historisch erklären lässt. Anhand des EU-Schweiz-FHA wird dabei deutlich, dass das Fehlen einer Integrationsperspektive oder einer sonstigen Einbeziehung der EuGH-Rechtsprechung eine parallele Auslegung

---

477 Dort heißt es: „Eine Vertragspartei führt bei oder im Zusammenhang mit der Ausfuhr von Waren in das Gebiet der anderen Vertragspartei weder Zölle oder Abgaben ein noch behält sie solche bei, ausgenommen interne Abgaben, die im Einklang mit Artikel 30 erhoben werden."

478 Siehe dazu Kapitel 3, Abschnitt A. I. 2. a) ee).

einer an Art. 110 AEUV angelehnten Norm verhindert. Der Grundsatz der Neutralität des nationalen Steuersystems gegenüber dem grenzüberschreitenden Handel ist damit Merkmal einer Binnenmarktintegration, wie sie durch den Abschluss von reinen Freihandelsassoziierungen regelmäßig nicht erreicht wird. Dies könnte den Übergang zum GATT-Ansatz innerhalb der neueren Abkommen erklären.

c) Entwicklungsassoziierungsabkommen und Exportabgaben

Entwicklungsassoziierungen legen einen Schwerpunkt auf den Bereich der Entwicklungszusammenarbeit und der humanitären Hilfe.[479] Gleichzeitig führen die einzelnen Abkommen regelmäßig auch zu einer Vertiefung der gegenseitigen Handelsbeziehungen.[480]

Zum Bereich der Entwicklungsassoziierung gehören die sog. „Europa-Mittelmeer-Abkommen"[481] der EU mit Tunesien, Algerien, Marokko, Ägypten, Libanon, Jordanien und Israel.[482] Auch das Kooperationsabkom-

---

479 *Boysen*, in: Pechstein/Nowak/Häde (Hrsg.), Art. 217 AEUV, Rn. 35; *Vöneky/Beylage-Haarmann*, in: Grabitz/Hilf/Nettesheim (Hrsg.), Art. 217 AEUV, Rn. 98.

480 *Boysen*, in: Pechstein/Nowak/Häde (Hrsg.), Art. 217 AEUV, Rn. 35.

481 Dazu insgesamt *Boysen* in: Pechstein/Nowak/Häde (Hrsg.), Art. 217 AEUV, Rn. 10 u. 38; *Vöneky/Beylage-Haarmann*, in: Grabitz/Hilf/Nettesheim (Hrsg.), Art. 217 AEUV, Rn. 98 ff.; *Schmalenbach*, in: von Arnauld/Bungenberg (Hrsg.), § 6 Rn. 30 u. 32 ff.

482 Europa-Mittelmeer-Abkommen zur Gründung einer Assoziation zwischen der Europäischen Gemeinschaft und ihren Mitgliedstaaten einerseits und der Tunesischen Republik andererseits, ABl. L 97, 30.03.1998, S. 2 (EU-Tunesien-MA); Europa-Mittelmeer-Abkommen zur Gründung einer Assoziation zwischen der Europäischen Gemeinschaft und ihren Mitgliedstaaten einerseits und der Demokratischen Volksrepublik Algerien andererseits, ABl. L 265, 10.10.2005, S. 2 (EU-Algerien-MA); Europa-Mittelmeer-Abkommen zur Gründung einer Assoziation zwischen den Europäischen Gemeinschaften und ihren Mitgliedstaaten einerseits und dem Königreich Marokko andererseits, ABl. L 70, 18.03.2000, S. 2 (EU-Marokko-MA); Europa-Mittelmeer-Abkommen zur Gründung einer Assoziation zwischen den Europäischen Gemeinschaften und ihren Mitgliedstaaten einerseits und der Arabischen Republik Ägypten andererseits, ABl. L 304, 30.09.2004, S. 39 (EU-Ägypten-MA); Europa-Mittelmeer-Assoziationsabkommen zwischen der Europäischen Gemeinschaft und ihren Mitgliedstaaten einerseits und der Libanesischen Republik andererseits, ABl. L 143, 30.05.2006, S. 2 (EU-Libanon-MA); Europa-Mittelmeer-Abkommen zur Gründung einer Assoziation zwischen den Europäischen Gemeinschaften und ihren Mitgliedstaaten einerseits und dem Haschemitischen Königreich Jordanien andererseits, ABl. L 129, 15.05.2002, S. 3 (EU-Jordanien-MA); Europa-Mittelmeer-Abkommen zur

men mit Syrien sowie das mit der Palästinensischen Befreiungsorganisation (PLO) geschlossene Interimsassoziierungsabkommen werden hierunter gefasst.[483] Von großer Bedeutung ist daneben die Zusammenarbeit mit den Mitgliedern der Organisation der Afrikanischen, Karibischen und Pazifischen Staaten (sog. OAKP-Gruppe).[484] Auf Grundlage des gemeinsamen Partnerschaftsabkommens von Cotonou[485] vollzieht sich hierbei in den letzten Jahren ein Übergang von einem System unilateraler Handelspräferenzen hin zu der Aushandlung einzelner Wirtschaftspartnerschaftsabkommen, die als entwicklungsbezogene Handelsabkommen regelmäßig auf Art. 207 AEUV gestützt werden.[486]

Gründung einer Assoziation zwischen den Europäischen Gemeinschaften und ihren Mitgliedstaaten einerseits und dem Staat Israel andererseits, ABl. L 147, 21.06.2000, S. 3 (EU-Israel-MA). Das EU-Israel-MA wird als Europa-Mittelmeer-Abkommen in der Regel zum Bereich der Entwicklungsassoziierung gezählt, obwohl ihm der entwicklungspolitische Charakter fehlt. Siehe dazu *Vöneky/Beylage-Haarmann*, in: Grabitz/Hilf/Nettesheim (Hrsg.), Art. 217 AEUV Rn. 100.

483 Kooperationsabkommen zwischen der Europäischen Wirtschaftsgemeinschaft und der Arabischen Republik Syrien, ABl. L 269, 27.09.1978, S. 2 (EU-Syrien-MA); Europa-Mittelmeer-Interimsassoziationsabkommen über Handel und Zusammenarbeit zwischen der Europäischen Gemeinschaft einerseits und der Palästinensischen Befreiungsorganisation (PLO) zugunsten der Palästinensischen Behörde für das Westjordanland und den Gaza-Streifen andererseits, ABl. L 187, 16.07.1997, S. 3 (EU-PLO-IMA). Siehe dazu *Vöneky/Beylage-Haarmann*, in: Grabitz/Hilf/Nettesheim (Hrsg.), Art. 217 AEUV Rn. 100 u. 102; *Schmalenbach*, in: von Arnauld/Bungenberg (Hrsg.), § 6 Rn. 30.

484 Dazu insgesamt *Boysen* in: Pechstein/Nowak/Häde (Hrsg.), Art. 217 AEUV, Rn. 7 u. 35; *Vöneky/Beylage-Haarmann*, in: Grabitz/Hilf/Nettesheim (Hrsg.), Art. 217 AEUV Rn. 113 ff. Siehe auch *Weiß*, in: Grabitz/Hilf/Nettesheim (Hrsg.), Art. 207 AEUV, Rn. 247 ff.

485 Partnerschaftsabkommen zwischen den Mitgliedern der Gruppe der Staaten in Afrika, im Karibischen Raum und im Pazifischen Ozean einerseits und der Europäischen Gemeinschaft und ihren Mitgliedstaaten andererseits, ABl. L 317, 15.12.2000, S. 3. Dazu *Vöneky/Beylage-Haarmann*, in: Grabitz/Hilf/Nettesheim (Hrsg.), Art. 217 AEUV Rn. 98 u. 124 ff. Das Abkommen wurde zuletzt bis zum 30. November 2021 verlängert. Inzwischen wurde eine politische Einigung über ein „Cotonou-Folgeabkommen" erzielt. Siehe dazu *Europäische Kommission*, Cotonou-Folgeabkommen: Verhandlungsführer erzielen politische Einigung über neues Partnerschaftsabkommen zwischen der EU und den afrikanischen, karibischen und pazifischen Staaten, Pressemitteilung v. 3. Dezember 2020, IP/20/2291.

486 *Boysen*, in: Pechstein/Nowak/Häde (Hrsg.), Art. 217 AEUV, Rn. 35; *Vöneky/Beylage-Haarmann*, in: Grabitz/Hilf/Nettesheim (Hrsg.), Art. 217 AEUV Rn. 119; *Weiß*, in: Grabitz/Hilf/Nettesheim (Hrsg.), Art. 207 AEUV, Rn. 251.

Gerade die in eine Entwicklungsassoziierung eingebundenen Länder machen von Exportabgaben häufigen Gebrauch, um die eigene Wirtschaft zu unterstützen oder Einnahmen zu erzielen.[487] Diese besondere Abhängigkeit macht Exportabgaben zu einem kritischen Verhandlungsgegenstand.[488] Innerhalb der bislang geschlossenen Abkommen äußert sich dies regelmäßig in Form einer Vereinbarung von Ausnahmebestimmungen, die über die allgemeinen Rechtfertigungsgründe der Art. XX und XXI GATT bzw. Art. 36 AEUV hinausgehen. In neueren Abkommen finden sich daneben allerdings auch Regelungen im Interesse eines verbesserten Rohstoffzugangs für die EU.

In den Europa-Mittelmeer-Abkommen wird – dem Wortlaut von Art. 30 und 110 AEUV entsprechend – der Einsatz von Exportzöllen und Abgaben gleicher Wirkung sowie eine steuerliche Diskriminierung von Einfuhren untersagt.[489] Für eine Erstreckung des Diskriminierungsverbots auf den Export fehlt es in diesen Fällen an einer Integrationsperspektive, d.h. Exportsteuern bleiben damit zulässig.[490]

Exportbeschränkungen können zum einen aus Gründen gerechtfertigt sein, die denen der Art. XX und XXI GATT entsprechen.[491] Zum anderen enthalten die Abkommen eine besondere Ausnahmebestimmung für Fälle, in denen ein Verzicht die Umgehung einer gegenüber einem Drittstaat bestehenden Exportbeschränkung zur Folge hat oder zu einer „ernsten Verknappung oder zur Gefahr einer ernsten Verknappung bei einer für die ausführende Vertragspartei wesentlichen Ware" führt und dadurch erhebliche Schwierigkeiten entstehen oder zu entstehen drohen.[492] In diesen

---

487 Zu der Verbreitung und den Motiven bereits Kapitel 2, Abschnitt B. Siehe in Bezug auf die vertraglichen Handelsbeziehungen mit Entwicklungsländern auch *Mendez Parra/Schubert/Brutschin*, S. 11 ff. u. 26 ff.

488 So auch *Mendez Parra/Schubert/Brutschin*, S. 22.

489 Art. 8 u. 19 Abs. 1 EU-Israel-MA; Art. 17 Abs. 1 u. 20 Abs. 1 EU-Algerien-MA; Art. 18 Abs. 1 u. 4 u. Art. 21 Abs. 1 EU-Libanon-MA; Art. 17 Abs. 3, 18 Abs. 2 u. 20 Abs. 1 EU-Ägypten-MA; Art. 19 lit. c) u. 22 Abs. 1 EU-Tunesien-MA; Art. 18 Abs. 3 u. 21 Abs. 1 EU-Jordanien-MA; Art. 19 Abs. 3 u. 22 Abs. 1 EU-Marokko-MA; Art. 15 Abs. 3 u. 18 Abs. 1 EU-PLO-IMA. Die einzige Ausnahme ist das EU-Syrien-MA.

490 Siehe bereits zur fehlenden Integrationsperspektive des EU-Schweiz-FHA Kapitel 3, Abschnitt B. I. 2. b).

491 Art. 27 u. 76 EU-Israel-MA; Art. 27 u. 101 EU-Algerien-MA; Art. 27 u. 83 EU-Libanon-MA; Art. 26 u. 83 EU-Ägypten-MA; Art. 28 u. 87 EU-Tunesien-MA; Art. 27 u. 98 EU-Jordanien-MA; Art. 28 u. 87 EU-Marokko-MA; Art. 24 u. 68 EU-PLO-IMA.

492 So Art. 26 EU-Libanon-MA; Art. 25 EU-Ägypten-MA; Art. 26 EU-Tunesien-MA; Art. 25 EU-Jordanien-MA; Art. 26 EU-Marokko-MA; Art. 22 EU-PLO-IMA.

Fällen setzen die Abkommen die Beteiligung des Assoziierungsausschusses voraus.[493] Wenn besondere Umstände es erfordern, kann allerdings auch ein sofortiges Eingreifen ohne vorherige Beteiligung zulässig sein.[494]

Die von der EU mit einzelnen Untergruppen der OAKP-Gruppe[495] geschlossenen Wirtschaftspartnerschaftsabkommen[496] orientieren sich demgegenüber grds. eher am GATT-Ansatz. Sie zeichnen sich außerdem durch noch weitergehende Rechtfertigungsmöglichkeiten, aber auch ein spezifisches Meistbegünstigungsgebot zugunsten der EU aus:

Das erste Wirtschaftspartnerschaftsabkommen wurde zwischen der EU und den Ländern des CARIFORUM (EU-CARIFORUM-WPA) geschlossen.[497] Darin wird gem. Art. 14 EU-CARIFORUM-WPA die Anwendung von „Ausfuhrzöllen" im Verhältnis zwischen den CARIFORUM-Staaten und der EU untersagt, ergänzt durch eine Pflicht zur Beseitigung einzelner in Anhang I gelisteter Zölle. Art. 27 Abs. 1 S. 1 EU-CARIFORUM-WPA enthält in Anlehnung an Art. III:2 GATT lediglich ein Verbot der steuerlichen Diskriminierung von Importen. Exportsteuern werden daher durch das EU-CARIFORUM-WPA nicht erfasst.

Zwar untersagt Art. 27 Abs. 1 S. 2 EU-CARIFORUM-WPA den Vertragsparteien „von internen Steuern oder sonstigen internen Abgaben (…) in sonstiger Weise Gebrauch [zu machen], um gleichartige inländische

---

Art. 25 EU-Algerien-MA u. Art. 24 EU-Israel enthalten zwar selbige Ausnahmemöglichkeit, gewähren diese jedoch nur für mengenmäßige Beschränkungen.

493 Art. 26 EU-Algerien-MA; Art. 26 Abs. 2 EU-Libanon-MA; Art. 25 Abs. 2 EU-Ägypten-MA; Art. 27 EU-Tunesien-MA; Art. 26 EU-Jordanien-MA; Art. 27 EU-Marokko-MA; Art. 23 EU-PLO-IMA.

494 So bspw. in Art. 26 Abs. 2 lit. c) EU-Algerien-MA; Art. 27 Abs. 3. lit. d) EU-Tunesien-MA; Art. 26 Abs. 3 lit. d) EU-Jordanien-MA; Art. 27 Abs. 3 lit. d) EU-Marokko-MA; Art. 23 Abs. 3 lit. d) EU-PLO-IMA.

495 Die 79 Staaten der OAKP-Gruppe bilden eine große, heterogene Gemeinschaft, die zu Zwecken der Aushandlung von Wirtschaftspartnerschaftsabkommen in sieben Untergruppen eingeteilt werden: Southern African Development Community (SADC); Eastern and Southern Africa (ESA); East African Community (EAC); West Africa; Central Africa; Pacific Islands Forum (PIF); Caribbean Forum of Caribbean States (CARIFORUM). Siehe dazu *Weiß*, in: Grabitz/Hilf/Nettesheim (Hrsg.), Art. 207 AEUV Rn. 247 u. 253; *Bungenberg* in: Pechstein/Nowak/Häde (Hrsg.), Art. 217 AEUV Rn. 252.

496 Zum Stand der Verhandlungen: <https://trade.ec.europa.eu/doclib/docs/20 09/september/tradoc_144912.pdf>, (Stand: Februar 2022) (letzter Abruf am 1.11.2022).

497 Wirtschaftspartnerschaftsabkommen zwischen den CARIFORUM-Staaten einerseits und der Europäischen Gemeinschaft und ihren Mitgliedstaaten andererseits, ABl. L 289I, 30.10.2008, S. 1.

Waren zu schützen". Allerdings nimmt dieses Verbot Bezug auf S. 1 („in sonstiger Weise"). Eine ähnliche Formulierung findet sich zudem auch in Art. III:2 S. 2 GATT, dessen Anwendung auf Einfuhren beschränkt ist.[498] Grundsätzlich legen die Überschrift und der Wortlaut von Art. 27 EU-CARIFORUM-WPA eine Übertragung des Regelungsgehalts von Art. III GATT nahe. Insgesamt ist daher auch in diesem Fall von einer asymmetrischen Ausgestaltung auszugehen.

Zugunsten der EU sieht Art. 19 EU-CARIFORUM-WPA für den Fall einer Besserstellung einer „großen Handelsnation oder eine[s] großen Handelsblock[s]"[499] ein Konsultationsverfahren vor, an dessen Ende die Vertragsparteien gemeinsam darüber entscheiden können, ob die günstigere Behandlung auch auf die EU erstreckt werden soll. Sollte daher der Anwendungsbereich von Art. 14 EU-CARIFORUM-WPA im Verhältnis zu einem Drittstaat auf Exportsteuern erweitert werden, bestünde für die EU die Möglichkeit in Verhandlungen über eine Gleichbehandlung einzutreten. Ebenso wie in Art. 2.11 Abs. 2 und 3 EU-Vietnam-FHA, geht es hierbei um eine Gleichbehandlung, die über die Herstellung gleicher Wettbewerbsbedingungen im bilateralen Verhältnis hinausgeht.

Das zwischen der EU und der SADC geschlossene Abkommen (EU-SADC-WPA)[500] untersagt ebenfalls den Einsatz von Exportzöllen (Art. 26 Abs. 1 EU-SADC-WPA), allerdings nur deren Neueinführung oder Erhöhung, nicht die Beibehaltung.[501] Art. 40 EU-SADC-WPA lehnt sich zudem – wie Art. 27 EU-CARIFORUM-WPA – an den Wortlaut des Art. III GATT an. Das in Art. 26 Abs. 5 i.V.m. Art. 28 Abs. 6 EU-SADC-WPA geregelte Gleichbehandlungsgebot gegenüber großen Handelsnationen und Han-

---

498 Siehe dazu bereits Kapitel 3, Abschnitt A. I. 2. b).

499 Eine große Handelsnation oder ein großer Handelsblock wird in Abs. 4 definiert als „ein Industriestaat oder ein Land oder Gebiet, auf den/das im Jahr vor dem Inkrafttreten des in Absatz 2 genannten Freihandelsabkommens mehr als ein (1) Prozent der weltweiten Warenausfuhren entfielen, oder eine Gruppe von einzeln, gemeinsam oder im Rahmen eines Freihandelsabkommens agierenden Ländern, auf die im Jahr vor dem Inkrafttreten des in Absatz 2 genannten Freihandelsabkommens mehr als eineinhalb (1,5) Prozent der weltweiten Warenausfuhren entfielen".

500 Wirtschaftspartnerschaftsabkommen zwischen der EU und den Ländern der Entwicklungsgemeinschaft des Südlichen Afrika, ABl. L 250, 16.09.2016, S. 3.

501 Dort heißt es: „Sofern in diesem Artikel nichts anderes bestimmt ist, werden nach Inkrafttreten dieses Abkommens im Handel zwischen den Vertragsparteien weder neue, anlässlich oder im Zusammenhang mit der Ausfuhr von Waren zu erhebende Zölle oder Steuern eingeführt noch die bereits angewandten erhöht."

delsblöcken gilt allerdings – anders als bei Art. 19 EU-CARIFORUM-WPA – unmittelbar, d.h. die EU hat automatisch das Recht auf eine Gleichbehandlung.[502]

Einen weiteren Unterschied stellen die besonderen Ausnahmegründe gem. Art. 26 Abs. 2 bis 4 EU-SADC-WPA dar. Danach kann wegen eines besonderen Einnahmebedarfs, aus Umweltschutzgründen, zur Behebung eines kritischen Mangels oder auch zu industriepolitischen Zwecken von der Verpflichtung in Abs. 1 abgewichen werden.[503] Voraussetzung ist eine Beteiligung der EU in Form einer Anhörung und von Konsultationen. Außerdem gelten Beschränkungen für die zulässige Produktkategorie, die Höhe des Exportzolls sowie die Dauer der Maßnahme. Insgesamt wird dadurch allerdings der Einsatz von Exportzöllen zu Einnahmezwecken, in Krisensituationen oder auch aus rein industriepolitischen Gründen grundsätzlich anerkannt.

Diese Form der erweiterten Ausnahmemöglichkeit findet sich auch bspw. in Art. 14 Abs. 2 und 3 des ausgehandelten Abkommens der EU mit den EAC-Staaten[504], Art. 13 Abs. 2 des ebenfalls bislang lediglich ausgehandelten Abkommens zwischen der EU und den westafrikanischen Staaten[505] sowie in einzelnen Interimsabkommen, die langfristig in einem

---

502 Dort heißt es: „Behandeln die SADC-WPA-Staaten Ausfuhren einer Ware, die für eine große Handelsnation oder einen großen Handelsblock bestimmt sind, bei den angewandten Zöllen oder Steuern oder im Zusammenhang damit günstiger, so wird diese günstigere Behandlung ab dem Inkrafttreten dieses Abkommens auch der gleichartigen Ware gewährt, die für das Gebiet der EU bestimmt ist. Für die Zwecke dieses Artikels gilt für den Ausdruck ‚große Handelsnation oder großer Handelsblock‘ die Begriffsbestimmung in Artikel 28 Absatz 6.“

503 Vgl. dazu auch *Mendez Parra/Schubert/Brutschin*, S. 25.

504 *Europäische Kommission*, Anhang des Vorschlags für einen Beschluss des Rates über den Abschluss des Wirtschaftspartnerschaftsabkommens (WPA) zwischen den Partnerstaaten der Ostafrikanischen Gemeinschaft (OAG) einerseits und der Europäischen Union und ihren Mitgliedstaaten andererseits, COM(2016) 64 final, ANNEX 1 (EU-EAC-WPA). Dort heißt es in Abs. 1: „Ungeachtet des Absatzes 1 können die OAG-Partnerstaaten nach einer Notifizierung der EU in folgenden Fällen einen befristeten Zoll oder eine befristete Steuer im Zusammenhang mit der Ausfuhr von Waren einführen: a) zur Förderung der Entwicklung der heimischen Wirtschaft b) zur Aufrechterhaltung der Währungsstabilität, wenn durch den Anstieg des Weltmarktpreises einer Exportware die Gefahr einer Währungsüberbewertung besteht oder c) zum Schutz der Einnahmen, der Ernährungssicherheit und der Umwelt.“

505 *Europäische Kommission*, Anhang des Vorschlags für einen Beschluss des Rates über die Unterzeichnung des Wirtschaftspartnerschaftsabkommens (WPA) zwischen den westafrikanischen Staaten, der ECOWAS und der UEMOA einerseits und der Europäischen Union und ihren Mitgliedstaaten andererseits und seine

Wirtschaftspartnerschaftsabkommen mit der gesamten Untergruppe aufgehen sollen.[506] Teilweise geht dem eine Erfassung von Exportzöllen nach dem Vorbild des EU-CARIFORUM-WPA voraus.[507] Teilweise werden Exportabgaben insgesamt nach dem GATT-Ansatz erfasst.[508] Die Abkommen enthalten jeweils auch eine mit Art. 19 EU-CARIFORUM-WPA bzw. Art. 26 Abs. 5 EU-SADC-WPA vergleichbare Meistbegünstigungsklausel.[509] Entwicklungsassoziierungen stehen damit grds. für die Einräumung zusätzlicher Rechtfertigungsmöglichkeiten, teilweise auch unter Anerkennung wirtschaftspolitischer Gründe. Zugleich zeigt sich anhand der Wirtschaftspartnerschaftsabkommen das Interesse der EU an einer handelspolitischen Gleichbehandlung gegenüber großen Handelsnationen und -blö-

---

vorläufige Anwendung, COM(2014) 576 final, ANNEX 1 (EU-ECOWAS-UEMOA-WPA).

506 Vgl. Art. 16 Abs. 2 Interims-Wirtschaftspartnerschaftsabkommen zwischen Côte d'Ivoire einerseits und der Europäischen Gemeinschaft und ihren Mitgliedstaaten andererseits, ABl. L 59, 03.03.2009, S. 3 (EU-Elfenbeinküste-IWPA); Art. 16 Uabs. 2 Interims-Wirtschaftspartnerschaftsabkommen zwischen Ghana einerseits und der Europäischen Gemeinschaft und ihren Mitgliedstaaten andererseits, ABl. L 287, 21.10.2016, S. 3 (EU-Ghana-IWPA); Art. 10 lit. a) u. b) Interims-Partnerschaftsabkommen zwischen der Europäischen Gemeinschaft einerseits und den Pazifik-Staaten andererseits, ABl. L 272, 16.10.2009, S. 2 (EU-PIF-IWPA); Art. 15 Abs. 2 Übergangsabkommen für ein Wirtschaftspartnerschaftsabkommen zwischen der Europäischen Gemeinschaft und ihren Mitgliedstaaten einerseits und der Vertragspartei Zentralafrika andererseits, ABl. L 57, 28.02.2009, S. 2 (EU-CA-IWPA). Keine Ausnahmebestimmungen dieser Art enthält demgegenüber das Interimsabkommen zur Festlegung eines Rahmens für ein Wirtschaftspartnerschaftsabkommen zwischen Staaten des östlichen und des südlichen Afrika einerseits und der Europäischen Gemeinschaft und ihren Mitgliedstaaten andererseits, ABl. L 111, 24.04.2012, S. 3 (EU-ESA-IWPA).

507 Vgl. Art. 16 Uabs. 1 u. 19 Abs. 1 EU-Ghana-IWPA; Art. 16 Abs. 1 u. 19 Abs. 1 EU-Elfenbeinküste-IWPA; Art. 13 Abs. 1 u. 35 Abs. 1 EU-ECOWAS-UEMOA-WPA.

508 Art. 14 Abs. 1 EU-EAC-WPA u. Art. 15 EU-ESA-IWPA erfassen dabei nur die Einführung neuer Exportabgaben. Art. 10 EU-PIF-IWPA bezieht sich auch auf bestehende Exportabgaben. Gemäß Art. 15 EU-CA-IWPA dürfen Exportzölle nach Inkrafttreten des Abkommens weder neu eingeführt noch erhöht werden. In allen drei Fällen finden sich mit Art. 2.11 EU-FTA-Vietnam vergleichbare Widersprüche, indem gleichzeitig auf die Ausfuhr sowie den internen Verkauf abgestellt wird. Der ausdrückliche Bezug auf den internen Verkauf lässt indes keinen Zweifel daran, dass auch interne Abgaben von den Vorschriften erfasst werden.

509 Art. 14 Abs. 4 u. 5 sowie Art. 15 EU-EAC-WPA; Art. 17 EU-Elfenbeinküste-IWPA; Art. 17 EU-Ghana-IWPA; Art. 16 EU-ECOWAS-UEMOA-WPA; Art. 19 EU-ESA-IWPA; Art. 16 EU-PIF-IWPA; Art. 19 EU-CA-IWPA.

cken. Im Kontext der europäischen Rohstoffstrategie bedeutet dies die Sicherstellung eines gleichberechtigten Rohstoffzugangs, um einen Wettbewerbsvorteil der internationalen Konkurrenz zu verhindern.

d) Zwischenfazit

Für den Gesamtbereich der Assoziierungsabkommen lassen sich – je nach politischem Ziel, aber auch jeweiligem Verhandlungspartner – unterschiedliche Ansätze für die Regelung von Exportabgaben identifizieren. Mehrheitlich basieren die einzelnen Bestimmungen auf dem GATT-Ansatz, der bereits dem gescheiterten Reformversuch in Art. 1 AET-Vorschlag zugrunde lag. Alternativ ergibt sich für die EU die Möglichkeit eines Exports der binnenmarktrechtlichen Erfassung von Exportabgaben auf Grundlage von Art. 30 und 110 AEUV.

Bei diesem Binnenmarkt-Ansatz stellt sich allerdings das Problem einer ausdrücklich asymmetrischen Ausgestaltung. Eine Auslegung anhand des Grundsatzes der Neutralität des nationalen Steuersystems gegenüber dem grenzüberschreitenden Handel, wonach das Verbot der diskriminierenden Binnenbesteuerung sich auch auf den Export erstreckt, kommt nur dann in Betracht, wenn sich dem Vertrag insgesamt auch eine Integrationsperspektive entnehmen lässt oder die Auslegung des Art. 110 AEUV in sonstiger Weise in das Abkommen einbezogen wird.

Beitrittsassoziierungen verfügen über eine Integrationsperspektive, weshalb durch eine Orientierung am Regelungsmodell des AEUV der Gesamtbereich der Exportabgaben adressiert wird. Freihandelsassoziierungen folgen vor diesem Hintergrund – bis auf historische Ausnahmen – dem GATT-Ansatz. Die unterschiedlichen Formulierungsweisen erfordern dabei eine Auslegung im Einzelfall. Dies gilt grds. auch für Entwicklungsassoziierungen, die sich darüber hinaus durch besondere Ausnahmebestimmungen und zuletzt auch durch ein spezifisches Meistbegünstigungsgebot zugunsten der EU auszeichnen.

3. Exportabgaben im Kontext eines Austritts aus dem EU-Binnenmarkt

Ein Novum stellt der Austritt Großbritanniens aus der EU dar, der zum 1.2.2020 mit dem Inkrafttreten des gemeinsam beschlossenen Austrittsabkommens (sog. „Brexit-Abkommen") endgültig Wirklichkeit geworden ist.[510] Während dieses auf Art. 50 EUV gestützte Abkommen die Bedingungen des Austritts regelt und gem. Art. 127 Brexit-Abkommen u.a. eine Weitergeltung von Bestimmungen des Unionsrechts für einen Übergangszeitraum festlegt[511], fehlte es bis zuletzt an einer Vereinbarung zu den zukünftigen Handelsbeziehungen, die schließlich als ein „Last-Minute-Weihnachtsgeschenk" am 24.12.2020 verkündet wurde.[512]

Das Handels- und Kooperationsabkommen (EU-GB-KH) stützt sich als ein Freihandelsassoziierungsabkommen auf Art. 217 AEUV.[513] Eine gesonderte Betrachtung rechtfertigt sich aufgrund der Tatsache, dass Großbritannien mit seinem Austritt aus dem Binnenmarkt nicht mehr an Art. 30 und 110 AEUV und das darin enthaltene Verbot von Exportabgaben gebunden ist. Mangels (Re-)Integrationsperspektive wäre zudem eine parallele Auslegung gleichlautender Regelungen innerhalb des EU-GB-KH grds. abzulehnen. Allerdings bestünde theoretisch die Möglichkeit im Rahmen des Austritts- und/oder des EU-GB-KH eine Weitergeltung der Auslegungsgrundsätze des EuGH zu vereinbaren.

Die EU und Großbritannien haben diesen Weg nicht gewählt, sondern stattdessen mit Art. 22 EU-GB-KH eine Vorschrift in das Abkommen aufgenommen, die dem GATT-Ansatz folgt und dabei sowohl Exportzölle als auch Exportsteuern erfasst.[514] Zur Klarstellung wird darauf hingewiesen, dass Verwaltungsabgaben i.S.v. Art. VIII GATT einer eigenständigen Regelung unterliegen (Art. 22 Abs. 2 EU-GB-KH).

---

510 Abkommen über den Austritt des Vereinigten Königreichs Großbritannien und Nordirland aus der Europäischen Union und der Europäischen Atomgemeinschaft, ABl. C 384I, 12.11.2019, S. 1. Dazu bspw. *Terhechte*, NJW 7/2020, S. 425, 425 ff. Siehe zum Ganzen m.w.N. bspw. *Dörr*, in: Grabitz/Hilf/Nettesheim (Hrsg.), Art. 50 EUV.

511 Krit. zu dem Aspekt der Weitergeltung bspw. *Terhechte*, NJW 7/2020, S. 425, 425 f.

512 Handels- und Kooperationsabkommen zwischen der Europäischen Union und der Europäischen Atomgemeinschaft einerseits und dem Vereinigten Königreich Großbritannien und Nordirland andererseits, ABl. L 444, 31.12.2020, S. 14. Dazu *Terhechte*, NJW 7/2021, S. 417, 417 ff.

513 *Terhechte*, NJW 7/2021, S. 417, 418.

514 Art. 22 Abs. 1 EU-GB-KH lautet: „Eine Vertragspartei darf keine Zölle, Steuern oder sonstigen Abgaben gleich welcher Art bei oder im Zusammenhang mit der Ausfuhr einer Ware in die andere Vertragspartei einführen oder aufrechterhalten, oder inländische Steuern oder sonstige Abgaben auf in das Gebiet der anderen Vertragspartei ausgeführte Waren einführen oder aufrechterhalten, die über diejenigen Steuern oder sonstigen Abgaben hinausgehen, die auf gleichartige Waren erhoben würden, wenn sie für den internen Verbrauch bestimmt wären."

Im Ergebnis unterscheidet sich das EU-GB-KH damit nicht von anderen Freihandelsassoziierungsabkommen. Die Parteien sind vom ursprünglichen Binnenmarktverständnis der Art. 30 und 110 AEUV zur Regelungssystematik des GATT bzw. Art. 1 des AET-Vorschlags übergegangen. Darüber hinausgehende Regelungen – etwa in Form eines eigenständigen Rohstoffkapitels[515] oder sonstiger rohstoffbezogener Bestimmungen – enthält das Abkommen nicht.

4. Die Durchsetzung von Handelszugeständnissen als ein Schwerpunkt der neueren Handelspolitik der EU

Die wachsende Bedeutung regionaler Handelsabkommen wirft die Frage nach den Möglichkeiten einer Durchsetzung der darin enthaltenen Zugeständnisse auf. Für den Bereich der Exportabgaben stellt sie sich angesichts der Vielzahl von WTO[+]-Regelungen in besonderem Maße. Regionale Handelsabkommen der EU verfügen regelmäßig über Bestimmungen zur Beilegung von Streitigkeiten zwischen den Vertragsparteien.[516] Betroffene Unternehmen erhalten dabei – wie im Welthandelsrecht üblich – keinen direkten Zugang, sondern können lediglich ein Tätigwerden der Europäischen Kommission auf Grundlage der sog. Handelshemmnisverordnung (im Folgenden: Handelshemmnis-VO)[517] erreichen.[518]

In der jüngeren Vergangenheit hat die EU vermehrt bilaterale Streitbeilegungsverfahren auf Grundlage einzelner regionaler Handelsabkommen

---

515 Zu den eigenständigen Rohstoffkapiteln siehe Kapitel 3 Abschnitt B. I. 1. b).

516 Vgl. bspw. Kapitel 15 EU-Vietnam FHA; Kapitel 14 EU-Korea FHA; Kapitel 14 EU-Singapur FHA; Kapitel 22 EU-Japan FHA; Kapitel 29 CETA; Art. 306 ff. EU-Ukraine-AA; Art. 75 ff. EU-SADC-WPA; Art. 62 ff. EU-ECOWAS-UEMOA-WPA. Siehe insgesamt zu Streitbeilegungsmechanismen in regionalen Handelsabkommen *Dolle*, S. 290 ff.

517 Verordnung (EU) 2015/1843 des Europäischen Parlaments und des Rates vom 6. Oktober 2015 zur Festlegung der Verfahren der Union im Bereich der gemeinsamen Handelspolitik zur Ausübung der Rechte der Union nach internationalen Handelsregeln, insbesondere den im Rahmen der Welthandelsorganisation vereinbarten Regeln, ABl. L 272, 16.10.2015, S. 1.

518 Umfassend dazu *Berrisch/Kamann*, in: Krenzler/Herrmann/Niestedt (Hrsg.), Handelshemmnis-VO; *Van Bael/Bellis*, S. 745 ff. Ausnahmen dazu sind die – mit Ausnahme von CETA – getrennt geschlossenen Investitionsabkommen. Dazu bspw. *Bungenberg*, in: von Arnauld/ders. (Hrsg.), § 14 Rn. 90 ff.

eingeleitet.[519] In einem der Verfahren richtete sie sich dabei erfolgreich gegen Exportbeschränkungen, die von Seiten der Ukraine gegenüber einzelnen Holzarten verhängt wurden.[520] Dies zeigt, dass derartige Verfahren aktiv auch zu Zwecken der Rohstoffversorgung eingesetzt werden.

Die zunehmende Einleitung von Streitbeilegungsverfahren ist Teil der neueren Handelspolitik der EU seit 2014/2015, die – zuletzt unter dem Schlagwort der „offenen strategischen Autonomie" – u.a. eine stärkere Durchsetzung internationaler Regeln und Standards zur Herstellung gleicher Wettbewerbsbedingungen zum Ziel hat.[521] Zu diesem Zweck wurde mit dem „Kommissionsbeauftragten für die Durchsetzung von Handelsregeln" („Chief Trade Enforcement Officer") eine neue Position innerhalb der Generaldirektion Handel geschaffen, dessen Aufgabe in der Durchführung und Durchsetzung von Handelsvereinbarungen liegt.[522] Darüber hinaus wurde zudem die sog. Handelsvergeltungsverordnung (Handelsvergeltungs-VO) als ein weiteres autonomes Verfahrensinstrument reformiert, um eine effektive Durchführung von Streitbeilegungsverfahren sicherzustellen.[523]

---

519 Siehe hierzu: <https://ec.europa.eu/trade/policy/accessing-markets/dispute-settle ment/bilateral-disputes/>, (letzter Abruf am 1.11.2022).

520 *Restrictions applied by Ukraine on exports of certain wood products to the European Union*, Final Report of the Arbitration Panel established pursuant to Article 307 of the Association Agreement between Ukraine, of the one part, and the European Union and its Member States, of the other part, 11 December 2020, abrufbar unter: <https://trade.ec.europa.eu/doclib/docs/2020/december/tradoc _159181.pdf>, (letzter Abruf am 1.11.2022). Dazu *Yavnych*, EU-Ukraine Arbitration on the Export of Wood: Will Protectionism Prevail?, Kluwer Arbitration Blog, 23 April 2020; *Makhinova/Shulha*, GTCJ 7–8/2021, S. 355, 355 ff.

521 *Europäische Kommission*, Handel für alle – Hin zu einer verantwortungsbewussteren Handels- und Investitionspolitik, COM(2015) 497 final, S. 13 f.; Strategic Plan 2020–2024, S. 6 f. u. 9, abrufbar unter: <https://trade.ec.europa.eu/doc lib/docs/2020/november/tradoc_159104.pdf> (letzter Abruf am 1.11.2022); Überprüfung der Handelspolitik – Eine offene, nachhaltige und entschlossene Handelspolitik, COM(2021) 66 final, S. 4 f., 11 f. u. 21 ff. Zu dieser Entwicklung siehe auch *Weiß*, EuZW 18/2020, S. 787, 787 ff.; *Weiß/Furculita*, JIEL 4/2020, S. 865, 865 ff.

522 European Commission appoints its first Chief Trade Enforcement Officer, abrufbar unter: <https://trade.ec.europa.eu/doclib/press/index.cfm?id=2173>, (letzter Abruf am 1.11.2022).

523 Verordnung (EU) Nr. 654/2014 des Europäischen Parlaments und des Rates vom 15. Mai 2014 über die Ausübung der Rechte der Union in Bezug auf die Anwendung und die Durchsetzung internationaler Handelsregeln und zur Änderung der Verordnung (EG) Nr. 3286/94 des Rates zur Festlegung der Verfahren der Gemeinschaft im Bereich der gemeinsamen Handelspolitik zur

Bereits im Vorfeld der Reform konnte die EU in Fällen, in denen eine Partei nach Abschluss eines WTO- oder eines bilateralen Streitbeilegungsverfahrens ihren Abhilfeverpflichtungen nicht nachkommt, mit handelspolitischen Gegenmaßnahmen reagieren (Art. 3, 4 und 5 Handelsvergeltungs-VO).[524] Diese können sowohl in der Aussetzung von Zollzugeständnissen bzw. der Erhöhung von Zöllen als auch in der Einführung von mengenmäßigen Import- und Exportbeschränkungen oder auch in Preisaufschlägen innerhalb von Vergabeverfahren bestehen (Art. 5 Abs. 1 Handelsvergeltungs-VO).[525]

Voraussetzung ist, dass ein Vorgehen im Unionsinteresse liegt, die für Durchführungsakte geltenden Verfahrensschritte eingehalten werden, und, dass die ergriffenen Maßnahmen im Einklang mit den innerhalb des jeweiligen Abkommens selbst enthaltenen Regeln zu Gegenmaßnahmen stehen (Art. 3 lit. b), 4 Abs. 2 lit. b) und Abs. 3, 7 und 8 Handelsvergeltungs-VO).[526] Durch die Reform wird nun zukünftig auch der Fall erfasst, dass eine Vertragspartei die Einleitung bzw. Durchführung eines Streitbeilegungsverfahrens behindert oder im Anschluss an die Entscheidung eines WTO-Panels das Rechtsmittelverfahren blockiert. (Art. 3 lit. aa) und ba) Handelsvergeltungs-VO).[527]

Für die Durchsetzung von Handelsvorteilen ist die EU allerdings auf den individuellen Mechanismus des konkret betroffenen Abkommens beschränkt. Eine zumindest theoretisch denkbare Inanspruchnahme des WTO-Streitbeilegungsverfahrens zur Durchsetzung externer Handelsabkommen scheidet nach derzeitigem Stand des WTO-Rechts aus. Gemäß

Ausübung der Rechte der Gemeinschaft nach internationalen Handelsregeln, insbesondere den im Rahmen der Welthandelsorganisation vereinbarten Regeln, ABl. L 189, 27.06.2014, S. 50, zuletzt geändert durch Verordnung (EU) 2021/167 des Europäischen Parlaments und des Rates vom 10. Februar 2021 zur Änderung der Verordnung (EU) Nr. 654/2014 über die Ausübung der Rechte der Union in Bezug auf die Anwendung und die Durchsetzung internationaler Handelsregeln, ABl. L 49, 12.02.2021, S. 1. Hierzu im Vorfeld bereits *Weiß*, EuZW 18/2020, S. 787, 787 ff.; *Weiß/Furculita*, JIEL 4/2020, S. 865, 865 ff.

524 Dazu umfassend die Kommentierung bei *Weiß*, in: Krenzler/Herrmann/Niestedt (Hrsg.), Art. 3, 4 u. 5 Handelsvergeltungs-VO.

525 Dazu *Weiß*, in: Krenzler/Herrmann/Niestedt (Hrsg.), Art. 5 Handelsvergeltungs-VO, Rn. 1.

526 Zu den Voraussetzungen *Weiß*, in: Krenzler/Herrmann/Niestedt (Hrsg.), Art. 4 Handelsvergeltungs-VO, Rn. 2 ff. Bei Preisaufschlägen in Vergabeverfahren gelten besondere Anforderungen gem. Art. 5 Abs. 2 Handelsvergeltungs-VO.

527 *Weiß*, in: Krenzler/Herrmann/Niestedt (Hrsg.), Art. 3 Handelsvergeltungs-VO, Rn. 4 u. 6.

Art. 1.1 DSU findet der WTO-Streitbeilegungsmechanismus nur für Streitigkeiten im Zusammenhang mit dem DSU selbst, dem WTO-Übereinkommen oder einem der in Anhang 1 zum DSU genannten multi- sowie plurilateralen WTO-Abkommen („covered agreement") Anwendung. Vor diesem Hintergrund haben sowohl einzelne Panels als auch der Appellate Body in der Vergangenheit ausdrücklich erklärt, dass bilaterale Abkommen nicht als „covered agreement" im Sinne des DSU anzusehen sind.[528]

Der WTO-Streitbeilegungsmechanismus entscheidet damit grds. nicht über WTO⁺-Bestimmungen außerhalb der WTO-Rechtsordnung.[529] Zwar mag die Einbindung von externen Handelsabkommen in das Streitbeilegungssystem der WTO nicht *per se* ausgeschlossen sein, denn schließlich können sich die WTO-Mitglieder auf eine Einbeziehung verständigen (Art. X WTO-Übereinkommen).[530] Jedoch ist dies derzeit nicht abzusehen und erscheint gemessen an der Anzahl der Handelsabkommen auch wenig realistisch. Ein gewisser Spielraum mag durch Art. 7.3 und 25 DSU begründet sein, worin den Streitparteien erlaubt wird auf das Mandat eines Panels Einfluss auszuüben oder ein beschleunigtes Schiedsverfahren durchzuführen.[531] In beiden Fällen wäre jedoch mindestens der Konsens beider Streitparteien erforderlich.[532] Auf Grundlage von Art. 25 DSU hat die EU allerdings zusammen mit über 20 anderen WTO-Mitgliedern einen vorübergehenden Berufungsmechanismus (Multiparty Interim Appeal Arbitration Agreement; im Folgenden: MPIA) vereinbart, durch den die derzeitige Blockade des Appellate Body temporär überwunden werden soll;

---

528 WTO, *European Communities – Measures Affecting Importation of Certain Poultry Products*, WT/DS69/AB/R, Appellate Body Report (13 July 1998), Rn. 79; *European Communities – Measure Concerning Meat and Meat Products (Hormones) (United States) (22.6 DSU – EC)*, WT/DS26/ARB, Arbitration Panel Report (12 July 1999), Rn. 50; *European Communities – Measures Affecting Trade in Commercial Vessels*, WT/DS301/R, Panel Report (22 April 2005), Rn. 7.131; *European Communities and Certain Member States – Measures Affecting Trade in Large Civil Aircraft*, WT/DS316/R, Panel Report (30 June 2010), Rn. 7.89. Vgl. zu dieser Rechtsprechung bspw. *Marceau*, JWT 6/2001, S. 1081, 1102; *Yearwood*, S. 176 ff.

529 So z.B. auch *Pauwelyn*, AJIL 3/2001, S. 535, 554; *Marceau*, JWT 6/2001, S. 1081, 1102 f.; *H. Gao/Lim*, JIEL 4/2008, S. 899, 905 ff. Die WTO-rechtliche Überprüfung externer Handelsabkommen oder einzelner im Zusammenhang damit stehender Maßnahmen wird dadurch nicht grds. ausgeschlossen. Siehe dazu nachfolgend Kapitel 3, Abschnitt B. II.

530 So bspw. *H. Gao/Lim*, JIEL 4/2008, S. 899, 920 ff. sowie *Flett*, in: Dürr/Elsig (eds.), S. 555, 560 f.

531 Dazu *Pauwelyn*, AJIL 3/2001, S. 535, 554. Für Art. 7.3 DSU siehe insbesondere *Flett*, in: Dürr/Elsig (eds.), S. 555, 561 ff.

532 ibid.

auch dies ist im Kontext einer verstärkten Durchsetzung handelspolitischer Zugeständnisse zu sehen.[533]

Insgesamt sind damit für eine Durchsetzung die Verfahrensregeln der jeweiligen Abkommen maßgeblich, ggf. begleitet durch unilaterale Maßnahmen auf Grundlage der Handelsvergeltungs-VO. Eine Effektuierung der verschiedenen Exportabgaberegelungen ist damit grds. möglich. Sie profitiert möglicherweise zukünftig von einem verstärkten Durchsetzungsinteresse seitens der EU.

5. Zwischenfazit

Wurde mit Blick auf das WTO-Recht bereits eine fragmentierte Erfassung von Exportabgaben konstatiert, so gilt dies erst recht für die einzelnen Handelsabkommen der EU. Sie stehen für individuelle Regelungen, die sich nur grob entlang verschiedener Abkommenstypen kategorisieren lassen. Eine Besonderheit der EU ist in diesem Zusammenhang der Umgang mit Exportabgaben innerhalb des europäischen Binnenmarkts, der als eigenständiger, rechtsprechungsgeprägter Ansatz neben einen auf der GATT-Systematik aufbauenden Ansatz gestellt werden kann. Davon ausgehend erschließt sich der konkrete Regelungsgehalt nur im Wege einer Einzelfallbetrachtung. Die besonderen Ausnahmebestimmungen der Entwicklungsassoziierungsabkommen deuten dabei in Richtung einer Berücksichtigung individueller Bedürfnisse der jeweiligen Handelspartner. Gleichzeitig unterstreicht die Vielzahl der Zugeständnisse die Stärke der europäischen Verhandlungsposition. Die Herstellung einer Wettbewerbsgleichheit wird hierbei auch auf das Verhältnis zu anderen Drittstaaten erstreckt. Im Interesse eines verbesserten Rohstoffzugangs wirbt die EU inzwischen zusätzlich für eine Aufnahme von eigenständigen Energie- und Rohstoffkapiteln, deren Inhalt deutlich über das Verbot einzelner Marktinterventionen hinausgeht, sowie für spezifische Meistbegünstigungsverpflichtungen. Insgesamt wird jedenfalls deutlich, dass die fehlende WTO-Reform im Bereich der Exportabgaben bereits durch eine Vielzahl regionaler Handelsabkommen kompensiert wird. Sie unterliegen einem eigenständigen

---

533 WTO, Statement on a Mechanism for Developing, Documenting and Sharing Practices and Procedures in the Conduct of WTO Disputes, 30 April 2020, JOB/DSB/1/Add.12. Siehe dazu *Van den Bossche/Zdouc*, S. 197 f.; *Weiß/Ohler/Bungenberg*, § 1 Rn. 6 u. § 9 Rn. 298.

Durchsetzungsmechanismus, dem in der neueren Handelspolitik der EU eine wachsende Bedeutung zukommt.

II. Spannungsverhältnis zum WTO-Recht

Da eine „sich aus dem Rang der Normen selbst ergebende Hierarchie" im Völkerrecht nicht existiert[534], stehen externe Handelsabkommen grds. gleichrangig neben dem WTO-Recht.[535] Hieraus folgt indes keine isolierte Koexistenz. Wie aus dem vorstehenden Abschnitt deutlich wird, verweisen externe Handelsabkommen vielfach ausdrücklich auf WTO-rechtliche Bestimmungen oder sind ihrem Wortlaut nachgebildet oder weichen von ihnen in positiver (WTO[+]) oder negativer (WTO[-]) Weise ab.[536]

Mangels direkter Regelung von Exportabgaben im WTO-Recht sind die gezeigten Zugeständnisse innerhalb der regionalen Handelsabkommen der EU überwiegend als WTO[+] anzusehen. Da einzelne Staaten allerdings im Rahmen ihres WTO-Beitritts bereits Verpflichtungen zum Verzicht oder zur Reduzierung von Exportabgaben eingegangen sind[537], ist daneben grds. auch eine negative Abweichung denkbar.[538] Dies wäre bspw. dann anzunehmen, wenn Staaten – wie etwa China – in ihren Abkommen produkt- oder sektorbezogene Ausnahmen vereinbaren.[539]

In beiden Fällen treten die jeweiligen Regelungen in ein Spannungsverhältnis zum WTO-Recht. Ein gegenseitiger Verzicht oder eine Reduzierung von Exportabgaben stellt nach Maßgabe von Art. I:1 GATT einen wechselseitigen Handelsvorteil dar, der über den Stand des WTO-Rechts hinausgeht und durch seine Beschränkung auf einzelne WTO-Mitglieder

---

534   M.w.N. *Vitzthum*, in: ders./Proelß (Hrsg.), Rn. 154, der gleichzeitig darauf hinweist, dass ein Verstoß gegen den Grundsatz des *ius cogens* zur Nichtigkeit der betreffenden Norm führt (vgl. Art. 53, 64 WVK).

535   So auch der explizite Hinweis bei *Cottier/Foltea*, in: Bartels/Ortino (eds.), S. 43, 51 und *Islam/Alam*, NILR 1/2009, S. 1, 3.

536   Siehe Kapitel 3, Abschnitt B. I. Zu den Typisierungen bereits Fn. 396.

537   Siehe Kapitel 3, Abschnitt A. II.

538   Anders scheint dies *Marceau*, in: Matsushita/Schoenbaum (eds.) S. 99, 128 zu sehen, die aus der Tatsache, dass das GATT keine direkten Beschränkungen im Bereich von Exportabgaben enthält, ableitet, dass keine WTO[-]-Bestimmungen möglich sind.

539   Siehe dazu *Zhang*, GTCJ 3/2016, S. 122, 122 ff. *Zhang* hat darin 241 regionale Handelsabkommen untersucht und bei 44 % der Abkommen eine produkt- oder sektorspezifische Ausnahme vom Verbot der Exportbeschränkung feststellen können.

im Konflikt mit dem Meistbegünstigungsgrundsatz als einem zentralen Prinzip der WTO steht.[540] Für negative Abweichungen ergibt sich ein Verstoß unmittelbar aus der betroffenen WTO-Verpflichtung selbst. Zugleich enthält Art. XXIV GATT für den Bereich des Warenhandels eine spezifische Rechtfertigungsmöglichkeit für regionale Handelsabkommen. Für zwischenstaatliche Grundstoffabkommen existiert daneben mit Art. XX(h) GATT eine eigenständige Bestimmung. Aufgrund der großen Bedeutung von Regelungen zu Exportabgaben, die außerhalb des WTO-Rechtsrahmens vereinbart werden, soll nachfolgend der Frage nachgegangen werden, unter welchen Bedingungen diese durch Art. XXIV GATT (dazu 1.) oder Art. XX(h) GATT (dazu 2.) gerechtfertigt werden können. Darüber hinaus soll auf weitere Möglichkeiten einer Auflösung derartiger Normkonflikte eingegangen werden, die bislang innerhalb der WTO-Rechtsprechung und Literatur diskutiert worden sind (dazu 3.).

1. Regionale Handelsabkommen und WTO-Recht

Regionale Handelsabkommen bewegen sich in einem Spannungsverhältnis zwischen einem handelsfördernden Effekt („trade creation") und der Gefahr gleichzeitiger Handelsumlenkungen zu Lasten der nicht an dem Zusammenschluss beteiligten Parteien („trade diversion").[541] Im Rahmen der WTO lässt sich dieses Verhältnis in einen Konflikt zwischen dem Ziel eines freieren Welthandels und dem Grundsatz der Meistbegünstigung übersetzen, der für die Diskussionen um regionale Handelsabkommen seit den Verhandlungen zur Havanna-Charta und dem GATT 1947 prägend ist.[542]

Art. XXIV:5 GATT antwortet seither auf diesen Konflikt mit einem Kompromiss, wonach der Zusammenschluss von einzelnen Vertragsparteien zu Freihandelszonen und Zollunionen nicht ausgeschlossen werden

---

540 Zur Bedeutung des Meistbegünstigungsgrundsatzes *Jackson*, World Trade and the Law of GATT, S. 576.

541 Die Begrifflichkeiten gehen zurück auf *Viner*, The Customs Union Issue. Dazu *Jackson*, World Trade and the Law of GATT, S. 579 f. u. 601 ff. Für einen Überblick über die ökonomischen Auswirkungen von Handelsabkommen bspw. *WTO*, World Trade Report, 2011, S. 100 ff. sowie *Do/Watson*, in: Bartels/Ortino (eds.), S. 7, 22.

542 Zur Historie siehe bspw. *Steinberger*, S. 94 ff.; *Jackson*, World Trade and the Law of GATT, S. 575 ff.; *Mathis*, Regional Trade Agreements, S. 11 ff.; *WTO*, World Trade Report 2011, S. 182 ff.; *Chase*, WTR 1/2006, S. 1, 3 ff.

soll, wenn die dabei eingeführten Zölle und Handelsvorschriften für die an dem Abkommen nicht teilnehmenden Vertragsparteien in ihrer Gesamtheit nicht höher oder einschränkender sind als vorher. Art. XXIV:4 GATT sieht die Förderung eines freieren Handels durch freiwillige Vereinbarungen sogar als wünschenswert an, sofern dem Handel anderer Vertragsparteien dadurch keine Schranken gesetzt werden.[543]

Art. XXIV GATT fungiert als Rechtfertigungsgrund gegenüber einer Verletzung von Art. I:1 GATT, aber auch von sonstigen Verpflichtungen des GATT sowie hieran anknüpfenden, spezielleren Übereinkommen der WTO, soweit ein Zusammenhang zu einer wirtschaftlichen Integration besteht.[544] Die Norm findet damit auf Vereinbarungen zu Exportabgaben unabhängig davon Anwendung, ob es sich um eine WTO+- oder WTO-Regelung handelt. Die damit einhergehende Vereinbarkeitsprüfung ist nach derzeitigem Stand des WTO-Rechts allerdings generell ungeeignet, um das Spannungsverhältnis zwischen dem WTO-Recht und dem Recht regionaler Handelsabkommen aufzulösen. Ursache dafür sind zum einen die unklaren materiellen Anforderungen der Norm (dazu a)), aber auch das Fehlen einer effektiven Kontrolle (dazu b)).

a) Materielle Anforderungen des Art. XXIV GATT

Die materiellen Anforderungen des Art. XXIV GATT sind bis heute nicht abschließend geklärt und im Einzelnen hoch umstritten.[545] Dies betrifft

---

543 Dort heißt es wörtlich: „The contracting parties recognize the desirability of increasing freedom of trade by the development, through voluntary agreements, of closer integration between the economies of the countries parties to such agreements. They also recognize that the purpose of a customs union or of a free-trade area should be to facilitate trade between the constituent territories and not to raise barriers to the trade of other contracting parties with such territories."

544 WTO, *Turkey – Restrictions on Imports of Textile and Clothing Products*, WT/DS34/AB/R, Appellate Body Report (22. October 1999), Rn. 45 u. Fn. 13. Siehe dazu *Mitchell/Lockhart*, in: Lester/Mercurio/Bartels (eds.), S. 81, 89 ff. sowie *Islam/Alam*, NILR 1/2009, S. 1, 10 f. Dazu auch *Van den Bossche/Zdouc*, S. 730.

545 Siehe dazu insbesondere die Darstellungen bei *Jackson*, World Trade and the Law of GATT, S. 581 ff.; *Mathis*, Regional Trade Agreements; *Mitchell/Lockhart*, in: Lester/Mercurio/Bartels (eds.), S. 81, 81 ff.; *Islam/Alam*, NILR 1/2009, S. 1, 1 ff.; *Tevini*, in: Wolfrum/Stoll/Hestermeyer (eds.), WTO – Trade in Goods, Art. XXIV GATT, Rn. 6 ff.; *Mavroidis*, in: Choi/Hartigan (eds.), S. 239, 239 ff. Darüber hinaus siehe auch WTO, Committee on Regional Trade Agreements, Syn-

bereits die Frage, welche konkreten Voraussetzungen mit der Definition der Begriffe „Zollunion" und „Freihandelszone" verbunden sind. In beiden Fällen wird verlangt, dass im Innenverhältnis Zölle und beschränkende Handelsvorschriften („duties and other restrictive regulations of commerce") für annähernd den gesamten Handel („substantially all the trade") beseitigt werden (vgl. Art. XXIV:8(a)(i) und (b) GATT). Weder die GATT-Vertragsparteien noch die WTO-Mitglieder sind sich jedoch darin einig, was unter den beiden Voraussetzungen konkret zu verstehen ist.[546]

Um das Ausmaß des zu liberalisierenden Handels zu ermitteln, wird in der wissenschaftlichen Literatur und unter den WTO-Mitgliedern teils auf einen qualitativen, teils auf einen quantitativen Ansatz zurückgegriffen.[547] Innerhalb der WTO-Rechtsprechung findet sich hierzu bislang nur eine sehr unspezifische Aussage des Appellate Body, wonach mit dem Kriterium nicht der gesamte, aber auch nicht nur etwas Handel gemeint ist.[548] Teilweise wird bezweifelt, dass die Rechtsprechung eine konkrete Festlegung überhaupt leisten kann.[549]

---

opsis of "Systemic" Issues Related to Regional Trade Agreements, Note by the Secretariat, 2 March 2000, ET/REG/W/37 sowie Negotiating Group on Rules, Compendium of Issues Related to Regional Trade Agreements, Background Note by the Secretariat, 1 August 2002, TN/RL/W/8/Rev.1.

546 WTO, Committee on Regional Trade Agreements, Synopsis of "Systemic" Issues Related to Regional Trade Agreements, Note by the Secretariat, 2 March 2000, ET/REG/W/37, Rn. 52 ff.; Negotiating Group on Rules, Compendium of Issues Related to Regional Trade Agreements, Background Note by the Secretariat, 1 August 2002, TN/RL/W/8/Rev.1, Rn. 66 ff. Siehe auch *Jackson*, World Trade and the Law of GATT, S. 607 ff.; *Mathis*, Regional Trade Agreements, S. 234 ff.; *ders.*, in: Bartels/Ortino (eds.), S. 79, 82 ff.; *Mitchell/Lockhart*, in: Lester/Mercurio/Bartels (eds.), S. 81, 93 ff.

547 Der erste Ansatz versteht unter dem Erfordernis, dass kein ganzer Sektor (oder zumindest kein substanzieller Sektor) ausgelassen werden darf, während der zweite Ansatz sich der Definition durch Festlegung einer statistischen Zielgröße nähert. Siehe hierzu den Überblick in WTO, Committee on Regional Trade Agreements, Synopsis of "Systemic" Issues Related to Regional Trade Agreements, Note by the Secretariat, 2 March 2000, ET/REG/W/37, Rn. 54 f.; Negotiating Group on Rules, Compendium of Issues Related to Regional Trade Agreements, Background Note by the Secretariat, 1 August 2002, TN/RL/W/8/ Rev.1, Rn. 68 f.; *Jackson*, World Trade and the Law of GATT, S. 607 ff.; *Mitchell/Lockhart*, in: Lester/Mercurio/Bartels (eds.), S. 81, 94 ff.; *Mathis*, Regional Trade Agreements, S. 234 ff.

548 WTO, *Turkey – Restrictions on Imports of Textile and Clothing Products*, WT/ DS34/AB/R, Appellate Body Report (22. October 1999), Rn. 48.

549 *Mitchell/Lockhart*, in: Lester/Mercurio/Bartels (eds.), S. 81, 96.

Ebenso unklar ist, welche Arten von Regelungen von der Liberalisierungsverpflichtung erfasst werden.[550] Die Formulierung „duties and other restrictive regulations of commerce" wurde erstmals von den U.S.A. im Rahmen eines Regelungsvorschlags zu Zollunionen für die Havanna-Charta verwendet und fand so schließlich Eingang in Art. XXIV GATT, ohne dass der Hintergrund und der Anwendungsbereich aus den Verhandlungsdokumenten hervorgehen.[551] Bis heute besteht diesbezüglich weder Einigkeit zwischen den WTO-Mitgliedern noch existiert eine Klärung durch die WTO-Rechtsprechung.[552]

Für die Zwecke der vorliegenden Untersuchung lässt sich an dieser Stelle die Frage aufwerfen, ob Exportabgaben womöglich zu dem Bereich der Zölle und sonstigen Handelsvorschriften gehören, die im Binnenverhältnis der Parteien notwendigerweise zu beseitigen sind. Tatsächlich wird teilweise angenommen, dass durch die Formulierung „other restrictive regulations of commerce" jede handelsbeschränkende Regulierung erfasst werden soll, soweit sie nicht durch einen der ausdrücklich in Art. XXIV:8 GATT genannten Ausnahmegründe[553] aus dem Anwendungsbereich ausgeschlossen wird.[554] Stellt man allerdings allein auf einen handelsbeschränkenden Effekt ab, so würde ein erheblicher Liberalisierungsgrad eingefordert, was nur schwerlich der Intention der Vertragsparteien entsprochen haben kann.[555] Stattdessen legt die ausdrückliche Nennung einzelner Ausnahmebestimmungen nahe, dass mit der Formulierung konkrete Handelsbeschränkungen im Anwendungsbereich des GATT gemeint sind.[556] Dadurch, dass Exportabgaben durch das GATT nicht in direkter

---

550 Hierzu insbesondere *Mathis*, Regional Trade Agreements, S. 250 ff.; *Mitchell/Lockhart*, in: Lester/Mercurio/Bartels (eds.), S. 81, 97 f.; *Estrella/Horlick*, in: Bartels/Ortino (eds.), S. 109, 109 ff.

551 Siehe hierzu *Steinberger*, S. 94 f.; *Chase*, WTR 1/2006, S. 1, 3 ff.; *Mathis*, Regional Trade Agreements, S. 31 ff.; *ders.*, in: Bartels/Ortino (eds.), S. 79, 84 ff.

552 *Mitchell/Lockhart*, in: Lester/Mercurio/Bartels (eds.), S. 81, 97.

553 Ausgenommen sind Maßnahmen, die durch die Art. XI, XII, XIII, XIV, XV und XX GATT zugelassen werden („except, where necessary, those permitted under Articles XI, XII, XIII, XIV, XV and XX").

554 *Mavroidis*, in: Choi/Hartigan (eds.), S. 239, 258 ff.

555 *Mitchell/Lockhart*, in: Lester/Mercurio/Bartels (eds.), S. 81, 97. *Mathis*, in: Bartels/Ortino (eds.), S. 79, 91 weist in diesem Zusammenhang darauf hin, dass nicht einmal innerhalb der U.S.A. ein derartiger Harmonisierungsgrad erreicht wird. Zwar findet sich ein solcher Ansatz innerhalb der EU, jedoch ist schwer vorstellbar, dass eine derart weitgehende Beseitigungspflicht („are eliminated") für Handelsvereinbarungen zwischen den WTO-Mitgliedern gelten soll.

556 So im Ergebnis auch *Mathis*, in: Bartels/Ortino (eds.), S. 86 ff. u. 91 f.

Weise erfasst werden[557], gehören sie damit auch nicht zum Bereich der erforderlichen Binnenliberalisierung.

Ähnliche Unklarheiten existieren im Hinblick auf die in Art. XXIV:5(a) und (b) sowie 8(a)(ii) GATT enthaltenen Anforderungen an das Außenhandelsregime eines regionalen Handelsabkommens. Dies betrifft bspw. das Ausmaß der gem. Art. XXIV:8(a)(ii) GATT geforderten Harmonisierung von Zöllen und sonstigen Handelsvorschriften bei Bildung einer Zollunion[558] oder die Frage, ob die Formulierung „duties and other trade regulations" in allen drei Fällen einen einheitlichen Anwendungsbereich aufweist[559].

Zusätzlich zu den geschriebenen Voraussetzungen hat der Appellate Body in *Turkey – Textiles* verlangt, dass die für den WTO-Rechtsverstoß ursächliche Maßnahme im Zuge der Bildung einer Zollunion oder Freihandelszone eingeführt wurde und dass bei Nichteinführung das Zustandekommen des konkreten regionalen Handelsabkommens verhindert worden wäre.[560] Während das erste Kriterium in zeitlicher Hinsicht Maßnahmen ausschließt, die nach Bildung eines regionalen Handelsabkommens ergriffen werden[561], ist im Hinblick auf die Notwendigkeit einer Maßnahme bislang unklar, ob diese nur auf das Außenhandelsregime oder auch auf die Binnenliberalisierung Anwendung findet.[562] Der Fall *Turkey – Textiles* betraf das Außenhandelsregime, jedoch hat der Appellate Body keinen Hinweis darauf gegeben, ob sich der Notwendigkeitstest grds. auch auf

---

557 Siehe dazu Kapitel 3, Abschnitt A. I.

558 *Mitchell/Lockhart*, in: Lester/Mercurio/Bartels (eds.), S. 81, 107 sehen darin eine Anwendung der Kriterien der internen Handelsliberalisierung *mutatis mutandis*. Der Appellate Body geht seinerseits davon aus, dass das Wort „substantially" in diesem Kontext etwas meint, das einer Übereinstimmung sehr nahekommt, ohne dass die Parteien verpflichtet wären, dieselben Zölle und Handelsvorschriften anzuwenden. Siehe dazu WTO, *Turkey – Restrictions on Imports of Textile and Clothing Products*, WT/DS34/AB/R, Appellate Body Report (22 October 1999), Rn. 49 f.

559 Dazu bspw. *Estrella/Horlick*, in: Bartels/Ortino (eds.), S. 109, 118 f.; *Mitchell/Lockhart*, in: Lester/Mercurio/Bartels (eds.), S. 81, 103 ff.

560 WTO, *Turkey – Restrictions on Imports of Textile and Clothing Products*, WT/DS34/AB/R, Appellate Body Report (22 October 1999), Rn. 46 sowie 58.

561 *Mitchell/Lockhart*, in: Lester/Mercurio/Bartels (eds.), S. 81, 87; *Islam/Alam*, NILR 1/2009, S. 1, 9.

562 Dazu *Mitchell/Lockhart*, in: Lester/Mercurio/Bartels (eds.), S. 81, 88 f.; *Mathis*, in: Bartels/Ortino (eds.), S. 79, 83 f.; *Islam/Alam*, NILR 1/2009, S. 1, 10.

die Binnenliberalisierung bezieht oder nicht.[563] Auch in späteren Entscheidungen blieb diese Frage offen.[564] Teilweise wird angenommen, dass es außerhalb des Mandats der WTO-Mitglieder, eines Panels oder des Appellate Body liege, eine Entscheidung über die Notwendigkeit von Maßnahmen im Rahmen einer Binnenliberalisierung zu fällen.[565]

Insgesamt zeigen sich die Schwierigkeiten, die mit einer Anwendung der materiellen Voraussetzungen in Art. XXIV:5 und 8 GATT auf ein konkretes regionales Handelsabkommen verbunden sind. Während sich die grundsätzliche Notwendigkeit einer weitergehenden Handelsliberalisierung im Innen- sowie einer Aufrechterhaltung der Handelsbedingungen im Außenverhältnis klar aus dem Normtext ergibt (inklusive einer Mindestharmonisierung bei Bildung einer Zollunion), bleiben die Art und das konkrete Ausmaß offen. Dies erschwert eine effektive Kontrolle bereits im Grundsatz.

b) Formelle Kontrollmechanismen

Zusätzlich zu der Uneinigkeit über die konkreten Voraussetzungen des Art. XXIV GATT stellt sich auch die formelle Kontrolle der Vereinbarkeit regionaler Handelsabkommen mit den WTO-rechtlichen Vorgaben bislang als wenig effektiv dar. Abgesehen von den materiellen Anforderungen sind die WTO-Mitglieder gem. Art. XXIV:7(a) GATT verpflichtet, den beabsichtigten Beitritt zu einem regionalen Handelsabkommen unverzüglich („promptly") dem Rat für den Warenhandel (Council for Trade

---

563 WTO, *Turkey – Restrictions on Imports of Textile and Clothing Products*, WT/DS34/R, Panel Report (31 May 1999), Rn. 2.25 ff. Dazu *Mitchell/Lockhart*, in: Lester/Mercurio/Bartels (eds.), S. 81, 88.

564 Vgl. WTO, *United States – Definitive Safeguard Measures on Imports of Circular Welded Carbon Quality Line Pipe from Korea*, WT/DS202/R, Panel Report (29 October 2001), Rn. 7.148 sowie WT/DS202/AB/R, Appellate Body Report (25 February 2002), Rn. 198 f. Das Panel hatte in dem Fall mit Blick auf die Entscheidung des Appellate Body festgestellt, dass eine Ausweitung auf die Binnenliberalisierung nicht praktikabel wäre, da diese den Kern der Bildung einer Zollunion oder Freihandelszone bilde und deshalb jede Maßnahme in diesem Zusammenhang als notwendig anzusehen ist. Der Appellate Body hat in diesem Fall allerdings erklärt, dass die Aussagen des Panels nichtig und ohne rechtliche Wirkung seien, ohne sich selbst zu der Frage zu positionieren. Siehe dazu *Mitchell/Lockhart*, in: Lester/Mercurio/Bartels (eds.), S. 81, 88 f. sowie *Islam/Alam*, NILR 1/2009, S. 1, 10.

565 *Mitchell/Lockhart*, in: Lester/Mercurio/Bartels (eds.), S. 81, 89.

in Goods) anzuzeigen, woran sich ein Überprüfungsverfahren durch das Komitee für regionale Handelsabkommen anschließt (Committee on Regional Trade Agreements; im Folgenden: CRTA).[566] In diesem Zusammenhang sind alle erforderlichen Informationen zugänglich zu machen, damit die Mitglieder in die Lage versetzt werden, eine Beurteilung des jeweiligen Handelsabkommens abzugeben. Diese richtet sich nicht auf einzelne Maßnahmen, sondern auf die allgemeine Vereinbarkeit des Abkommens mit dem GATT.[567]

Dieser Prüfungsmechanismus wird allgemein als unzureichend und letztlich ineffektiv kritisiert.[568] Der Grund hierfür ist vor allem, dass das CRTA für alle WTO-Mitglieder offen ist und gleichzeitig ein Konsenserfordernis für jede Form der Entscheidung besteht, was bei einer Vereinbarkeitsprüfung auch die an dem Abkommen beteiligten Parteien einschließt.[569] In der Praxis können sich die Mitglieder daher zumeist weder auf die Vereinbarkeit noch auf die Unvereinbarkeit von Abkommen mit Art. XXIV GATT einigen.[570] Hinzu treten teils erhebliche Informationsasymmetrien, die – in Verbindung mit dem fehlenden Willen zu einer Reform des Gesamtsystems – den Fokus der Mitglieder inzwischen auf die Verbesserung der Transparenz im Bereich der regionalen Handelsabkommen gelenkt haben.[571]

Zwar ist eine Vereinbarkeitsprüfung grds. auch im Rahmen eines Streitbeilegungsverfahrens möglich, jedoch insgesamt eher unwahrscheinlich. Zu Zeiten des GATT 1947 haben sich lediglich drei Panels mit der Vereinbarkeit von regionalen Handelsabkommen bzw. den damit zusammenhän-

---

566 Zum Verfahren des CRTA insbesondere *Mavroidis*, in: Choi/Hartigan (eds.), S. 239, 244 ff.; *Herzstein/Whitlock*, in: Macrory/Appleton/Plummer (eds.), S. 203, 203 ff.; *Lester/Mercurio/Davies*, S. 340 ff.

567 WTO, *Turkey – Restrictions on Imports of Textile and Clothing Products*, WT/DS34/R, Panel Report (31 May 1999), Rn. 9.122 u. Fn. 338 unter Verweis auf WTO, Working Party on the Enlargement of the European Communities, Accession of Austria, Finland and Sweden, 13. März 1995, WT/REG3/1, S. 2.

568 Hierzu *Mavroidis* in: Choi/Hartigan (eds.), S. 245 ff.; *Herzstein/Whitlock*, in: Macrory/Appleton/Plummer (eds.), S. 203, 228 ff.; *Lester/Mercurio/Davies*, S. 341 f.

569 *Mavroidis* in: Choi/Hartigan (eds.), S. 245 ff. u. 249; *Herzstein/Whitlock*, in: Macrory/Appleton/Plummer (eds.), S. 203, 233 f.; *Lester/Mercurio/Davies*, S. 341 f.

570 *Mavroidis* in: Choi/Hartigan (eds.), S. 245 ff.; *Herzstein/Whitlock*, in: Macrory/Appleton/Plummer (eds.), S. 203, 233; *Lester/Mercurio/Davies*, S. 341.

571 Siehe dazu WTO, General Council, Transparency Mechanism for Regional Trade Agreements, 14 December 2006, WT/L/671. Hierzu *Crawford*, 11 SYBIL, 2007, S. 133, 133 ff.

genden Maßnahmen beschäftigt.[572] Die GATT-Vertragsparteien waren sich zwar einig, dass ein Panel regionale Handelsabkommen überprüfen kann, jedoch blieb die Fallzahl verschwindend gering.[573]

Im Zuge der Uruguay-Runde wurde innerhalb der Vereinbarung zur Auslegung von Art. XXIV GATT ausdrücklich klargestellt, dass regionale Handelsabkommen zum Gegenstand eines Streitbeilegungsverfahrens gemacht werden können.[574] Früh erklärte allerdings ein Panel in dem Fall *Turkey – Textiles*, dass die komplexe ökonomische, rechtliche und politische Gesamtbetrachtung durch das CRTA nicht ersetzt werden könne, sondern in einem Streitbeilegungsverfahren allein die Vereinbarkeit einer konkreten Maßnahme mit dem WTO-Recht zu prüfen sei.[575] Im Gegensatz dazu ließ der Appellate Body zwar durchblicken, dass es für die Vereinbarkeitsprüfung zunächst darauf ankomme, dass ein regionales Handelsabkommen insgesamt die Anforderung von Art. XXIV:5 und 8 GATT erfülle, weshalb auf Panel-Ebene die allgemeine Vereinbarkeit des betreffenden regionalen Handelsabkommens mit Art. XXIV GATT zu prüfen sei, um anschließend die Frage nach der Notwendigkeit der einzelnen Maßnahme zu klären.[576] Er selbst sah es jedoch letztlich nicht als seine Aufgabe an, in dieser Sache eine Entscheidung zu treffen.[577]

---

572 *Mavroidis* in: Choi/Hartigan (eds.), S. 239, 265. Im ersten Fall wurde 1974 ein Panel auf Verlangen von Kanada eingerichtet, angesichts des Beitritts von Dänemark, Irland und Großbritannien zur Europäischen Gemeinschaft (GATT Doc. C/W/250). Jedoch einigten sich die Streitparteien letztlich (GATT Doc. C/W/ 259). In GATT, *European Communities – Tariff Treatment on Imports of Citrus Products from Certain Countries in the Mediterranean Region*, L/5776, GATT-Panel Report (7 February 1985) und *European Economic Community – Import Regime of Bananas II*, DS38/R, GATT-Panel Report (11 February 1994) wurden die finalen Panel-Berichte von den Parteien nicht angenommen.

573 *Mavroidis* in: Choi/Hartigan (eds.), S. 239, 266 („We can hence conclude that with respect to the GATT era: there is an agreement along institutional players (…) that PTAs can be reviewed by GATT panels (…) and that the two-track system (…) can be proud of a very unsatisfactory record.").

574 Dort heißt es in Absatz 12: „The provisions of Articles XXII and XXIII of GATT 1994 as elaborated and applied by the Dispute Settlement Understanding may be invoked with respect to any matters arising from the application of those provisions of Article XXIV relating to customs unions, free-trade areas or interim agreements leading to the formation of a customs union or free-trade area."

575 WTO, *Turkey – Restrictions on Imports of Textile and Clothing Products*, WT/ DS34/R, Panel Report (31 May 1999), Rn. 9.52 u. 9.53.

576 WTO, *Turkey – Restrictions on Imports of Textile and Clothing Products*, WT/ DS34/AB/R, Appellate Body Report (22 October 1999), Rn. 59 f.

577 ibid.

Einen anderen Ansatz entwickelte das Panel in *US – Line Pipes*.[578] Aufgrund der von den U.S.A. im Verfahren vorgelegten Informationen, der von den NAFTA-Parteien gegenüber dem CRTA übermittelten Dokumenten und wegen der fehlenden Entgegnung Koreas hierauf, schloss das Panel auf eine *Prima-facie*-Vereinbarkeit des NAFTA mit Art. XXIV GATT.[579] Diese Argumentationslinie wurde jedoch durch den Appellate Body verworfen.[580]

Angesichts der Vieldeutigkeit der Voraussetzungen des Art. XXIV GATT sowie der Tatsache, dass inzwischen nahezu jedes WTO-Mitglied zugleich Partei eines regionalen Handelsabkommens ist, erscheint es grds. wenig wahrscheinlich, dass im Rahmen eines WTO-Streitbeilegungsverfahrens die Unvereinbarkeit eines regionalen Handelsabkommens mit dem WTO-Recht festgestellt wird.[581] Vielmehr scheint sich unter den WTO-Mitgliedern ein Interessengleichgewicht hergestellt zu haben, das in den Verzicht einer tatsächlichen Überprüfung regionaler Handelsabkommen mündet.[582]

Die formelle Überprüfung von regionalen Handelsabkommen am Maßstab des Art. XXIV GATT erweist sich damit als unzureichend, um das Spannungsverhältnis zum WTO-Recht zufriedenstellend aufzulösen. Die Ursache liegt in nur schwer handhabbaren materiellen Anforderungen des Art. XXIV GATT, strukturellen Schwächen des Überprüfungsverfahrens und einem fehlenden politischen Interesse an einer effektiven Kontrolle. Das diesbezügliche Gleichgewicht der Mitgliederinteressen deutet darauf hin, dass die steigende Zahl von regionalen Abkommen[583] nicht in einem Widerspruch zu der Ineffektivität der WTO-rechtlichen Kontrolle steht, sondern vielmehr als ein Erklärungsansatz zu betrachten ist.

---

578 WTO, *United States – Definitive Safeguard Measures on Imports of Circular Welded Carbon Quality Line Pipe From Korea*, WT/DS202/R, Panel Report (29 October 2001).

579 WTO, *United States – Definitive Safeguard Measures on Imports of Circular Welded Carbon Quality Line Pipe From Korea*, WT/DS202/R, Panel Report (29 October 2001), Rn. 7.144.

580 WTO, *United States – Definitive Safeguard Measures on Imports of Circular Welded Carbon Quality Line Pipe From Korea*, WT/DS202/AB/R, Appellate Body Report (15 February 2002), Rn. 198 f.

581 *Mitchell/Lockhart*, in: Lester/Mercurio/Bartels (eds.), S. 81, 112 f.

582 ibid.

583 Dazu bereits Fn. 394 u. 395.

2. Zwischenstaatliche Grundstoffabkommen und WTO-Recht

Zwischenstaatliche Grundstoffabkommen spielen derzeit als Quelle des Welthandelsrechts keine Rolle[584], jedoch betreffen sie ebenfalls den Handel mit Waren und stehen deshalb ebenso in einem potenziellen Spannungsverhältnis zum WTO-Recht.[585] Bei einer Rückkehr zu marktintervenierenden Vereinbarungen[586] oder aber bei Schaffung neuer, explizit nachhaltigkeitsbezogener Grundstoffabkommen[587] könnten auch darin theoretisch Regelungen zu Exportabgaben enthalten sein. Es stellt sich daher auch hierbei die Frage nach den Anforderungen an eine Vereinbarkeit mit dem WTO-Recht.

Zwischenstaatliche Rohstoffabkommen wurden insbesondere von Seiten der U.S.A. nach dem zweiten Weltkrieg als ein Mittel zur Absicherung eines funktionsfähigen und dabei offenen internationalen Rohstoffhandel angesehen, was letztlich zu der Aufnahme eines eigenständigen Kapitels in die Havanna-Charta führte (Kapitel VI, Art. 55 bis 70).[588] Das GATT hat diese umfangreichen Bestimmungen zum Abschluss und zu der Durchführung von zwischenstaatlichen Grundstoffabkommen nicht in direkter Weise übernommen. Art. XX(h) GATT sieht allerdings eine Möglichkeit zur Rechtfertigung von Verstößen gegen das GATT vor, wenn die zugrundeliegende Maßnahme der Durchführung eines zwischenstaatlichen Grundstoffabkommens dient.[589] Art. XX(h) GATT kann damit als Parallelnorm zu Art. XXIV GATT verstanden werden, aus dessen Anwendungsbereich Grundstoffabkommen bereits aufgrund ihrer Zentrierung auf eine begrenzte Warengruppe herausfallen.[590]

---

584 Dazu bereits Fn. 401.

585 *Walker*, Law & Contemp. Probs. 2/1963, S. 392, 392 spricht noch davon, dass jedes Handelsabkommen strenggenommen ein Grundstoffabkommen darstellt, da es den Handel mit Gütern betrifft. Angesichts der Ausweitung von Handelsabkommen auf Dienstleistungen und Investitionen ist allerdings inzwischen von einem umgekehrten Verhältnis auszugehen.

586 Dazu bereits Fn. 400.

587 Siehe dazu umfassend *Oehl*, S. 225 ff.

588 *Krappel*, S. 17 ff. Siehe zu der Entwicklung der Grundstoffmärkte vor und während des zweiten Weltkriegs *Rowe*, 1965, S. 77 ff.

589 Siehe dazu bspw. *Bungenberg/Weiss*, in: Tietje/Nowrot (Hrsg.), § 7 Rn. 14 ff.

590 Der Ausschluss von Abkommen, die nur eine geringe Zahl von Waren betreffen ergibt sich dabei aus dem in Art. XXIV:8(a) bzw. (b) GATT enthaltenen Erfordernis annähernd den gesamten Handel („substantially all the trade") zum Gegenstand eines regionalen Handelsabkommens zu machen, vgl. *Weiß/Ohler/Bungenberg*, § 14 Rn. 641.

Voraussetzung einer Rechtfertigung ist, dass das Abkommen bestimmten, den WTO-Mitgliedern vorgelegten und von ihnen nicht abgelehnten Merkmalen entspricht oder selbst den WTO-Mitgliedern vorgelegt und von ihnen nicht abgelehnt wurde.[591] In einer Interpretationsanmerkung zu Art. XX GATT wird zudem erklärt, dass die Ausnahme des Art. XX(h) GATT für alle Grundstoffabkommen gilt, die den vom Wirtschafts- und Sozialrat der UN in seiner Resolution Nr. 30 (IV) vom 28. März 1947 gebilligten Grundsätzen entsprechen. In dieser Resolution werden die Staaten dazu aufgerufen, die in Kapitel VI der Havanna-Charta festgelegten Grundsätze als Leitlinien für den Abschluss von Grundstoffabkommen anzunehmen.[592] Durch diese Anmerkung wird im Ergebnis ein alternativer Rechtfertigungstatbestand etabliert.[593] Zwar wurde der ursprüngliche Verweis auf die Resolution in Art. XX(h) GATT herausgenommen und durch die Möglichkeit zur Schaffung eigener Kriterien ersetzt,[594] indes geht die Erweiterungsfunktion aus dem Wortlaut der Interpretationsanmerkung deutlich hervor.[595]

Art. XX(h) GATT verfügt damit über drei Rechtfertigungsalternativen. Diese eröffnen eine Möglichkeit, um Normkollisionen – auch im Fall einer Vereinbarung zu Exportabgaben – aufzulösen. Bislang haben die WTO-Mitglieder allerdings weder eine Einigung über allgemeine Kriterien erzielen können noch wurde ihnen ein zwischenstaatliches Grundstoffabkommen vorgelegt.[596] Es fehlt für diese beiden Alternativen folglich an

---

591 Dort heißt es: „(…) undertaken in pursuance of obligations under any intergovernmental commodity agreement which conforms to criteria submitted to the CONTRACTING PARTIES and not disapproved by them or which is itself so submitted and not so disapproved;"

592 ECOSOC, Resolution Nr. 30 (IV), adopted 28 March 1947. Dazu *Krappel*, S. 32 f.; *Bungenberg/Weiss*, in: Tietje/Nowrot (Hrsg.), § 7 Rn. 15.

593 Vgl. GATT, Group on Environmental Measures and International Trade, 7 September 1993, TRE/W/17, Rn. 2 u. 18. In diesem Sinne auch *Oehl*, S. 27. Anders wohl *Krappel*, S. 62 f., der davon ausgeht, dass die Vertragsparteien ein zwischenstaatliches Grundstoffabkommen grds. nach eigenen Kriterien bewerten und ablehnen können.

594 GATT, Contracting Parties, Ninth Session, Interim Report of the Working Party, 11 February 1955, L/320. Hierzu *Krappel*, S. 59 f. sowie auch GATT, Group on Environmental Measures and International Trade, 7 September 1993, TRE/W/17, Rn. 13 ff.

595 Dort heißt es ausdrücklich: „The exception provided by this sub-paragraph **extends** to any commodity agreement which conforms to the principles approved by the Economic and Social Council in its Resolution 30(IV) of 28 March 1947. " [Hervorhebung durch den Verfasser].

596 *Bungenberg/Weiss*, in: Tietje/Nowrot (Hrsg.), § 7 Rn. 16.

allgemeinen Maßstäben für die Vereinbarkeitsprüfung. Sie sind zudem mit einem gewissen politischen Spielraum und einem Konsenserfordernis verbunden. Abgesehen davon bleibt nur eine Rechtfertigung unter Beachtung der weitreichenden Anforderung in Kapitel VI der Havanna-Charta möglich. Dies würde u.a. die Einräumung von Beteiligungsmöglichkeiten voraussetzen (vgl. Art. 60 Abs. 1 Havanna-Charta). Grundvoraussetzung hierfür wäre indes eine Rückkehr zu einer Form von marktintervenierenden Abkommen, die derzeit nicht absehbar ist.[597]

3. Weitere Anknüpfungspunkte innerhalb der WTO-Rechtsprechung

Abgesehen von den geschriebenen Rechtfertigungsgründen in Art. XXIV und XX(h) GATT sind innerhalb der WTO-Rechtsprechung noch weitere Möglichkeiten zum Umgang mit einer Kollision von externen Handelsabkommen mit dem WTO-Recht diskutiert worden. Sie beziehen sich auf den Fall, dass ein WTO-Mitglied im Wege einer Handelsvereinbarung von WTO-rechtlichen Pflichten abweicht (WTO⁻) und sich hierauf in einem WTO-Streitbeilegungsverfahren beruft. Im Bereich der Exportabgaben ergibt sich eine derartige Konstellation in Fällen, in denen WTO-Mitglieder im Zuge ihres Beitritts bereits Verpflichtungen eingegangen sind[598] und diese anschließend auf Grundlage eines externen Handelsabkommens modifiziert haben. Beruft sich eine der Parteien des Abkommens in einem WTO-Streitbeilegungsverfahren trotzdem auf die ursprüngliche Verpflichtung, so stellt sich die Frage, welche Rolle der rechtlichen Modifikation innerhalb des externen Handelsabkommens zukommt. Von besonderer Bedeutung ist dies für die Volksrepublik China, der in Folge der Rechtsprechung des Appellate Body in den Fällen *China – Raw Materials* und *China – Rare Earths* eine Berufung auf die Rechtfertigungsgründe des GATT verwehrt ist.[599] Aber auch für die EU ist die Frage relevant, wenn sie gegenüber ihren Handelspartnern – z.B. im Wege einer Entwicklungsassoziierung – spezifische Ausnahmen gewährt.

Im Einzelnen wurde das Verhältnis zwischen externen Handelsabkommen und dem WTO-Recht in der Rechtsprechung bislang einerseits im Kontext eines verfahrensrechtlichen Ausschlusses der WTO-Streitbeile-

---

597 *Oehl*, S. 27 weist richtigerweise darauf hin, dass diese gem. Art. 62 Havanna-Charta auch nur in Krisenfällen zulässig wären.
598 Siehe dazu Kapitel 3, Abschnitt A. II.
599 Dazu Kapitel 3, Abschnitt A. II. 1.

gung zwischen den Parteien eines solchen Abkommens diskutiert (dazu a)). Andererseits wurde die Frage aufgeworfen, inwieweit externe Handelsabkommen als Auslegungsmittel herangezogen werden oder gar die WTO-rechtlichen Verpflichtungen im Verhältnis zwischen den Parteien modifizieren können (dazu b)).

a) Formeller Ausschluss eines WTO-Streitbeilegungsverfahrens

Ein formeller Ausschluss der WTO-Streitbeilegung, als eine verfahrensrechtliche Möglichkeit zur Auflösung des Spannungsverhältnisses zwischen dem WTO-Recht und externen Handelsabkommen, wurde in der Vergangenheit von den WTO-Rechtsprechungsorganen unter sehr engen Voraussetzungen für zulässig erklärt:[600]

Zunächst hatte der Appellate Body in der Rechtssache *Mexico – Soft Drinks* angenommen, dass das aus Art. 23 DSU resultierende Recht einer Streitpartei auf Einleitung eines Streitbeilegungsverfahrens ein Panel zur Ausübung seiner Zuständigkeit i.S.v. Art. 3.2 und 19.2 DSU verpflichte, hatte jedoch gleichzeitig nicht ausgeschlossen, dass sich aus einem regionalen Handelsabkommen heraus im Einzelfall Verfahrenshindernisse ergeben könnten.[601] In einer nachfolgenden Entscheidung wies er dann explizit auf die Möglichkeit hin, dass Parteien durch eine gemeinsame Vereinbarung auf Verfahrensrechte verzichten können.[602] Aufgrund der Bedeutung der durch das DSU gewährten Rechte müsse sich aus der Verein-

---

600 Siehe dazu *Davey/Sapir*, WTR 1/2009, S. 5, 11 ff.; *Sacher*, BTW 139/2015, S. 14 ff.; *Marceau*, QIL Zoom-in 23/2015, S. 3, 4 ff.; *Mathis*, LIEI 1/2016, S. 97, 98 f.; *Pauwelyn*, Interplay; *Shadikhodjaev*, CJIL 1/2017, S. 109, 109 ff.; *Shaffer/Winters*, WTR 2/2017, S. 303, 313 ff.; *Zang*, WTR 1/2019, S. 33, 35 ff.

601 WTO, *Mexico – Tax Measures on Soft Drinks and Other Beverages*, WT/DS308/AB/R, Appellate Body Report (6 March 2006), Rn. 52 ff. In Rn. 54 heißt es: „Mindful of the precise scope of Mexico's appeal, we express no view as to whether there may be other circumstances in which legal impediments could exist that would preclude a panel from ruling on the merits of the claims that are before it." Dazu *Davey/Sapir*, WTR 1/2009, S. 5, 11 ff.; *Sacher*, BTW, 139/2015, S. 15 f.; *Pauwelyn*, Interplay, S. 10 ff.; *Zang*, WTR 1/2019, S. 33, 37 f.

602 WTO, *European Communities – Regime for the Importation, Sale and Distribution of Bananas*, WT/DS27/AB/RW2/ECU, Appellate Body Report (27 November 2008), Rn. 217: „We consider that the complainants could be precluded from initiating Article 21.5 proceedings by means of these Understandings only if the parties to these Understandings had, either explicitly or by necessary implication, agreed to waive their right to have recourse to Article 21.5."

barung allerdings eindeutig die Absicht zu einem Verzicht ergeben.[603] In *Peru – Agricultural Products* erweiterte der Appellate Body anschließend die Anforderungen an einen wirksamen Ausschluss, indem er neben einem eindeutigen Verzicht auch eine Vereinbarkeit mit den WTO-Übereinkommen sowie eine Beschränkung auf den Einzelfall verlangte.[604]

Diese Anforderungen werden teils als zu weitgehend kritisiert[605], teils jedoch auch als Ausdruck der hohen Bedeutung angesehen, die dem Recht auf Einleitung eines Streitbeilegungsverfahrens auf Grundlage von Art. 3.3 sowie 23.1 DSU beigemessen wird[606]. Von Kritikern wird argumentiert, dass das Vereinbarkeitserfordernis dem eigentlichen Sinn eines Verzichts widerspreche und diesen praktisch unmöglich mache.[607] Vereinzelt scheint zwar die Vereinbarkeit mit dem WTO-Recht gar nicht als Voraussetzung für die wirksame Vereinbarung eines Verzichts angesehen zu werden.[608] Sie ergibt sich jedoch eindeutig aus den Ausführungen des Appellate Body.[609]

---

603 ibid. Dort heißt es: „In our view, the relinquishment of rights granted by the DSU cannot be lightly assumed. Rather, the language in the Understandings must reveal clearly that the parties intended to relinquish their rights."

604 WTO, *Peru – Additional Duty on Imports of Certain Agricultural Products*, WT/DS457/AB/R, Appellate Body Report (20 July 2015), Rn. 5.25: „Thus, we proceed to examine in this dispute whether the participants clearly stipulated the relinquishment of their right to have recourse to WTO dispute settlement by means of a ‚solution mutually acceptable to the parties' that is consistent with the covered agreements." Aus Fn. 106 ergibt sich zudem, dass der Appellate Body vor dem Hintergrund von Art. 23 DSU nur einen einzelfallbezogenen Verzicht anerkennt: „While Article 3.7 of the DSU acknowledges that parties may enter into a mutually agreed solution, we do not consider that Members may relinquish their rights and obligations under the DSU beyond the settlement of specific disputes." Dazu *Sacher*, BTW, 139/2015, S. 18 u. 20 f.; *Marceau*, QIL Zoom-in 23/2015, S. 3, 6 ff.; *Mathis*, LIEI 1/2016, S. 97, 98 f.; *Pauwelyn*, Interplay, S. 17 ff.; *Shadikhodjaev*, CJIL 1/2017, S. 109, 111 f. u. 116 ff.; *Shaffer/Winters*, WTR 2/2017, S. 303, 313 ff.; *Zang*, WTR 1/2019, S. 33, 42 ff.

605 So bspw. *Shaffer/Winters*, WTR 2/2017, S. 303, 318 f.

606 *Marceau*, QIL Zoom-in 23/2015, S. 3, 5 f. u. 11 f.

607 *Shaffer/Winters*, WTR 2/2017, S. 303, 318.

608 Ohne nähere Begründung *Sacher*, BTW 139/2015, S. 20 f.; *Pauwelyn*, Interplay, S. 19 f.

609 Die Mehrheit in der Literatur sieht die Vereinbarkeit mit dem WTO-Recht als eine Voraussetzung. Siehe dazu auch *Marceau*, QIL Zoom-in 23/2015, S. 3, 5 f. u. 11 f.; *Mathis*, LIEI 1/2016, S. 97, 98 f.; *Shadikhodjaev*, CJIL 1/2017, S. 109, 117 f.; *Zang*, WTR 1/2019, S. 33, 45.

Insgesamt wird damit jedenfalls unter engen Voraussetzungen der Ausschluss eines Streitbeilegungsverfahrens ermöglicht.[610] Eine Handelsvereinbarung, die einer Vertragspartei lediglich die Aufrechterhaltung einer bestimmten Maßnahme erlaubt, hat der Appellate Body in *Peru – Agricultural Products* in diesem Kontext als unzureichend angesehen.[611] Die Erlaubnis zur Beibehaltung von Exportabgaben würde somit nicht ausreichen. Es bedarf vielmehr einer verfahrensrechtlichen Abrede. Für diese kommt es dann auf die konkrete Vertragsgestaltung an.[612] Es wird sich zeigen, welche verfahrensrechtlichen Abreden im Einzelfall den Anforderungen des Appellate Body genügen können. Als ein erhebliches Hindernis für die Weiterentwicklung dieser Rechtsprechungslinie stellt sich derzeit allerdings die andauernde Blockade bei der Nachbesetzung von Mitgliedern des Appellate Body dar.[613]

b) Auslegung und Modifikation des WTO-Rechts

Grundsätzlich ausgeschlossen hat der Appellate Body in *Peru – Agricultural Products* demgegenüber eine inhaltliche Auslegung von WTO-Recht am Maßstab eines externen Handelsabkommens sowie eine Modifikation WTO-rechtlicher Pflichten im Verhältnis zwischen den Parteien eines derartigen Abkommens.[614]

Ausgehend von dem Verweis auf die völkergewohnheitsrechtlichen Auslegungsregeln in Art. 3.2 DSU und der darauf aufbauenden Feststellung des Appellate Body, dass das WTO-Recht nicht in klinischer Isolation zum sonstigen Völkerrecht steht[615], ist das allgemeine Verhältnis zwischen

---

610 Krit. gegenüber der grundsätzlichen Möglichkeit eines Verzichts *Sacher*, BTW 139/2015, S. 20 f.

611 WTO, *Peru – Additional Duty on Imports of Certain Agricultural Products*, WT/DS457/AB/R, Appellate Body Report (20 July 2015), Rn. 5.26 f.

612 Siehe dazu *Mathis*, LIEI 1/2016, S. 97, 104 f.; *Zang*, WTR 1/2019, S. 33, 43 ff.;

613 Dazu *Marceau*, IOLR 17/2020, S. 345, 345 ff.; *Bäumler*, in: Bungenberg et al. (eds.), EYIEL 2020, S. 321, 321 ff.

614 WTO, *Peru – Additional Duty on Imports of Certain Agricultural Products*, WT/DS457/AB/R, Appellate Body Report (20 July 2015), Abschnitt 5.3.3 („Relationship between WTO and FTA provisions"). Siehe dazu *Sacher*, BTW 139/2015, S. 19 ff.; *Mathis*, LIEI 1/2016, S. 97, 99 ff.; *Pauwelyn*, Interplay, S. 20 ff.; *Shadikhodjaev*, CJIL 1/2017, S. 109, 112 ff.; *Shaffer/Winters*, WTR 2/2017, S. 303, 313 ff.; *Zang*, WTR 1/2019, S. 33, 46 ff.

615 WTO, *United States – Standards for Reformulated and Conventional Gasoline*, WT/DS2/AB/R, Appellate Body Report (29 April 1996), S. 17.

WTO- und externem Völkerrecht hoch umstritten.[616] Für regionale Handelsabkommen hat der Appellate Body in *Peru – Agricultural Products* inzwischen allerdings ausdrücklich eine Heranziehung als Auslegungsmittel i.S.v. Art. 31 Abs. 3 lit. a) und c) WVK abgelehnt.[617] Art. 31 WVK erfasse nur die gemeinsame Absicht der WTO-Mitglieder („common intention") und beziehe sich daher auf die Auslegung und Anwendung eines Vertrags insgesamt, und nicht auf eine Normgeltung zwischen einzelnen Vertragsparteien.[618] Darüber hinaus zeigte sich der Appellate Body kritisch gegenüber einer Auslegung der WTO-Verträge, die von der Parteienzusammensetzung und den dazugehörigen Handelsabkommen abhängt.[619]

Die ablehnende Haltung des Appellate Body wird in der wissenschaftlichen Literatur vielfach geteilt.[620] Allerdings wird vereinzelt vertreten, dass durch diese Rechtsprechung die Bedeutung von regionalen Handelsabkommen für die Auslegung von WTO-Recht nicht grds. ausgeschlossen werde. Diese könnten immer noch Ausdruck einer Anerkennung durch die internationale Gemeinschaft i.S.d. Entscheidung des Appellate Body in *US – Shrimp*[621] sein.[622] Diese Frage könnte sich tatsächlich mit Blick auf die neueren „Mega-Regionals" stellen.[623] Im Bereich der Exportabgaben weisen allerdings bereits die Handelsabkommen der EU unterschiedliche Regelungsansätze auf, was einer allgemeinen Anerkennung tendenziell entgegen steht.[624] Sie scheint auch aufgrund der Interessengegensätze zwischen den rohstoffexportierenden und den rohstoffimportierenden WTO-Mitgliedern unwahrscheinlich. Zwischenstaatliche Grundstoffabkommen könnten die unterschiedlichen Interessen zwar zusammenbringen, jedoch wäre auch dann fraglich, wie viele WTO-Mitglieder an einem solchen Ab-

---

616 Siehe hierzu exemplarisch den Überblick bei *Yearwood,* S. 103 ff.; *Lester/Mercurio/Davies,* S. 91 ff. sowie *Van den Bossche/Zdouc,* S. 64 ff.
617 WTO, *Peru – Additional Duty on Imports of Certain Agricultural Products,* WT/DS457/AB/R, Appellate Body Report (20 July 2015), Rn. 5.93 ff.
618 WTO, *Peru – Additional Duty on Imports of Certain Agricultural Products,* WT/DS457/AB/R, Appellate Body Report (20 July 2015), Rn. 5.94 f.
619 WTO, *Peru – Additional Duty on Imports of Certain Agricultural Products,* WT/DS457/AB/R, Appellate Body Report (20 July 2015), Rn. 5.106.
620 Vgl. *Sacher,* BTW 139/2015, S. 21; *Shaffer/Winters,* WTR 2/2017, S. 303, 319. Implizit auch *Zang,* WTR 1/2019, S. 33, 48 ff.
621 WTO, *United States – Import Prohibition of Certain Shrimp and Shrimp Products,* WT/DS58/AB/R, Appellate Body Report (12 October 1998), Rn. 131.
622 *Zang,* WTR 1/2019, S. 33, 48 ff.
623 ibid.
624 Sie dazu Kapitel 3, Abschnitt B. I.

kommen beteiligt sein müssten, um von einer allgemeinen Anerkennung sprechen zu können.

Die Möglichkeit einer Modifikation von WTO-Verpflichtungen im Verhältnis zwischen den Parteien lehnte der Appellate Body in *Peru – Agricultural Products* ebenfalls ab.[625] Eine Modifikation gem. Art. 41 WVK scheide deshalb aus, weil das WTO-Recht eigene Bestimmungen über den Verzicht, die Modifikation sowie insbesondere auch über Ausnahmen für regionale Handelsabkommen enthalte, denen gegenüber Art. 41 WVK ein Vorrang einzuräumen sei.[626] Dies gelte insbesondere für Art. XXIV GATT, der den Abschluss von regionalen Handelsabkommen nur unter bestimmten Voraussetzungen zulasse.[627]

Diese Einschätzung des Appellate Body ist in der Literatur vielfach kritisiert worden.[628] Teilweise wird zwar das Ergebnis geteilt, jedoch der pauschale Ausschluss einer Modifikation auf Grundlage von Art. 41 WVK als zu weitgehend empfunden und dabei insbesondere eine implizite Einordnung von Art. XXIV GATT als *lex specialis* kritisiert.[629] Dem stehen Ansichten entgegen, die sich ausdrücklich für die Möglichkeit einer *Inter-se*-Modifikation aussprechen und die Entscheidung des Appellate Body daher auch hinsichtlich des Ergebnisses ablehnen.[630]

Nach der Rechtsprechung käme es damit auf eine Anwendung von Art. XXIV GATT im Verhältnis zwischen den Vertragsparteien an, dessen Voraussetzungen allerdings bereits als schwer handhabbar identifiziert wurden.[631] Eine Frage wäre dabei, wie im Fall von negativen Abweichungen vom WTO-Recht der innerhalb der Rechtsprechung zu Art. XXIV GATT entwickelte Notwendigkeitstest zwischen den Parteien des Abkommens anzuwenden wäre. Es scheint auf den ersten Blick schwer vorstellbar, dass Handelsbeschränkungen im Innenverhältnis überhaupt als für die

---

625 WTO, *Peru – Additional Duty on Imports of Certain Agricultural Products*, WT/DS457/AB/R, Appellate Body Report (20 July 2015), Rn. 5.111 ff.

626 WTO, *Peru – Additional Duty on Imports of Certain Agricultural Products*, WT/DS457/AB/R, Appellate Body Report (20 July 2015), Rn. 5.112 f.

627 WTO, *Peru – Additional Duty on Imports of Certain Agricultural Products*, WT/DS457/AB/R, Appellate Body Report (20 July 2015), Rn. 5.112.

628 Siehe bspw. *Sacher*, BTW 139/2015, S. 22 ff.; *Mathis*, LIEI 1/2016, S. 97, 103 f.; *Pauwelyn*, Interplay, S. 21 ff.; *Shaffer/Winters*, WTR 2/2017, S. 303, 319 ff.; *Shadikhodjaev*, CJIL 1/2017, S. 109, 120 f.; *Zang*, WTR 1/2019, S. 33, 52 ff.

629 *Shadikhodjaev*, CJIL 1/2017, S. 109, 120 f.; *Sacher*, BTW 139/2015, S. 22 ff. Zu dieser Kritik auch *Pauwelyn*, Interplay, S. 21 f.; *Mathis*, LIEI 1/2016, S. 97, 103 f.

630 *Pauwelyn*, Interplay, S. 21 ff.; *Shaffer/Winters*, WTR 2/2017, S. 303, 319 ff.; *Zang*, WTR 1/2019, 33, 52 ff.

631 Dazu Kapitel 3, Abschnitt B. II. 1. a).

Bildung eines regionalen Handelsabkommens notwendig erachtet werden können.[632] Vereinzelt ist deshalb vorgeschlagen worden, dass auf den Test in einem solchen Fall verzichtet werden sollte.[633] Abgesehen davon dürften die WTO⁻-Bestimmungen nicht zu dem Bereich von Handelsbeschränkungen gehören, die gem. Art. XXIV:8(a)(i) und (b) GATT liberalisiert werden müssen. Die Voraussetzungen von Art. XX(h) GATT sind demgegenüber zwar allgemeiner gefasst, in ihrer Anwendung jedoch ebenso unklar und derzeit jedenfalls ohne Relevanz.

Insgesamt zeigt sich der Appellate Body damit als sehr restriktiv gegenüber einer Integration externer Handelsabkommen in das materielle WTO-Recht. Die rechtlichen Entwicklungen werden dadurch letztlich ausgeblendet, was sich in gewisser Weise mit der Dysfunktionalität der Kontrolle durch Art. XXIV GATT deckt. Modifikationen einer WTO-Verpflichtung zu Exportabgaben können dadurch im Rahmen eines WTO-Streitbeilegungsverfahrens nicht geltend gemacht werden. Dies verlagert den Fokus auf die Möglichkeiten eines formellen Ausschlusses.

4. Zwischenfazit

Die vielfältigen Normkonflikte, die sich aus den zahlreichen WTO⁺- und WTO⁻-Vereinbarungen in externen Handelsabkommen ergeben, werden derzeit durch das WTO-Recht nur unzureichend adressiert. Dies gilt insbesondere für Art. XXIV GATT, dessen materielle Anforderungen ungeklärt sind und mangels effektiver Kontrollmechanismen zudem kaum durchgesetzt werden. Die steigende Anzahl regionaler Handelsabkommen steht dazu nur auf den ersten Blick im Widerspruch. Bei genauerer Betrachtung können sie als Erklärungsansatz für ein fehlendes Interesse der Mitglieder an einer effektiven Überprüfung regionaler Handelsabkommen herangezogen werden. Ein möglicher WTO-Rechtsverstoß wird jedenfalls von einem Großteil der WTO-Mitglieder hingenommen. Für die Vielzahl der von Seiten der EU ausgehandelten Regelungen zu Exportabgaben ist damit die Vereinbarkeit mit dem WTO-Recht letztlich nicht abschließend geklärt.

Für zwischenstaatliche Grundstoffabkommen lassen sich zumindest der Interpretationsanmerkung zu Art. XX(h) GATT handhabbarere Voraussetzungen für die Vereinbarkeit mit dem WTO-Recht entnehmen. Gleichzeitig fehlt es jedoch an Anwendungsbeispielen und einer damit einherge-

---

632 *Pauwelyn*, Interplay, S. 23 f.
633 *Shaffer/Winters*, WTR 2/2017, S. 303, 322.

henden, näheren Konkretisierung. Eine Rückkehr zu marktintervenierenden Abkommen scheint zudem derzeit ausgeschlossen.

Zugunsten derjenigen WTO-Mitglieder, die bereits im Rahmen ihres Beitritts zur WTO Verpflichtungen zu Exportabgaben eingegangen sind, lässt sich der WTO-Rechtsprechung darüber hinaus die Möglichkeit eines formellen Ausschlusses von Streitbeilegungsverfahren entnehmen. Hierdurch kann der Gefahr begegnet werden, dass Partner eines gemeinsamen Handelsabkommens sich auf diese Verpflichtungen entgegen einer abkommensinternen Modifikation berufen. Für einen Ausschluss gelten nach der Rechtsprechung des Appellate Body in *Peru – Agricultural Products* allerdings strenge Anforderungen. Welche konkrete Art von Vereinbarung diese Anforderungen erfüllen kann, muss sich noch zeigen. Da nach derzeitigem Stand der Rechtsprechung keine Möglichkeit zur Auslegung oder Modifikation WTO-rechtlicher Verpflichtungen am Maßstab externer Handelsabkommen besteht, könnte einer formellen Ausschlussmöglichkeit zukünftig eine besondere Bedeutung zukommen.

III. Zwischenfazit: Die Regelung von Exportabgaben in externen Handelsabkommen

Externe Handelsabkommen repräsentieren einen – zumindest in Form von regionalen Handelsabkommen – immer wichtiger werdenden alternativen Regelungsrahmen für den Welthandel. Dies zeigt sich in besonderer Weise am Beispiel von Exportabgaben.

Angesichts der nur selektiven Regelung von Exportabgaben in Beitrittsprotokollen und den bislang gescheiterten Reformvorschlägen erscheinen für die EU die regionalen Handelsabkommen als primäre Rechtsquelle in diesem Bereich. Die vielfache Aufnahme diesbezüglicher Regelungen deckt sich mit den Zielen der Rohstoffinitiative und den Entwicklungen in der europäischen Handelspolitik. Es können in diesem Zusammenhang anhand der verschiedenen – auch primärrechtlich grundierten – Kooperationsformen unterschiedliche Regelungsmodelle ermittelt werden. Ob neben Exportzöllen dabei auch Exportsteuern vom Anwendungsbereich erfasst werden, erschließt sich nur durch eine Auslegung im Einzelfall. Vereinzelt treten spezifische Ausnahmebestimmungen oder zusätzliche Vereinbarungen (etwa in Form eines eigenständigen Meistbegünstigungsgebots) hinzu.

Die einzelnen Abkommens- bzw. Regelungstypen stehen dabei für einen gemeinsamen Grundansatz, der zugleich einer Weiterentwicklung unterliegt. Dies zeigen nicht zuletzt die neuerdings vorgeschlagenen eigenständigen Rohstoffkapitel. Sie alle könnten zukünftig von dem Interesse an einer effektiveren Durchsetzung internationaler Handelsregeln seitens der EU betroffen sein. Angesichts der Bedeutung von Rohstoffen für den digitalen und ökologischen Wandel erscheint es nicht unwahrscheinlich, dass auch Exportabgaben zum Gegenstand von künftigen Streitbeilegungsverfahren der EU gemacht werden.

Die Bedeutung von regionalen Handelsabkommen als Rechtsquelle für einen Umgang mit Exportabgaben wird durch ein bislang ungeklärtes Spannungsverhältnis zum WTO-Recht begleitet. Die fehlende Auflösung einer schwebenden Unvereinbarkeit mit Art. I:1 GATT, ggf. auch mit den von den europäischen Handelspartnern eingegangenen Verpflichtungen im Zuge eines WTO-Beitritts, führt letztlich zu einer faktischen Koexistenz beider Rechtsquellen des Welthandelsrechts. Zwar setzen sich die Mitglieder mit dem Zustandekommen der zahlreichen externen Handelsabkommen auseinander, jedoch wird die Frage nach dem Zusammenspiel mit dem WTO-Recht bislang einvernehmlich offengelassen. Für Regelungen zu Exportabgaben lässt sich daher derzeit nicht feststellen, ob diese durch Art. XXIV GATT gerechtfertigt werden können oder nicht. Auch die Rechtsprechung des Appellate Body deutet derzeit in Richtung einer isolierten Koexistenz von WTO-Recht und externen Handelsabkommen.

C. Zwischenfazit: Exportabgaben als Gegenstand des Welthandelsrechts

Eine Analyse des geltenden Welthandelsrechts ergibt zunächst eine klare Regelungslücke in Bezug auf Exportabgaben, die indes nicht als „planwidrig" bezeichnet werden kann. Innerhalb der aus zahlreichen Verhandlungsrunden hervorgegangenen multilateralen WTO-Rechtsordnung, bricht sich das Gesamtphänomen bereits an der inneren Systematik. In dem Spannungsverhältnis aus Tarifierung und der Regelung von einzelnen nicht-tarifären Maßnahmen haben Exportzölle – und erst recht Exportsteuern – bisher keine große Rolle gespielt. Dies mag einer importorientierten Handelsdiplomatie geschuldet sein. Ein anderer Erklärungsansatz ist, dass das Erfordernis eines Konsenses zwischen Rohstoffexporteuren und -importeuren eine Einigung in diesem Bereich grds. verhindert. Rohstoffreiche Länder müssten sich einer weitreichenden Regelung zugunsten der Importstaaten unterwerfen, ohne dafür eine Gegenleistung erwarten zu können.

Als ein Beleg für diese Einschätzung können die WTO-Beitrittsverhandlungen angesehen werden. Die Aussicht auf einen Beitritt schafft hierbei in Einzelfällen den notwendigen Anreiz. Zugleich deuten die Beitrittsverhandlungen auf die zunehmende Sensibilität im Hinblick auf Beschränkungen der internationalen Rohstoffversorgung hin. Rechtlich betrachtet werfen die Beitrittsprotokolle und Berichte der Arbeitsgruppen eine Reihe von Fragen und Unsicherheiten hinsichtlich ihrer Reichweite auf. Wie in den Fällen *China – Raw Materials* und *China – Rare Earths* erkennbar wurde, kommt es hier jeweils auf eine Auslegung im Einzelfall an. Die multilaterale Rechtsordnung erodiert, während die WTO als Ganzes sich nicht weiterentwickelt. Die derzeitige Unfähigkeit der WTO zur Reform und der allgemeine Konflikt zwischen Rohstoffexporteuren und -importeuren zeigen sich auch an dem gescheiterten Versuch ein multilaterales Übereinkommen zu Exportabgaben abzuschließen.

Stattdessen wächst ein Netz aus regionalen Handelsabkommen, die faktisch getrennt von der WTO bestehen und eine zusätzliche Rechtsquelle für das Welthandelsrecht bilden. Der EU gelingt es dabei immer wieder Regelungen zu Exportabgaben auszuhandeln. Bis auf die wirtschaftlichen Beziehungen zu China, können die regionalen Handelsabkommen für die EU als primäre Rechtsquelle einer direkten Regelung von Exportabgaben angesehen werden. Vergleichbar mit den Beitrittsverpflichtungen einzelner WTO-Mitglieder, existieren allerdings auch hierbei eine Vielzahl unterschiedlich ausgestalteter Bestimmungen. Es muss sich noch zeigen, ob es auch gelingen kann diese ohne Rückgriff auf ein WTO-Streitbeilegungsverfahren effektiv durchzusetzen. Die EU ist jedenfalls gewillt, die Durchsetzung ihrer Handelsvereinbarungen intensiver zu verfolgen.

WTO-rechtlich können derartige WTO$^+$-Bestimmungen grds. durch Art. XXIV GATT gerechtfertigt werden, jedoch erweist sich das hierauf aufbauende Kontrollsystem derzeit als dysfunktional. Bei einer Einbeziehung von Exportabgaben in ein zwischenstaatliches Grundstoffabkommen wäre eine Rechtfertigung auf Grundlage von Art. XX(h) GATT möglich. Dieser Kategorie eines externen Handelsabkommens kommt indes derzeit keine Bedeutung zu. Bei der Vereinbarung von WTO$^-$-Bestimmungen sind Art. XXIV und XX(h) GATT ebenso maßgeblich. Dies ist für all jene WTO-Mitglieder bzw. Handelspartner der EU von Bedeutung, die im Bereich von Exportabgaben Beitrittsverpflichtungen eingegangen sind. Aufgrund der auch von Seiten des Appellate Body angenommenen Trennung von WTO-Recht und dem Recht externer Handelsabkommen ist eine direkte Berufung auf eine solche Handelsvereinbarung innerhalb eines WTO-Streitbeilegungsverfahrens ausgeschlossen. Um einer Geltendmachung von WTO-

Verpflichtungen trotz entgegenstehender Handelsvereinbarungen im bilateralen Verhältnis zu begegnen, kommt nur ein formeller Ausschluss eines WTO-Streitbeilegungsverfahrens in Betracht. Hieran werden allerdings derzeit hohe Anforderungen gestellt.

Insgesamt bleibt abzuwarten, in welche Richtung sich der Umgang mit Exportabgaben im Welthandelsrecht weiter entwickeln wird. Aktuell scheint es sich um einen Bereich zu handeln, in dem externe Handelsabkommen eine dominierende Rolle spielen. Die EU ist hierfür ein gutes Beispiel. Sie hat an die Stelle des gescheiterten Reformvorschlags zu Exportabgaben eine Vielzahl von individuellen Handelsvereinbarungen gesetzt und dadurch die fehlende Regelung im WTO-Recht vielfach ersetzt. Trotz grundsätzlichem Bekenntnis zum multilateralen WTO-Recht – wovon nicht zuletzt die EU-Initiative zur Schaffung des MPIA zeugt – hängt die Durchführung und verfahrensrechtliche Durchsetzung, aber auch die Weiterentwicklung dieser Vereinbarungen allein von den rechtlichen Rahmenbedingungen des jeweiligen Abkommens ab. Die WTO kann aufgrund der derzeit fehlenden Reformfähigkeit auf die dynamische Entwicklung externer Handelsabkommen aktuell nicht reagieren. Ihr droht ein schleichender Bedeutungsverlust, auch weil sie sich einer Einbindung derartiger Abkommen bislang verweigert. Potenziell könnte sich auf Grundlage einzelner Handelsabkommen allerdings ein einheitlicher Regelungsstandard entwickeln, der von dort irgendwann seinen Weg wieder zurück in das Forum der WTO findet.

Kapitel 4: Exportabgaben als Gegenstand des Antidumping- und Antisubventionsrechts

Im vorstehenden Kapitel wurde der Frage nachgegangen, inwieweit der Einsatz von Exportabgaben in direkter Weise durch Verbotstatbestände des WTO-Rechts bzw. der regionalen Handelsabkommen der EU erfasst wird. Es hat sich dabei gezeigt, dass innerhalb des Welthandelsrechts bereits eine Vielzahl von individuellen Handelszugeständnissen existiert, durch die die jeweiligen Staaten zu einem Verzicht auf Exportzölle, Exportsteuern oder gar Exportabgaben insgesamt verpflichtet werden.

Derartige Beschränkungsverbote sind charakteristisch für das auf gegenseitige Marktliberalisierungen ausgerichtete Welthandelsrecht, sie stellen jedoch nicht dessen einzigen Regelungstyp dar: Die Liberalisierung des Welthandels soll zwar vorrangig durch das Eingehen und die Durchsetzung gegenseitiger Nichtdiskriminierungs- und Marktzugangsverpflichtungen verwirklicht werden.[634] Darüber hinaus gesteht das Welthandelsrecht den Staaten allerdings explizit die Möglichkeit zu, auf sog. „unfaire Handelspraktiken" durch unilaterale Maßnahmen zu reagieren und damit den Marktzugang im Ergebnis wieder zu beschränken.[635] Welche Verhaltensweisen dabei als „unfair" anzusehen sind, ist Gegenstand einer vor allem handelspolitischen Diskussion und lässt sich nicht abschließend bestimmen, jedoch werden traditionell das sog. „Dumping" sowie die Vergabe von staatlichen Subventionen als unfaire Handelspraktiken bezeichnet.[636] Das Antidumping- und das Antisubventionsrecht erlauben es den Staaten unter bestimmten Voraussetzungen Abwehrmaßnahmen zu ergreifen, um die aus derartigen Handelspraktiken resultierenden Schäden

---

634 *Jackson*, World Trading System, S. 51 f.; *Van den Bossche/Zdouc*, S. 40 ff.; *Weiß/Ohler/Bungenberg*, § 2 Rn. 22 ff.

635 *Jackson*, World Trading System, S. 247 f. u. 255; *Van den Bossche/Zdouc*, S. 43 f. u. 754; *Weiß/Ohler/Bungenberg*, § 2 Rn. 26.

636 *Lowenfeld*, Cornell Int'l. L. J. 2/1980, S. 205, 205 ff.; *Jackson*, World Trading System, S. 177 ff., 247 f. u. 274 f. Siehe auch *Goode*, Eintrag „Unfair trading practices" („refers to improper or illegal use of subsidies or the export of products at dumped prices"); *Van den Bossche/Zdouc*, S. 43 u. 754. *Weiß/Ohler/Bungenberg*, § 2 Rn. 26 sprechen vor diesem Hintergrund von einem „Grundprinzip [, dass] aber nur sehr bruchstückhaft ausgestaltet [ist]". Sie zählen zudem als eine dritte Form der unfairen Handelspraktik den Bereich der Produktpiraterie auf.

für die heimischen Unternehmen abzuwehren und dadurch gleichzeitig das aus ihrer Sicht unfaire Verhalten zu sanktionieren.[637]

Auch gegenüber Exportabgaben auf Rohstoffe wird der Vorwurf erhoben, dass diese zu einem Preis- und damit zugleich auch zu einem Wettbewerbsvorteil für die heimische Industrie führen.[638] Im nachfolgenden Kapitel soll daher untersucht werden, ob ein derartiger Einsatz – abgesehen von der Anwendung individueller Beschränkungsverbote – auch als eine unfaire Handelspraktik durch das Antidumping- und/oder das Antisubventionsrecht der EU erfasst werden kann. Dazu soll zunächst aufgezeigt werden, inwiefern Exportabgaben in das handelspolitische Fairness-Konzept eingeordnet und in diesem Kontext als eine unfaire Handelspraktik aufgefasst werden können (dazu A.). Diese Einordnung korrespondiert indes nicht automatisch auch mit einer rechtlichen Betrachtungsweise. Daher soll im Anschluss daran der Frage nachgegangen werden, inwieweit sich das Antidumpingrecht (dazu B.) und das Antisubventionsrecht der EU (dazu C.) auf Exportabgaben bzw. die davon ausgehenden Auswirkungen auf den Rohstoffpreis anwenden lassen. Abschließend soll vor diesem Hintergrund der Einsatz von Handelsschutzmaßnahmen als ein alternativer Regelungsansatz den in Kapitel 3 identifizierten Beschränkungsverboten gegenübergestellt werden (dazu D.).

A. „Input Dumping" und Subventionierung – Exportabgaben als eine unfaire Handelspraktik

Das heutige Welthandelsrecht ist durch unterschiedliche ökonomische sowie politische Konzepte geprägt, die teilweise auch in einem gewissen Widerspruch zueinander stehen.[639] Zu diesen Konzepten gehört u.a. die handelspolitische Zielvorstellung von einem sog. „level playing field", die als maßgeblicher Zweck des Antidumping- und Antisubventionsrechts anzusehen ist.[640] Die genauen Konturen dieser Zielvorstellung sind nicht

---

637 *Jackson*, World Trading System, S. 247; *Van den Bossche/Zdouc*, S. 754.

638 Siehe dazu Kapitel 1, Abschnitt A. Zu den wirtschaftlichen Auswirkungen siehe Kapitel 2, Abschnitt C. III.

639 Dazu bspw. *Jackson*, World Trading System, S. 11 ff.; *Van den Bossche/Zdouc*, S. 23 ff.; *Weiß/Ohler/Bungenberg*, § 3 u. § 4.

640 *Jackson*, World Trading System, S. 21 u. 247 ff.; *Van den Bossche/Zdouc*, S. 754; *Weiß/Ohler/Bungenberg*, § 14 Rn. 651. Grundlegend dazu *Nettesheim*.

abschließend geklärt.[641] Überwiegend wird mit dem Begriff „level playing field" jedoch das Ziel einer gewissen Wettbewerbsgleichheit verbunden.[642] Diese ist nicht im wettbewerbsökonomischen Sinne zu verstehen, sondern entspricht historisch gewachsenen Vorstellungen von einem „fairen" internationalen Wettbewerb vor dem Hintergrund getrennter Volkswirtschaften.[643] Dabei diente dieses handelspolitische Fairness-Konzept seit jeher auch dazu, um die Akzeptanz des Freihandels angesichts von Wohlstandsverlusten einzelner Unternehmen nach innen abzusichern.[644] Trotz seiner inhaltlichen Unbestimmtheit verfügt das Ziel der Herstellung eines „level playing field" durch nationale sowie internationale Maßnahmen gegen unfairen Handel über eine erhebliche politische Anziehungskraft.[645]

Antidumpingmaßnahmen richten sich in diesem Zusammenhang gegen eine als unfair eingestufte[646] Preissetzung von Exporteuren aus einem

---

641 *Jackson*, World Trading System, S. 21: „The meaning an implications of this goal are anything but clear."
642 *Jackson*, World Trading System, S. 21; *Nettesheim*, S. 40 ff.
643 *Jackson*, World Trading System, S. 21 u. 247 ff.; *Nettesheim*, S. 36 u. 41 ff.
644 *Nettesheim*, S. 36.
645 *Jackson*, World Trading System, S. 21.
646 Der wirtschaftsschädigende Charakter von Dumping war schon immer umstritten. Viele – besonders Ökonomen – lehnen diesen einerseits mit dem Argument ab, dass private Preissetzung gerade als wettbewerbliches Marktverhalten anzusehen ist und zum anderen damit, dass niedrige Preise insgesamt immer einen Vorteil für eine Volkswirtschaft darstellen, außer sie werden kurzfristig und ausschließlich zur Verdrängung der Konkurrenz auf dem Importmarkt eingesetzt (sog. „räuberisches Dumping"). Exemplarisch: *Haberler*, S. 232 ff. u. 239 ff.; *Dale*, S. 20 ff.; *Brander/Krugman*, JIE 3–4/1983, S. 313, 313 ff.; *Deardorff*, in: Jackson/Vermulst (eds.), S. 23, 23 ff.; *Stiglitz*, SEJ 2/1997, S. 402, 403 ff.; *Irwin*, Free Trade under Fire, 2015, S. 180 ff.; *Mavroidis*, Vol. 2, S. 73. Hinzu tritt eine verbreitete Kritik an der konkreten Ausgestaltung der Antidumpinggesetze sowie ihrer Handhabung durch die zuständigen Stellen, die mit dem Vorwurf eines vordergründig verfolgten Protektionismus verbunden wird. Dazu bspw. *Dale*; *Schoenbaum*, GYIL 30/1987, S. 177, 177 ff.; *Bierwagen*, S. 113 ff.; *Monopolkommission*, Wettbewerbspolitik oder Industriepolitik, Rn. 1159 ff.; *Boltuck/Litan* (eds.); *Finger*, WBRO 2/1992, S. 121, 121 ff. („dumping is whatever you can get the government to act against under anti-dumping law", S. 122); *Zanardi*; *Debroy/Chakraborty*. Entgegen der verbreiteten Kritik an der Einordnung von bzw. dem Umgang mit Dumping, wird jedoch auch regelmäßig auf legitime Gründe für den Einsatz von Antidumpingmaßnahmen als ein Mittel zum Ausgleich von asymmetrischen Marktbedingungen hingewiesen. So z.B. *Holmes/Kempton*, S. 8 ff. u. 25; *Depayre*, GTCJ 4/2008, S. 123, 125 ff.; *Müller/Khan/Scharf*, Rn. I.06 ff.; *Hoffmeister*, in: Krenzler/Herrmann/Niestedt (Hrsg.), vor Art. 1 AD-GVO 2016, Rn. 9 ff. u. 19.

bestimmten Herkunftsland.[647] Bei dieser als „Dumping" bezeichneten Praktik handelt es sich nach einer erstmals von *Viner* vorgeschlagenen Definition um eine Preisdiskriminierung zwischen nationalen Märkten.[648] Diese sehr allgemeine Definition wird zumeist dahingehend präzisiert, dass „gleichartige Waren (commodities) zur selben Zeit oder innerhalb eines engen zeitlichen Zusammenhangs unter vergleichbaren Verkaufsbedingungen auf verschiedenen nationalen Märkten zu unterschiedlichen Preisen verkauft werden".[649] Grundsätzlich werden dadurch alle Formen einer grenzüberschreitenden Preisdiskriminierung erfasst, jedoch bezieht sich der handelspolitische Vorwurf in der Regel auf den Fall, dass die Auslandsverkäufe unter den Inlandspreisen liegen und dadurch die Konkurrenz auf dem Exportmarkt geschädigt wird.[650]

In jedem Fall bezeichnet Dumping ein Verhalten privater Wirtschaftsteilnehmer, das sich zumindest dann als wirtschaftlich rentabel erweist, wenn die jeweiligen Märkte durch Handelsbarrieren voneinander getrennt sind. So lässt sich für ein Unternehmen der Auslandsverkauf unter Inlandspreisen – bspw. zur Erlangung von Marktanteilen auf dem Exportmarkt – dann erfolgreich aufrechterhalten, wenn aufgrund der Trennung beider Märkte eine Importkonkurrenz ausgeschlossen ist.[651] Exportabgaben stellen demgegenüber zwar eine staatliche Maßnahme dar. In den Diskussionen um Dumping spielen unter dem Begriff des sog. „Input Dumping" oder „Input Dual Pricing" jedoch auch staatliche Markteingriffe eine Rolle.[652] In diesem Zusammenhang lassen sich auch Exportabgaben als eine unfaire Handelspraktik verstehen.

Input Dumping bezeichnet einen Fall, bei dem nicht das Endprodukt selbst gedumpt ist, jedoch ein darin verarbeitetes Vorprodukt.[653] In der

---

647 *Hoffmeister*, in: Krenzler/Herrmann/Niestedt (Hrsg.), vor Art. 1 AD-GVO 2016, Rn. 5.

648 *Viner*, S. 3.

649 So wörtlich *Hoffmeister*, in: Krenzler/Herrmann/Niestedt (Hrsg.), vor Art. 1 AD-GVO 2016, Rn. 6 mit Verweis auf *Viner*, S. 8. In diesem Sinne auch bspw. *Haberler*, S. 219; *Dale*, S. 1 ff.; *Bierwagen*, S. 8.

650 *Haberler*, S. 219; *Bierwagen*, S. 8; *Müller/Khan/Scharf*, Rn. I.06.

651 *Haberler*, S. 223; *Bierwagen*, S. 9; *Müller/Khan/Scharf*, Rn. I.06.

652 Zum Input Dumping siehe bspw. *Bierwagen*, S. 45 ff.; *Pogoretskyy*, GTCJ 4/2009, S. 313, 313 ff.; *Tietje/Kluttig/Franke*, JWT 5/2011, S. 1071, 1071 ff.; *Wüstenberg*, GTCJ 9/2019, S. 407, 407 ff.

653 Siehe *Goode*, Eintrag „Input dumping" („said to be done of products that are not themselves dumped, but which are claimed to contain components acquired at dumped prices"). In diesem Sinne auch *Bierwagen*, S. 45; *Pogoretskyy*,

Literatur wird als Ursache dafür zumeist eine staatliche[654] Preispolitik angesehen, bei der ein für die Verarbeitung notwendiger Inputstoff (regelmäßig Rohstoffe oder Energie) in Folge direkter oder indirekter staatlicher Einflüsse unter dem normalen Ausfuhr- oder Weltmarktpreis oder gar unter Kosten verkauft wird.[655] Dahinter steht eine Form der Preisdiskriminierung, die eine wirtschaftliche Bevorzugung einzelner Unternehmen oder der heimischen Volkswirtschaft insgesamt bezweckt.[656] Den heimischen Unternehmen wird es hierdurch ermöglicht, Inputstoffe zu einem künstlich niedrigen Preis zu kaufen und diesen Preisvorteil im Wettbewerb zum Nachteil der ausländischen Konkurrenz zu nutzen.[657] Input Dumping bezeichnet damit die potenzielle Schädigung konkurrierender Unternehmen im Ausfuhrland durch eine Preisdiskriminierung des Ausfuhrstaates, die sich durch das darauf aufbauende Preissetzungsverhalten der dabei begünstigten Unternehmen materialisiert.

Die wirtschaftlichen Auswirkungen von Exportabgaben wurden bereits ausführlich dargelegt.[658] Durch sie stellen sich Exportabgaben für die EU als eine Wettbewerbsverzerrung dar. Auch anhand der verschiedenen Verbotstatbestände des WTO-Rechts bzw. der regionalen Handelsabkommen der EU wird die mit dem Einsatz von Exportabgaben einhergehende Preisdiskriminierung deutlich.[659] Heimische Unternehmen erhalten hierdurch Rohstoffe zu einem Preis, der unter demjenigen liegt, der unter normalen Markbedingungen – d.h. ohne staatliche Intervention – gezahlt werden

---

GTCJ 4/2009, S. 313, 313; *Tietje/Kluttig/Franke*, JWT 5/2011, S. 1071, 1071; *Zhou/Percival*, JIEL 4/2016, S. 863, 877; *Wüstenberg*, GTCJ 9/2019, S. 407, 410.

654 Anders bspw. bei *Bierwagen*, S. 45 ff., der unter den Begriff des Input Dumping auch rein private Transaktionen fasst.

655 Siehe *Pogoretskyy*, GTCJ 10/2009, S. 313, 313 („[...] dual pricing is a two-tier pricing policy whereby government or a public monopoly keeps domestic prices for energy low, comparatively with export or world prices"); *Tietje/Kluttig/Franke*, JWT 5/2011, S. 1071, 1071 („Input dual pricing (or input dumping) is a policy practice by which governments set domestic prices of raw material inputs, that is, a natural resource or energy needed to produce an exported good, at a level far below export or world market prices or even below cost of production, whether or not the good is exported at dumped prices."). So auch *Wüstenberg*, GTCJ 9/2019, S. 407, 410.

656 *Pogoretskyy*, GTCJ 10/2009, S. 313, 313; *Tietje/Kluttig/Franke*, JWT 5/2011, S. 1071, 1071. Siehe auch *WTO*, World Trade Report 2010, S. 173 („Dual pricing arrangements establish different prices in domestic and export markets.").

657 So ausdrücklich *Tietje/Kluttig/Franke*, JWT 5/2011, S. 1071, 1071.

658 Sie Kapitel 2, Abschnitt C. III.

659 Siehe dazu die auf eine Preisdiskriminierung zielenden Vorschriften in Kapitel 3, Abschnitt A. II. u. B. I.

müsste. Sie erhalten in Folge dessen einen wettbewerblichen Vorteil, der
es ihnen ermöglicht, ihre Waren zu niedrigeren Preisen („Dumpingprei-
sen") auf Exportmärkten anzubieten. Exportabgaben belasten damit zwar
die Ausfuhr von Rohstoffen, begünstigen zugleich aber den inländischen
Verbrauch der betroffenen Ware und ermöglichen dadurch eine Preisdiskriminierung beim Endprodukt. Sie können daher als ein Fall von Input
Dumping angesehen werden.

Während sich Antidumpingmaßnahmen vorrangig gegen private Preisdiskriminierungen richten, knüpfen Antisubventionsmaßnahmen demgegenüber in direkter Weise an staatliche Begünstigungen der heimischen
Wirtschaft an.[660] Zwar existiert keine abschließende Definition für den Begriff der Subvention.[661] Einigkeit besteht allerdings dahingehend, dass es
sich jedenfalls um ein staatliches Vorgehen handelt, durch das einer privaten Wirtschaftseinheit ein wie auch immer gearteter Vorteil zukommt.[662]
Exportabgaben als eine staatliche Maßnahme, deren wirtschaftliche Auswirkungen zu einem vergünstigten Rohstoffzugang führen, lassen sich
auch unter diesen allgemeinen Subventionsbegriff fassen. Der vergünstige
Rohstoffzugang in Folge eines Einsatzes von Exportabgaben wird vor die-

---

660 Ähnlich zu den Diskussionen um Dumping ist auch der Einsatz von Anti-
    subventionsmaßnahmen seit jeher umstritten gewesen. In heutigen Debatten
    zum Umgang mit Subventionen und Ausgleichszöllen geht es weniger um
    einen vollständigen Verzicht auf Ausgleichsmaßnahmen, sondern eher um die
    Identifikation von Subventionen innerhalb einer nahezu unüberschaubaren
    Anzahl von staatlichen Maßnahmen und um die Abgrenzung zwischen „gu-
    ten" und „schlechten" Subventionen. Exemplarisch *Bhagwati/Ramaswami*, JPE,
    1/1963, S. 44, 44 ff.; *Spencer*, in: Baldwin/Hamilton/Sapir (Hrsg.), S. 313, 313 ff.;
    Bagwell/Staiger, AER 3/2006, S. 877, 877 ff.; *Coppens*, S. 5 ff.; *Caiado*, S. 61 ff.;
    Sykes, Limited Economic Case for Subsidies Regulation; *Horlick/Clarke*. Für eine
    grundsätzliche Kritik an der Tauglichkeit von Antisubventionsmaßnahmen am
    Beispiel von Ausgleichszöllen siehe *Sykes*, Colum. L. Rev. 2/1989, S. 199, 199 ff.;
    ders., JLA 2/2010, S. 473, 473 ff.
661 Teilweise werden Subventionen mit einem staatlichen Transfer finanzieller Mit-
    tel an ein Unternehmen gleichgesetzt, teilweise werden sie als eine staatliche
    Zurverfügungstellung von Waren oder Dienstleistungen zu einen Preis angese-
    hen, der unter demjenigen liegt den ein Unternehmen hierfür auf dem Markt
    hätte zahlen müssen. Andere Ansätze erfassen jede staatliche Maßnahme, die in
    positiver Weise die wettbewerbliche Ausgangsbedingung eines Unternehmens
    verändert oder jede regulatorische Maßnahme soweit sie zu einem Transfer von
    einer Gruppe zu einer anderen führt. Siehe hierzu *Snape*, The World Economy
    2/1991, S. 139, 140 ff.; *Sykes*, in: Macrory/Appleton/Plummer (eds.), S. 83, 85 ff.;
    WTO, World Trade Report 2006, S. 47 ff.; *Caiado*, S. 63 ff.
662 *Sykes*, in: Macrory/Appleton/Plummer (eds.), S. 83, 86; *WTO*, World Trade Re-
    port 2006, S. 48; *Caiado*. S. 64.

sem Hintergrund in der ökonomischen Literatur ausdrücklich als eine (implizite) Subvention eingeordnet.[663]

Damit können rohstoffbezogene Exportabgaben auf zwei Weisen als eine unfaire Handelspraktik qualifiziert werden: Einerseits lassen sie sich als eine Form des Input Dumping begreifen, andererseits als eine Form der Subventionierung. Allerdings handelt es sich dabei zunächst lediglich um eine ökonomische bzw. handelspolitische Einordnung. Sie führt zu der Frage, ob auch das Antidumping- bzw. Antisubventionsrecht auf diese Fallkonstellation Anwendung finden kann und diese beiden handelspolitischen Schutzinstrumente dadurch als alternative Regelungsansätze gegenüber einem direkten Verbot von Exportabgaben angesehen werden können.

B. Exportabgaben als Gegenstand des EU-Antidumpingrechts

Das Antidumpingrecht der EU stellt im Ausgangspunkt autonomes Recht dar, das jedoch in das welthandelsrechtliche Mehrebenensystem eingebunden und dadurch in seiner Reichweite begrenzt wird. Nachfolgend soll zunächst dieser Gesamtrahmen des EU-Antidumpingrechts skizziert (dazu I.) und anschließend der grenzüberschreitende Preisvergleich als maßgeblicher Anknüpfungspunkt einer Antidumpingprüfung und als äußerer Rahmen einer möglichen Berücksichtigung von Exportabgaben herausgearbeitet werden (dazu II.). Auf Grundlage dessen soll schließlich umfassend untersucht werden, inwieweit sich Exportabgaben bzw. die damit verbundenen wirtschaftlichen Auswirkungen innerhalb des EU-Antidumpingrechts berücksichtigen lassen (dazu III.), wobei der Rechtsfolgenseite eine eigenständige Bedeutung zukommt (dazu IV.).

I. Das EU-Antidumpingrecht als autonomer Handelsschutz im Mehrebenensystem

Bereits vor den Verhandlungen zu einer internationalen Handelsorganisation existierten nationale Rechtsakte, die den Erlass von Maßnahmen zur Abwehr von Dumping vorsahen und teilweise enthielten auch bilaterale Handelsabkommen Vereinbarungen zu dieser Art eines unilateralen Han-

---

663 So bspw. *Pieremartini*, S. 5; *Kim*, in: OECD (ed.), The Economic Impact of Export Restrictions on Raw Materials, S. 13, 21.

delsschutzes.[664] Im Kontext der Verhandlungen zum GATT 1947 wurden die nationalen Antidumpingmaßnahmen als eine Form der Handelsbeschränkung angesehen, die es zu disziplinieren galt.[665] Es wurden weniger Befürchtungen gegenüber Dumping als einer unfairen Handelspraktik geäußert, sondern es überwogen die Sorgen vor einem Missbrauch von gegen Dumping gerichteten Schutzmaßnahmen.[666] Durch Art. VI GATT 1947 sollte der Erlass von Antidumpingmaßnahmen daher an einheitliche Bedingungen geknüpft werden.[667]

In Art. VI GATT 1947 einigte man sich jedoch nur auf einige Grundvoraussetzungen und beließ dadurch den Staaten einen erheblichen Spielraum, der nach Abschluss der Verhandlungen auch ausgiebig genutzt wurde, sodass spätestens im Zuge der sog. Kennedy-Runde (1962 – 1967) vielfach strengere Regeln gefordert wurden.[668] Heute finden sich diese innerhalb des Übereinkommens zur Durchführung des Artikels VI des Allgemeinen Zoll- und Handelsübereinkommens von 1994 (Agreement on implementation of Article VI of the General Agreement on Tariffs and Trade 1994; im Folgenden: ADÜ) als einem Bestandteil des Anhangs 1A zum WTO-Übereinkommen.[669] Das ADÜ tritt neben Art. VI GATT, geht diesem jedoch entsprechend der Auslegungsregel zu Anhang 1A im Konfliktfall als *lex specialis* vor.[670]

---

664 Dazu *Viner*, S. 36 ff. u. 148 ff.; *Jackson*, World Trading System, S. 255.

665 *Stewart/Markel/Kerwin*, in: Stewart (ed.), Vol. II, S. 1309, 1405 ff.; *Irwin/Mavroidis/Sykes*, S. 144; *Mavroidis*, Vol. 2, S. 72.

666 Eine ausdrückliche Verurteilung von Dumping ist erst gegen Ende der Verhandlungen auf Initiative von Kuba in den Text aufgenommen worden. Dazu bspw. *Irwin/Mavroidis/Sykes*, S. 145; *Mavroidis*, Vol. 2, S. 72.

667 Siehe dazu die Vorschläge in *Irwin/Mavroidis/Sykes*, S. 144 f.

668 Hierzu *Jackson*, World Trading System, S. 256; *Stewart/Markel/Kerwin*, in: Stewart (ed.), Vol. II, S. 1309, 1409 ff.

669 Zunächst erarbeiteten die Vertragsparteien einen Antidumping-Kodex (AK 1968), der eine Reihe von verfahrensrechtlichen sowie materiellen Regelungen vorsah, dem sich die U.S.A. jedoch verweigerten. Am Ende der sich anschließenden Tokio-Runde (1967 – 1973) einigten sich die Mitglieder schließlich auf einen überarbeiteten Antidumping-Kodex (AK 1979), der den AK 1968 ersetzte. Ausführlich dazu *Stewart/Markel/Kerwin*, in: Stewart (ed.), Vol. II, S. 1309, 1417 ff. u. 1435 ff. Dieser wurde im Rahmen der Uruguay-Runde weiter modifiziert. Zu den Änderungen bspw. *Müller/Khan/Scharf*, Rn. I.31 ff.

670 Auch für Dumping bzw. Antidumpingmaßnahmen gilt, dass das WTO-Recht singulär im Rahmen von Beitrittsprotokollen i.V.m. dem jeweiligen Abschlussbericht der Arbeitsgruppe modifiziert wird. Aus Sicht des Anwenders von Antidumpingmaßnahmen ist dabei eine weniger strenge Geltung von Art. VI GATT bzw. dem ADÜ vorteilhaft, sodass hierbei WTO-Regelungen von besonderem

Auf Ebene des (supra-)nationalen Rechts bildete die Verordnung (EWG) Nr. 459/68 des Rates vom 5. April 1968[671] den Anfangspunkt einer unionalen Antidumpinggesetzgebung.[672] Sie wurde in Folge der einzelnen Verhandlungsrunden immer wieder an die multilateralen Vorgaben angepasst.[673] Das derzeit geltende EU-Antidumpingrecht basiert auf der Verordnung (EU) 2016/1036[674] in der durch die Verordnung (EU) 2017/2321[675] und Verordnung (EU) 2018/825[676] geänderten Fassung (im

---

Interesse sind. Daneben ist es auch denkbar, dass ein Beitrittskandidat auf für ihn positive Regelungen des ADÜ bzw. Art. VI GATT verzichtet, wobei es sich ebenso um ein WTO-Zugeständnis handeln würde, welches letztlich den anderen Mitgliedern zugutekäme. Ein populäres Beispiel aus der Vergangenheit ist Abschnitt 15 CAP. Dazu bspw. *Suse*, 4/JIEL 2017, S. 951, 951 ff.; *Fang*, in: Bungenberg et al. (eds.), EYIEL 2018, S. 107, 107 ff.; *Weiß/Ohler/Bungenberg*, § 14 Rn. 674.

671 Verordnung (EWG) Nr. 459/68 des Rates vom 5. April 1968 über den Schutz gegen Praktiken von Dumping, Prämien oder Subventionen aus nicht zur Europäischen Wirtschaftsgemeinschaft gehörenden Ländern, ABl. L 93, 17.04.1968, S. 1.

672 Zur Historie des europäischen Antidumpingrechts siehe *Kretschmer*, S. 9 ff.; *Beseler/Williams*, S. 21 ff.; *Stanbrook/Bentley*, S. 14 ff.; *Van Bael/Bellis*, S. 22 ff.; *Hoffmeister*, in: Krenzler/Herrmann/Niestedt (Hrsg.), vor Art. 1 AD-GVO 2016, Rn. 31 ff. u. 55 ff.

673 *Kretschmer*, S. 10 f.; *Beseler/Williams*, S. 22 u. 26; *Stanbrook/Bentley*, S. 15 f.; *Van Bael/Bellis*, S. 22 ff.; *Hoffmeister*, in: Krenzler/Herrmann/Niestedt (Hrsg.), vor Art. 1 AD-GVO 2016, Rn. 31 f. Parallel, wenngleich zeitlich nicht deckungsgleich, entwickelte sich das Antidumpingrecht im Rahmen der EGKS ausgehend von Art. 74 des Vertrages über die Gründung der Europäischen Gemeinschaft für Kohle und Stahl, 18. April 1951 (BGBl. 1951 II S. 447). Dazu *Kretschmer*, S. 10 f.; *Beseler/Williams*, S. 22 u. 26; *Stanbrook/Bentley*, S. 16 ff.

674 Verordnung (EU) 2016/1036 des Europäischen Parlaments und des Rates vom 8. Juni 2016 über den Schutz gegen gedumpte Einfuhren aus nicht zur Europäischen Union gehörenden Ländern, ABl. L 176, 30.6.2016, S. 21.

675 Verordnung (EU) 2017/2321 des Europäischen Parlaments und des Rates vom 12. Dezember 2017 zur Änderung der Verordnung (EU) 2016/1036 über den Schutz gegen gedumpte Einfuhren aus nicht zur Europäischen Union gehörenden Ländern und der Verordnung (EU) 2016/1037 über den Schutz gegen subventionierte Einfuhren aus nicht zur Europäischen Union gehörenden Ländern, ABl. L 338, 19.12.2017, S. 1.

676 Verordnung (EU) 2018/825 des Europäischen Parlaments und des Rates vom 30. Mai 2018 zur Änderung der Verordnung (EU) 2016/1036 über den Schutz gegen gedumpte Einfuhren aus nicht zur Europäischen Union gehörenden Ländern und der Verordnung (EU) 2016/1037 über den Schutz gegen subventionierte Einfuhren aus nicht zur Europäischen Union gehörenden Ländern, ABl. L 143, 07.06.2018, S. 1.

Folgenden: AD-GVO).[677] Als solches kann es nicht isoliert, sondern muss in seiner Einbindung in das welthandelsrechtliche Mehrebenensystem betrachtet werden:

Im Verhältnis zur WTO folgt aus Art. 216 Abs. 2 AEUV eine Bindung sowohl der Union als auch der Mitgliedstaaten.[678] Das WTO-Recht steht dabei im Rang zwischen dem Primär- und dem Sekundärrecht.[679] Auf die völkerrechtliche Bindung hat diese Einstufung allerdings keinen Einfluss.[680] Eine unmittelbare Wirkung im Sinne einer Einklagbarkeit verweigert der EuGH dem WTO-Recht (wie bereits dem GATT[681]) in ständiger Rechtsprechung.[682] Eine Ausnahme gilt für Fälle, in denen ein EU-Rechtsakt ausdrücklich auf eine WTO-Norm Bezug nimmt[683] oder der Umset-

---

677 Für einen Überblick über die jeweiligen Änderungen siehe *Van Bael/Bellis*, S. 27 ff.; *Hoffmeister*, in: Hahn/Van der Loo (eds.), S. 335, 335 ff.; *De Baere*, in: Hahn/Van der Loo (eds.), S. 355, 355 ff. Umfassend zum letzten Modernisierungspaket aus dem Jahr 2018 *Trapp*, S. 135 ff. Ergänzt werden die Regelungen für den Schiffsbau durch Verordnung (EU) 2016/1035 des Europäischen Parlaments und des Rates vom 8. Juni 2016 über den Schutz gegen schädigende Preisgestaltung im Schiffbau, ABl. L 176, 30.06.2016, S. 1.

678 EuGH, Urteil v. 4. Februar 2016, verb. Rs. C-659/13 u. C-34/14, *C & J Clark International*, ECLI:EU:C:2016:74, Rn. 83. Zur sog. „parallelen Mitgliedschaft" der EU sowie der einzelnen Mitgliedstaaten siehe *Herrmann/Streinz*, in: von Arnauld/Bungenberg (Hrsg.), § 13 Rn. 57 ff. sowie *Hilpold*, Kap. 5.

679 Dazu *Herrmann/Streinz*, in: von Arnauld/Bungenberg (Hrsg.), § 13 Rn. 112 ff.

680 Sie ergibt sich aus Art. II:2 WTO-Übereinkommen sowie dem völkergewohnheitsrechtlichen Grundsatz *pacta sunt servanda*, wie er sich auch in Art. 26 WVK finden lässt. Siehe dazu *Herrmann/Streinz*, in: von Arnauld/Bungenberg (Hrsg.), § 13 Rn. 88.

681 Grundlegend EuGH, Urteil v. 12. Dezember 1972, verb. Rs. C-21–24/72, *International Fruit Company*, Rn. 21 ff.; Urteil v. 24. Oktober 1973, Rs. 9/73, *Schlüter*, Slg. 1973, 1135, Rn. 28 ff.; Urteil v. 16. März 1983, Rs. 266/81, *SIOT*, Slg. 1983, 731, Rn. 28; Urteil v. 5. Oktober 1994, Rs. C-280/93, *Deutschland/Rat*, Slg. 1994, I-4973, Rn. 103 ff. Dazu *Herrmann/Streinz*, in: von Arnauld/Bungenberg (Hrsg.), § 13 Rn. 121; *Hilpold*, S. 280 ff. u. 301 ff.

682 Vgl. EuGH, Urteil v. 23. November 1999, Rs. 149/96, *Portugal/Rat*, Slg. 1999, I-8395, Rn. 34 ff.; Urteil v. 14. Dezember 2000 Rs. C-300/98 u. C-392/98, *Dior u. a.*, Slg. 2000, I-11307, Rn. 43 f.; Urteil v. 9. Oktober 2001, Rs. C-377/98, *Niederlande/Parlament und Rat*, Slg. 2001, I-7079, Rn. 50 ff.; Urteil v. 30. September 2003, Rs. 93/02 P – *Biret*, Slg. 2003, I-10497, Rn. 61 ff.; Urteil v. 1. März 2005, Rs. C-377/02, *van Parys*, Slg. 2005, I-1465, Rn. 39 ff.; Urteil v. 18. Dezember 2014, Rs. C-306/13, *LVP*, ECLI:EU:C:2014:2465, Rn. 44 ff. Dazu *Herrmann/Streinz*, in: von Arnauld/Bungenberg (Hrsg.), § 13 Rn. 122 ff.; *Hilpold*, S. 303 ff.

683 Grundlegend EuGH, Urteil v. 22. Juni 1989, Rs. 70/87, *Fediol*, Slg. 1989, 1781, Rn. 22.

zung einer WTO-rechtlichen Verpflichtung dient[684].[685] Diese Ausnahmen gelten jedoch wiederum nicht absolut.[686] Der EuGH verlangt, dass der Gesetzgeber durch die unionsrechtliche Bestimmung „eine bestimmte im Rahmen der WTO-Übereinkommen eingegangene Verpflichtung in das Unionsrecht umsetzen wollte", diese also nicht „Ausdruck des Willens des Unionsgesetzgebers ist, auf diesem Gebiet eine spezifische unionsrechtliche Maßnahme zu erlassen"[687]. Dieses restriktive Verständnis überträgt der EuGH auch auf Entscheidungen des WTO-Streitbeilegungsgremiums.[688] Bei einer Auslegung der AD-GVO ist das ADÜ gleichwohl von großer Bedeutung.[689] Nichtsdestotrotz ergibt sich aufgrund der restriktiven Rechtsprechung des EuGH insgesamt die Möglichkeit, dass eine Anwendung des EU-Antidumpingrechts im Einklang mit der AD-GVO, jedoch im Widerspruch zum WTO-Recht steht.

---

684 Grundlegend EuGH, Urteil v. 7. Mai 1991, Rs. 69/89, *Nakajima*, Slg. 1991, I-2069, Rn. 28, 30.

685 Bestätigt bspw. durch EuGH, Urteil v. 23. November 1999, Rs. 149/96, *Portugal/Rat*, Slg. 1999, I-8395, Rn. 49; Urteil v. 9. Januar 2003, Rs. C-76/00 P, *Petrotub*, Slg. 2003, I-79, Rn. 54 ff.; Urteil v. 30. September 2003, Rs. 93/02 P, *Biret*, Slg. 2003, I-10497, Rn. 53; Urteil v. 1. März 2005, Rs. C-377/02, *van Parys*, Slg. 2005, I-1465, Rn. 40; Urteil v. 18. Dezember 2014, Rs. C-306/13, *LVP*, ECLI:EU:C:2014:2465, Rn. 47; Urteil v. 4. Februar 2016, verb. Rs. C-659/13 u. C-34/14, *C & J Clark International*, ECLI:EU:C:2016:74, Rn. 87; Urteil v. 18.10.2018, C-207/17, *Blaas*, ECLI:EU:C:2018:840, Rn. 47 f.

686 Siehe EuGH, Urteil v. 16. Juli 2015, Rs. C-21/14 P, *Rusal Armenal*, ECLI:EU:C:2015:494, Rn. 38 ff. Hierzu *Hoffmeister*, in: Krenzler/Herrmann/Niestedt (Hrsg.), vor Art. 1 AD-GVO 2016, Rn. 77.

687 EuGH, Urteil v. 16. Juli 2015, Rs. C-21/14 P, *Rusal Armenal*, ECLI:EU:C:2015:494, Rn. 45 u. 48 ff.

688 EuGH, Urteil v. 1. März 2005, Rs. C-377/02, *van Parys*, Slg. 2005, I-1465, Rn. 40 f.; Urteil v. 4. Februar 2016, verb. Rs. C-659/13 u. C-34/14, *C & J Clark International*, ECLI:EU:C:2016:74, Rn. 96; Urteil v. 18. Oktober 2018, C-207/17, *Blaas*, ECLI:EU:C:2018:840, Rn. 46. Selbst bei einer ausdrücklichen Bezugnahme auf die WTO-Rechtsprechung ist nach Ansicht des EuGH nicht davon auszugehen, dass dadurch der Ermessensspielraum der Unionsorgane bei der Anwendung und Auslegung des WTO- und EU-Rechts eingeschränkt werden soll. Siehe dazu EuGH, Urteil v. 4. Februar 2016, verb. Rs. C-659/13 u. C-34/14, *C & J Clark International*, ECLI:EU:C:2016:74, Rn. 99; Urteil v. 18. Oktober 2018, C-207/17, *Blaas*, ECLI:EU:C:2018:840, Rn. 54.

689 EuGH, Urteil v. 7. Mai 1991, Rs. 69/89, *Nakajima*, Slg. 1991, I-2069, Rn. 30 ff.; Urteil v. 10. September 1996, Rs. C-61/94, Kommission/Deutschland, Slg. 1996, I-3989, Rn. 52. Zur normativen Herleitung *Herrmann/Streinz*, in: von Arnauld/Bungenberg (Hrsg.), § 13 Rn. 137 ff.; *Hilpold*, S. 322 ff. Mit Bezug zu den Handelsschutzinstrumenten *Hoffmeister*, in: Krenzler/Herrmann/Niestedt (Hrsg.), vor Art. 1 AD-GVO 2016, Rn. 78.

Während der EuGH das WTO-Recht eher restriktiv behandelt, so hat er gleichzeitig bzgl. einer Vielzahl von regionalen Handelsabkommen der EU in der Vergangenheit eine unmittelbare Wirkung bejaht, darunter Assoziierungs-, Freihandels-, Kooperations- und Partnerschaftsabkommen.[690] Er stellt dabei grds. auf die Formulierung der Norm selbst sowie auf die Rechtsnatur und Systematik des Abkommens ab.[691] In Einzelfällen hat er indes die Prüfung auf die Frage hin verdichtet, ob die zu untersuchende Norm unmittelbar die Position des Einzelnen regelt.[692]

Tatsächlich ist zu beobachten, dass mittlerweile in einer Vielzahl von Abkommen Vereinbarungen zu Antidumpingmaßnahmen enthalten sind, die Bestimmungen des ADÜ inkorporieren.[693] Häufig wird dabei der Gebrauch von Handelsschutzinstrumenten beschränkt.[694] Zugleich hat allerdings der Anwendungsbereich der regionalen Handelsabkommen in der Vergangenheit erheblich zugenommen.[695] Ob eine gegenüber dem multilateralen WTO-Recht abweichende Behandlung vor diesem Hintergrund noch aufrechterhalten werden kann, ist daher fraglich.[696] Jedoch findet sich in den neuen Abkommen regelmäßig eine Bestimmung, durch die eine unmittelbare Wirkung ausdrücklich ausgeschlossen wird.[697]

---

690 Hierzu mit einzelnen Beispielen *Hilpold*, S. 287 ff., der diesbezüglich von einem Regelfall spricht.

691 *Hilpold*, S. 289 f.

692 *Hilpold*, S. 291 f. unter Hinweis auf EuGH, Urteil v. 12. Mai 2005, Rs. C-265/03, *Simutenkov*, Slg. 2005, I-2579 dem das Partnerschafts- und Kooperationsabkommen zwischen der EU und Russland zugrunde lag. Nach *Hilpold* ist daran bemerkenswert, dass der EuGH dadurch letztlich Auslegungsgrundsätze, die für das Gemeinschaftsrecht entwickelt wurden, auch dann auf die Außenbeziehungen überträgt, wenn durch das betreffende Abkommen keine Assoziierung oder gar ein Beitritt angestrebt wird.

693 Für eine Gesamtbetrachtung der von den WTO-Mitgliedern abgeschlossenen Abkommen: *Prusa/Teh*, in: Bagwell/Mavroidis (eds.), S. 60, 62 f. u. 77 ff.; *Rey*, WTO Staff Working Paper, ERSD-2012–22, S. 11 ff.; *Prusa*, in: Mattoo/Rocha/Ruta (eds.), S. 320, 320 ff.

694 Siehe hierzu die Auswertungen bei *Prusa/Teh*, in: Bagwell/Mavroidis (eds.), S. 60, 62 ff. u. 95 f.; *Rey*, WTO Staff Working Paper, ERSD-2012–22, S. 13 ff.; *Prusa*, in: Mattoo/Rocha/Ruta (eds.), S. 320, 320 ff.

695 Hierzu *Bungenberg*, in: Müller-Graff (Hrsg.), S. 91, 91 ff.; *Hoffmeister*, in: Bungenberg et. al (eds.), EYIEL 2017, S. 411, 411 ff. sowie die einzelnen Beiträge in *Griller/Obwexer/Vranes* (eds.). Dazu auch bereits Kapitel 3, Abschnitt B.

696 So *Hilpold*, S. 292 f.

697 Vgl. Art. 16.16 EU-Singapur FTA; Art. 17.20 EU-Vietnam FTA; Art. 23.5 EU-Japan FTA; Art. 30.6 CETA.

Als problematisch erweist sich auch diesem Kontext die Vereinbarkeit mit Art. XXIV GATT.[698] Teilweise wird vertreten, dass Art. XXIV:8 GATT die Mitglieder dazu verpflichte, auf den Gebrauch von Handelsschutzinstrumenten weitestgehend zu verzichten.[699] Dem wird regelmäßig die gegenläufige Praxis der WTO-Mitglieder[700] sowie der individuelle und zeitlich begrenzte Charakter der Handelsschutzinstrumente[701] entgegengehalten. Teilweise wird Art. VI GATT auch als *lex specialis* zu Art. XXIV GATT angesehen.[702] Jedenfalls zeigt sich auch an dieser Stelle das ungeklärte Verhältnis zwischen externen Handelsabkommen und dem WTO-Recht.

Insgesamt wird aus dem Vorstehenden die enge Anbindung des EU-Antidumpingrechts an die Antidumpingregeln des WTO-Rechts deutlich. Für die Frage, ob Exportabgaben als Fall des Input Dumping durch das Antidumpingrecht erfasst werden können, bilden vor diesem Hintergrund die AD-GVO und das ADÜ den maßgeblichen Prüfungsmaßstab.

II. Der Preisvergleich als Kern des Antidumpingrechts

Wie bereits ausgeführt, dienen Antidumpingmaßnahmen dem Schutz vor Dumping als Form einer internationalen Preisdiskriminierung.[703] Das WTO-Recht erlaubt hiergegen den Einsatz von Antidumpingzöllen (Art. 9 ADÜ), vorläufigen Maßnahmen (Art. 7 ADÜ) sowie eine Vereinbarung von Preisverpflichtungen (Art. 8 ADÜ).[704] Voraussetzung ist hierfür, dass im Rahmen eines Antidumpingverfahrens sowohl das Vorliegen von Dumping als auch eine daraus resultierende, d.h. kausale Schädigung der heimischen Industrie („Unionsindustrie") festgestellt wird (Art. 1 Abs. 1 AD-GVO; Art. VI:1 GATT; Art. 1 ADÜ). Zusätzlich ist es nach europäischem Antidumpingrecht erforderlich, dass ein Vorgehen auch

---

698 Dazu bereits Kapitel 3, Abschnitt B. III.
699 So bspw. *Marceau*, Anti-Dumping, S. 187 ff.; *Mitchell/Lockhart*, in: Lester/Mercurio (eds.), S. 81, 92 ff.; *Estrella/Horlick*, in: Bartels/Ortino (eds.), S. 109, 109 ff.
700 *Mavroidis* in: Choi/Hartigan (eds.), S. 239, 259; *Gantz*, in: Bagwell/Mavroidis (eds.), S. 101, 112; *Lester/Mercurio/Davies*, S. 350 f.
701 *Pauwelyn*, JIEL 1/2004, S. 109, 126 ff.; *Ahn*, JIEL 1/2008, S. 107, 120 f.
702 So bspw. *Müller-Ibold*, in: Bungenberg et al. (eds.), EYIEL 2018, S. 191, 204.
703 Siehe bereits Kapitel 4, Abschnitt A.
704 Den WTO-Mitgliedern kommt hierbei ein Wahlrecht zu. Andere Formen von Maßnahmen sind WTO-rechtlich nicht zugelassen. Siehe etwa *Weiß/Ohler/Bungenberg*, § 14 Rn. 675.

im allgemeinen Interesse der EU liegt (sog. „Unionsinteresse"; Art. 21 AD-GVO).[705]

Das Vorliegen einer tatsächlichen oder drohenden Schädigung sowie die notwendige Vereinbarkeit eines Eingreifens mit dem Unionsinteresse werden für alle Handelsschutzinstrumente der EU vorausgesetzt, d.h. auch für den Einsatz von Antisubventionsmaßnahmen, allgemeinen Schutzmaßnahmen gegen eine übermäßige Einfuhr und auch für ein Vorgehen nach der Handelshemmnis-VO.[706] Der eigentliche Kern des Antidumpingrechts ist damit die Feststellung von Dumping.

Diese Feststellung ist gem. Art. 1 Abs. 2 und 2 AD-GVO – in nahezu vollständiger Übereinstimmung mit Art. 2 ADÜ sowie Art. VI:1 und 2 GATT – das Ergebnis eines Preisvergleichs zwischen dem Exportpreis in der EU und dem Preis im Handelsverkehr des Ausfuhrlandes.[707] Sie ist durch den Grundsatz der individuellen Berechnung geprägt, nach dem jeweils individuelle Dumpingberechnungen durchzuführen sind, die sich sowohl auf einzelne Ausführer, Lieferanten oder Hersteller als auch auf einzelne Waren – ggf. auch einzelne Typen oder Modelle – beziehen.[708] Aufgrund dieses individuellen Charakters sind im Vorfeld der eigentlichen Preisermittlung zunächst die zu untersuchende Ware[709] und das zugehöri-

---

705 Für eine umfassende Darstellung siehe *Müller/Khan/Scharf*, Rn. 2.01 bis 4.61; *Van Bael/Bellis*, S. 37 ff.; *Weiß/Ohler/Bungenberg*, § 14 Rn. 676 ff. sowie die Beiträge von *Hoffmeister* (Art. 1 AD-GVO), *Bungenberg/Reinhold* (Art. 2 AD-GVO), *Kuplewatzky/Rusche* (Art. 3 AD-GVO), *Rados* (Art. 4 AD-GVO) und *Hartmann* (Art. 21 AD-GVO), in: Krenzler/Herrmann/Niestedt (Hrsg.); *De Baere/du Parc/Van Damme*, WTO Anti-Dumping, S. 44 ff.

706 Hierzu *Van Bael/Bellis*, S. 665 ff., 667 f., 696 ff., 711 ff., 765 ff. u. 776 ff.; *Lukas*, in: Krenzler/Herrmann/Niestedt (Hrsg.), Art. 8 ASubs-GVO, Rn. 1 u. Art. 31 ASubs-GVO, Rn. 1; *Dakilic/Terhechte*, in: Krenzler/Herrmann/Niestedt (Hrsg.), vor Art. 1 Einfuhr-VO, Rn. 63 f. u. Art. 15 Einfuhr-VO, Rn. 6 ff.; *Berrisch/Kamann*, in: Krenzler/Herrmann/Niestedt (Hrsg.), Art. 2 Handelshemmnis-VO, Rn. 20 ff. u. Art. 12 Handelshemmnis-VO, Rn. 6 f.

707 *Bungenberg/Reinhold*, in: Krenzler/Herrmann/Niestedt (Hrsg.), Art. 2 AD-GVO, Rn. 10.

708 Dazu *Bungenberg/Reinhold*, in: Krenzler/Herrmann/Niestedt (Hrsg.), Art. 2 AD-GVO, Rn. 23 ff.

709 Die in die EU exportierte Ware wird als „betreffende Ware" bezeichnet. Sie ist mit einer innerhalb des Binnenmarkts hergestellten „gleichartige[n] Ware" zu vergleichen. Darüber hinaus muss für den Preisvergleich i.S.v. Art. 2 AD-GVO auch eine „gleichartige Ware" auf dem Heimatmarkt des Ausführers bestimmt werden (vgl. Art. 2 Abs. 1 Uabs. 2 u. Abs. 6 AD-GVO). Die Ware im Ausfuhrland muss mit der in die EU eingeführten Ware identisch oder ihr sehr ähnlich sein, ebenso wie die eingeführte Ware im Verhältnis zu derjenigen, die in der EU hergestellt bzw. verkauft wird („doppeltes Identitätserfordernis"). Siehe

ge Ausfuhrland[710] zu bestimmen (Art. 1 Abs. 3 und 4 AD-GVO). Darauf aufbauend erfolgt die eigentliche Dumpingprüfung gem. Art. 2 AD-GVO in vier Schritten:

Zunächst ist der sog. „Normalwert" der Ware anhand sechs potenzieller Berechnungsmethoden zu ermitteln (Art. 2 Abs. 1 – 7 AD-GVO), die zueinander in einem Stufenverhältnis stehen.[711] Vorrangig ist für die Normalwertberechnung dabei auf den Verkaufspreis des Ausführers im Ausfuhrland abzustellen (Art. 2 Abs. 1 Uabs. 1 AD-GVO). Ist dies mangels (ausreichender) Herstellung oder mangels Verkaufs im normalen Handelsverkehr oder aufgrund einer besonderen Marktlage nicht möglich oder angemessen, so kommt subsidiär eine Berechnung auf Grundlage von Verkaufspreisen anderer Verkäufer oder Hersteller im Ausfuhrland (Art. 2 Abs. 1 Uabs. 2 AD-GVO) in Betracht. Können auch diese Preise nicht verwendet werden, so kann der Normalwert anhand von Herstellungskosten (Art. 2 Abs. 3 Hs. 2 Alt. 1 AD-GVO) oder anhand von Ausfuhrpreisen in ein geeignetes Drittland (Art. 2 Abs. 3 Hs. 2 Alt. 1 AD-GVO) rechnerisch ermittelt werden.[712] Sowohl für Inlandspreise als auch für Inlandskosten sieht darüber hinaus Art. 2 Abs. 6a AD-GVO Abweichungen vor, wenn in dem Ausfuhrland „nennenswerte Verzerrungen" bestehen.[713] In einem solchen Fall wird der Normalwert anhand von unverzerrten Herstell- und Verkaufskosten rechnerisch ermittelt. Ebenso bestimmt Art. 2 Abs. 7 AD-GVO für Länder, die zum Zeitpunkt der Untersuchungseinleitung keine WTO-Mitglieder sind, dass der Normalwert anhand von Werten eines re-

---

dazu *Hoffmeister*, in: Krenzler/Herrmann/Niestedt (Hrsg.), Art. 1 AD-GVO 2016, Rn. 28 ff. u. 52.

710 Das Ausfuhrland ist gem. Art. 1 Abs. 3 AD-GVO „normalerweise" das „Ursprungsland" der Ware. Dabei handelt es sich nach EU-Recht grds. um das Land, in dem die verfahrensgegenständliche Ware ihren zollrechtlichen, nicht präferenziellen Ursprung hat. Letzteres bestimmt sich nach den Art. 59 – 63 der Verordnung (EU) Nr. 952/2013 des Europäischen Parlaments und des Rates vom 9. Oktober 2013 zur Festlegung des Zollkodex der Union, ABl. L 269, 10.10.2013, S. 1. Hierzu mit Hinweis auf das Verhältnis zu der angestrebten Harmonisierung auf WTO-Ebene *Hoffmeister*, in: Krenzler/Herrmann/Niestedt (Hrsg.), Art. 1 AD-GVO 2016, Rn. 24.

711 *Müller/Khan/Scharf*, Rn. 2.07; *Bungenberg/Reinhold*, in: Krenzler/Herrmann/Niestedt (Hrsg.), Art. 2 AD-GVO 2016, Rn. 41.

712 Im Detail und zu dem Verhältnis der einzelnen Berechnungsmethoden zueinander *Bungenberg/Reinhold*, in: Krenzler/Herrmann/Niestedt (Hrsg.), Art. 2 AD-GVO 2016, Rn. 5 ff. u. 36 ff. Siehe daneben auch *Müller/Khan/Scharf*, Rn. 2.06 ff., *Van Bael/Bellis*, S. 48 ff.

713 Umfassend dazu *Bungenberg/Reinhold*, in: Krenzler/Herrmann/Niestedt (Hrsg.), Art. 2 AD-GVO 2016, Rn. 90 ff. u. 174 ff.

präsentativen Drittlands oder auf jeder anderen angemessenen Grundlage zu errechnen ist.[714]

Im Anschluss an die Normalwertberechnung ist in einem zweiten Schritt der „Ausfuhrpreis" als Vergleichswert festzustellen (Art. 2 Abs. 8 und 9 AD-GVO). Parallel zur Normalwertermittlung erfolgt die Berechnung vorrangig anhand des tatsächlichen Ausfuhrpreises soweit aktuelle Ausfuhrpreise vorliegen und diese als zuverlässig anzusehen sind (Art. 2 Abs. 8 AD-GVO). Ist dies nicht der Fall so wird auch der Ausfuhrpreis rechnerisch ermittelt (Art. 2 Abs. 9 Hs. 2 Alt. 1 AD-GVO).[715]

Beide Werte werden in einem dritten Schritt im Hinblick auf Faktoren, die sich auf die Vergleichbarkeit auswirken, angepasst, um einen „gerechte[n] Vergleich" zu ermöglichen (Art. 2 Abs. 10 AD-GVO).[716] Auf dieser Grundlage ist schließlich der eigentliche Preisvergleich vorzunehmen und die sog. „Dumpingspanne" zu ermitteln (Art. 2 Abs. 11 und 12 AD-GVO). Gemäß Abs. 12 entspricht die Dumpingspanne dabei „dem Betrag, um den der Normalwert den Ausfuhrpreis übersteigt".[717]

Aus dem Vorstehenden ergibt sich für Exportabgaben bereits, dass diese nicht in direkter Weise als Anknüpfungspunkt einer Antidumpingmaßnahme in Betracht kommen. Denn das Antidumpingrecht stellt den grenzüberschreitenden Preisvergleich in das Zentrum eines Vorgehens gegen Einfuhren aus Drittstaaten, nicht die staatliche Marktintervention. Es geht dabei primär um den Preis des Endprodukts und nicht von Inputstoffen. Exportabgaben als eine Form des Input Dumping können demnach nur dann durch das Antidumpingrecht erfasst werden, wenn sie sich auf den Endpreis einer Ware auswirken und diese Auswirkungen zugleich den rechtlichen Umgang mit dem Inlands- und Ausfuhrpreis bei der Dumpingfeststellung entscheidend beeinflussen. Sie müssten also als eine hinter dem Verkaufspreis stehende Maßnahme erfasst werden können.

---

714 Umfassend dazu *Bungenberg/Reinhold*, in: Krenzler/Herrmann/Niestedt (Hrsg.), Art. 2 AD-GVO 2016, Rn. 102 f. u. 196 ff.

715 *Müller/Khan/Scharf*, Rn. 2.182 ff.; *Van Bael/Bellis*, S. 103 ff.; *Bungenberg/Reinhold*, in: Krenzler/Herrmann/Niestedt (Hrsg.), Art. 2 AD-GVO 2016, Rn. 218 ff.

716 *Müller/Khan/Scharf*, Rn. 2.237 ff.; *Van Bael/Bellis*, S. 124 ff.; *Bungenberg/Reinhold*, in: Krenzler/Herrmann/Niestedt (Hrsg.), Art. 2 AD-GVO 2016, Rn. 256 ff.

717 *Müller/Khan/Scharf*, Rn. 2.321 ff.; *Van Bael/Bellis*, S. 148 ff.; *Bungenberg/Reinhold*, in: Krenzler/Herrmann/Niestedt (Hrsg.), Art. 2 AD-GVO 2016, Rn. 353 ff.

III. Die Bedeutung von Exportabgaben für die Dumpingfeststellung

Aufgrund der Tatsache, dass sich das Antidumpingrecht nicht in direkter Weise gegen staatliche Maßnahmen (wie bspw. Exportabgaben) richtet, lassen sie sich nur dann innerhalb eines Antidumpingverfahrens berücksichtigen, wenn sie die Dumpingfeststellung wenigstens beeinflussen können. Mangels eigenständiger Tatbestandswirkung müsste sich das Vorliegen einer Exportabgabe als subsumtionsfähige Tatsachengrundlage auf die Art und Weise der Ermittlung von Dumping auswirken können.

Auf Ebene der Normalwertermittlung bieten sich durch die zahlreichen Abweichungsgründe und die damit einhergehenden alternativen Berechnungsmethoden eine Reihe von Anknüpfungspunkten für eine Berücksichtigung von Exportabgaben an. Diese sollen nachfolgend näher betrachtet werden (dazu 1.). Daneben sollen aber auch die Bestimmungen zur Ermittlung des Ausfuhrpreises und der Herstellung der Vergleichbarkeit auf eine mögliche Berücksichtigung von Exportabgaben hin untersucht werden (dazu 2.).

1. Berücksichtigungsmöglichkeiten bei der Normalwertermittlung

Ausgangspunkt der Normalwertermittlung ist, wie gesehen, der tatsächlich veranschlagte Verkaufspreis des Ausführers im Ausfuhrland (Art. 2 Abs. 1 AD-GVO). Legt man diesen zugrunde, so würde dabei der durch Exportabgaben herabgesenkte Rohstoffpreis des Ausführers als (Kosten-)Bestandteil des finalen Warenpreises mitberücksichtigt, ohne dass sich damit eine besondere Rechtsfolge verbindet. Exportabgaben hätten für sich genommen damit keinerlei eigenständige Bedeutung für die Normalwertermittlung.

Allerdings sieht Art. 2 AD-GVO eine Reihe von Konstellationen vor, in denen nicht auf den tatsächlichen Verkaufspreis zurückgegriffen wird bzw. werden kann. Exportabgaben könnten vor diesem Hintergrund Einfluss auf den Normalwert nehmen, wenn ihr Vorliegen die Voraussetzungen eines Abweichungsgrundes erfüllt (dazu a)). Liegt einer der in Art. 2 AD-GVO genannten Abweichungsgründe vor, so folgt daraus der Rückgriff auf eine alternative Berechnungsmethode, deren Anwendung einen weiteren potenziellen Anknüpfungspunkt für eine Beeinflussung der Normalwertermittlung durch Exportabgaben eröffnet (dazu b)).

a) Exportabgaben im Kontext einer Ablehnung von Inlandspreisen des Verkäufers

Abweichungsmöglichkeiten gegenüber einem Rückgriff auf den inländischen Verkaufspreis des Ausführers bestehen, wenn festgestellt wird, dass im Ausfuhrland

- überhaupt keine bzw. keine hinreichenden Verkäufe gegeben sind, oder
- der Verkauf nicht im normalen Handelsverkehr erfolgt, oder
- eine besondere Marktlage vorliegt, die keinen angemessenen Vergleich zulässt, oder
- eine staatliche Marktverzerrung gegeben ist, oder
- die Ware nicht aus einem WTO-Mitglied stammt.[718]

Für einige dieser Voraussetzungen kann ein Einfluss von rohstoffbezogenen Exportabgaben bereits grds. ausgeschlossen werden. Dies gilt sowohl für die Frage, ob ein daraus gefertigtes Endprodukt überhaupt bzw. in repräsentativen Mengen auf dem Markt verkauft wird als auch für die WTO-Mitgliedschaft eines Ausfuhrlandes.[719] Klärungsbedürftig ist damit allein, ob der Einsatz von Exportabgaben gegenüber Inputstoffen eines Endprodukts zu einem Verkauf außerhalb des „normalen Handelsverkehrs" führt (dazu aa)) oder dadurch eine „besondere Marktlage" geschaffen wird, die einen „angemessenen Vergleich" nicht zulässt (dazu bb)). Darüber hinaus ist fraglich, ob Exportabgaben die Annahme einer „nennenswerten Verzerrung" gem. Art. 2 Abs. 6a AD-GVO rechtfertigen können (dazu cc)).

aa) Der Einfluss von Exportabgaben auf den „normalen Handelsverkehr"

Gemäß Art. 2 Abs. 3 Uabs. 1 Alt. 1 und 2 AD-GVO ist – in Übereinstimmung mit Art. 2.2 ADÜ – auf eine alternative Berechnungsmethode zurückzugreifen, wenn die „gleichartige Ware im normalen Handelsverkehr nicht oder nur in unzureichender Menge verkauft [wird]". Was dabei unter der Formulierung „im normalen Handelsverkehr" zu verstehen ist, wird weder innerhalb des GATT, des ADÜ noch der AD-GVO näher erläu-

---

718 Siehe die Aufzählung bei *Bungenberg/Reinhold*, in: Krenzler/Herrmann/Niestedt (Hrsg.), Art. 2 AD-GVO 2016, Rn. 39 u. 45.

719 Zu diesen Anforderungen vgl. *Van Bael/Bellis*, S. 51 f. u. 95 ff.; *Bungenberg/Reinhold*, in: Krenzler/Herrmann/Niestedt (Hrsg.), Art. 2 AD-GVO 2016, Rn. 46 ff. u. 102 f.

tert.[720] Nach der Rechtsprechung des EuGH bezieht sich der Begriff auf den Charakter der Verkäufe der verfahrensgegenständlichen Ware.[721] Für das ADÜ hat der Appellate Body festgestellt, dass durch die Fallgruppe des normalen Handelsverkehrs Verkäufe erfasst werden sollen, die sich außerhalb eines gewöhnlichen kommerziellen Verhaltens bewegen.[722]

Aus Art. 2 Abs. 1 Uabs. 3 und Abs. 4 AD-GVO ergibt sich, dass jedenfalls Geschäfte zwischen strukturell oder vertraglich verbundenen Unternehmen und Verkäufe unter Herstellungskosten als außerhalb des normalen Handelsverkehrs stehend anzusehen sind.[723] Der Verkauf unter Herstellungskosts wird ausdrücklich auch von Art. 2.2.1 ADÜ genannt, dessen Wortlaut durch Art. 2 Abs. 4 AD-GVO in das EU-Antidumpingrecht übertragen wird.[724] Rohstoffbezogene Exportabgaben sind ohne direkten Einfluss auf die Bedingungen, unter denen das Endprodukt verkauft wird. Sie wirken sich allerdings auf die Herstellungskosten aus und könnten daher

---

720 *Bungenberg/Reinhold*, in: Krenzler/Herrmann/Niestedt (Hrsg.), Art. 2 AD-GVO 2016, Rn. 63.

721 EuGH, Urteil v. 1. Oktober 2014, Rs. C-393/13 P, *Rat/Alumina*, ECLI:EU:C:2014:2245, Rn. 25. Näher dazu *Noël*, GTCJ 7–8/2016, S. 296, 302 ff.; *Noël/Zhou*, GTCJ 11–12/2016, S. 559, 563 ff.; *Sacher*, BTW 146/2017, S. 25 f.; *Bungenberg/Reinhold*, in: Krenzler/Herrmann/Niestedt (Hrsg.), Art. 2 AD-GVO 2016, Rn. 63.

722 WTO, *United States – Anti-Dumping Measures on Certain Hot-Rolled Steel Products from Japan*, WT/DS184/AB/R, Appellate Body Report (24 July 2001), Rn. 140 ff. Dort heißt es u.a.: „Article 2.1 requires investigating authorities to exclude sales not made ‚in the ordinary course of trade', from the calculation of normal value, precisely to ensure that normal value is, indeed, the ‚normal' price of the like product, in the home market of the exporter. Where a sales transaction is concluded on terms and conditions that are incompatible with 'normal' commercial practice for sales of the like product, in the market in question, at the relevant time, the transaction is not an appropriate basis for calculating ‚normal' value."

723 EuGH, Urteil v. 1. Oktober 2014, Rs. C-393/13 P, *Rat/Alumina*, ECLI:EU:C:2014:2245, Rn. 22 f. Dazu *Müller/Khan/Scharf*, Rn. 2.35; *Van Bael/Bellis*, S. 55 f.; *Bungenberg/Reinhold*, in: Krenzler/Herrmann/Niestedt (Hrsg.), Art. 2 AD-GVO 2016, Rn. 63.

724 *Van Bael/Bellis*, S. 55; *Bungenberg/Reinhold*, in: Krenzler/Herrmann/Niestedt (Hrsg.), Art. 2 AD-GVO 2016, Rn. 67. Nach den Ausführungen des *GA Warner* in der Rechtssache *NTN Tokyo Bearing/Rat* wurden derartige Verlustverkäufe in Folge einer informellen Vereinbarung im Rahmen der Tokio-Runde als eine Konkretisierung der ansonsten heftig umstrittenen Fallgruppe in das ADÜ aufgenommen. Der andauernde Verkauf unter Kosten, durch den sich bspw. eine Rezession eines Landes auf andere Einfuhrländer auswirken könnte, sollte jedenfalls als Verkauf außerhalb eines normalen Handelsverkehrs eingeordnet werden. Hierzu *Van Bael/Bellis*, S. 55 Fn. 94.

theoretisch Einfluss auf die Frage nehmen, ob Verkäufe gem. Art. 2 Abs. 4 AD-GVO „zu Preisen getätigt werden, die während eines angemessenen Zeitraums nicht die Deckung aller Kosten ermöglichen".[725] In diesem Fall wäre rechtlich gesehen ein Verkauf außerhalb des normalen Handelsverkehrs anzunehmen.

Ob Preise kostendeckend sind, bemisst sich nach sämtlichen fixen und variablen Kosten, die bei der Herstellung der gleichartigen Ware bzw. der im Ausfuhrland verkauften Modelle oder Typen anfallen (so auch Art. 2.2.1 ADÜ) und die der betreffende Hersteller auch tatsächlich trägt.[726] Diese Kosten werden gem. Art. 2 Abs. 5 Uabs. 1 AD-GVO bzw. Art. 2.2.1.1 ADÜ „normalerweise" anhand der vorhandenen Aufzeichnungen[727] der betroffenen Unternehmen berechnet. Beziehen Unternehmen ihre Rohstoffe in Folge eines Einsatzes von Exportabgaben zu Preisen, die unter den gewöhnlichen Marktpreisen liegen, so gehen diese (vergünstigten) Rohstoffkosten im Regelfall auch aus den Aufzeichnungen hervor. Ob der Verkaufspreis des Endprodukts kostendeckend ist, hängt – ausgehend von den durch Exportabgaben verringerten Gesamtkosten der Herstellung – vom Preissetzungsverhalten des Unternehmens ab. In Folge der verringerten Herstellungskosten ist eine Kostendeckung auch für niedrigere Verkaufspreise möglich. Ein Unternehmen kann demnach auch bei einem niedrigen Verkaufspreis noch Gewinne erzielen und gleichzeitig von einem Wettbewerbsvorteil gegenüber der Konkurrenz profitieren. Exportabgaben verleihen dem begünstigten Unternehmen dadurch letztlich einen größeren Preissetzungsspielraum, den es im Preiswettbewerb nutzen kann.

Voraussetzung dafür, dass für die Kostenermittlung die Aufzeichnungen des Unternehmens zugrunde gelegt werden können, ist allerdings, dass diese „den allgemein anerkannten Buchführungsgrundsätzen des betreffenden Landes entsprechen und nachgewiesen wird, dass diese Aufzeichnungen die mit der Produktion und dem Verkauf der betreffenden Ware verbundenen Kosten in angemessener Weise widerspiegeln" (Art. 2 Abs. 5

---

725 Zu den Voraussetzungen im Einzelnen *Müller/Khan/Scharf*, Rn. 2.34 ff.; *Van Bael/Bellis*, S. 55 ff.; *Bungenberg/Reinhold*, in: Krenzler/Herrmann/Niestedt (Hrsg.), Art. 2 AD-GVO 2016, Rn. 66 ff.

726 *Van Bael/Bellis*, S. 74 ff.: *Bungenberg/Reinhold*, in: Krenzler/Herrmann/Niestedt (Hrsg.), Art. 2 AD-GVO 2016, Rn. 70 u. 123.

727 Dies sind: geprüfte Jahresabschlüsse (Bilanzen und Gewinn- und Verlustrechnungen), andere Rechnungs- und Kontenabschlüsse, Bücher, Konten, und Belege; vgl. *Bungenberg/Reinhold*, in: Krenzler/Herrmann/Niestedt (Hrsg.), Art. 2 AD-GVO 2016, Rn. 121.

Uabs. 1 AD-GVO). Werden die mit Produktion und Verkauf der betreffenden Ware verbundenen Kosten nicht in angemessener Weise widergespiegelt, so berichtigt die Europäische Kommission diese Kosten oder ermittelt sie anhand alternativer Kostenquellen (Art. 2 Abs. 5 Uabs. 2 AD-GVO).[728]

Die Europäische Kommission hat in der Vergangenheit vielfach den staatlichen Einfluss auf Herstellungskosten (u.a. auch in Form von Exportzöllen) zum Anlass genommen, um die von den Unternehmen angegebenen Kosten als unangemessen abzulehnen und stattdessen alternative, d.h. letztlich höhere Herstellungskosten heranzuziehen. In einer Reihe von WTO-Streitbeilegungsentscheidungen wurde diese Praxis jedoch als Verstoß gegen WTO-Recht qualifiziert (dazu (1)). Alternativ wird nunmehr teilweise versucht, staatliche Marktinterventionen auf Kostenebene als eine Abweichung zu dem in Art. 2 Abs. 5 Uabs. 1 AD-GVO bzw. Art. 2.2.1.1 S. 1 ADÜ angesprochenen Normalfall („normalerweise" bzw. „normally") einzuordnen, was nach hier vertretener Ansicht jedoch ebenfalls abzulehnen ist (dazu (2)). Exportabgaben sind damit letztlich ohne Einfluss auf die Frage, ob die unternehmensseitig vorgelegten Aufzeichnungen als Grundlage einer Kostenermittlung dienen können oder berichtigt werden müssen. Rohstoffbezogenen Exportabgaben kommt dadurch keine eigenständige Bedeutung bei der Frage zu, ob Verkäufe im normalen Handelsverkehr getätigt werden (dazu (3)).

(1) Der Einfluss von Exportabgaben auf die Angemessenheit der Herstellungskosten

Für die Beantwortung der Frage, ob eine staatliche Beeinflussung der Herstellungskosten die Annahme rechtfertigt, dass diese nicht angemessen widergespiegelt werden, kommt es maßgeblich darauf an, wie der Begriff der Angemessenheit im Rahmen von Art. 2 Abs. 5 Uabs. 1 AD-GVO bzw. Art. 2.2.1.1 S. 1 ADÜ zu verstehen ist.[729]

---

728 Während Art. 2 Abs. 5 Uabs. 1 AD-GVO nahezu wortwörtlich dem ersten Satz des Art. 2.2.1.1 ADÜ entspricht, stimmt Uabs. 2 mit keiner Bestimmung des ADÜ in direkter Weise überein. Er wurde – wie auch Abs. 3 Uabs. 2 – im Jahr 2002 in Folge der Zuerkennung des Marktwirtschaftsstatus gegenüber Russland in die AD-GVO eingeführt. Dazu *Engelbutzeder*, S. 156 ff; *Pogoretskyy*, GTCJ 10/2009, S. 313, 316; *Tietje/Kluttig/Franke*, JWT 5/2011, S. 1071, 1074 ff.

729 Zum Folgenden auch *Pogoretskyy*, GTCJ 10/2009, S. 313, 313 ff.; *Tietje/Kluttig/Franke*, JWT 5/2011, S. 1071, 1071 ff.; *Noël/Zhou*, GTCJ 11–12/2016, S. 559, 559 ff.; *Crowley/Hillman*, WTR 2/2018, S. 195, 199 ff.; *Shadikhodjaev*, WTR

Die Europäische Kommission vertritt diesbezüglich eine vom Gedanken der Fairness geleitete marktwirtschaftliche Auslegung: In einer Vielzahl von Verfahren gegenüber Einfuhren aus Russland und der Ukraine[730] hat sie die von den Unternehmen angegebenen Herstellungskosten aufgrund der darin enthaltenen Energiepreise zurückgewiesen.[731] Dieses Vorgehen begründete sie jeweils mit der Regulierung der inländischen Energiepreise durch staatlich kontrollierte Energieunternehmen, die zu einer Bevorzugung des inländischen Verbrauchs gegenüber dem Export führe (sog. „Energy Dual Pricing").[732] Der inländische Energiepreis liege in Folge dieser (direkten) staatlichen Lenkung unter dem gewöhnlichen Marktpreis.

Darüber hinaus lehnte die Europäische Kommission in dem Fall *Einfuhren von Biodiesel mit Ursprung in Argentinien und Indonesien*[733] die vorgelegten Herstellungskosten wegen einer indirekten staatlichen Lenkung ab.[734] Die inländischen Preise für wichtige Rohstoffarten (konkret: Soja-

---

1/2019, S. 81, 81 ff.; *Huyghebaert*, JWT 3/2019, S. 417, 417 ff.; *Wüstenberg*, GTCJ 9/2019, S. 407, 407 ff.; *Van Bael/Bellis*, S. 66 ff.; *Bungenberg/Reinhold*, in: Krenzler/Herrmann/Niestedt (Hrsg.), Art. 2 AD-GVO 2016, Rn. 125 f. u. 130 f.; *Crochet*, EJIL 2/2022, S. 381, 389 ff.

730 So zuletzt bspw. in Durchführungsverordnung (EU) 2019/576 der Kommission vom 10. April 2019 zur Einführung eines vorläufigen Antidumpingzolls auf die Einfuhren von Mischungen von Harnstoff und Ammoniumnitrat mit Ursprung in Russland, Trinidad und Tobago und den Vereinigten Staaten von Amerika, ABl. L 100, 11.04.2019, S. 7, Rn. 38 ff.; Durchführungsverordnung (EU) 2019/1688 der Kommission vom 8. Oktober 2019 zur Einführung eines endgültigen Antidumpingzolls und zur endgültigen Vereinnahmung des vorläufigen Zolls auf die Einfuhren von Mischungen von Harnstoff und Ammoniumnitrat mit Ursprung in Russland, Trinidad und Tobago und den Vereinigten Staaten von Amerika, ABl. L 258, 09.10.2019, S. 21, Rn. 36 ff. Siehe dazu die ausführlichen Nachweise bei *Bungenberg/Reinhold*, in: Krenzler/Herrmann/Niestedt (Hrsg.), Art. 2 AD-GVO 2016, Rn. 125.

731 Siehe dazu *Pogoretskyy*, GTCJ 10/2009, S. 313, 315 ff.; *Tietje/Kluttig/Franke*, JWT 5/2011, S. 1071, 1078 ff.; *Noël/Zhou*, GTCJ 11–12/2016, S. 559, 563; *Shadikhodjaev*, WTR 1/2019, S. 81, 87 f.; *Van Bael/Bellis*, S. 67; *Bungenberg/Reinhold*, in: Krenzler/Herrmann/Niestedt (Hrsg.), Art. 2 AD-GVO 2016, Rn. 125 u. 131.

732 ibid. Zum Begriff des „Input Dumping" siehe bereits Kapitel 4, Abschnitt A.

733 Verordnung (EU) Nr. 490/2013 der Kommission vom 27. Mai 2013 zur Einführung eines vorläufigen Antidumpingzolls auf die Einfuhren von Biodiesel mit Ursprung in Argentinien und Indonesien ABl. L 141, 28.05.2013, S. 6 bzw. Durchführungsverordnung (EU) Nr. 1194/2013 des Rates vom 19. November 2013 zur Einführung eines endgültigen Antidumpingzolls und zur endgültigen Vereinnahmung des vorläufigen Zolls auf die Einfuhren von Biodiesel mit Ursprung in Argentinien und Indonesien ABl. L 315, 26.11.2013, S. 2.

734 Dazu *Noël/Zhou*, GTCJ 11–12/2016, S. 559, 565 ff.; *Crowley/Hillman*, WTR 2/2018, S. 195, 199 ff.; *Shadikhodjaev*, WTR 1/2019, S. 81, 88 ff.; *Huyghebaert*,

bohnen, Sojaöl sowie rohes Palmöl) waren nach ihrer Ansicht in Folge des Einsatzes von Exportzöllen[735] verzerrt.[736] Durch diesen (indirekten) Markteingriff des Staates werde der Preis für Rohstoffe im Inland unter den Weltmarktpreis gelenkt, was dazu führe, dass die Herstellungskosten nicht in angemessener Weise widergespiegelt werden.[737] In allen Fällen ersetzte die Europäische Kommission die als verzerrt eingestuften Kosten auf Grundlage von Art. 2 Abs. 5 Uabs. 2 AD-GVO durch Referenzpreise (Marktpreise).[738]

Das EuG hat sich dieser marktwirtschaftlichen Auslegung in seinem Urteil vom 7. Februar 2013 in der Rechtssache *Acron* angeschlossen.[739] Es stellte darin fest, dass der angegebene Energiepreis aus der staatlichen Regulierung resultiere. Er sei daher nicht als das Ergebnis von Marktkräften und somit als verzerrt anzusehen.[740] In der Rechtsachte *PT Pelita Agung*

JWT 3/2019, S. 417, 417 ff.; *Wüstenberg*, GTCJ 9/2019, S. 407, 407 ff.; *Van Bael/Bellis*, S. 67; *Bungenberg/Reinhold*, in: Krenzler/Herrmann/Niestedt (Hrsg.), Art. 2 AD-GVO 2016, Rn. 125 f. u. 130 f.

735 Während für die fertige Ware Ausfuhrzölle in Höhe von 20 % (Argentinien) sowie zwischen 2 und 5 % (Indonesien) erhoben wurden, lag der Ausfuhrzollsatz für die Rohstoffe bei 35 % (Sojabohnen) und 32 % (Sojaöl) in Argentinien bzw. zwischen 15 und 20 % (rohes Palmöl) sowie 40 % (Palmfrucht) in Indonesien. Siehe Durchführungsverordnung (EU) Nr. 1194/2013, Rn. 35 ff. u. 68 f.

736 Durchführungsverordnung (EU) Nr. 1194/2013, Rn. 29 ff., 35 ff. sowie 66 ff. In der Verordnung (EU) Nr. 490/2013 kündigte die Europäische Kommission demgegenüber lediglich an, dass sie den Einwendungen der Antragsteller nachgehen werde, wonach die Rohstoffpreise in Argentinien und Indonesien durch ein System der unterschiedlichen Ausfuhrzölle gedrückt würden (Rn. 45 u. 63).

737 Durchführungsverordnung (EU) Nr. 1194/2013, Rn. 38, 66 u. 68.

738 *Pogoretskyy*, GTCJ 10/2009, S. 313, 318; *Tietje/Kluttig/Franke*, JWT 5/2011, S. 1071, 1078 ff.; *Noël/Zhou*, GTCJ 11–12/2016, S. 559, 563; *Crowley/Hillman*, WTR 2/2018, S. 195, 201; *Shadikhodjaev*, WTR 1/2019, S. 81, 88; *Wüstenberg*, GTCJ 9/2019, S. 407, 411; *Van Bael/Bellis*, S. 67; *Bungenberg/Reinhold*, in: Krenzler/Herrmann/Niestedt (Hrsg.), Art. 2 AD-GVO 2016, Rn. 130 f.

739 EuG, Urteil v. 7. Februar 2013, Rs. T-118/10, *Acron OAO/Rat*, ECLI:EU:T:2013:67. Siehe auch die Parallelentscheidungen vom 7. Februar 2013: Rs. T-235/08, *Acron OAO und Dorogobuzh OAO/Rat*, ECLI:EU:T:2013:65; Rs. T-84/07, *EuroChem MCC/Rat*, ECLI:EU:T:2013:64 u. Rs. T-459/08, *EuroChem MCC/Rat*, ECLI:EU:T:2013:66.

740 EuG, Urteil v. 7. Februar 2013, Rs. T-118/10, *Acron OAO/Rat*, ECLI:EU:T:2013:67, Rn. 51. Dort heißt es: „Since the price of gas in Russia was regulated, it may indeed be presumed that the cost of producing the product concerned was affected by a distortion of the domestic Russian market regarding the price of gas, as that price was not the result of market forces." Wortgleich auch in Rs. T-235/08, *Acron OAO und Dorogobuzh OAO/Rat*, Rn. 44; Rs. T-84/07, *EuroChem MCC/Rat*, Rn. 58; Rs. T-459/08, *EuroChem MCC/Rat*,

Agrindustri akzeptierte das EuG grds. auch eine Ablehnung von Herstellungskosten, wenn diese durch den Einsatz von Exportzöllen beeinflusst werden.[741] Allerdings sei es bei einem alleinigen Abstellen auf die Auswirkungen einer staatlichen Maßnahme erforderlich, dass die damit zusammenhängenden Markt- bzw. Preiseffekte konkret nachgewiesen werden. Angesichts des in Art. 2 Abs. 5 Uabs. 1 AD-GVO vorgesehenen Vorrangs der unternehmerischen Aufzeichnungen für die Kostenberechnung könne nicht jede noch so geringfügige Auswirkung staatlicher Politik deren Zurückweisung rechtfertigen.[742]

Legt man diese Auslegung der Europäischen Kommission und des EuG zugrunde, so wären Herstellungskosten zurückzuweisen, wenn sie durch den Einsatz von Exportabgaben nachweislich beeinflusst wurden und folglich nicht als das Ergebnis eines freien Spiels der Marktkräfte anzusehen sind. Die Auswirkungen von Exportabgaben auf den Rohstoffpreis ließen sich dadurch im Rahmen einer Dumpingfeststellung erfassen und nach Maßgabe von Art. 2 Abs. 5 Uabs. 2 AD-GVO korrigieren.

Indes wurde diese europäische Praxis in einer Reihe von WTO-Streitbeilegungsverfahren als WTO-rechtswidrig eingestuft.[743] Aus Sicht der Panels

---

Rn. 65. Diese Einschätzung wiederholte das EuG im Kontext einer durchgeführten Interimsüberprüfung gem. Art. 11 Abs. 3 AD-GVO noch einmal. Siehe dazu Urt. v. 5. Mai 2021, Rs. T-45/19, *Acron u.a./ Kommission*, ECLI:EU:T:2021:238, Rn. 59 ff.

741 EuG, Urteil v. 15. September 2016, Rs. T-121/14, *PT Pelita Agung Agrindustri/Rat*, ECLI:EU:T:2016:500. Siehe auch die parallelen Entscheidungen vom 15. September 2016: Rs. T-120/14, *PT Ciliandra Perkasa/Rat*, ECLI:EU:T:2016:501; Rs. T-118/14, *Louis Dreyfus Commodities/Rat*, ECLI:EU:T:2016:502; Rs. T-117/14, *Cargill/Rat*, ECLI:EU:T:2016:503; Rs. T-112/14 bis 116/14 u. 119/14, *Molinos Río de la Plata u.a./ Rat*, ECLI:EU:T:2016:509; Rs. T-111/14, *Unitec Bio/Rat*, ECLI:EU:T:2016:505; Rs. T-80/14, *PT Musim Mas/Rat*, ECLI:EU:T:2016:504; Rs. T-139/14, *PT Wilmar Bioenergi Indonesia und PT Wilmar Nabati Indonesia/Rat*, ECLI:EU:T:2016:499.

742 EuG, Urteil v. 15. September 2016, Rs. T-121/14, *PT Pelita Agung Agrindustri/Rat*, Rn. 60 ff. Vgl. auch Rs. T-120/14, *PT Ciliandra Perkasa/Rat*, Rn. 60 ff.; Rs. T-118/14, *Louis Dreyfus Commodities/Rat*, Rn. 47 ff.; Rs. T-117/14, *Cargill/Rat*, Rn. 55 f.; Rs. T-112/14 bis 116/14 u. 119/14, *Molinos Río de la Plata u.a./Rat*, Rn. 87 f.; Rs. T-111/14, *Unitec Bio/Rat*, Rn. 55 ff.; Rs. T-80/14, *PT Musim Mas/Rat*, Rn. 80 ff.; Rs. T-139/14, *PT Wilmar Bioenergi Indonesia und PT Wilmar Nabati Indonesia/Rat*, Rn. 87 ff.

743 Siehe hierzu die gegen die EU gerichteten Verfahren: WTO, *European Union – Anti-Dumping Measures on Biodiesel from Argentina*, WT/DS473/R, Panel Report (29 March 2016) sowie WT/DS473/AB/R, Appellate Body Report (6 October 2016); *European Union – Anti-Dumping Measures on Biodiesel from Indonesia*, WT/DS480/R, Panel Report (25 January 2018); *European Union – Cost Adjustment*

sowie des Appellate Body ist der Begriff der Angemessenheit in Art. 2.2.1.1 S. 1 ADÜ nicht marktwirtschaftlich (im Sinne einer Marktangemessenheit), sondern als das Erfordernis einer wirklichkeitsgetreuen Wiedergabe von Kosten zu verstehen.[744] Eine Zurückweisung der in den Aufzeichnungen enthaltenen Kosten ist vor diesem Hintergrund nur dann zulässig, wenn Zweifel an deren Genauigkeit oder Zuverlässigkeit bestehen.[745] Mit der Angemessenheit der wiedergegebenen Kosten verbindet sich nach der Rechtsprechung der WTO-Streitbeilegungsorgane die Prüfung, ob die in den Aufzeichnungen eines Herstellers angegebenen Kosten – innerhalb akzeptabler Grenzen – genau und zuverlässig allen tatsächlichen Kosten entsprechen, die dem jeweiligen Hersteller oder Ausführer für das betreffende Produkt entstanden sind.[746] Eine Preisbeeinflussung durch den Einsatz

---

Methodologies and Certain Anti-Dumping Measures on Imports from Russia – (Second complaint), WT/DS494/R, Panel Report (24 July 2020). Siehe daneben auch WTO, *Ukraine – Anti-Dumping Measures on Ammonium*, WT/DS493/R, Panel Report (20 July 2018) sowie WT/DS493/AB/R, Appellate Body Report (12 September 2019). Zu dieser Rechtsprechung siehe bspw. *Noël/Zhou*, GTCJ 11–12/2016, S. 559, 565 ff.; *Crowley/Hillman*, WTR 2/2018, S. 195, 205 f.; *Shadikhodjaev*, WTR 1/2019, S. 81, 91 ff.; *Huyghebaert*, JWT 3/2019, S. 417, 426 ff.; *Wüstenberg*, GTCJ 9/2019, S. 407, 412 ff.; *Van Bael/Bellis*, S. 66 u. 69 f.; *Bungenberg/Reinhold*, in: Krenzler/Herrmann/Niestedt (Hrsg.), Art. 2 AD-GVO 2016, Rn. 126; *Crochet*, EJIL 2/2022, S. 381, 392 ff.

744 WTO, *European Union – Anti-Dumping Measures on Biodiesel from Argentina*, WT/DS473/R, Panel Report (29 March 2016), Rn. 7.228 ff. sowie WT/DS473/AB/R, Appellate Body Report (6 October 2016), Rn. 6.26, 6.30 u. 6.56; *European Union – Anti-Dumping Measures on Biodiesel from Indonesia*, WT/DS480/R, Panel Report (25 January 2018) Rn. 7.21 u. 7.26; *Ukraine – Anti-Dumping Measures on Ammonium*, WT/DS493/R, Panel Report (20 July 2018), Rn. 7.89 ff. sowie WT/DS493/AB/R, Appellate Body Report (12 September 2019), Rn. 6.97 u. 6.102; *European Union – Cost Adjustment Methodologies and Certain Anti-Dumping Measures on Imports from Russia – (Second complaint)*, WT/DS494/R, Panel Report (24 July 2020), Rn. 7.101 f.

745 Dazu WTO, *European Union – Anti-Dumping Measures on Biodiesel from Argentina*, WT/DS473/R, Panel Report (29 March 2016), Rn. 7.232 u. Rn. 7.242 Fn. 440 sowie WT/DS473/AB/R, Appellate Body Report (6 October 2016), Rn. 6.33 u. 6.41; *Ukraine – Anti-Dumping Measures on Ammonium*, WT/DS493/AB/R, Appellate Body Report (12 September 2019), Rn. 6.102.

746 So ausdrücklich WTO, *European Union – Anti-Dumping Measures on Biodiesel from Argentina*, WT/DS473/R, Panel Report (29 March 2016), Rn. 7.247: „In sum, we consider that the proper interpretation of ‚provided such records ... reasonably reflect the costs associated with the production and sale of the product under consideration' under Article 2.2.1.1 calls for an assessment of whether the costs set out in a producer's records correspond – within acceptable limits – in an accurate and reliable manner, to all the actual costs incurred by the

von Exportabgaben kann eine Ablehnung demnach für sich genommen nicht rechtfertigen.[747]

Aus Sicht der EU ließe sich zwar argumentieren, dass Art. 2 Abs. 5 Uabs. 2 AD-GVO nicht dem Wortlaut des Art. 2.2.1.1 ADÜ entspricht und daher in diesem Kontext eine unionsautonome Auslegung des Begriffs der Angemessenheit eröffnet wird.[748] Abgesehen davon, dass diese Auslegung immer noch WTO-rechtswidrig wäre und in Folge dessen den Einsatz von Gegenmaßnahmen rechtfertigen könnte, bezieht sich jedoch die in Uabs. 2 beschriebene Berechnungsmethodik eindeutig auf Uabs. 1. Dieser ist wiederum als eine explizite Übertragung von WTO-Recht anzusehen und daher anhand von Art. 2.2.1.1 S. 1 ADÜ auszulegen.[749] Demnach ist der Begriff der Angemessenheit in Uabs. 1 – in Übereinstimmung mit der WTO-Rechtsprechung – ebenfalls als Ausdruck der Wirklichkeitstreue (Genauigkeit und Zuverlässigkeit) zu verstehen und ein durch Exportabgaben hervorgerufener Preiseffekt in diesem Zusammenhang daher ohne Bedeutung.

(2) Kein zusätzlicher Ablehnungsgrund für Exportabgaben

Zwar lassen sich staatliche Marktinterventionen danach nicht als Fall einer Unangemessenheit der Kosten i.S.v. Art. 2 Abs. 5 Uabs. 1 AD-GVO bzw. Art. 2.2.1.1 S. 1 ADÜ auffassen. Umstritten ist allerdings, ob die dort genannten Anforderungen als abschließend anzusehen sind oder, ob die Formulierung „normalerweise" (bzw. „normally") darauf hindeutet, dass eine Ablehnung – trotz einer Übereinstimmung mit den allgemeinen Buchführungsgrundsätzen und einer angemessenen Wiedergabe der Pro-

---

particular producer or exporter for the product under consideration." Bestätigt in WTO, *European Union – Anti-Dumping Measures on Biodiesel from Argentina*, WT/DS473/AB/R, Appellate Body Report (6 October 2016), Rn. 6.41.

747 WTO, *European Union – Anti-Dumping Measures on Biodiesel from Argentina*, WT/DS473/AB/R, Appellate Body Report (6 October 2016), Rn. 6.55: „In light of our understanding of Article 2.2.1.1, explained above, we agree with the Panel's statement that the EU authorities' determination that domestic prices of soybeans in Argentina were lower than international prices due to the Argentine export tax system was not, in itself, a sufficient basis under Article 2.2.1.1 for concluding that the producers' records do not reasonably reflect the costs of soybeans associated with the production and sale of biodiesel, or for disregarding those costs when constructing the normal value of biodiesel."

748 Zum restriktiven Verständnis des EuGH siehe bereits Kapitel 4, Abschnitt B. I.

749 Vgl. EuG, Urteil v. 7. Februar 2013, Rs. T-118/10, *Acron OAO/Rat*, Rn. 65 ff.

duktionskosten – auch aus anderen Gründen möglich sein soll.[750] Wäre dies anzunehmen, so könnten staatliche Eingriffe in den Markt für Vorleistungen (z.b. durch Exportabgaben) möglicherweise doch als ein zusätzlicher Ablehnungsgrund fungieren.

Während diese Fragestellung innerhalb der Entscheidungspraxis der Europäischen Kommission – soweit ersichtlich – bislang keine Rolle gespielt hat,[751] werden zusätzliche Ablehnungsgründe in der WTO-Rechtsprechung nicht grds. ausgeschlossen: In *EU – Biodiesel (Argentina)* erklärte das Panel, dass die Verwendung des Wortes „normally" darauf hindeute, dass unter gewissen Umständen von den Aufzeichnungen der Ausführer abgewichen werden könne.[752] Da es allerdings in dem zugrundeliegenden Verfahren um die Frage ging, unter welchen Bedingungen Kosten angemessen widergespiegelt werden, sah das Panel eine nähere Befassung mit dem Begriff als nicht erforderlich an.[753] Aus demselben Grund äußerte sich auch der Appellate Body nicht näher hierzu.[754]

In *Ukraine – Ammonium Nitrate (Russia)* erklärte der Appellate Body dann jedoch, dass das Wort – definiert als „unter normalen oder gewöhnlichen Bedingungen; in der Regel"[755] – allgemein auf die Möglichkeit einer Abweichung vom Normalfall hinweise, weshalb die Existenz weite-

---

750 Zu einer solchen Möglichkeit *Shadikhodjaev*, WTR 1/2019, S. 81, 97 f.; *Crowley/Hillman*, WTR 2/2018, S. 195, 206 ff.; *Huyghebaert*, JWT 3/2019, S. 417, 417 ff.; *Bungenberg/Reinhold*, in: Krenzler/Herrmann/Niestedt (Hrsg.), Art. 2 AD-GVO 2016, Rn. 127; *De Baere/du Parc/Van Damme*, WTO Anti-Dumping, S. 80 ff.; *Trapp*, S. 280 f.; *Crochet*, EJIL 2/2022, S. 381, 394 f.

751 *Bungenberg/Reinhold*, in: Krenzler/Herrmann/Niestedt (Hrsg.), Art. 2 AD-GVO 2016, Rn. 127.

752 WTO, *European Union – Anti-Dumping Measures on Biodiesel from Argentina*, WT/DS473/R, Panel Report (29 March 2016), Rn. 7.227. Dabei bezog sich das Panel auf vorangegangene Bezugnahmen auf das Wort „normally" in *United States – Measures Affecting the Production and Sale of Clove Cigarettes*, WT/DS406/AB/R, Appellate Body Report (4 April 2012), Rn. 273 u. *China – Anti-Dumping and Countervailing Duty Measures on Broiler Products from the United States*, WT/DS427/R, Panel Report (2 August 2013), Rn. 7.161.

753 WTO, *European Union – Anti-Dumping Measures on Biodiesel from Argentina*, WT/DS473/R, Panel Report (29 March 2016), Rn. 7.227.

754 WTO, *European Union – Anti-Dumping Measures on Biodiesel from Argentina*, WT/DS473/AB/R, Appellate Body Report (6 October 2016), Fn. 120.

755 WTO, *Ukraine – Anti-Dumping Measures on Ammonium*, WT/DS493/AB/R, Appellate Body Report (12 September 2019), Rn. 6.87. Übersetzung des Verfassers von: „The word ‚normally' may be defined as ‚under normal or ordinary conditions; as a rule'". So bereits in *United States – Measures Affecting the Production and Sale of Clove Cigarettes*, WT/DS406/AB/R, Appellate Body Report (4 April 2012), Rn. 273 u. *China – Anti-Dumping and Countervailing Duty Measures on*

rer Gründe für eine Ablehnung der vorgelegten Kosten nicht ausgeschlossen werden könne.[756] Diese Aussage veranlasste das Panel in dem Fall *Australia – A4 Copy Paper* zu der Feststellung, dass ein Abweichen von den Aufzeichnungen der Ausführer auch dann in Betracht komme, wenn die in Art. 2.2.1.1 S. 1 ADÜ genannten Bedingungen erfüllt sind.[757] Es schloss sich dabei der Argumentation Australiens an, wonach eine Begrenzung auf die zwei ausdrücklich genannten Ausnahmegründe den Begriff überflüssig erscheinen lasse.[758] Allerdings sah es eine eigene Konkretisierung derartiger Umstände in dem Fall als nicht erforderlich an.[759]

Auch Teile der Literatur argumentieren in Folge dessen, dass auf diesem Weg zusätzliche Abweichungsmöglichkeiten eröffnet werden.[760] Teilweise wird darin auch eine Korrekturmöglichkeit der als zu restriktiv empfundenen Rechtsprechung des Appellate Body in *EU – Biodiesel (Argentina)* gesehen, durch die Marktverzerrungen im Ausfuhrland erfasst werden können.[761] Nach anderer Ansicht bezieht sich die in dem Wort angelegte (allgemeine) Abweichungsmöglichkeit ausschließlich auf die beiden ausdrücklich genannten Konstellationen der Vereinbarkeit mit Buchführungsgrundsätzen und der angemessenen Wiedergabe.[762] Jedenfalls könne der WTO-Rechtsprechung nicht entnommen werden, dass es im Rahmen der Kostenberechnung auf einen Marktpreis ankomme und in Fällen einer staatlichen Marktintervention daher eine Anpassung gerechtfertigt sei.[763]

Broiler Products from the United States, WT/DS427/R, Panel Report (2 August 2013), Rn. 7.161.

756 WTO, *Ukraine – Anti-Dumping Measures on Ammonium*, WT/DS493/AB/R, Appellate Body Report (12 September 2019), Rn. 6.87 u. 6.105.

757 WTO, *Australia – Anti-Dumping Measures on A4 Copy Paper (Indonesia)*, WT/DS529/R, Panel Report (4 December 2019), Rn. 7.115.

758 WTO, *Australia – Anti-Dumping Measures on A4 Copy Paper (Indonesia)*, WT/DS529/R, Panel Report (4 December 2019), Rn. 7.112.

759 WTO, *Australia – Anti-Dumping Measures on A4 Copy Paper (Indonesia)*, WT/DS529/R, Panel Report (4 December 2019), Rn. 7.116 ff. Die zwei ausdrücklichen Ausnahmebestimmungen des Art. 2.2.1.1 ADÜ müssten vorrangig geprüft werden, da diese ansonsten überflüssig wären. Nach Ansicht des Panels hatte Australien gegen diesen Vorrang verstoßen, weshalb ein näheres Eingehen auf darüber hinausgehende, besondere Umstände nicht erforderlich war.

760 So bspw. *Crowley/Hillman*, WTR 2/2018, S. 195, 207 f.; *Huyghebaert*, JWT 3/2019, S. 417, 430. Krit. *Crochet*, EJIL 2/2022, S. 381, 394 f.

761 *Crowley/Hillman*, WTR 2/2018, S. 195, 208.

762 So etwa *De Baere/du Parc/Van Damme*, WTO Anti-Dumping, S. 81 f.; *Trapp*, S. 280 f.

763 *Shadikhodjaev*, WTR 1/2019, S. 81, 97 f.

Der zuletzt genannten Einschätzung ist zuzustimmen. Selbst dann, wenn das Wort „normalerweise" die Existenz weiterer Ablehnungsgründe implizieren würde – woran angesichts der zwei ausdrücklich genannten Anforderungen durchaus gezweifelt werden kann –, so ergeben sich aus der Funktion von Art. 2.2.1.1 ADÜ (bzw. Art. 2 Abs. 5 AD-GVO) innerhalb der Dumpingprüfung Einschränkungen, die jedenfalls eine Ablehnung von Kosten wegen etwaiger staatlicher Marktverzerrungen ausschließen. Der Einsatz von Exportabgaben ist vor diesem Hintergrund nicht als ein sonstiger Ablehnungsgrund anzusehen, der zu einer Korrektur der Herstellungskosten berechtigt.

Eine Kostenermittlung gem. Art. 2.2.1.1 ADÜ ist sowohl für die Frage relevant, ob Verkäufe unter Herstellungskosten getätigt wurden (Art. 2.2.1 ADÜ) als auch für eine alternative Normalwertberechnung auf Grundlage der Herstellungskosten des Ausführers (Art. 2.2 ADÜ).[764] Selbiges gilt für das Verhältnis von Art. 2 Abs. 5 und Abs. 3 AD-GVO.[765] Als Grundlage einer alternativen Normalwertberechnung nennen Art. 2.2 ADÜ und Art. 2 Abs. 3 AD-GVO dabei die Herstellungskosten im Ursprungsland („cost of production in the country of origin").

Laut der Entscheidung des Appellate Body in *EU – Biodiesel (Argentina)* liegt der Sinn und Zweck dieser Kostenberechnung gem. Art. 2.2 ADÜ darin, möglichst nah an den Preis der Ware im normalen Handelsverkehr auf dem Markt des Ausfuhrlandes zu gelangen, wenn dieser anhand von Verkäufen nicht ermittelt werden kann.[766] Art. 2.2.1.1 ADÜ diene in diesem Zusammenhang einer präzisen Ermittlung der Herstellungskosten, die dann durch einen angemessenen Betrag für Vertriebs- Verwaltungs- und Gemeinkosten sowie für Gewinne (berechnet nach Art. 2.2.2 ADÜ) ergänzt werde.[767] Bei den durch Art. 2.2.1.1 ADÜ ins Auge gefassten Produktionskosten handele es sich damit um die Kosten, die normalerweise (zusammen mit weiteren Elementen) die Grundlage für den Preis der Ware bei einem Verkauf im normalen Handelsverkehr auf dem Heimatmarkt

---

764 *De Baere/du Parc/Van Damme*, WTO Anti-Dumping, S. 67.

765 *Van Bael/Bellis*, S. 65 f.; *Bungenberg/Reinhold*, in: Krenzler/Herrmann/Niestedt (Hrsg.), Art. 2 AD-GVO 2016, Rn. 115.

766 WTO, *European Union – Anti-Dumping Measures on Biodiesel from Argentina*, WT/DS473/AB/R, Appellate Body Report (6 October 2016), Rn. 6.23 f. So auch das Verständnis bei *Shadikhodjaev*, WTR 1/2019, S. 81, 96.

767 WTO, *European Union – Anti-Dumping Measures on Biodiesel from Argentina*, WT/DS473/AB/R, Appellate Body Report (6 October 2016), Rn. 6.23 f.

bilden würden.[768] Um dem Vorrang der Berechnung des Normalwerts anhand von Verkäufen auf dem Heimatmarkt zur größtmöglichen Wirksamkeit zu verhelfen, müssen die nachfolgenden Ersatzberechnungen daher so nah wie möglich an den tatsächlichen Fakten bleiben.

Diese Hervorhebung einer möglichst wirklichkeitsnahen Berechnung der Kosten im Ursprungsland wurde inzwischen vielfach bestätigt, darunter auch in den bereits genannten Fällen *Ukraine – Ammonium Nitrate (Russia)* und *Australia – A4 Copy Paper*.[769] Die Fälle *Ukraine – Ammonium Nitrate (Russia)* und *EU – Cost Adjustment Methodologies II (Russia)* stehen dabei für eine Übertragung auf das Verhältnis von Art. 2.2.1.1 und 2.2.1 ADÜ.[770] Demnach ist auch für die Frage, ob Verkäufe unter Kosten getätigt wurden, eine Berechnung vorzunehmen, die sich möglichst nah an den realen Kosten der betroffenen Unternehmen bewegt.

Die Notwendigkeit einer wirklichkeitsnahen Kostenberechnung ist als ein allgemeines Prinzip des Antidumpingrechts zu verstehen, das aus der vorrangigen Berechnung des Normalwerts auf Grundlage der Verkäufe des Ausführers auf dem Heimatmarkt folgt, die in Art. 1 und 2.1 ADÜ sowie

---

768 WTO, *European Union – Anti-Dumping Measures on Biodiesel from Argentina*, WT/DS473/AB/R, Appellate Body Report (6 October 2016), Rn. 6.24. Dort heißt es: "In addition, in our view, Article 2.2 of the Anti-Dumping Agreement concerns the establishment of the normal value through an appropriate proxy for the price of the like product in the ordinary course of trade in the domestic market of the exporting country when the normal value cannot be determined on the basis of domestic sales. The costs calculated pursuant to Article 2.2.1.1 of the Anti-Dumping Agreement must be capable of generating such a proxy. This supports the view that the 'costs associated with the production and sale of the product under consideration' in Article 2.2.1.1 are those costs that have a genuine relationship with the production and sale of the product under consideration. This is because these are the costs that, together with other elements, would otherwise form the basis for the price of the like product if it were sold in the ordinary course of trade in the domestic market."

769 WTO, *Ukraine – Anti-Dumping Measures on Ammonium*, WT/DS493/AB/R, Appellate Body Report (12 September 2019), Rn. 6.83 u. 6.89; *Australia – Anti-Dumping Measures on A4 Copy Paper (Indonesia)*, WT/DS529/R, Panel Report (4 December 2019), Rn. 7.158 f.; *European Union – Cost Adjustment Methodologies and Certain Anti-Dumping Measures on Imports from Russia – (Second complaint)*, WT/DS494/R, Panel Report (24 July 2020), Rn. 7.125.

770 WTO, *Ukraine – Anti-Dumping Measures on Ammonium*, WT/DS493/AB/R, Appellate Body Report (12 September 2019), Rn. 6.108; *European Union – Cost Adjustment Methodologies and Certain Anti-Dumping Measures on Imports from Russia – (Second complaint)*, WT/DS494/R, Panel Report (24 July 2020), Rn. 7.258 ff.

Art. VI:1 GATT rechtlich verankert wurde.[771] Dieser Vorrang geht auch aus einem Bericht der „Group of Experts on Anti-Dumping and Counter-vailing Duties" von 1960 hervor.[772] Auch im Rahmen der Uruguay-Runde wurde er bestätigt.[773]

Im Umkehrschluss können Kosten daher nicht mit dem Argument abgelehnt werden, dass diese nicht unter Marktbedingungen zustande gekommen sind, weil sie z.B. durch den Einsatz von Exportabgaben be-einflusst wurden. Ein Ausschluss von etwaigen Marktverzerrungen durch das Wort „normalerweise" lässt sich mit einer wirklichkeitsnahen Betrach-tungsweise nicht vereinbaren.[774] Für die Kostenberechnung auf Grundla-ge von Art. 2 Abs. 5 AD-GVO bzw. Art. 2.2.1.1 ADÜ ist der tatsächliche Preis im Ursprungsland zugrunde zu legen, unabhängig davon, ob er durch staatliche Marktinterventionen beeinflusst wurde. Für ökonometri-sche Analysetools, mit denen sich ein unverzerrter, wettbewerblicher Preis hypothetisch errechnen ließe, ist in diesem Zusammenhang kein Raum.[775]

---

771 Zu diesem Vorrang WTO, *European Communities – Tube or Pipe Fittings*, WT/DS219/AB/R, Appellate Body Report (22 July 2003), Rn. 93; *United States – Oil Country Tubular Goods Sunset Reviews from Argentina* (Art. 21.5 DSU), WT/DS268/R, Panel Report (30 November 2006), Rn. 7.76.

772 GATT, Second Report of the Group of Experts on Anti-Dumping and Counter-vailing Duties, 29 January 1960, L/1141, Rn. 13. Dort heißt es: „The Group noted the provision in paragraph l(b)(ii) of Article VI that to the cost of produc-tion, when this criterion was being used for the determination of normal value, there was to be ‚a reasonable addition for selling cost and profit'. The effect of this was to construct what might be regarded as a notional ex-factory sales price on the domestic market of the exporting country in circumstances where there was no such actual price or not one that could be used for the determination of normal value. As in the case of ‚production costs' the practices of various countries differed on the items to be included under the heading of ‚selling costs'. Typical examples were such items as advertising costs and sales commis-sion. The Group agreed, however, that **whatever the particular method used for determining both production and sales costs the aim should always be to arrive at a normal value which was genuinely comparable with the export price. Only thus could it be properly determined whether or not merchandise was being sold at less than its normal value, in the meaning of Article VI.**" [Hervorhebung durch den Verfasser].

773 *Stewart/Markel/Kerwin*, in: Stewart (ed.), Vol. II, S. 1309, 1554.

774 Siehe diesen Vorschlag bei *Crowley/Hillman*, WTR 2/2018, S. 195, 208.

775 So aber *Crowley/Hillman*, WTR 2/2018, S. 195, 204.

(3) Zwischenfazit

Aus dem Vorstehenden ergibt sich insgesamt, dass Exportabgaben keine Bedeutung für die Frage haben, ob Verkäufe im normalen Handelsverkehr erfolgt sind. Für eine Kostendeckung gem. Art. 2 Abs. 4 AD-GVO sind die tatsächlich getragenen Kosten zu berücksichtigen. Davon ausgehend kommt es auf die Höhe des Verkaufspreises an. Die Existenz von rohstoffbezogenen Exportabgaben erlaubt dabei keine Anpassungen auf Grundlage von hypothetischen Marktpreisen, die dann ggf. nicht durch den Verkaufspreis gedeckt werden.

Zwar wird allgemein angenommen, dass die ausdrücklich in Art. 2 ADÜ bzw. Art. 2 AD-GVO genannten Fallgruppen eines Verkaufs außerhalb des normalen Handelsverkehrs nicht abschließend sind.[776] Jede Anknüpfung an eine staatliche Beeinflussung der Herstellungskosten stünde jedoch jedenfalls im Widerspruch zu einer wirklichkeitsnahen Betrachtungsweise auf Basis der WTO-Rechtsprechung zu Art. 2.2 und 2.2.1.1 ADÜ.

bb) Der Einsatz von Exportabgaben als Fall einer „besonderen Marktlage"

Ein weiterer Grund für eine alternative Normalwertberechnung ist gem. Art. 2 Abs. 3 Uabs. 1 Alt. 3 AD-GVO gegeben, wenn die Verkäufe aufgrund einer „besonderen Marktlage" keinen „angemessenen Vergleich" zulassen. Die Formulierung stimmt mit derjenigen in Art. 2.2 ADÜ wörtlich überein.[777] Zusätzlich enthält allerdings Uabs. 2 eine in Folge der Zuerkennung des sog. „Marktwirtschaftsstatus" gegenüber Russland in die AD-GVO eingefügte Konkretisierung des Begriffs der „besonderen Marktlage" anhand einzelner Beispielsfälle.[778]

---

776 *Van Bael/Bellis*, S. 53; *Bungenberg/Reinhold*, in: Krenzler/Herrmann/Niestedt (Hrsg.), Art. 2 AD-GVO 2016, Rn. 65; *De Baere/du Parc/Van Damme*, WTO Anti-Dumping, S. 59.

777 Dort heißt es: „(…) because of the particular market situation (…) such sales do not permit a proper comparison".

778 Verordnung (EG) Nr. 1972/2002 des Rates vom 5. November 2002 zur Änderung der Verordnung (EG) Nr. 384/96 über den Schutz gegen gedumpte Einfuhren aus nicht zur Europäischen Gemeinschaft gehörenden Ländern, ABl. L 305, 07.11.2002, S. 1. Dort heißt es: „Von einer besonderen Marktlage für die betroffene Ware im Sinne des Unterabsatzes 1 kann u.a. dann ausgegangen werden, wenn die Preise künstlich niedrig sind, wenn in beträchtlichem Umfang Barterhandel betrieben wird oder wenn nichtkommerzielle Verarbeitungsvereinbarungen bestehen." Weiterhin heißt es hierzu in Erwägungsgrund 3

189

Der konkrete Prüfungsmaßstab dieser zweigliedrigen Fallgruppe, deren begriffliche Elemente weder im ADÜ noch der AD-GVO definiert werden, ist stark umstritten.[779] In Antidumpingfällen der EU hat sie bislang keine nennenswerte Rolle gespielt.[780] Nach hier vertretener Ansicht ist mit ihr nicht die Frage nach einem Abweichen von idealtypischen Marktverhältnissen verbunden, durch die sich ein durch Exportabgaben herbeigeführter Preiseffekt automatisch erfassen ließe (dazu (1)). Vielmehr geht es um die notwendige Vergleichbarkeit zwischen den Inlands- und den Exportpreisen, die durch die Existenz von Exportabgaben nur dann auszuschließen wäre, wenn diese sich in unterschiedlicher Weise auf den Inlands- und den Exportpreis auswirken (dazu (2)).

---

der Verordnung: „Es sollte sicherheitshalber geklärt werden, welche Umstände eine besondere Marktlage begründen könnten, in der die Verkäufe der gleichartigen Ware keinen angemessenen Vergleich zulassen. Solche Umstände können beispielsweise aufgrund von Barterhandel oder anderen nichtkommerziellen Verarbeitungsvereinbarungen oder anderen Markthindernissen bestehen. Unter solchen Bedingungen spiegeln die Marktsignale möglicherweise Angebot und Nachfrage nicht angemessen wider, was sich wiederum auf die entsprechenden Kosten und Preise auswirken und dazu führen kann, dass die Inlandspreise nicht mit den Weltmarktpreisen oder den Preisen auf anderen repräsentativen Märkten im Einklang stehen. Angesichts der Vielzahl möglicher besonderer Marktlagen, die keinen angemessenen Vergleich zulassen, können diesbezügliche Erläuterungen selbstverständlich nicht erschöpfender Natur sein." Zum Hintergrund *Engelbutzeder*, S. 156 ff.; *Tietje/Kluttig/Franke*, JWT 5/2011, S. 1071, 1074 f.

779 Siehe dazu *Tietje/Kluttig/Franke*, JWT 5/2011, S. 1071, 1071 ff.; *Zhou/Percival*, JIEL 4/2016, S. 863, 863 ff.; *Noël*, GTCJ 7–8/2016, S. 296, 296 ff.; *Noël/Zhou*, GTCJ 11–12/2016, S. 559, 559 ff.; *Sacher*, BTW 146/2017; *Zhou*, in: Nedumpara/Zhou (eds.), S. 185, 185 ff.; *Huyghebaert*, JWT 3/2019, S. 417, 417 ff.; *Trapp*, S. 277 f.

780 Soweit ersichtlich hat die Europäische Kommission bisher nur in einem Fall eine besondere Marktlage angenommen, wobei jedoch nicht deutlich wird, auf welche Maßstäbe – über einen Verkauf außerhalb des normalen Handelsverkehrs hinaus – sie dabei zurückgegriffen hat. Siehe Verordnung (EG) Nr. 1891/2005 des Rates vom 14. November 2005 zur Änderung der Verordnung (EWG) Nr. 3068/92 zur Einführung eines endgültigen Antidumpingzolls auf die Einfuhren von Kaliumchlorid mit Ursprung in Russland, der Ukraine und Weißrussland, ABl. L 302, 19.11.2005, S. 14, Rn. 19 ff. Dazu auch *Tietje/Kluttig/Franke*, JWT 5/2011, S. 1071, 1079 f.; *Bungenberg/Reinhold*, in: Krenzler/Herrmann/Niestedt (Hrsg.), Art. 2 AD-GVO 2016, Rn. 89.

(1) Die besondere Marktlage als Ausdruck einer individuellen
Marktbetrachtung

Die Fallgruppe des Art. 2 Abs. 3 Uabs. 1 Alt. 3 AD-GVO besteht aus
zwei Elementen: dem Vorliegen einer besonderen Marktlage und dem
Ausschluss einer angemessenen Vergleichbarkeit. Ausgangspunkt der Diskussionen um den damit verbundenen Prüfungsmaßstab ist der Begriff
der besonderen Marktlage, dessen Offenheit zwei unterschiedliche Auslegungsvarianten zulässt. Das Wort „market" bzw. „Markt" weist zunächst
auf ein Zusammentreffen von Angebot und Nachfrage und damit zugleich
auf einen Prozess der Preisbildung hin.[781] Dieser Prozess wird häufig auch
mit der Vorstellung eines „freien Marktes" verknüpft.[782] Das Wort „particular" bzw. „besonders" könnte in diesem Zusammenhang einerseits eine
Form der Hervorhebung bedeuten (außergewöhnlich), andererseits aber
auch schlicht als Ausdruck einer individuellen, d.h. konkreten Marktbetrachtung (getrennt, gesondert) verstanden werden.[783]

Vor diesem Hintergrund wird der Begriff „Markt" teilweise als Verweis auf wettbewerbliche Bedingungen und das Wort „besonders" als
eine Form der Abweichung von einem „normalen" Marktprozess aufgefasst.[784] Auslöser einer solchen Abweichung können dabei dann auch
staatliche Marktinterventionen sein.[785] Nach dieser Ansicht kommt es auf

---

781 So bspw. im *Brockhaus*, abrufbar unter: <https://brockhaus.de/ecs/enzy/arti
cle/markt-allgemein>, (letzter Abruf am 1.11.2022). Ebenso sieht der *Duden*
neben dem Markt als Ort, den Markt(prozess) als „von Angebot und Nachfrage
bestimmter Bereich von Waren, von Kauf und Verkauf; Warenverkehr", abrufbar unter: <https://www.duden.de/rechtschreibung/Markt>, (letzter Abruf am
1.11.2022). Parallel dazu die Begriffsbestimmung im *Oxford English Dictionary*
für den Begriff „market", abrufbar unter: <https://www.oed.com/view/Entry/
114178?rskey=3jcXL9&result=1#eid>, (letzter Abruf am 1.11.2022). Vgl. auch
Mankiw/Taylor, S. 59 f.

782 *Mankiw/Taylor*, S. 59 f.

783 Im *Oxford English Dictionary* wird der englische Begriff „particular" definiert
als: „Belonging to or affecting only a part of something; partial; not universal",
abrufbar unter: <https://www.oed.com/view/Entry/138260?rskey=TNckv0&res
ult=1&isAdvanced=false#eid>, (letzter Abruf am 1.11.2022). Im *Duden* finden
sich folgende Bedeutungen des Wortes „besonders": „1. gesondert, getrennt,
für sich allein (…) 2. a) vor allem, insbesondere (…) b) ausdrücklich, mit
Nachdruck (…) 3. sehr; außerordentlich, sehr gut (…) 4. eigenartig, sonderbar,
absonderlich (…)", abrufbar unter: <https://www.duden.de/rechtschreibung/bes
onders>, (letzter Abruf am 1.11.2022).

784 *Sacher*, BTW 146/2017, S. 28.

785 ibid.

die Feststellung einer solchen Abweichung entscheidend an, während der Ausschluss eines angemessen Vergleichs als notwendige Folge angesehen wird, da dieser – quasi automatisch – aus dem Vorliegen einer besonderen Marktlage resultiere.[786] Für eine Berücksichtigung von Exportabgaben würde dies bedeuten, dass die damit verbundene Absenkung des Rohstoffpreises im Inland als das Abweichen von einem normalen Marktprozess und damit als ein Fall der besonderen Marktlage einzuordnen wäre, durch den ein angemessener Vergleich (automatisch) ausgeschlossen würde.

Andere wiederum lehnen die Gleichsetzung des Begriffs der besonderen Marktlage mit einem konkreten Marktkonzept wegen der Unbestimmtheit der Formulierung und unter Hinweis auf die Vielzahl von marktrelevanten Faktoren ab.[787] Auch die Historie des ADÜ spreche gegen ein konkretes Marktkonzept.[788] Vielmehr sei davon auszugehen, dass es bei der Fallgruppe nicht so sehr auf den Begriff der besonderen Marktlage ankomme, sondern eher auf die damit verbundenen Auswirkungen auf die Vergleichbarkeit zwischen dem Heimat- sowie dem Ausfuhrpreis.[789]

Die zuletzt genannte Ansicht findet Bestätigung in der Entscheidung des Panels in *Australia A4 – Copy Paper*.[790] Darin kam das Panel zu dem Ergebnis, dass der Begriff der besonderen Marktlage keinen Sonderfall vor Augen habe, sondern weit zu verstehen sei und dadurch allein die Betrachtung einer spezifischen („distinct, individual, single, specific") Marktsituation umfasse.[791] Demnach komme es entscheidend darauf an, wie sich die spezifische Marktlage auf die Vergleichbarkeit von Inlands- und Ausfuhrpreisen auswirkt.[792] Dieser Auslegung des Begriffs der besonderen Marktlage hat sich zuletzt auch das Panel in *EU – Cost Adjustment*

---

786 *Sacher*, BTW 146/2017, S. 29.
787 *Zhou/Percival*, JIEL 4/2016, S. 863, 867 ff. Zustimmend *Huyghebaert*, JWT 3/2019, S. 417, 422; *Bungenberg/Reinhold*, in: Krenzler/Herrmann/Niestedt (Hrsg.), Art. 2 AD-GVO 2016, Rn. 86 f.; *Trapp*, S. 277. Im Ergebnis auch *Noël*, GTCJ 7–8/2016, S. 296, 304.
788 *Zhou/Percival*, JIEL 4/2016, S. 863, 872 ff.
789 *Zhou/Percival*, JIEL 4/2016, S. 863, 869 u. 874.
790 WTO, *Australia – Anti-Dumping Measures on A4 Copy Paper (Indonesia)*, WT/DS529/R, Panel Report (4 December 2019). Dazu auch *Bungenberg/Reinhold*, in: Krenzler/Herrmann/Niestedt (Hrsg.), Art. 2 AD-GVO 2016, Rn. 86 f.; *De Baere/du Parc/Van Damme*, WTO Anti-Dumping, S. 62 ff.
791 WTO, *Australia – Anti-Dumping Measures on A4 Copy Paper (Indonesia)*, WT/DS529/R, Panel Report (4 December 2019), Rn. 7.21 f.
792 WTO, *Australia – Anti-Dumping Measures on A4 Copy Paper (Indonesia)*, WT/DS529/R, Panel Report (4 December 2019), Rn. 7.27.

Methodologies II (Russia) angeschlossen.[793] Bereits ein GATT-Panel hatte in dem Fall *EC – Cotton Yarn* festgestellt, dass es nicht auf das Vorliegen einer besonderen Marktlage *per se* ankomme, sondern auf die Frage, ob hierdurch ein Vergleich zwischen den Verkäufen ausgeschlossen wird.[794]

Die Akzentverschiebung auf die Frage nach der angemessenen Vergleichbarkeit erscheint insgesamt überzeugend. Geht man von dem Begriff der „Marktlage" aus, so lassen sich zwar durchaus Marktprozesse hierunter verstehen. Innerhalb des ADÜ findet sich jedoch kein Hinweis darauf, dass von dem Idealbild einer konkreten Marktsituation auszugehen wäre, die den Maßstab für hiervon abweichende „besondere" Marktgegebenheiten liefert. Nichts anderes ergibt sich aus der zweiten Anmerkung zu Art. VI:1 GATT.[795] Diese ist zwar ursprünglich mit Blick auf die kommunistischen Länder eingeführt worden und erlaubt von den allgemeinen Berechnungsmethoden abzuweichen, wenn Einfuhren aus einem Land stammen, dessen Handel ganz oder nahezu ganz einem staatlichen Monopol unterliegt und in dem alle Inlandspreise vom Staat festgesetzt werden.[796] Jedoch wird dies bereits dem Wortlaut nach nicht mit dem Fehlen von marktwirtschaftlichen Bedingungen *per se* begründet, an denen sich das jeweilige Land messen müsste, sondern mit Schwierigkeiten bei der Feststellung der Vergleichbarkeit der Preise im Sinne von Abs. 1 („difficulties may exist"). Es geht mithin um die (eher technischen) Auswirkungen auf die Preisberechnung.

Betrachtet man zudem die Historie des ADÜ insgesamt, so ist festzustellen, dass die Formulierung „particular market situation" bereits seit der

---

793 WTO, *European Union – Cost Adjustment Methodologies and Certain Anti-Dumping Measures on Imports from Russia – (Second complaint)*, WT/DS494/R, Panel Report (24 July 2020), Rn. 7.178 ff. Vgl. auch *Bungenberg/Reinhold*, in: Krenzler/Herrmann/Niestedt (Hrsg.), Art. 2 AD-GVO 2016, Rn. 86.

794 GATT, *European Communities – Imposition of Anti-Dumping Duties on Imports of Cotton Yarn from Brazil*, ADP/137, GATT-Panel Report (4 July 1995), Rn. 478: „In the Panel's view, the wording of Article 2:4 made it clear that the test for having any such recourse was not whether or not a 'particular market situation' existed per se. A 'particular market situation' was only relevant insofar as it had the effect of rendering the sales themselves unfit to permit a proper comparison. In the Panel's view, therefore, Article 2:4 specified that there must be something intrinsic to the nature of the sales themselves that dictates they cannot permit a proper comparison."

795 So auch das Panel in WTO, *European Union – Cost Adjustment Methodologies and Certain Anti-Dumping Measures on Imports from Russia – (Second complaint)*, WT/DS494/R, Panel Report (24 July 2020), Abschnitt 7.4.

796 Zum Hintergrund *Snyder*, ELJ 4/2001, S. 369, 380 ff.

Kennedy-Runde in den Verhandlungsdokumenten auftaucht, ohne dass die Einfügung besonders diskutiert worden wäre.[797] Dies wäre bei einer Festschreibung von konkreten Marktbedingungen jedoch zu erwarten gewesen. Im Rahmen der Uruguay-Runde wurde zudem über die Einführung von speziellen Regelungen zum Input Dumping diskutiert, ohne dass diesbezüglich eine Einigung erzielt werden konnte.[798] Auch dies spricht dagegen, dass etwaige Marktverzerrungen unter diesen Begriff zu fassen sind und dadurch eine alternative Normalwertberechnung automatisch eröffnet werden soll.[799] Die Historie scheint damit eher gegen den Maßstab eines idealtypischen Marktes zu sprechen.

Trotz der in Art. 2 Abs. 3 Uabs. 2 AD-GVO enthaltenen unionsspezifischen Konkretisierung des Begriffs der besonderen Marktlage ist auch für die AD-GVO davon auszugehen, dass es bei dieser Fallgruppe entscheidend auf die Auswirkungen einer spezifischen Marktsituation auf die Vergleichbarkeit ankommt. In Erwägungsgrund 3 der Verordnung (EG) Nr. 1972/2002 wird allein davon gesprochen, dass in den dort genannten Fällen „Markthindernisse" bestehen könnten, die dazu führen, dass „die Marktsignale möglicherweise Angebot und Nachfrage nicht angemessen wider[spiegeln]" und sich dies „auf die entsprechenden Kosten und Preise auswirken und dazu führen kann, dass die Inlandspreise nicht mit den Weltmarktpreisen oder den Preisen auf anderen repräsentativen Märkten im Einklang stehen". Dabei wird immer wieder auf die Vergleichbarkeit verwiesen. Diese zurückhaltende Formulierung lässt den Schluss zu, dass in Uabs. 2 einzig eine Reihe von Konstellationen gelistet werden, die regelmäßig eine Vergleichbarkeit zwischen heimischen Verkäufen und dem Exportpreis als unangemessen erscheinen lassen, ohne dass dadurch die Prüfung einer konkreten Auswirkung auf die Vergleichbarkeit vorweggenommen wird.[800] Danach kommt auch auf Grundlage von Art. 2 Abs. 3 AD-GVO dem Einfluss auf die Vergleichbarkeit das entscheidende Gewicht zu. Schließlich sind es ja gerade derartige Markt- und Wettbewerbsverzerrungen, die als strukturelle Vorbedingung zu Dumpingpraktiken

---

797 *Zhou/Percival*, JIEL 4/2016, S. 863, 873 f.
798 Zu den Verhandlungen *Pogoretskyy*, GTCJ 10/2009, S. 313, 320; *Zhou/Percival*, JIEL 4/2016, S. 863, 876 f.; *Sacher*, BTW 146/2017, S. 31.
799 *Zhou/Percival*, JIEL 4/2016, S. 863, 878.
800 *Andersen*, S. 121. Dieser weist darauf hin, dass die dort genannten Gründe allein nicht als Rechtfertigung für die Nichtberücksichtigung der Preise dienen können solange dadurch nicht die Vergleichbarkeit beeinträchtigt wird.

führen.[801] Eine andere Auslegung, wonach von Uabs. 2 auf idealtypische Marktbedingungen zu schließen wäre, stünde jedenfalls im Widerspruch zu den WTO-rechtlichen Vorgaben.

Damit ist insgesamt eine engere Auslegung des Begriffs der besonderen Marktlage, hinter der eine Eingrenzung auf bestimmte idealtypische Marktbedingungen steht, abzulehnen. Eine besondere Marktlage umfasst stattdessen jeden Umstand, der in irgendeiner Weise individualisiert und damit als Ursache für den Ausschluss einer angemessenen Vergleichbarkeit angesehen werden kann.[802] Dies bedeutet, dass staatliche Eingriffe (wie bspw. in Form von Exportabgaben auf Rohstoffe) nicht *per se* als Fall einer besonderen Marktlage ausscheiden. Zugleich liegt das Gewicht der Fallgruppe gerade nicht auf dem Begriff der besonderen Marktlage, sondern es kommt entscheidend darauf an, dass die mit einer konkreten Marktsituation verbundenen Auswirkungen in kausaler Weise einen angemessenen Vergleich mit dem Exportpreis ausschließen.

(2) Notwendigkeit einer uneinheitlichen Auswirkung auf die Vergleichbarkeit

Auch für die Prüfung einer Auswirkung auf die Vergleichbarkeit kommen zwei unterschiedliche Auslegungsvarianten in Betracht:[803] Einerseits könnte es allein darauf ankommen, dass eine konkrete Marktsituation bei der untersuchten Ware zu einer Verzerrung des Verkaufspreises geführt hat.[804] Preisverzerrungen bei den Inputstoffen einer Ware würden danach einen angemessenen Vergleich ausschließen, wenn sie letztlich zu einer Preisverzerrung des Endprodukts führen ("passing-through").[805] Andererseits könnte ein angemessener Vergleich auch nur dann auszuschließen sein, wenn sich die konkrete Marktlage in einer Weise auf die Preise auf dem Heimatmarkt ausgewirkt hat, die nicht zugleich auch derjenigen Auswirkung auf den Exportpreis entspricht.[806]

---

801 *Bungenberg/Reinhold*, in: Krenzler/Herrmann/Niestedt (Hrsg.), Art. 2 AD-GVO 2016, Rn. 87.
802 So auch *Zhou/Percival*, JIEL 4/2016, 867 f.; *Noël*, GTCJ 7–8/2016, S. 296, 304.
803 *Zhou/Percival*, JIEL 4/2016, S. 863, 878 ff.
804 So bspw. *Andersen*, S. 110.
805 Näher dazu *Zhou/Percival*, JIEL 4/2016, S. 863, 879 f.
806 *Zhou/Percival*, JIEL 4/2016, S. 863, 881 ff. So bspw. auch *Noël*, GTCJ 7–8/2016, S. 296, 304; *Huyghebaert*, JWT 3/2019, S. 417, 422; *Bungenberg/Reinhold*, in: Krenzler/Herrmann/Niestedt (Hrsg.), Art. 2 AD-GVO 2016, Rn. 88.

Das Panel in *Australia – A4 Copy Paper* folgte in seiner Entscheidung der zweiten Auslegungsvariante, indem es die handelnden Behörden in der Pflicht sah, zu prüfen, ob der heimische Verkaufspreis und der Exportpreis denselben Auswirkungen unterliegen.[807] Das Panel wies dabei jedoch gleichzeitig darauf hin, dass eine Preisentscheidung von einer Vielzahl von Faktoren abhänge wie bspw. dem Wettbewerbsdruck oder dem Verhältnis zwischen Preisen und Kosten, sodass auch angesichts eines Faktors wie dem vergünstigten Zugang zu Rohstoffen nicht zwingend davon ausgegangen werden könne, dass dadurch sowohl der Inlands- als auch der Exportpreis in gleicher Weise betroffen sind.[808]

Ähnlich argumentieren auch *Zhou/Percival*, die jedoch davon ausgehen, dass sich ein verzerrter Rohstoffpreis *per se* in gleicher Weise auf den Inlands- und den Exportpreis auswirke und daher grds. keinen Einfluss auf die Vergleichbarkeit haben könne.[809] Zwar komme es für die Vergleichbarkeit letztlich auf die tatsächlichen Gegebenheiten an, jedoch könne andernfalls jede Form der staatlichen Unterstützung zu einem Ausschluss der Vergleichbarkeit i.S.v. Art. 2.2 ADÜ führen.[810]

Dem ist grds. zuzustimmen. Ein alleiniges Abstellen auf die Auswirkungen einer spezifischen Marktlage auf den Verkaufspreis i.S.d. ersten Auslegungsvariante würde letztlich wieder auf das Bild von idealtypischen Marktbedingungen hinauslaufen, für das es innerhalb des GATT, des ADÜ sowie der darauf aufbauenden AD-GVO keine hinreichenden Anhaltspunkte gibt. Art. 2.2 ADÜ und Art. 2 Abs. 3 Uabs. 1 AD-GVO scheinen sich demgegenüber eher auf den in Art. VI:1 (a) GATT, Art. 2.1 ADÜ sowie Art. 1 Abs. 2 AD-GVO genannten „vergleichbare[n] Preis" zu beziehen. In Abgrenzung zu den Anpassungen gem. Art. 2.4 ADÜ bzw. Art. 2 Abs. 10 AD-GVO geht es hierbei indes um eine Situation, bei der die Vergleichbarkeit bereits grds. aufgrund von besonderen Bedingungen im Ausfuhrland ausscheidet.[811] Der Begriff „angemessen" („proper") sowie

---

807 WTO, *Australia – Anti-Dumping Measures on A4 Copy Paper (Indonesia)*, WT/DS529/R, Panel Report (4 December 2019), Rn. 7.73 ff. In diesem Sinne auch *Bungenberg/Reinhold*, in: Krenzler/Herrmann/Niestedt (Hrsg.), Art. 2 AD-GVO 2016, Rn. 88; *De Baere/du Parc/Van Damme*, WTO Anti-Dumping, S. 63 f.; *Trapp*, S. 277 f.

808 WTO, *Australia – Anti-Dumping Measures on A4 Copy Paper (Indonesia)*, WT/DS529/R, Panel Report (4 December 2019), Rn. 7.80 f.

809 *Zhou/Percival*, JIEL 4/2016, S. 863, 882 f.

810 *Zhou/Percival*, JIEL 4/2016, S. 863, 885 f.

811 WTO, *European Union – Anti-Dumping Measures on Biodiesel from Argentina*, WT/DS473, Panel Report (29 March 2016), Rn. 7.296. Zu dem Verhältnis

die Existenz von Art. 2.4 ADÜ bzw. Art. 2 Abs. 10 AD-GVO lassen zudem erkennen, dass nicht jeder Faktor geeignet ist, bereits die grundsätzliche Vergleichbarkeit der Preise auszuschließen.[812]

Richtigerweise lehnt das Panel in *Australia – A4 Copy Paper* allerdings zugleich eine pauschale Einengung der Vergleichbarkeitsanalyse ab, da ein logischer Ausschluss für einzelne Preisfaktoren nicht gegeben und auch ein rechtlicher Anknüpfungspunkt für einen solchen Ausschluss nicht erkennbar ist.[813] Es mag zwar sein, dass verzerrte Rohstoffkosten sich in der Regel gleichmäßig auf den heimischen sowie auf den Ausfuhrpreis auswirken. So hat dies bspw. der Appellate Body in *US – Anti-Dumping and Countervailing Duties (China)* grds. für Subventionen angenommen.[814] Da jedoch der individuelle Unternehmer unter dem Einfluss unterschiedlicher Marktbedingungen Preise festsetzt, lässt sich eine automatische Annahme der gleichmäßigen Auswirkung auf den Inlands- sowie den Ausfuhrpreis bei verzerrten Rohstoffpreisen nicht rechtfertigen. *Zhou/Percival* ist aber insoweit zuzustimmen, als dass verzerrte Rohstoffkosten für sich genommen nicht ausreichen, um die Vergleichbarkeit von Inlands- und Ausfuhrpreis auszuschließen. Zwar belässt das Panel in *Australia A4 – Copy Paper* den Behörden grds. die Möglichkeit nachzuweisen, dass eine gleichmäßige Auswirkung auf den Import- wie Exportpreis allein aufgrund von verzerrten Rohstoffkosten ausscheidet.[815] Es handelt sich dabei aber um eine rein hypothetische Konstellation.

Für rohstoffbezogene Exportabgaben bedeutet dieses Ergebnis, dass sie sich zwar theoretisch in einer Weise auswirken können, die einen angemessenen Vergleich zwischen dem Verkaufspreis auf dem Heimatmarkt

---

zwischen diesen beiden Arten der Vergleichsbetrachtung *Zhou/Percival*, JIEL 4/2016, S. 863, 883 ff.; *Sacher*, BTW 146/2017, S. 28 f.

812   In diesem Sinne auch *Sacher*, BTW 146/2017, S. 28 f.

813   So bereits *Bungenberg/Reinhold*, in: Krenzler/Herrmann/Niestedt (Hrsg.), Art. 2 AD-GVO 2016, Rn. 88.

814   In WTO, *United States – Definitive Anti-Dumping and Countervailing Duties on Certain Products from China*, WT/DS379/AB/R, Appellate Body Report (11 March 2011), Rn. 568 heißt es: „[D]omestic subsidies will, in principle, affect the prices at which a producer sells its goods in the domestic market and in export markets in the same way and to the same extent. Since any lowering of prices attributable to the subsidy will be reflected on both sides of the dumping margin calculation, the overall dumping margin will not be affected by the subsidization." Hierauf verweisen *Zhou/Percival*, JIEL 4/2016, 882.

815   WTO, *Australia – Anti-Dumping Measures on A4 Copy Paper (Indonesia)*, WT/DS529/R, WT/DS529/R, Panel Report (4 December 2019), Rn. 7.76. Siehe auch *De Baere/du Parc/Van Damme*, WTO Anti-Dumping, S. 63 f.

und dem Exportpreis ausschließt. Die Behörden müssen jedoch im konkreten Fall nachweisen, dass dabei der Inlands- und der Ausfuhrpreis nicht in gleicher Weise beeinflusst werden. Es reicht daher nicht aus, wenn durch den Einsatz von Exportabgaben der Preis für die verwendeten Rohstoffe sinkt und dem Unternehmen somit geringere Herstellungskosten entstehen. Die Fallgruppe einer besonderen Marktlage knüpft damit nicht an die Existenz industriepolitischer Maßnahmen an, sondern betrachtet die Auswirkungen einzelner Marktbedingungen auf die Vergleichbarkeit von Inlands- und Exportpreis. Exportabgaben nehmen dadurch gegenüber anderen preisrelevanten Faktoren keine hervorgehobene Stellung ein.

cc) Der Einsatz von Exportabgaben als Fall einer „nennenswerten Verzerrung"

Gemäß Art. 2 Abs. 6a AD-GVO ist „es nicht angemessen (…), die Inlandspreise und -kosten im Ausfuhrland zu verwenden, [wenn] in diesem Land nennenswerte Verzerrungen (…) bestehen". Diese Fallgruppe wurde mit der Verordnung (EU) 2017/2321 und als Reaktion auf das Auslaufen von Abschnitt 15(a)(ii) CAP bzw. der darin enthaltenen Erlaubnis zur Einordnung Chinas als sog. „Nichtmarktwirtschaft" eingeführt.[816] Sie findet innerhalb des ADÜ keine Entsprechung und wurde in der Literatur bereits vielfach stark kritisiert und für WTO-rechtswidrig befunden.[817] Bislang hat jedoch noch kein WTO-Panel über die Vereinbarkeit von Art. 2 Abs. 6a AD-GVO mit dem WTO-Recht entschieden.[818]

---

816 Zum Hintergrund sowie dem Gesetzgebungsverfahren u.a. *Vermulst/Sud*, in: Bungenberg et al. (eds.), EYIEL 2018, S. 63, 63 ff.; *dies.*, in: Nedumpara/Zhou (eds.), S. 237, 237 ff.; *Shadikhodjaev*, JIEL, 2018, 885, 885 ff.; *Hoffmeister*, in: Hahn/Van der Loo (eds.), S. 335, 336 ff.; *Trapp*, S. 171 ff.
817 *Antonini*, GTCJ 3/2018, S. 79, 91 ff.; *Vermulst/Sud*, in: Bungenberg et al. (eds.), EYIEL 2018, S. 63, 78 ff.; *Sacher*, BTW 146/2017, S. 33 ff.; *Shadikhodjaev*, JIEL 2018, 885 (899 ff.); *Huyghebaert*, JWT 3/2019, S. 417, 424 ff.; *Hook*, EuZW 5/2019, S. 188, 190; *De Baere*, in: Hahn/Van der Loo (eds.), S. 355, 357 ff. *Van Bael/Bellis*, S. 93; *Van Vaerenbergh*, S. 5 ff.; *Trapp*, S. 174 ff. u. 276 ff.
818 In der Rechtssache *EU – Cost Adjustment Methodologies II (Russia)* hatte Russland zwar einen Verstoß von Art. 2 Abs. 6a AD-GVO gegen Art. 2.2 u. 2.2.1.1 ADÜ geltend gemacht, jedoch lehnte das Panel eine Überprüfung ab. Siehe dazu WTO, *European Union – Cost Adjustment Methodologies and Certain Anti-Dumping Measures on Imports from Russia – (Second complaint)*, WT/DS494/R, Panel Report (24 July 2020), Rn. 7.67 ff. Siehe dazu auch *Hoffmeister*, in: Hahn/Van der Loo (eds.), S. 335, 342 f.

Der Begriff der nennenswerten Verzerrung(en) wird in Abs. 6a lit. b) AD-GVO definiert als „Verzerrungen, die eintreten, wenn sich die gemeldeten Preise oder Kosten, einschließlich der Rohstoff- und Energiekosten, nicht aus dem freien Spiel der Marktkräfte ergeben, weil sie von erheblichen staatlichen Eingriffen beeinflusst sind". Hierzu werden einzelne Faktoren aufgezählt, deren Auswirkungen von der Europäischen Kommission bei der Beurteilung „unter anderem" berücksichtigt werden.[819] Darunter fallen bspw. auch „staatliche Strategien oder Maßnahmen, mit denen inländische Lieferanten begünstigt werden oder durch die das freie Spiel der Marktkräfte anderweitig beeinflusst wird".

Trotz der genannten Definition und der Listung einzelner Fallkonstellationen in Art. 2 Abs. 6a lit. b) AD-GVO wird der Begriff der nennenswerten Verzerrung(en) als unbestimmt angesehen.[820] Insgesamt wird jedoch deutlich, dass durch Abs. 6a gezielt staatliche Marktinterventionen erfasst werden sollen. Rohstoffbezogene Exportabgaben könnten dabei auf den ersten Blick, aufgrund ihrer Auswirkungen auf den Rohstoffpreis, als Fall einer nennenswerten Verzerrung aufgefasst werden. Dafür spricht die ausdrückliche Nennung von Rohstoffpreisen sowie von staatlichen Eingriffen in Abs. 6a. In den bisherigen Länderberichten der Europäischen Kommission auf Grundlage von Abs. 6a lit. c) AD-GVO zu nennenswerten Verzerrungen in China sowie Russland werden dementsprechend einzelne Formen von Exportabgaben ausdrücklich erwähnt.[821] Auch innerhalb der bisherigen Fallpraxis wurden bereits einzelne Formen von Exportabgaben als Verzerrungen benannt.[822]

---

819 *Hoffmeister*, in: Hahn/Van der Loo (eds.), S. 335, 338 ff.; *Bungenberg/Reinhold*, in: Krenzler/Herrmann/Niestedt (Hrsg.), Art. 2 AD-GVO 2016, Rn. 93; *Reinhold/Van Vaerenbergh*, GTCJ 5/2021, S. 193, 194.

820 *Vermulst/Sud*, in: Bungenberg et al. (eds.), EYIEL 2018, S. 63, 75 ff.; *dies.*, in: Nedumpara/Zhou (eds.), S. 237, 251 f.; *Trapp*, S. 176.

821 *Europäische Kommission*, Commission Staff Working Document on significant distortions in the economy of the People's Republic of China for the purposes of trade defence investigations, SWD(2017) 483 final/2, S. 298 ff.; Commission Staff Working Document on significant distortions in the economy of the Russian Federation for the purposes of trade defence investigations, SWD(2020) 242 final, S. 232 ff. u. 336 ff.

822 So z.B. in Durchführungsverordnung (EU) 2020/1428 der Kommission vom 12. Oktober 2020 zur Einführung eines vorläufigen Antidumpingzolls auf die Einfuhren von Aluminiumstrangpresserzeugnissen mit Ursprung in der Volksrepublik China, ABl. L 336, 13.10.2020, S. 8, Rn. 131 f.; Durchführungsverordnung (EU) 2020/909 der Kommission vom 30. Juni 2020 zur Einführung eines endgültigen Antidumpingzolls auf die Einfuhren von Ferrosilicium mit Ursprung in Russland und in der Volksrepublik China nach einer Überprüfung

Allerdings bedeutet die Relevanz einer staatlichen Beeinflussung des Rohstoffpreises nicht automatisch, dass diese bereits ausreicht, um zu einer Anwendung von Art. 2 Abs. 6a AD-GVO zu gelangen. So geht Abs. 6a lit. a) davon aus, dass „es nicht angemessen ist, die Inlandspreise **und** -kosten im Ausfuhrland zu verwenden, weil in diesem Land nennenswerte Verzerrung**en** im Sinne von Buchstabe b bestehen". Bereits diese Verwendung des Plurals weist eher darauf hin, dass es sich bei Abs. 6a um eine systemische Betrachtung handelt, die schon gar nicht auf Einzelmaßnahmen anwendbar ist.[823] Zudem muss der staatliche Eingriff in das freie Spiel der Marktkräfte „erheblich" sein. Auch dies deutet darauf hin, dass eine fiskalische Einzelmaßnahme für sich genommen nicht ausreicht, um zu einer Anwendung von Abs. 6a zu gelangen. Schließlich wären ansonsten nahezu alle Staaten potenzielle Ziele der Vorschrift, denn jedes Land sieht unterschiedlichste Maßnahmen vor, die direkten oder indirekten Einfluss auf das heimische Wirtschaftssystem nehmen.[824]

In systematischer Hinsicht ist weiterhin darauf hinzuweisen, dass Abs. 6a als neue Alternative neben dem bereits beschriebenen Fall einer „besonderen Marktlage" gem. Art. 2 Abs. 3 AD-GVO steht. Daraus ist zu schließen, dass Abs. 6a gerade nicht dem Anwendungsbereich von Abs. 3 entsprechen soll. Wie bereits dargestellt, sieht Art. 2 Abs. 3 AD-GVO eine Einzelfallbetrachtung vor, die sich auf die konkreten Marktgegebenheiten einer Ware konzentriert.[825] Demgegenüber legen Bestimmungen wie bspw. Abs. 6a lit. c) nahe, dass Abs. 6a insgesamt eine Länderbetrachtung beinhaltet. Daran ändert auch der dortige Verweis auf die Möglichkeit zur Erstellung von Branchenberichten nichts.

Dass es sich bei Abs. 6a um eine systemische Betrachtung handelt, zeigen nicht zuletzt auch die bisherigen Entscheidungen der Europäischen Kommission zu Abs. 6a, in denen zunächst das Wirtschaftssystem Chi-

---

wegen des bevorstehenden Außerkrafttretens nach Artikel 11 Absatz 2 der Verordnung (EU) 2016/1036, ABl. L 208, 01.07.2020, S. 2, Rn. 76; Durchführungsverordnung (EU) 2019/1267 der Kommission vom 26. Juli 2019 zur Einführung eines endgültigen Antidumpingzolls auf die Einfuhren von Wolframelektroden mit Ursprung in der Volksrepublik China im Anschluss an eine Auslaufüberprüfung nach Artikel 11 Absatz 2 der Verordnung (EU) 2016/1036, ABl. L 200, 29.07.2019, S. 4, Rn. 69.

823 So bereits *Bungenberg/Reinhold*, in: Krenzler/Herrmann/Niestedt (Hrsg.), Art. 2 AD-GVO 2016, Rn. 96.

824 *Vermulst/Sud*, in: Bungenberg et al. (eds.), EYIEL 2018, S. 63, 75; *dies.*, in: Nedumpara/Zhou (eds.), S. 237, 252.

825 Dazu Kapitel 4, Abschnitt B. III. 1. a) bb).

nas skizziert, anschließend auf eine Vielzahl von staatlichen Eingriffen abgestellt und schließlich der „systemische Charakter der beschriebenen Verzerrungen" herausgearbeitet wurde.[826] Bei Letzterem prüft die Europäische Kommission bislang, ob die festgestellten Verzerrungen für das Wirtschaftssystem charakteristisch sind.

Vor diesem Hintergrund erscheint es damit insgesamt ausgeschlossen, dass eine Einzelmaßnahme für die Annahme einer nennenswerten Verzerrung ausreicht. Exportabgaben können daher zwar als eine Verzerrung innerhalb des nationalen Wirtschaftssystems betrachtet werden, erfüllen für sich genommen jedoch nicht die Voraussetzungen des Art. 2 Abs. 6a AD-GVO.

dd) Zwischenergebnis

Insgesamt zeigt sich damit, dass die Existenz von Exportabgaben gegenüber Rohstoffen, als Vorprodukten einer industriellen Weiterverarbeitung, allein nicht zu einer Zurückweisung der Verkaufspreise des Ausführers bei der Normalwertermittlung auf Grundlage von Art. 2 AD-GVO führt. Sie rechtfertigen keine Kostenkorrektur, wenn sie sich genau und zuverlässig aus den Aufzeichnungen des jeweiligen Unternehmens ergeben. Ob Verkäufe im normalen Handelsverkehr stattgefunden haben, bestimmt sich demnach durch den Verkaufspreis oder anhand sonstiger Verkaufsbedingungen. Eine Ablehnung wäre nur dann möglich, wenn im Falle eines Einsatzes von Exportabgaben eine angemessene Vergleichbarkeit zwischen dem inländischen Preis und dem Ausfuhrpreis in Frage gestellt würde. Die damit verbundenen Auswirkungen auf die Herstellungskosten reichen dafür jedoch nicht aus. Es bedürfte einer ungleichmäßigen Beeinflussung der Inlands- und Exportpreise. Im Kontext der neu eingeführten Fallgruppe der „nennenswerten Verzerrungen" können Exportabgaben schließlich nur als ein Indiz für systemische Marktverzerrungen fungieren.

---

826 Siehe dazu die ausführlichen Nachweise bei *Bungenberg/Reinhold*, in: Krenzler/Herrmann/Niestedt (Hrsg.), Art. 2 AD-GVO 2016, Rn. 96; *Reinhold/Van Vaerenbergh*, GTCJ 5/2021, S. 193, 194 ff.

b) Exportabgaben im Kontext alternativer Berechnungsmethoden

Einen weiteren Anknüpfungspunkt für eine potenzielle Berücksichtigung von Exportabgaben im Rahmen einer Dumpingfeststellung stellt die Anwendung alternativer Berechnungsmethoden dar. Kommt ein Rückgriff auf die Verkaufspreise des Ausführers im Ausfuhrland nicht in Betracht, so kann der Normalwert – je nach Ablehnungsgrund – auf
- Inlandspreise anderer Hersteller oder Verkäufer, oder
- Herstellungskosten im Ursprungsland, oder
- Exportpreise in einen anderen Drittstaat, oder
- unverzerrte Preise oder Vergleichswerte, oder
- Preise und Kosten eines Vergleichslands gestützt werden.[827]

Für die Inlandspreise anderer Hersteller oder Verkäufer (Art. 2 Abs. 1 Uabs. 2 AD-GVO) und für die Exportpreise in einen anderen Drittstaat (Art. 2 Abs. 3 Uabs. 1 Hs. 2 Alt. 2 AD-GVO) gelten allerdings dieselben Ermittlungsgrundsätze, wie sie im vorstehenden Abschnitt bereits für die Inlandspreise des Ausführers selbst beschrieben worden sind.[828] Daher können Exportabgaben auch in diesem Zusammenhang nur eingeschränkt Berücksichtigung finden. Darüber hinaus wurde bereits darauf hingewiesen, dass sich die Kostenberechnung gem. Art. 2.2.1.1 ADÜ bzw. Art. 2 Abs. 5 AD-GVO nach dem Prinzip der Wirklichkeitsnähe richtet und Exportabgaben daher keine Ablehnung bzw. Anpassung der Kostenaufzeichnungen des Ausführers rechtfertigen.[829] Die daraus hervorgehenden Rohstoffpreise gehören damit zu den Herstellungskosten im Ursprungsland gem. Art. 2.2 ADÜ bzw. Art. 2 Abs. 3 Uabs. 1 Hs. 2 Alt. 1 AD-GVO und sind daher auch bei einer hierauf gestützten alternativen Normalwertberechnung heranzuziehen.

Aufgrund dieser Notwendigkeit einer wirklichkeitsnahen Betrachtungsweise bleibt damit allein die Frage, ob bzw. inwieweit Exportabgaben im Kontext einer Normalwertberechnung gem. Art. 2 Abs. 6a AD-GVO Berücksichtigung finden können (dazu aa)). Ähnliches gilt für eine Normalwertberechnung bei Nicht-WTO-Ländern i.S.v. Art. 2 Abs. 7 AD-GVO (dazu bb)).

---

827 Siehe die Aufzählung bei *Bungenberg/Reinhold*, in: Krenzler/Herrmann/Niestedt (Hrsg.), Art. 2 AD-GVO 2016, Rn. 104.

828 *Bungenberg/Reinhold*, in: Krenzler/Herrmann/Niestedt (Hrsg.), Art. 2 AD-GVO 2016, Rn. 171 ff.

829 Siehe dazu bereits Kapitel 4, Abschnitt B. III. 1. a) aa).

aa) Exportabgaben und die Normalwertberechnung gemäß Art. 2 Abs. 6a AD-GVO

Ergibt die systemische Betrachtung des Art. 2 Abs. 6a AD-GVO, dass aufgrund von nennenswerten Verzerrungen in einem Land die Inlandspreise und -kosten nicht herangezogen werden können, so wird der Normalwert „ausschließlich anhand von Herstell- und Verkaufskosten [rechnerisch ermittelt], die unverzerrte Preise oder Vergleichswerte widerspiegeln". Die Europäische Kommission errechnet dabei den Normalwert anhand einzelner unverzerrter Produktionsfaktoren.[830]

Teilweise wird angenommen, dass es sich bei der Methodik insgesamt um eine Umformulierung der Drittlandsmethode für nichtmarktwirtschaftliche Ausfuhrländer gem. Art. 2 Abs. 7 AD-GVO a.F. handelt.[831] Bis zur Aufhebung dieser Methodik durch die Reform des Antidumpingrechts von 2017 hatte sich weder ein Panel noch der Appellate Body zu ihrer Vereinbarkeit mit dem WTO-Recht geäußert.[832] Es bleibt daher WTO-rechtlich ungeklärt, ob eine derartige Abweichung vom bereits beschriebenen Prinzip der Wirklichkeitsnähe im Rahmen von Art. 2.2 bzw. 2.2.1.1 ADÜ gerechtfertigt werden konnte.[833]

In der bisherigen Entscheidungspraxis der Europäischen Kommission zu Art. 2 Abs. 6a AD-GVO zeigt sich, dass Exportbeschränkungen Einfluss darauf nehmen, welche Preise und Kosten zu einer alternativen Normalwertberechnung herangezogen werden (dazu (1)). Dieses Vorgehen ist angesichts der bisherigen Rechtsprechung zu Art. 2.2 und 2.2.1.1 ADÜ als WTO-rechtswidrig einzustufen, wenngleich es unionsrechtlich zulässig erscheint (dazu (2)).

---

830 Siehe *Loets*, EuZW 8/2018, S. 309, 310 u. 312, der darauf hinweist, dass diese Methodik dem US-Recht nachempfunden ist. Ausführlich zu der Normalwertberechnung im Rahmen von Abs. 6a *Bungenberg/Reinhold*, in: Krenzler/Herrmann/Niestedt (Hrsg.), Art. 2 AD-GVO 2016, Rn. 174 ff.

831 *Vermulst/Sud*, in: Nedumpara/Zhou (Hrsg.), S. 237, 252 ff.; *Shadikhodjaev*, JIEL 4/2018, S. 885, 894 ff.; *Noël/Zhou*, GTCJ 9/2019, S. 417, 421; *De Baere*, in: Hahn/Van der Loo (eds.), S. 355, 356 f.; *Bungenberg/Reinhold*, in: Krenzler/Herrmann/Niestedt (Hrsg.), Art. 2 AD-GVO 2016, Rn. 182 ff.; *Trapp*, S. 189.

832 Ein von China eingeleitet Streitbeilegungsverfahren ist zurückgenommen worden, siehe WTO, *European Union – Measures Related to Price Comparison Methodologies*, WT/DS516/14, Note by the Secretariat (15 June 2020).

833 *Bungenberg/Reinhold*, in: Krenzler/Herrmann/Niestedt (Hrsg.), Art. 2 AD-GVO 2016, Rn. 174.

(1) Der Einfluss von Exportabgaben auf die Auswahl von Preisen und Vergleichswerten

Art. 2 Abs. 6a lit. a) Uabs. 2 AD-GVO sieht eine rechnerische Ermittlung des Normalwerts vor, bei der die Europäische Kommission Herstell- und Verkaufskosten in einem repräsentativen Drittland, internationale Preise, Kosten oder Vergleichswerte sowie unverzerrte Inlandskosten heranziehen kann. In der bisherigen Fallpraxis hat sie weit überwiegend auf die Herstell- und Verkaufskosten in einem repräsentativen Drittland zurückgegriffen, um den Normalwert rechnerisch zu ermitteln.[834] Voraussetzung ist hierfür, dass ein Land einen vergleichbaren Entwicklungsstand aufweist und die notwendigen Daten auch verfügbar sind. Kommt mehr als ein Land in Betracht, so kann sie dasjenige bevorzugen, welches über einen höheren Umwelt- und Sozialstandard verfügt (Uabs. 2 erster Spstr.). Der Entwicklungsstand wird anhand des Bruttonationaleinkommens ermittelt, wie er sich aus der Datenbank der Weltbank zu oberen mittleren Einkommenszahlen ergibt.[835]

Dass der Verfügbarkeit von Daten entscheidendes Gewicht zukommt, scheint auf den ersten Blick der Logik von Art. 2 Abs. 5 AD-GVO zu entsprechen, wonach es zu einer möglichst vergleichbaren Normalwertermittlung vorrangig auf die tatsächlich verfügbaren Daten ankommen soll. Die Europäische Kommission hat in der Vergangenheit z.B. zwischen einzelnen Ländern anhand der Menge der verfügbaren Daten bzw. ihrer Aussagekraft gewählt.[836] Indes zeigt sich bei näherem Hinsehen, dass die

---

834 Mit ausführlichen Nachweisen *Bungenberg/Reinhold*, in: Krenzler/Herrmann/Niestedt (Hrsg.), Art. 2 AD-GVO 2016, Rn. 182; *Reinhold/Van Vaerenbergh*, GTCJ 5/2021, S. 193, 198.

835 *Bungenberg/Reinhold*, in: Krenzler/Herrmann/Niestedt (Hrsg.), Art. 2 AD-GVO 2016, Rn. 184; *Reinhold/Van Vaerenbergh*, GTCJ 5/2021, S. 193, 198 f.

836 So etwa in Durchführungsverordnung (EU) 2020/508 der Kommission vom 7. April 2020 zur Einführung eines vorläufigen Antidumpingzolls auf die Einfuhren bestimmter warmgewalzter Flacherzeugnisse aus nicht rostendem Stahl in Tafeln oder Rollen (Coils) mit Ursprung in Indonesien, der Volksrepublik China und Taiwan, ABl. L 110, 08.04.2020, S. 3, Rn. 175; Durchführungsverordnung (EU) 2019/1267 der Kommission vom 26. Juli 2019 zur Einführung eines endgültigen Antidumpingzolls auf die Einfuhren von Wolframelektroden mit Ursprung in der Volksrepublik China im Anschluss an eine Auslaufüberprüfung nach Artikel 11 Absatz 2 der Verordnung (EU) 2016/1036, ABl. L 200, 29.07.2019, S. 4, Rn. 106. M.w.N. *Bungenberg/Reinhold*, in: Krenzler/Herrmann/Niestedt (Hrsg.), Art. 2 AD-GVO 2016, Rn. 186; *Reinhold/Van Vaerenbergh*, GTCJ 5/2021, S. 193, 199 f.

Berechnungsmethode des Art. 2 Abs. 6a AD-GVO von der Grundmechanik des Abs. 5 abweicht.[837] So hat die Europäische Kommission bspw. in dem Fall *Einfuhren von Stahlrädern mit Ursprung in der Volksrepublik China* einen Rückgriff auf die Inlandskosten in dem gewählten Drittland mit dem Hinweis darauf abgelehnt, dass diese durch Formen der Exportbeschränkung verzerrt gewesen sind.[838] Sie hat stattdessen ihrer Normalwertberechnung „unverzerrte" internationale Preise zugrunde gelegt.[839] Voraussetzung für einen Rückgriff auf Drittlandspreise oder internationale Preise ist demnach, dass diese „unverzerrt" sind.[840]

Der Fall zeigt weiterhin, dass Exportbeschränkungen in diesem Zusammenhang als eine relevante Verzerrung des Rohstoffpreises eingestuft werden. Die Europäische Kommission scheint für ihre Prüfung den Maßstab des Abs. 6a lit. b) heranzuziehen, wonach der staatliche Eingriff in den Preismechanismus als ein Indiz für eine Verzerrung dient. Anders als für die Frage, ob Preise und Kosten im Ausfuhrland abgelehnt werden müssen, kommt es bei der Auswahl einer alternativen Berechnungsquelle hingegen nicht auf einen systemischen Charakter an.

Durch die ausdrückliche Bezugnahme auf die von der OECD identifizierten Formen der Exportbeschränkung[841] wird für die Zwecke dieser Untersuchung deutlich, dass auch Exportabgaben von dieser Praxis der Europäischen Kommission vollständig erfasst werden. Exportabgaben führen damit im Kontext des Art. 2 Abs. 6a lit. a) AD-GVO zu einer Ablehnung der davon betroffenen Preise und Kosten. Diese werden im Anschluss durch einen unverzerrten Referenzpreis (d.h. Marktpreis) ersetzt.

(2) Vereinbarkeit mit den WTO- sowie den unionsrechtlichen Vorgaben

Die Vereinbarkeit dieser Praxis mit dem WTO-Recht erscheint zweifelhaft. Zunächst ist festzustellen, dass das Grundkonzept der Preiskonstruktion

---

837 So ausdrücklich *Trapp*, S. 183.

838 Durchführungsverordnung (EU) 2019/1693 der Kommission vom 9. Oktober 2019 zur Einführung eines vorläufigen Antidumpingzolls auf die Einfuhren von Stahlrädern mit Ursprung in der Volksrepublik China, ABl. L 259, 10.10.2019, S. 15, Rn. 137 ff. u. 158.

839 Durchführungsverordnung (EU) 2019/1693, Rn. 158.

840 So auch *Bungenberg/Reinhold*, in: Krenzler/Herrmann/Niestedt (Hrsg.), Art. 2 AD-GVO 2016, Rn. 187 u. 191; *Reinhold/Van Vaerenbergh*, GTCJ 5/2021, S. 193, 200; *Trapp*, S. 189.

841 So in Durchführungsverordnung (EU) 2019/1693, Rn. 137.

gem. Abs. 6a lit. a) AD-GVO bereits von einer Preis- und Kostenermittlung im Ausfuhrland abweicht und sich daher im Widerspruch zu einer wirklichkeitsnahen Normalwertberechnung befindet, wie sie sich für Herstellungskosten aus Art. 2.2 und 2.2.1.1 ADÜ ergibt.[842] In der Literatur wird die neue Methodik vor diesem Hintergrund sowohl hinsichtlich der Gründe für eine Ersetzung der Inlandspreise und -kosten als auch der daraus resultierenden Preiskonstruktion mehrheitlich als unvereinbar mit dem WTO-Recht angesehen.[843]

Nach *Bungenberg* ist eine Ausnahme von der WTO-Rechtsprechung zumindest in Fällen „massiver staatlicher Marktverzerrungen" denkbar.[844] Diese Ausnahme könnte WTO-rechtlich auf die zweite Anmerkung zu Art. VI:1 GATT gestützt werden. Diesbezüglich hat der Appellate Body in *EC – Fasteners (China)* allerdings einen nur begrenzten Anwendungsbereich angedeutet.[845] Außerdem geht die Vorschrift selbst nach ihrem Wortlaut von praktischen Schwierigkeiten bei der Vergleichbarkeit von Preisen aus, die einen genauen Vergleich nicht in jedem Fall angebracht erscheinen lassen. Hieraus mag sich die Möglichkeit zu Anpassungen ergeben. Eine vollständige Abkehr von dem Grundsatz einer an den tatsächlichen Verkaufspreisen orientierten Normalwertberechnung ist der Anmerkung demgegenüber nicht zu entnehmen. Entsprechend sieht auch *Bungenberg* die Notwendigkeit, dass „die Information[en] dazu genutzt werden, letztendlich bei ‚Inlandspreisen' anzukommen".[846] Dies steht im Einklang mit der Rechtsprechung des Appellate Body zu Art. 2.2 und 2.2.1.1 ADÜ, der festgestellt hat, dass WTO-Mitglieder auf internationale Preis- und Kostenquellen zurückgreifen können, insofern diese letztlich zur Ermittlung der Kosten im Ursprungsland verwendet werden.[847] Dem wird die Methodik

---

842 Siehe dazu Kapitel 4, Abschnitt B. III. 1. a) aa).
843 *Antonini*, GTCJ 3/2018, S. 79, 91 ff.; *Vermulst/Sud*, in: Bungenberg et al. (eds.), EYIEL 2018, S. 63, 78 ff.; *Sacher*, BTW 146/2017, S. 33 ff.; *Shadikhodjaev*, JIEL 2018, 885 (899 ff.); *Huyghebaert*, JWT 3/2019, S. 417, 424 ff.; *Hook*, EuZW 5/2019, S. 188, 190; *Van Bael/Bellis*, S. 93; *Van Vaerenbergh*, S. 5 ff.; *De Baere*, in: Hahn/Van der Loo (eds.), S. 355, 361 ff. *Trapp*, S. 276 ff. Differenzierend *Bungenberg*, Reformvorschlag, S. 25 ff.
844 *Bungenberg*, Reformvorschlag, S. 26.
845 WTO, *European Communities – Definitive Anti-Dumping Measures on Certain Iron or Steel Fasteners from China*, WT/DS397/AB/R, Appellate Body Report (15 July 2011), Rn. 285. Dazu bspw. *De Kok*, JIEL 2/2016, S. 515, 526; *Sacher*, BTW 146/2017, S. 23 f.
846 *Bungenberg*, Reformvorschlag, S. 27.
847 WTO, *European Union – Anti-Dumping Measures on Biodiesel from Argentina*, WT/DS473/AB/R, Appellate Body Report (6 October 2016), Rn. 6.73. So auch *Euro-*

des Art. 2 Abs. 6a lit. a) Uabs. 2 AD-GVO in der Anwendungspraxis der Europäischen Kommission jedoch – jedenfalls im Wege einer pauschalen Anpassung verzerrter Preise – nicht gerecht. Eine punktuelle Anpassung widerspräche allerdings wiederum unter Umständen dem Grundansatz von Abs. 6a, der seinem Wortlaut nach ausdrücklich auf eine Ersetzung der verzerrten Preise zielt.[848]

Durch die selektive Ersetzung von Preisen bei einer alternativen Normalwertberechnung (z.B. in Folge von Exportbeschränkungen) wird letztlich eine konkrete Vorstellung von idealen Marktverhältnissen in die Dumpingprüfung eingeführt, die dieser nicht zugrunde liegt.[849] Der für das Antidumpingrecht zentrale Preisvergleich wird auf diesem Wege durch eine Markt(wirtschafts-)kontrolle ersetzt. Der Versuch sich an der Wirklichkeit, d.h. der Marktsituation im Ausfuhrland, zumindest zu orientieren, wird dadurch letztlich aufgegeben. Diese Form der Marktwirtschaftskontrolle ist nur schwerlich als WTO-rechtskonform anzusehen. Sie folgt einer Systematik, die sich weder in Art. VI GATT noch dem ADÜ widerfinden lässt. Auch wenn die Anpassung von Preisen bei systemischen Marktverzerrungen – als dem Grundanliegen von Abs. 6a – den von der zweiten Anmerkung zu Art. VI:1 GATT aufgegriffenen Bedenken grds. entsprechen könnte, so steht jedenfalls eine allgemein auf Marktpreisen aufbauende Normalwertberechnung hierzu im Widerspruch.

Aus dieser WTO-Rechtswidrigkeit ergeben sich allerdings zunächst keine direkten Folgen für die europäische Anwendungspraxis. Wie bereits Art. 2 Abs. 7 AD-GVO a.F., so ist auch Abs. 6a „Ausdruck des Willens des Unionsgesetzgebers (…), auf diesem Gebiet eine spezifische unionsrechtliche Maßnahme zu erlassen"[850]. Im Hinblick auf Art. 2 Abs. 7 lit. a) AD-GVO a.F. hatte der EuGH festgestellt, dass die Europäische Kommission unter Berücksichtigung der sich anbietenden Alternativen versuchen muss, ein Drittland zu finden, in dem der Preis einer gleichartigen Ware unter Bedingungen gebildet wird, die mit denen des Ausfuhrlands mög-

---

pean Union – Cost Adjustment Methodologies and Certain Anti-Dumping Measures on Imports from Russia – (Second complaint), WT/DS494/R, Panel Report (24 July 2020), Rn. 7.129 u. 7.131. Dazu bspw. auch *Vermulst/Sud*, in: Bungenberg et al. (eds.), EYIEL 2018, S. 63, 82 f.; *De Baere*, in: Hahn/Van der Loo (eds.), S. 355, 363; *Trapp*, S. 279 f.

848 In diesem Sinne auch *Bungenberg*, Reformvorschlag, S. 27; *Trapp*, S. 280.

849 Vgl. dazu bereits die Ausführungen zur Fallgruppe einer besonderen Marktlage in Kapitel 4, Abschnitt B. III. 1. a) bb). So auch *Trapp*, S. 277.

850 EuGH, Urteil v. 16. Juli 2015, Rs. C-21/14 P, *Rusal Armenal*, ECLI:EU:C:2015:494, Rn. 48.

lichst vergleichbar sind".[851] Einschränkend musste es sich bei dem Land jedoch um eine „Marktwirtschaft" handeln.[852] Dies bedeutete, dass Preise nach Marktprozessen zustande kommen mussten.[853] Art. 2 Abs. 6a lit. a) Uabs. 1 a.E. AD-GVO stellt ebenfalls ausdrücklich „unverzerrte Preise oder Vergleichswerte" in das Zentrum seiner Berechnungsmethode und setzt dadurch den Ansatz des Art. 2 Abs. 7 AD-GVO a.F. fort.[854]

Vor dem Hintergrund der Rechtsprechung des EuG in der Rechtssache *PT Pelita Agung Agrindustri/Rat* wäre allerdings zumindest zu fordern, dass bei Exportabgaben als einem indirekten Eingriff des Staates in die Preisbildung nachgewiesen wird, inwiefern sich hieraus tatsächlich eine Verzerrung des Rohstoffpreises ergibt.[855] Der Wortlaut des Abs. 6a lit. a) AD-GVO impliziert, dass die Vorschrift an die sonstigen Bestimmungen der Normalwertberechnung anknüpft und in diesem Zusammenhang als eine einzelfallbezogene Anpassung zu sehen ist („Wird bei der Anwendung dieser oder einer anderen einschlägigen Bestimmung dieser Verordnung [...]"), weshalb die Grundsätze dieser zu Abs. 5 ergangenen Rechtsprechung auf die Feststellung einer Verzerrung von Rohstoffpreisen übertragen werden könnten. Insofern sind nicht alle der durch die OECD in ihrer Studie genannten Formen der Exportbeschränkung gleich zu behandeln. Ein bloßer Verweis auf die Studie der OECD würde dementsprechend nicht ausreichen, um eine Verzerrung anzunehmen. Ein solche Nachweispflicht entspräche im Übrigen auch dem für Art. 2 Abs. 10 AD-GVO geltenden Grundsatz, dass diejenige Partei, die sich auf eine Anpassung beruft, hierfür die Beweislast trägt.[856]

---

851 EuGH, Urteil v. 22. März 2012, Rs. C-338/10, *GLS*, ECLI:EU:C:2012:158, Rn. 21; Urteil v. 29. Juli 2019, Rs. C-436/18 P, *Shanxi Taigang Stainless Steel/ Kommission*, ECLI:EU:C:2019:643, Rn. 31.

852 So bspw. in EuGH, Urteil v. 22. März 2012, Rs. C-338/10, *GLS*, EU:C:2012:158, Rn. 21; Urteil v. 10. September 2015, Rs. C-687/13, *Fliesen-Zentrum Deutschland*, Rn. 49 f.

853 EuGH, Urteil v. 10. September 2015, Rs. C-687/13, *Fliesen-Zentrum Deutschland*, Rn. 67: „Somit ist der entscheidende Gesichtspunkt für die Wahl des oder der Hersteller im Vergleichsland, ob die Preise auf dem Inlandsmarkt des Drittlands das Ergebnis eines echten Wettbewerbs sind."

854 A.A. wohl *Hoffmeister*, in: Hahn/Van der Loo (eds.), S. 335, 343.

855 Dazu bereits Kapitel 4, Abschnitt B. III. 1. a) aa) (1).

856 EuGH, Urteil v. 16. Februar 2012, verb. Rs. C-191/09 P u. C-200/09 P, *Rat und Kommission/Interpipe Niko Tube und Interpipe NTRP*, ECLI:EU:C:2012:78, Rn. 60 f.; Urteil v. 26. Oktober 2016, Rs. C-468/15 P, *PT Musim Mas/Rat*, ECLI:EU:C:2016:803, Rn. 83 f. Dazu *Bungenberg/Reinhold*, in: Krenzler/Herrmann/Niestedt (Hrsg.), Art. 2 AD-GVO 2016, Rn. 270.

bb) Exportabgaben und die Normalwertberechnung gemäß Art. 2 Abs. 7 AD-GVO

Auch für Nicht-WTO-Mitglieder i.S.d. Anhangs I der Verordnung (EU) 2015/755[857] ist der Normalwert vorrangig anhand eines repräsentativen Drittlands zu ermitteln.[858] Falls dies nicht möglich sein sollte, kann darüber hinaus auf jede andere „angemessene Grundlage" zurückgegriffen werden. Dazu gehört auch ein Abstellen auf die für die gleichartige Ware tatsächlich gezahlten oder zu zahlenden Preise in der EU.

Mangels Anwendungspraxis ist bislang zwar offen, inwieweit Exportabgaben bei der Normalwertberechnung in diesem Zusammenhang eine Rolle spielen können. Die Methodik entspricht allerdings nahezu wörtlich derjenigen in Art. 2 Abs. 7 lit. a) AD-GVO a.F., weshalb im Ausgangspunkt von einer zumindest ähnlichen Anwendung durch die Europäische Kommission ausgegangen werden kann.[859] Danach bestand die bereits aufgezeigte Verpflichtung zur Ermittlung eines Drittlands, in dem der Preis einer gleichartigen Ware unter Bedingungen gebildet wird, die mit denen des Ausfuhrlands möglichst vergleichbar sind. Gleichzeitig verfügte die Europäische Kommission dabei über ein weitreichendes Ermessen.[860]

Im Unterschied dazu ist für die neue Methodik des Abs. 7 festzustellen, dass mangels Bindung durch das WTO-Recht ein noch größerer Spielraum besteht.[861] Die Begrenzung auf die Herstellungskosten im Ausfuhrland gem. Art. 2.2 und 2.2.1.1 ADÜ findet in diesem Verhältnis keine Anwen-

---

857 Verordnung (EU) 2015/755 des Europäischen Parlaments und des Rates vom 29. April 2015 über eine gemeinsame Regelung der Einfuhren aus bestimmten Drittländern, ABl. L 123, 19.05.2015, S. 33, geändert durch Delegierte Verordnung (EU) 2017/749 der Kommission vom 24. Februar 2017 zur Änderung der Verordnung (EU) 2015/755 des Europäischen Parlaments und des Rates hinsichtlich der Streichung Kasachstans von der Liste der Länder in Anhang I der genannten Verordnung, ABl. L 113, 29.04.2017, S. 11. Derzeit: Aserbaidschan, Belarus, Nordkorea, Turkmenistan und Usbekistan.

858 Zu den einzelnen davon ableitbaren Methoden *Van Bael/Bellis*, S. 101 ff.; *Bungenberg/Reinhold*, in: Krenzler/Herrmann/Niestedt (Hrsg.), Art. 2 AD-GVO 2016, Rn. 198 ff.

859 *Van Bael/Bellis*, S. 96; *Bungenberg/Reinhold*, in: Krenzler/Herrmann/Niestedt (Hrsg.), Art. 2 AD-GVO 2016, Rn. 202.

860 *Van Bael/Bellis*, S. 97 ff.

861 A.A. wohl *Van Bael/Bellis*, S. 96 f., die von einer vollständigen Übertragung der Methodik des Art. 2 Abs. 7 AD-GVO a.F. auszugehen scheinen. Demgegenüber weisen *Bungenberg/Reinhold*, in: Krenzler/Herrmann/Niestedt (Hrsg.), Art. 2 AD-GVO 2016, Rn. 209 darauf hin, dass die tatsächlich verfügbaren Auswahlmöglichkeiten in der Praxis eingeschränkt sein werden.

dung. Das Prinzip der Wirklichkeitsnähe müsste daher als rein unions-
rechtliches Prinzip das Ermessen der Kommission einschränken.

In Anlehnung an die Entscheidung des EuG in der Rechtssache *PT Pelita
Agung Agrindustri/Rat* könnte auch im Rahmen von Abs. 7 der Nachweis
einer direkten Beeinflussung der Rohstoffpreise verlangt werden. Dafür
müsste allerdings eine Verbindung zwischen Abs. 7 und den sonstigen
Bestimmungen der Normalwertberechnung, insbesondere Abs. 5 anzunehmen sein. Art. 2 Abs. 7 AD-GVO knüpft jedoch in seinem Wortlaut nicht
an die vorstehenden Absätze an, sondern verweist eher auf eine eigenständige Methodik („Im Fall von [...] erfolgt die Ermittlung des Normalwerts
[...]").

Die fehlende WTO-Mitgliedschaft könnte vor diesem Hintergrund auf
ein Sonderregime für Nicht-WTO-Mitglieder hindeuten, welches eigenständigen Grundsätzen folgt, bspw. um die betroffenen Länder an einen
Beitritt heranzuführen. Gemäß Abs. 7 Uabs. 2 muss ein geeignetes reprä-
sentatives Land nur auf „vertretbare Weise unter gebührender Berücksichtigung aller zum Zeitpunkt der Auswahl zur Verfügung stehenden zuver-
lässigen Informationen" ausgewählt werden. Dies räumt der Europäischen
Kommission bereits nach dem Wortlaut ein erhebliches Ermessen ein.
Die Bevorzugung von Ländern mit höheren Umwelt- und Sozialstandards
weist zudem eindeutig auf eine Verknüpfung mit handelspolitischen Ziel-
vorstellungen. Ein Abweichen von einer wirklichkeitsnahen Betrachtung,
die die tatsächlichen Rohstoffpreise in einem Land zugrunde legen würde,
ist dadurch in Summe als unionsrechtlich zulässig einzuordnen. Anders
als im Hinblick auf Abs. 6a steht das WTO-Recht in diesem Fall einer
Ablehnung nicht entgegen. Exportabgaben auf Rohstoffe können dadurch
nach freiem Ermessen bei der alternativen Normalwertberechnung gem.
Art. 2 Abs. 7 AD-GVO berücksichtigt werden.

c) Zwischenfazit

Zusammenfassend lässt sich festhalten, dass zwar bereits in einer Reihe
von Dumpingverfahren Preisverzerrungen bei Rohstoffen eine entscheidende Bedeutung bei der Normalwertfeststellung beigemessen wurde.
Rohstoffbezogene Exportabgaben rechtfertigen jedoch gleichwohl für sich
genommen keine Abweichung von einer vorrangigen Normalwertberechnung anhand von Inlandspreisen des Ausführers und auch keinen Rückgriff auf andere, als die inländischen Produktionskosten.

Ist allerdings aus anderen Gründen gem. Art. 2 Abs. 6a oder 7 AD-GVO eine alternative Normalwertberechnung vorzunehmen, so können Exportabgaben zu einer rechnerischen Anpassung des Normalwerts führen. Das Vorgehen nach Abs. 6a steht dabei im Widerspruch zu einer Berechnung von Herstellungskosten im Ursprungsland nach dem Ansatz des WTO-Rechts, während sich eine alternative Normalwertberechnung gem. Abs. 7 bereits außerhalb des WTO-rechtlichen Rahmens bewegt.

2. Auswirkung rohstoffbezogener Exportabgaben auf Ausfuhrpreis und Vergleich

Eine weitere Möglichkeit zur Berücksichtigung von Exportabgaben bei der Dumpingfeststellung betrifft die Ebene des Ausfuhrpreises sowie der Herstellung eines gerechten Vergleichs zwischen beiden Werten. Für den Ausfuhrpreis wird grds. auf den tatsächlich gezahlten oder zu zahlenden Preis bei Verkäufen an unabhängige Abnehmer in der Union abgestellt, wobei auch hierbei in einzelnen Fällen eine rechnerische Anpassung erforderlich ist (Art. 2 Abs. 8 und 9 AD-GVO).[862] Insgesamt kommt es in diesem Zusammenhang nicht auf die Herstellung der Ware, sondern das nachgelagerte Ausfuhrgeschäft an. Dies ergibt sich auch aus Art. 2 Abs. 9 Uabs. 2 AD-GVO, der bei der rechnerischen Ermittlung des Ausfuhrpreises auf Berichtigungen für „alle zwischen der Einfuhr und dem Wiederverkauf entstandenen Gewinne und Kosten einschließlich Zöllen und Abgaben" verweist. Entsprechend sind bei den unter Art. 2 Abs. 9 Uabs. 3 AD-GVO genannten Beträgen, die für eine Berichtigung herangezogen werden, Kosten im Zusammenhang mit der Einfuhr und dem Wiederverkauf aufgeführt.[863] Exportabgaben, die Einfluss auf den Preis von Vorprodukten (Herstellungskosten) nehmen, spielen damit keine Rolle bei der Ermittlung des Ausfuhrpreises.

Gemäß Art. 2 Abs. 10 AD-GVO ist anschließend zwischen beiden Werten eine hinreichende Vergleichbarkeit herzustellen. Dieser Vorgang bezieht alle Unterschiede mit ein, die der Ausführer in seiner Preisbildung berücksichtigt haben könnte.[864] Die Vergleichbarkeit nach Art. 2 Abs. 10

---

862 Umfassend dazu *Bungenberg/Reinhold*, in: Krenzler/Herrmann/Niestedt (Hrsg.), Art. 2 AD-GVO 2016, Rn. 218 ff.

863 *Müller/Khan/Scharf*, Rn. 2.224. Dazu allgemein auch *Van Bael/Bellis*, S. 108 ff.

864 *Müller/Khan/Scharf*, Rn. 2.238; *Andersen*, S. 213; *Bungenberg/Reinhold*, in: Krenzler/Herrmann/Niestedt (Hrsg.), Art. 2 AD-GVO 2016, Rn. 256 ff.

AD-GVO bzw. Art. 2.4 ADÜ[865] ist dabei strikt von der Normalwertberechnung – darunter insbesondere von dem Fall einer besonderen Marktlage – zu trennen, wenngleich hierbei ebenso Unterschiede zwischen dem Inlands- und dem Ausfuhrpreis relevant sind.[866] Bereits diese logische Nachrangigkeit impliziert, dass es hierbei um die Verkaufsmodalitäten des Endprodukts und nicht um eine Anpassung von Produktionskosten geht.[867]

Ausdrücklich abzugrenzen ist diese Konstellation von Fällen, in denen Einfuhrabgaben auf Rohstoffe für Ausfuhrgeschäfte erstattet werden, woraus sich eine Notwendigkeit für Berichtigungen gem. Art. 2 Abs. 10 lit. b) AD-GVO ergeben kann.[868] Ebenso können Exportabgaben dann eine Rolle spielen, wenn Rohstoffe selbst zum Gegenstand eines Antidumpingverfahrens gemacht werden. In diesem Fall können Anpassungen gem. Art. 2 Abs. 10 lit. k) AD-GVO vorgenommen werden, um den Normalwert an den Ausfuhrpreis anzupassen.[869]

Insgesamt sind rohstoffbezogene Exportabgaben damit ohne Einfluss auf den Ausfuhrpreis sowie die Herstellung einer angemessenen Vergleichbarkeit, sofern nicht der Rohstoff selbst, sondern daraus hergestellte Produkte zum Gegenstand des Antidumpingverfahrens gemacht werden.

---

865 Abs. 10 übernimmt wörtlich den ersten Satz von Art. 2.4 ADÜ und ist auch darüber hinaus inhaltlich an diesen angelehnt; *Müller/Khan/Scharf*, Rn. 2.249; *Andersen*, S. 221 f.; *Bungenberg/Reinhold*, in: Krenzler/Herrmann/Niestedt (Hrsg.), Art. 2 AD-GVO 2016, Rn. 258.

866 Siehe bereits Kapitel 4, Abschnitt B. III. 1. a) bb).

867 So bspw. WTO, *European Union – Anti-Dumping Measures on Biodiesel from Argentina*, WT/DS473/R, Panel Report (29 March 2016), Rn. 7.299 ff., wonach Elemente, die Bestandteil der Normalwertberechnung sind, nicht unter Art. 2.4 ADÜ fallen. Demgegenüber hat sich der Appellate Body skeptisch geäußert, jedoch nicht klargestellt, in welchem Verhältnis er die Bestimmungen sieht. Siehe dazu WTO, *European Union – Anti-Dumping Measures on Biodiesel from Argentina*, WT/DS473/AB/R, Appellate Body Report (6 October 2016), Rn. 6.86 ff.

868 Vgl. dazu bspw. *Van Bael/Bellis*, S. 132 ff.; *Bungenberg/Reinhold*, in: Krenzler/Herrmann/Niestedt (Hrsg.), Art. 2 AD-GVO 2016, Rn. 281 ff.

869 So z.B. in Durchführungsverordnung (EU) Nr. 467/2010 des Rates vom 25. Mai 2010 zur Einführung eines endgültigen Antidumpingzolls auf die Einfuhren von Silicium mit Ursprung in der Volksrepublik China, ausgedehnt auf Einfuhren von aus der Republik Korea versandtem Silicium, ob als Ursprungserzeugnis der Republik Korea angemeldet oder nicht, im Anschluss an eine Auslaufüberprüfung nach Artikel 11 Absatz 2 und eine teilweise Interimsüberprüfung nach Artikel 11 Absatz 3 der Verordnung (EG) Nr. 1225/2009, ABl. L 131, 29.05.2010, S. 1, Rn. 47. Dazu auch *Bungenberg/Reinhold*, in: Krenzler/Herrmann/Niestedt (Hrsg.), Art. 2 AD-GVO 2016, Rn. 352.

IV. Die Bedeutung von Exportabgaben für die Anwendung der „Niedrigzollregel"

Im Anschluss an die Feststellung von Dumping, einer Schädigung und einem entsprechenden Unionsinteresse erfolgt auf Rechtsfolgenseite die Verhängung von Antidumpingzöllen (Art. 7 bzw. 9 AD-GVO) oder ggf. die Annahme von Verpflichtungsangeboten (Art. 8 AD-GVO). Dabei kann die Europäische Kommission einen Antidumpingzoll verhängen, der niedriger ist als die Dumpingspanne, wenn dies ausreicht, um die festgestellte Schädigung zu beseitigen (Art. 7 Abs. 2 AD-GVO).

Durch Einführung von Art. 7 Abs. 2a bis 2d AD-GVO auf Grundlage der Verordnung (EU) 2018/825 hat die EU die Anwendung dieser Niedrigzollregel („lesser duty rule") an neue Bedingungen geknüpft.[870] Auf sie wird gem. Art. 8 Abs. 1 Uabs. 4 und 9 Abs. 4 Uabs. 2 AD-GVO im Zusammenhang mit einer Annahme von Verpflichtungen sowie einer Einführung endgültiger Antidumpingzölle Bezug genommen. Die Einführung der modifizierten Niedrigzollregelung begründet die EU u.a. mit den zunehmenden Eingriffen von Drittstaaten in den Rohstoffhandel, durch die die europäische Wirtschaft über das Dumping hinaus geschädigt werde.[871] Gemäß Art. 7 Abs. 2a AD-GVO berücksichtigt die Europäische Kommission in ihrer Prüfung seither, ob „Verzerrungen des Rohstoffangebots bei der betroffenen Ware" existieren. Angesichts dieser neuen Regelung soll im Folgenden zunächst untersucht werden, ob auch Exportabgaben hiervon erfasst werden können (dazu 1.). Darüber hinaus soll zu der Frage Stellung genommen werden, ob ein solches Vorgehen im Einklang mit dem WTO-Recht steht (dazu 2.).

---

870 Dazu *Cornelis*, GTCJ 11&12/2018, S. 539, 541 f.; *Hoffmeister*, in: Hahn/Van der Loo (eds.), S. 335, 345 ff.; *Trapp*, S. 192 ff.; *Crochet*, EJIL 2/2022, S. 381, 397 ff.

871 *Trapp*, S. 194 f. In Erwägungsgrund 8 zur Verordnung (EU) 2018/825 heißt es: „Drittländer greifen immer häufiger in den Handel mit Rohstoffen ein, um Rohstoffe zum Vorteil nachgelagerter einheimischer Verwender im eigenen Land zu halten, beispielsweise durch Erhebung von Ausfuhrsteuern oder Anwendung von Doppelpreissystemen. Diese Eingriffe verursachen zusätzliche Handelsverzerrungen. Infolgedessen bestimmen nicht die normalen Marktkräfte von Angebot und Nachfrage die Kosten eines bestimmten Rohstoffs. Aufgrund dessen werden Unionshersteller nicht allein durch Dumping geschädigt, sondern leiden gegenüber nachgelagerten Herstellern in Drittländern, die derartige Praktiken verfolgen, noch unter zusätzlichen Handelsverzerrungen. Um den Handel angemessen zu schützen, sollten diese Verzerrungen bei der Festlegung der Höhe der zu verhängenden Zölle angemessen berücksichtigt werden."

1. Exportabgaben als Fall einer Verzerrung gemäß Art. 7 Abs. 2a AD-GVO

Gemäß Art. 7 Abs. 2a Uabs. 2 AD-GVO liegt eine Verzerrung des Rohstoffangebots vor, wenn eine der dort aufgeführten Eingriffsarten identifiziert
werden kann und der Preis des betroffenen Rohstoffs unter dem Preis
auf repräsentativen internationalen Märkten liegt. Bei den aufgeführten
Maßnahmen handelt es sich um Exportbeschränkungen, wie sie in dem
bereits eingangs erwähnten Bericht der OECD zu Exportbeschränkungen
für Rohstoffe aufgeführt sind.[872] Hierunter finden sich auch die bereits
erläuterten Formen einer fiskalischen Exportbeschränkung, die für die
Zwecke dieser Untersuchung zu dem Gesamtbereich der Exportabgaben
zusammengefasst werden.[873] Eine durch den Einsatz von Exportabgaben
herbeigeführte Preissenkung im Inland ist demnach grds. als eine Verzerrung gem. Art. 7 Abs. 2a AD-GVO anzusehen.

Gemäß Uabs. 6 müssen allerdings mindestens 17 % der Herstellungskosten der betreffenden Ware auf einen einzelnen unverarbeiteten oder verar-
beiteten Rohstoff entfallen, bei dem eine Verzerrung festgestellt wurde.
Die Europäische Kommission prüft dabei länderbezogen, ob der betroffene Rohstoff im Durchschnitt mindestens 17 % der Herstellungskosten in
dem betreffenden Land ausmacht, wobei sie auf internationale Marktpreise zurückgreift (nicht auf die Aufzeichnungen der Ausführer).[874] In der
Literatur wird diskutiert, ob ein einzelner Ausführer von der Anwendung
der neuen Regelung auszunehmen ist, wenn er nachweisen kann, dass
für ihn der Rohstoff weniger als 17 % seiner Herstellungskosten ausmacht
oder, dass er von der Verzerrung des Rohstoffpreises nicht profitiert.[875]
Diese Möglichkeit ist durch die Entscheidungspraxis der Europäischen
Kommission noch nicht abschließend geklärt, sie scheint ausgehend von
dem Grundsatz einer individuellen Dumpingberechnung jedoch rechtlich

---

872 Selbige spielen auch im Rahmen von Art. 2 Abs. 6a AD-GVO eine Rolle. Dazu
     bereits Kapitel 4, Abschnitt B. III. 1. a) cc) u. b) aa). Allerdings ist die Aufzäh-
     lung nicht abschließend, da die Europäische Kommission durch delegierten
     Rechtsakt weitere Maßnahmen hinzufügen kann (Uabs. 3). So auch *Cornelis*,
     GTCJ 11&12/2018, S. 539, 541.
873 Siehe Kapitel 2, Abschnitt A.
874 *Hoffmeister*, in: Hahn/Van der Loo (eds.), S. 335, 345 f.; *Trapp*, S. 197.
875 So etwa *Cornelis*, GTCJ 11&12/2018, S. 539, 541; *Hoffmeister*, in: Hahn/Van der
     Loo (eds.), S. 335, 345 f.; *Trapp*, S. 197.

geboten.[876] Auf Unternehmen, die den betroffenen Rohstoff gar nicht nutzen, wird die Regelung jedenfalls nicht angewendet.[877]

Schließlich muss die Anwendung von Art. 7 Abs. 2a AD-GVO durch ein gesondertes Unionsinteresse positiv gerechtfertigt sein (Abs. 2b), bei dem – anders als beim allgemeinen Unionsinteresse gem. Art. 21 AD-GVO – den Verwendern der gedumpten Ware ein größeres Mitspracherecht eingeräumt wird, sofern sie sich auch aktiv durch Stellungnahmen beteiligen.[878] In diesem Zusammenhang findet sich in den bisherigen Entscheidungen jeweils ein Abschnitt mit der Überschrift „Wettbewerb um Rohstoffe", in dem die Europäische Kommission Ausführungen zur Bedeutung des Ausfuhrlandes für die Rohstoffversorgung sowie die Auswirkungen der eingeführten Exportbeschränkungen macht.[879] Es zeigt sich dadurch, dass die europäische Rohstoffversorgung als ein zentrales Anliegen hinter der neuen Regelung steht.

---

876 In diese Richtung auch *Trapp*, S. 197 f.
877 Durchführungsverordnung (EU) 2021/2012 der Kommission vom 17. November 2021 zur Einführung eines endgültigen Antidumpingzolls und zur endgültigen Vereinnahmung des vorläufigen Zolls auf die Einfuhren von kaltgewalzten Flacherzeugnissen aus nicht rostendem Stahl mit Ursprung in Indien und Indonesien, ABl. L 410, 18.11.2021, S. 153, Rn. 154.
878 *Hoffmeister*, in: Hahn/Van der Loo (eds.), S. 335, 346; *Trapp*, S. 243 ff.
879 Durchführungsverordnung (EU) 2019/576 der Kommission vom 10. April 2019 zur Einführung eines vorläufigen Antidumpingzolls auf die Einfuhren von Mischungen von Harnstoff und Ammoniumnitrat mit Ursprung in Russland, Trinidad und Tobago und den Vereinigten Staaten von Amerika, ABl. L 100, 11.04.2019, S. 7, Rn. 227 ff. sowie Durchführungsverordnung (EU) 2019/1688 der Kommission vom 8. Oktober 2019 zur Einführung eines endgültigen Antidumpingzolls und zur endgültigen Vereinnahmung des vorläufigen Zolls auf die Einfuhren von Mischungen von Harnstoff und Ammoniumnitrat mit Ursprung in Russland, Trinidad und Tobago und den Vereinigten Staaten von Amerika, ABl. L 258, 09.10.2019, S. 21, Rn. 228 ff.; Durchführungsverordnung (EU) 2020/508 der Kommission vom 7. April 2020 zur Einführung eines vorläufigen Antidumpingzolls auf die Einfuhren bestimmter warmgewalzter Flacherzeugnisse aus nicht rostendem Stahl in Tafeln oder Rollen (Coils) mit Ursprung in Indonesien, der Volksrepublik China und Taiwan, ABl. L 110, 08.04.2020, S. 3, Rn. 354 ff. sowie Durchführungsverordnung (EU) 2020/1408 der Kommission vom 6. Oktober 2020 zur Einführung eines endgültigen Antidumpingzolls und zur endgültigen Vereinnahmung des vorläufigen Zolls auf die Einfuhren bestimmter warmgewalzter Flacherzeugnisse aus nicht rostendem Stahl in Tafeln oder Rollen (Coils) mit Ursprung in Indonesien, der Volksrepublik China und Taiwan, ABl. L 325, 07.10.2020, S. 26, Rn. 269. Siehe auch *Trapp*, S. 200 u. 202. *Hoffmeister*, in: Hahn/Van der Loo (eds.), S. 335, 346 weist darauf hin, dass diese Betonung bereits vor Einführung der modifizierten Niedrigzollregelung Gegenstand von Dumpingverfahren gewesen ist.

Bislang wurde in zwei Verfahren eine Verzerrung des Rohstoffangebots – u.a. aufgrund des Einsatzes von Exportabgaben – angenommen.[880] In einem Fall sah die Europäische Kommission allerdings letztlich kein rechtfertigendes Unionsinteresse für eine Zollfestsetzung gem. Art. 7 Abs. 2a AD-GVO.[881] Dabei bestanden teils erhebliche Differenzen zwischen der Dumpingspanne (bis zu 106,5 %) und der Schadensbeseitigungsspanne (bis zu 24,2 %).[882] Daran zeigt sich, dass durch die modifizierte Niedrigzollregelung der Einsatz von Exportabgaben unter Umständen zu einer starken Erhöhung der endgültigen Antidumpingzölle führen kann. In der Tendenz werden die Antidumpingzölle durch die neue Regelung „aufgebläht".[883] Der Europäischen Kommission wird dadurch ein handelspolitisches Instrument in die Hand gegeben, durch das der Einsatz von Exportabgaben gezielt sanktioniert werden kann.[884]

Indes zeigen die wenigen Anwendungsfälle seither, dass die modifizierte Niedrigzollregelung keine gesamtheitliche Anpassung der Rohstoffpreise bewirkt, sondern lediglich in vereinzelten Fällen zu einer zusätzlichen Zollbelastung führt. Sie findet nur dann Anwendung, wenn das Vorliegen von Dumping sowie einer kausalen Schädigung festgestellt werden konnte. Zudem fallen Adressaten und Verursacher der jeweiligen Verzerrung auseinander. Die Effektivität der modifizierten Niedrigzollregelung im Hinblick auf den Umgang mit internationalen Rohstoffpreisverzerrungen, auf die in den Erwägungsgründen hingewiesen wird, kann daher durchaus bezweifelt werden.

2. Vereinbarkeit von Art. 7 Abs. 2a AD-GVO mit dem WTO-Recht

Die Verknüpfung einer Verzerrung des Rohstoffpreises mit der Anwendung der Niedrigzollregel wird teilweise als ein Verstoß gegen das in Art. 9.2 ADÜ und Art. I:1 GATT enthaltene Diskriminierungsverbot an-

---

880 Durchführungsverordnung (EU) 2019/576, Rn. 212; Durchführungsverordnung (EU) 2019/1688, Rn. 210; Durchführungsverordnung (EU) 2020/508, Rn. 342 u. 347; Durchführungsverordnung (EU) 2020/1408, Rn. 255 f. Zu diesen Verfahren *Trapp*, S. 199 ff.
881 Durchführungsverordnung (EU) 2020/1408, Rn. 289 ff.
882 Durchführungsverordnung (EU) 2020/1408, Rn. 313.
883 So *Trapp*, S. 202.
884 Krit. zu diesem Sanktionscharakter *De Baere*, in: Hahn/Van der Loo (eds.), S. 355, 374; *Trapp*, S. 197 f.

gesehen.[885] In einem WTO-Streitbeilegungsverfahren hat dieser Vorwurf bislang noch keine Rolle gespielt.[886] Die Europäische Kommission erklärte demgegenüber im Rahmen der erstmaligen Anwendung von Art. 7 Abs. 2a AD-GVO, dass Art. 9.1 ADÜ nicht zu einem Rückgriff auf einen niedrigeren Zoll verpflichte und den WTO-Mitgliedern daher ein weiter Ermessensspielraum zukomme. Da eine Verzerrung des Rohstoffangebots grds. für alle Verfahrensbeteiligten geprüft werde, liege zudem keine Diskriminierung i.S.v. Art. 9.2 ADÜ vor.[887]

Dem ist zuzustimmen. Art. 9.1 ADÜ stellt es den Mitgliedern frei einen unterhalb der Dumpingspanne liegenden Antidumpingzoll zu erheben und schreibt darüber hinaus auch keine Methodik vor, wenn ein Staat von dieser Möglichkeit Gebrauch macht.[888] Art. 9.2 S. 1 ADÜ verlangt, dass ein festgesetzter Antidumpingzoll jeweils in der angemessenen Höhe und ohne Diskriminierung auf alle Einfuhren dieser Ware gleich welcher Herkunft erhoben wird. Es ist zweifelhaft, ob Art. 9.2 ADÜ innerhalb des durch Art. 9.1 ADÜ vorgesehenen Freiraums eine Pflicht zur Nichtdiskriminierung begründen kann, denn dadurch würde letztlich eine Verpflichtung gegenüber den Mitgliedern geschaffen und die freie Auswahl der Methodik beschränkt. Außerdem befasst sich Art. 9.2 ADÜ nicht mit der Festsetzung eines Antidumpingzolls, sondern mit dessen Erhebung, die – vom Grundsatz der Nichtdiskriminierung geleitet – all jene Waren

---

885 So z.B. *Wüstenberg*, GTCJ 9/2019, S. 407, 414 f. Siehe daneben auch das Vorbringen der russischen Ausführer und der russischen Regierung in dem Fall *Mischungen von Harnstoff und Ammoniumnitrat mit Ursprung in Russland, Trinidad und Tobago und den Vereinigten Staaten von Amerika*: Durchführungsverordnung (EU) 2019/576, Rn. 194; Durchführungsverordnung (EU) 2019/1688, Rn. 184 ff. u. 216.

886 In *EU – Cost Adjustment Methodologies II (Russia)* hat Russland einen Verstoß von Art. 7 Abs. 2a AD-GVO gegen Art. 2.2.1.1 und 2.2 ADÜ geltend gemacht, jedoch lehnte das Panel eine Überprüfung ab. Siehe WTO, *European Union – Cost Adjustment Methodologies and Certain Anti-Dumping Measures on Imports from Russia – (Second complaint)*, WT/DS494/R, Panel Report (24 July 2020), Rn. 7.67 ff.

887 Durchführungsverordnung (EU) 2019/1688, Rn. 185 ff. u. 217.

888 WTO, *United States – Anti-Dumping and Countervailing Measures on Steel Plate from India*, WT/DS206/R, Panel Report (29 July 2002), Rn. 7.116; *European Communities – Anti-Dumping Duties on Imports of Cotton-type Bed Linen from India*, WT/DS141/AB/R, Appellate Body Report (24 April 2004), Fn. 150; *European Communities – Definitive Anti-Dumping Measures on Certain Iron or Steel Fasteners from China*, WT/DS397/AB/R, Appellate Body Report (15 July 2011), Rn. 336. *European Union – Anti-Dumping Measures on Certain Footwear from China*, WT/DS405/R, Panel Report (28 October 2011), Rn. 7.927.

erfassen muss, für die ein Vorliegen von Dumping sowie eine Schädigung festgestellt worden ist.[889] Eine Begrenzung des durch Art. 9.1 ADÜ eingeräumten Ermessensspielraums geht daraus nicht hervor.

Ebenfalls ist ein Verstoß von Art. 7 Abs. 2a AD-GVO gegen Art. I:1 GATT abzulehnen.[890] Teilweise wird argumentiert, dass die Vorschrift *de facto* zu einer Schlechterbehandlung bestimmter Länder führe und damit im Widerspruch zu Art. I:1 GATT stehe.[891] Der Meistbegünstigungsgrundsatz des Art. I:1 GATT reicht sehr weit. Er ist auf Zölle und Belastungen jeder Art anwendbar und umfasst damit auch Antidumpingzölle.[892] Es werden dadurch alle Vorteile, Vergünstigungen, Vorrechte oder Befreiungen, die eine Vertragspartei für eine bestimmte Ware gewährt, erfasst.[893] Dies betrifft auch die Festsetzung eines niedrigeren Antidumpingzolls.[894] In Konsequenz müsste der damit verbundene Vorteil bedingungslos gegenüber allen WTO-Mitgliedern gewährt werden.

Die genaue Reichweite dieser Anforderung ist umstritten.[895] Nach der Rechtsprechung des Appellate Body werden dadurch Erwartungen an gleiche Wettbewerbsbedingungen geschützt, sodass zwar eine Vorteilsgewährung von gewissen Voraussetzungen abhängig gemacht werden kann, jedoch nicht von solchen, die die Wettbewerbsgleichheit beeinträchtigen.[896] Art. 7 Abs. 2a AD-GVO knüpft zwar nicht direkt an spezifische Länder an, jedoch werden diejenigen Staaten, die über Rohstoffvorkommen verfügen und Exportbeschränkungen einsetzen, *de facto* in ihrer Wettbewerbsposition beeinträchtigt. Art. 7 Abs. 2a AD-GVO verstößt damit grds. gegen Art. I:1 GATT.[897]

---

889 *Van den Bossche/Zdouc*, S. 820. A.A. ohne nähere Angaben *De Baere*, in: Hahn/Van der Loo (eds.), S. 355, 373 f.

890 So im Ergebnis auch *Trapp*, S. 289 f.

891 *Wüstenberg*, GTCJ 9/2019, S. 407, 414 f.

892 Zum Anwendungsbereich bereits Kapitel 3, Abschnitt A. I. 2. a) aa). Siehe auch WTO, *European Communities – Definitive Anti-Dumping Measures on Certain Iron or Steel Fasteners from China*, WT/DS397/AB/R, Appellate Body Report (15 July 2011), Rn. 392.

893 M.w.N. *Matsushita/Schoenbaum/Mavroidis/Hahn*, S. 162 f.; *Van den Bossche/Zdouc*, S. 346 ff.

894 *Trapp*, S. 289 f.

895 Hierzu bspw. *Matsushita/Schoenbaum/Mavroidis/Hahn*, S. 167 ff.; *Van den Bossche/ Zdouc*, S. 352 f.

896 WTO, *European Communities – Measures Prohibiting the Importation and Marketing of Seal Products*, WT/DS400/AB/R, WT/DS401/AB/R, Appellate Body Report (22 May 2014), Rn. 5.88.

897 In diesem Sinne *Wüstenberg*, GTCJ 9/2019, S. 407, 414 f. Zu diesem Ergebnis kommt wohl auch *Trapp*, S. 289 f.

Allerdings lässt sich bezweifeln, dass Art. I:1 GATT in diesem Fall über-haupt anwendbar ist.[898] Der Appellate Body in *EC – Fasteners* hat im Hinblick auf einen möglichen Verstoß von Art. 9 Abs. 5 AD-GVO gegen Art. I:1 GATT festgestellt, dass Art. VI GATT ein Verhalten erlaube, dass ansonsten mit Regeln des GATT (z.B. Art. I:1 GATT) unvereinbar wäre, weshalb zuerst geprüft werden müsse, ob ein Verstoß gegen Art. VI GATT vorliegt.[899] Auch in dem Fall *Brazil – Desiccated Coconut* sah der Appellate Body eine entsprechende Ausnahmefunktion.[900]

Für das Verhältnis zwischen Art. VI GATT und dem ADÜ gilt wie-derum die allgemeine Auslegungsregel, wonach Letzteres im Wege des Spezialitätsgrundsatzes Vorrang genießt. Für das Verhältnis zwischen Art. I:1 GATT und Art. 9.1 ADÜ bedeutet dies, dass ein Verhalten, welches nach Art. 9.1 ADÜ (und danach auch nach Art. VI GATT) erlaubt ist, nicht gegen den Meistbegünstigungsgrundsatz gem. Art. I:1 GATT versto-ßen kann.[901] Umgekehrt steht schließlich die gesamte Idee des Antidum-pingrechts im Widerspruch zu Art. I:1 GATT, sodass dessen weiter An-wendungsbereich das ausdrücklich zulässige Vorgehen der Staaten gegen Dumping konterkarieren würde.[902]

Es ist vor diesem Hintergrund unzutreffend, wenn etwa *Mahncke* unter Hinweis auf Art. VI:2 GATT und Art. 18.1 ADÜ argumentiert, dass Anti-dumpingmaßnahmen nur unter vollständiger Beachtung des GATT (und damit auch Art. I GATT) erhoben werden dürften.[903] Während Art. VI:2 GATT selbst keinerlei Aussagen zum Verhältnis zwischen dem GATT und dem ADÜ trifft, so verweist Art. 18.1 ADÜ ausdrücklich auf diejenigen Bestimmungen des GATT, die durch das ADÜ ausgelegt werden, also gerade Art. VI GATT.[904] Aus der Fußnote zu Art. 18.1 ADÜ ergibt sich kein abweichendes Ergebnis.[905]

---

898 So auch *Trapp*, S. 290 f.

899 WTO, *European Communities – Definitive Anti-Dumping Measures on Certain Iron or Steel Fasteners from China*, WT/DS397/AB/R, Appellate Body Report (15 July 2011), Rn. 392 ff.

900 WTO, *Brazil – Measures Affecting Desiccated Coconut*, WT/DS22/AB/R, Appellate Body Report (21 February 1997), S. 21 (V.).

901 *Trapp*, S. 290 f.

902 *Rovnov*, JWT 1/2015, S. 174, 178; *Trapp*, S. 292.

903 So bspw. in *Mahncke*, S. 196 f. u. 222 f.

904 Dort heißt es: „No specific action against dumping of exports from another Member can be taken except in accordance with the provisions of GATT 1994, **as interpreted by this Agreement**." [Hervorhebung durch den Verfasser].

905 Dort heißt es: „This is not to preclude action under other relevant provisions of GATT 1994, as appropriate."

Auch wenn der Meistbegünstigungsgrundsatz ein fundamentales Prinzip der WTO darstellt, so wird er durch einzelne spezifischere Vereinbarungen der WTO-Mitglieder – darunter insbesondere Rechtfertigungsgründe – eingeschränkt.[906] So hat dies bspw. der Appellate Body in *EC – Tariff Preferences* auch für das Verhältnis zwischen Art. I:1 GATT und der sog. „Enabling Clause" erklärt.[907] Das Panel in *EU – Footwear (China)* hat dieses grundlegende Verhältnis verkannt, indem es auf die Möglichkeit hinwies, dass auch bei einer Vereinbarkeit mit dem ADÜ ein Verstoß gegen Art. I:1 GATT vorliegen könne.[908] Eine Einzelbetrachtung von Ausführern und ein großer Spielraum sind für Antidumpingverfahren charakteristisch. Zu dessen Begrenzung sind das ADÜ sowie das ein Antidumpingverfahren begleitende Prinzip einer fairen Behandlung als Ersatz für eine umfängliche Geltung des Meistbegünstigungsgrundsatzes entwickelt worden.[909] Auch der Vorrang der Normalwertberechnung anhand der Verkäufe im Ausfuhrland zählt hierzu.[910] Art. VI GATT bildet – ebenso wie Art. XXIV GATT und die Enabling Clause – eine Ausnahme zum Meistbegünstigungsgrundsatz.[911] In all diesen Fällen ist bei Erfüllung der Voraussetzungen einer solchen Ausnahme der spezifische Inhalt anschließend nicht mehr am Maßstab des Art. I:1 GATT zu messen.

Entsprechend hat bereits 1955 ein GATT-Panel in dem Fall *Swedish Anti-Dumping Duties* mit Blick auf Art. VI:6 GATT 1947 argumentiert, dass in dem Einsatz von Dumping ein Verzicht auf den Schutz durch den Meistbegünstigungsgrundsatz gesehen werden kann.[912] In ähnlicher

---

906   So auch *Rovnov*, JWT 1/2015, S. 174, 178.

907   WTO, *European Communities – Conditions for the Granting of Tariff Preferences to Developing Countries*, WT/DS246/AB/R, Appellate Body Report (7 April 2004), Rn. 101.

908   WTO, *European Union – Anti-Dumping Measures on certain Footwear from China*, WT/DS405/R, Panel Report (28 October 2011), Rn. 7.103 ff. Krit. auch *Rovnov*, JWT 1/2015, S. 174, 193 f.; *Trapp*, S. 291 f. Zustimmend demgegenüber *Mahncke*, S. 216 ff.

909   *Rai*, FTR 4/2017, S. 233, 238 ff. Zum Fairness-Prinzip siehe *Andersen*, S. 20 ff.

910   Siehe dazu bereits Kapitel, Abschnitt B. II.

911   *Rovnov*, JWT 1/2015, S. 174, 189 ff. spricht demgegenüber von einem autonomen Recht („autonomous right") zum Einsatz von Dumpingmaßnahmen, da bei einer Ausnahmebestimmung der Vorwurf eines Verstoßes gegen Art. I:1 GATT den Nachweis einer Erfüllung aller Voraussetzungen des Art. VI GATT sowie des ADÜ erforderlich mache. Zu Art. XXIV GATT siehe bereits Kapitel 3, Abschnitt B. II.

912   GATT, *Swedish Anti-Dumping Duties*, L/328, BISD 3S/81, GATT-Panel Report (26 February 1955), Rn. 8: „If the low-cost producer is actually resorting to dumping practices, he foregoes the protection embodied in the most-favoured-

Weise sah das GATT-Panel in *Wine and Grape Products* das Erfordernis einer engen Auslegung des Art. VI GATT und des ADÜ aufgrund der Tatsache, dass dadurch ein Verhalten im Widerspruch zum Meistbegünstigungsgrundsatz erlaubt werde.[913]

Für das Antidumpingrecht ist also festzuhalten, dass bei Vereinbarkeit mit Art. VI GATT sowie dem ADÜ kein Verstoß gegen Art. I:1 GATT angenommen werden kann.[914] Zu den Regeln des ADÜ gehört dabei selbstverständlich auch das Nichtdiskriminierungsgebot des Art. 9.2 ADÜ.[915] Art. 9.1 ADÜ schafft in diesem Zusammenhang einen Freiraum für die Mitglieder, den die EU durch Einführung von Art. 7 Abs. 2a AD-GVO ausgeschöpft hat. Ein WTO-Rechtsverstoß ist damit nach hiesiger Auffassung nicht verbunden.

Im Ergebnis kann die EU daher die Existenz von Exportabgaben im Ausfuhrland im Rahmen einer Anwendung der Niedrigzollregel bzw. damit zusammenhängenden Maßnahmen erfassen und sanktionieren. Exportabgaben und den damit verbundenen Auswirkungen auf den Rohstoffpreis kommt in diesem Kontext eine Tatbestandswirkung zu, die durch das WTO-Recht nicht untersagt wird.

V. Zwischenfazit: Die Regelung von Exportabgaben im EU-Antidumpingrecht

Insgesamt ist die Bedeutung von Exportabgaben innerhalb des Antidumpingrechts damit als eher gering einzustufen. Das Antidumpingrecht

---

nation clause. On the other hand, Article VI does not oblige an importing country to levy an anti-dumping duty whenever there is a case of dumping, or to treat in the same manner all suppliers who resort to such practices." Krit. dazu *Mahncke*, S. 212 ff.

913 GATT, *United States – Definition Of Industry Concerning Wine And Grape Products*, SCM/71, BISD 39S/436, GATT-Panel Report (28 April 1992), Rn. 4.5: „Furthermore, the Panel held the view that Article VI of the GATT and the corresponding Code provision should, because they permitted action of a non-m.f.n. nature otherwise prohibited by Article I, be interpreted in a narrow way." Siehe auch *United States – Countervailing Duties on Fresh, Chilled and Frozen Pork from Canada*, DS7/R, BISD 38S/30, GATT-Panel Report (11 July 1991), Rn. 4.4.

914 So im Ergebnis auch *Rovnov*, JWT 1/2015, S. 174, 174 ff.; *Rai*, FTR 4/2017, S. 233, 233 ff.; *Trapp*, S. 292. A.A. *Mahncke*, S. 211 ff.

915 Die Vorschrift ist bereits als Art. 8(b) und 8:2 Gegenstand des AK 1968 und AK 1979 gewesen. Hierauf verweist auch *Mahncke*, S. 220 f., der darin allerdings einen Hinweis auf die allgemeine Geltung des MFN-Grundsatzes sieht.

betrachtet Preisverzerrungen zwischen Märkten, wobei der tatsächliche Inlandsverkaufspreis des Ausführers dem Ausfuhrpreis gegenübergestellt wird. Eine dem Endprodukt vorgelagerte Verzerrung des Rohstoffpreises durch den Einsatz von Exportabgaben bleibt dabei grds. unberücksichtigt, sofern die Herstellungskosten genau und zuverlässig wiedergegeben werden und die Vergleichbarkeit zwischen dem Inlands- und dem Exportpreis nicht betroffen ist.

Eine Ausnahme stellen Fälle von systemischen Marktverzerrungen dar, die von Seiten der EU nach WTO-rechtlich umstrittener Methodik erfasst und rechnerisch korrigiert werden. Für die Feststellung einer nennenswerten Verzerrung gem. Art. 2 Abs. 6a AD-GVO kommt Exportabgaben allerdings maximal eine Indizwirkung zu. Nur bei der daran anknüpfenden Normalwertberechnung können sie zu einer Ablehnung von Preisdaten führen. Gerade dieser Einfluss steht jedoch im Widerspruch zum WTO-Recht.

Etwas anderes gilt nur für die Normalwertberechnung bei Nicht-WTO-Mitgliedern sowie für die modifizierte Niedrigzollregelung gem. Art. 7 Abs. 2a AD-GVO. Allein im letztgenannten Fall kommt dem Einsatz von Exportabgaben eine echte Tatbestandswirkung zu. Voraussetzung ist jedoch, dass überhaupt ein Fall von Dumping vorliegt, der zugleich auch zu einer Schädigung der Unionsindustrie führt. Der Niedrigzollregelung kommt demnach nur eine nachrangige Bedeutung zu.

Als ein alternativer Regelungsansatz für den Umgang mit Exportabgaben scheiden Antidumpingmaßnahmen damit aus. Auch wenn das handelspolitische Konzept des Input Dumping im Rahmen des Antidumpingrechts vielfach diskutiert wird, ist eine direkte Erfassung von Exportabgaben als einer hinter dem privaten Preisverhalten stehenden Maßnahme nicht möglich. Lediglich einzelne Kostenanpassungen sowie eine isolierte Sanktionierung stehen als rechtliche Anknüpfungspunkte zur Verfügung. Die damit verbundenen Rechtsfolgen können zwar als ein Anreiz zu einem Verzicht auf Exportabgaben gewertet werden, allerdings sind die Adressaten einer Antidumpingmaßnahme letztlich die Unternehmen und nicht der Staat. Darüber hinaus zeigt bereits die Anzahl der bisherigen Fälle die eher geringe Bedeutung dieser indirekten Sanktionsmöglichkeit.

C. *Exportabgaben als Gegenstand des EU-Antisubventionsrechts*

Ebenso wie das Antidumpingrecht, stellt auch das Antisubventionsrecht der EU ein autonomes Handelsschutzinstrument innerhalb des welthandelsrechtlichen Mehrebenensystems dar. Eine Besonderheit des Antisubventionsrechts ist allerdings, dass der EU hierdurch sowohl ein unilateraler als auch ein multilateraler Verfahrensweg eröffnet wird. Nachfolgend soll zunächst dieser duale Ansatz eines gegen Subventionen gerichteten Handelsschutzes aufgezeigt (dazu I.) und das welthandelsrechtliche Subventionskonzept als gemeinsamer normativer Anknüpfungspunkt eines unilateralen sowie multilateralen Vorgehens herausgearbeitet werden (dazu II.). Der daraus gewonnene Subventionstatbestand bildet anschließend den relevanten Prüfungsmaßstab, anhand dessen untersucht werden soll, inwieweit Exportabgaben zum Gegenstand eines Antisubventionsverfahrens gemacht werden können (dazu III.).

I. Das EU-Antisubventionsrecht als dualer Handelsschutz im Mehrebenensystem

Auch Subventionen und Antisubventionsmaßnahmen waren bereits vor den Verhandlungen zur Havanna-Charta und dem GATT 1947 Teil der staatlichen Handelspolitik.[916] Antisubventionsmaßnahmen in der Form von Ausgleichszöllen wurden in Folge der Verhandlungen – ebenso wie Antidumpingzölle – durch Art. VI GATT 1947 an spezifische Voraussetzungen gebunden.[917] Anders als beim Dumping wurden daneben allerdings auch Subventionen selbst als eine staatliche Handelsbeschränkung aufgefasst und durch Art. XVI GATT 1947 einer eigenständigen Regelung unterworfen.[918] Hierin liegen sowohl ein unilateraler als auch ein multilateraler Ansatz für den Umgang mit Subventionen begründet, die beide erstmals durch das plurilaterale Abkommen zur Auslegung und Anwendung der Art. VI, XVI sowie XXIII GATT (im Folgenden: Subventi-

---

916 *Viner*, S. 163 ff.; *Haberler*, S. 235 ff. Siehe daneben im Kontext des internationalen Handels mit Zucker auch *Fakhri*.

917 In Art. VI:3 GATT wird ein Ausgleichszoll definiert als ein Sonderzoll, der erhoben wird, um jede mittelbar oder unmittelbar für die Herstellung, Gewinnung oder Ausfuhr einer Ware gewährte Prämie oder Subvention unwirksam zu machen. Die Verhängung eines derartigen Ausgleichszolls wird – analog zur Verhängung von Dumpingzöllen – durch Art. VI:6 GATT grds. an das Vorliegen einer Schädigung gebunden. Ebenso wie bei Antidumpingzöllen waren die Verhandlungsparteien zum GATT 1947 darum bemüht, mögliche Missbräuche zu verhindern. Dazu *Irwin/Mavroidis/Sykes*, S. 144 f.

918 Zur Entwicklung von Art. XVI GATT 1947 siehe bspw. *Irwin/Mavroidis/Sykes*, S. 40, 50, 70, 108, 110 u. 156 ff.; *Jackson*, World Trade and the Law of GATT, S. 365 ff.; *Stoler*, JWT 4/2010, S. 797, 798 f.

onskodex) der Tokio-Runde zusammengeführt[919] und durch das Übereinkommen über Subventionen und Ausgleichsmaßnahmen (Agreement on Subsidies and Countervailing Measures; im Folgenden: ASÜ) der Uruguay-Runde weiter ausgestaltet[920] wurden.[921] Der unilaterale Ansatz umfasst dabei den Einsatz von Ausgleichsmaßnahmen in Fällen, in denen eine Subvention zur Schädigung der heimischen Wirtschaft führt (Art. 10 bis 23 ASÜ), während der multilaterale Ansatz in der Einleitung eines Streitbeilegungsverfahrens gegen die Subventionsvergabe selbst besteht (Art. 4 und 7 ASÜ in Ergänzung durch das DSU).[922] Beide Verfahrensarten können zwar gem. Fn. 35 zu Art. 10 ASÜ parallel durchgeführt werden, jedoch darf an deren Ende nur eine Abhilfemaßnahme stehen.[923]

Das autonome EU-Recht übernimmt diesen dualen Ansatz des ASÜ: Der Erlass unilateraler Antisubventionsmaßnahmen richtet sich nach den Voraussetzungen der Verordnung (EU) 2016/1037[924] in der durch Verordnung (EU) 2017/2321 und Verordnung (EU) 2018/825 geänderten Fassung (im Folgenden: AS-GVO).[925] Davon zu trennen ist die Einleitung eines

---

919 Dazu *Rivers/Greenwald*, Law & Pol'y Int'l Bus. 4/1979, S. 1447, 1447 ff.; *McDonough*, in: Stewart (ed.), Vol. I, S. 809, 815 ff.; *Stoler*, JWT 4/2010, S. 797, 801 ff.

920 Zu den Verhandlungen über den Umgang mit Subventionen im Rahmen der Uruguay-Runde umfassend *McDonough*, in: Stewart (ed.), Vol. I, S. 809, 840 ff. Daneben bspw. auch *Stoler*, JWT 4/2010, S. 797, 805 ff.; *Coppens*, S. 30 ff.; *Müller*, S. 22 ff.

921 Daneben wurden auch im Rahmen des LandÜ Subventionsregelungen für landwirtschaftliche Erzeugnisse vereinbart, die den Regelungen des ASÜ im Konfliktfall vorgehen. Dazu *Müller*, S. 37 ff. Zu dem Spezialitätsverhältnis auch *Coppens*, S. 323 ff. Abgesehen von den Subventionsregeln in Art. VI und XVI GATT, dem ASÜ und dem LandÜ, werden Subventionen daneben auch in dem 1980 abgeschlossenen plurilateralen Übereinkommen über den Handel von Zivilluftfahrzeugen („Agreement on Trade in Civil Aircrafts") erwähnt. Es handelt sich dabei allerdings lediglich um eine Anerkennung der Subventionsregeln. Dazu *Cunningham/Lichtenbaum*, in: Macrory/Appleton/Plummer (eds.), Vol. I, S. 1167, 1174 ff. Darüber hinaus werden Subventionen auch in Art. XV des Allgemeinen Übereinkommens über den Handel mit Dienstleistungen („General Agreement on Trade in Services") erwähnt, jedoch enthält die Bestimmung keine materiellen Verpflichtungen.

922 Umfassend zu den beiden Verfahrenswegen bspw. *Coppens*, S. 196 ff.; *Müller*, S. 229 ff., 356 ff. u. 371 ff.

923 *Müller*, S. 372.

924 Verordnung (EU) 2016/1037 des Europäischen Parlaments und des Rates vom 8. Juni 2016 über den Schutz gegen subventionierte Einfuhren aus nicht zur Europäischen Union gehörenden Ländern, ABl. L 176, 30.06.2016, S. 55.

925 Ursprünglich wurden Antisubventions- und Antidumpingmaßnahmen durch die Verordnung (EWG) Nr. 459/68 und Verordnung (EWG) Nr. 3017/79 ge-

multilateralen Streitbeilegungsverfahrens entweder auf eigene Initiative der EU hin oder auf Grundlage der Handelshemmnis-VO.[926] Anders als bei Dumpingpraktiken stehen bei Subventionen die staatlichen Maßnahmen selbst als eine unfaire Handelspraktik im Zentrum, deren Vereinbarkeit sich nach dem ASÜ bemisst. Subventionen sind damit als ein potenzielles Handelshemmnis i.S.v. Art. 2 Abs. 1 lit. a) Handelshemmnis-VO anzusehen.[927]

Nicht zum EU-Antisubventionsrecht ist das europäische Beihilfenrecht auf Grundlage der Art. 107 und 108 AEUV zu zählen, das sich ausschließlich gegen die Subventionsvergabe durch die EU-Mitgliedstaaten richtet.[928] Eine Erweiterung des autonomen Instrumentariums könnte demgegenüber durch die geplante Verordnung gegen den Binnenmarkt verzerrende drittstaatliche Subventionen erfolgen, durch die eine Subventionsvergabe an Unternehmen innerhalb des Binnenmarkts erfasst werden soll.[929] Die Europäische Kommission hat hierzu bereits einen Verordnungsvorschlag vorgelegt, dem ein Subventionsbegriff nach Vorbild der AS-GVO und des EU-Beihilfenrechts zugrunde liegt.[930]

Für die Anwendbarkeit und Geltung der WTO-rechtlichen Vorgaben im Kontext des EU-Antisubventionsrechts können die Ausführungen zum Antidumpingrecht übertragen werden, schon wegen des gemeinsamen Ur-

---

meinsam geregelt. Siehe dazu *Kretschmer*, S. 10 f. u. 48; *Beseler/Williams* S. 22 ff.; *Stanbrook/Bentley*, S. 15 f. Erst nach Abschluss der Uruguay-Runde und zur Umsetzung des ADÜ und ASÜ wurden mit der Verordnung (EG) Nr. 3283/94 und der Verordnung (EG) Nr. 3284/94 erstmals das Antidumping- und das Antisubventionsrecht voneinander getrennt. Siehe dazu *Stanbrook/Bentley*, S. 16; *Rydelski*, S. 26 f.

926 Siehe zur Rolle der Handelshemmnis-VO im Kontext der Durchsetzungspolitik der EU bereits Kapitel 3, Abschnitt B. I. 4. Allerdings weisen *Berrisch/ Kamann*, in: Krenzler/Herrmann/Niestedt (Hrsg.), Handelshemmnis-VO vor Art. 1, Rn. 22 darauf hin, dass die meisten der von der Europäischen Kommission angestrengten Verfahren auf informelle Beschwerden der Unionsindustrie zurückgehen.

927 *Van Bael & Bellis*, S. 761 f. Zur Vorgängerregelung auch *Berrisch/Kamann*, in: Krenzler/Herrmann/Niestedt (Hrsg.), vor Art. 1 Handelshemmnis-VO, Rn. 3.

928 *Monopolkommission*, Wettbewerb 2020, Rn. 743 f.

929 Zum Hintergrund *Monopolkommission*, Wettbewerb 2020, Rn. 864 ff.; *Ritzek-Seidl*, in: Heger/Gourdet (Hrsg.), S. 29, 29 ff.

930 *Europäische Kommission*, Vorschlag für eine Verordnung des Europäischen Parlaments und des Rates über den Binnenmarkt verzerrende drittstaatliche Subventionen, COM/2021/223 final. Dazu bspw. *Ritzek-Seidl*, in: Heger/Gourdet (Hrsg.), S. 29, 29 ff.

sprungs beider Schutzinstrumente.[931] Ebenso wie Erwägungsgrund 3 der AD-GVO erklärt auch Erwägungsgrund 3 der AS-GVO, dass diese eine Umsetzung des ASÜ „so weit wie möglich" bezweckt, wodurch die EU ihren WTO-rechtlichen Verpflichtungen nachkommen will.[932] Daher sind auch die Bestimmungen der AS-GVO nach Möglichkeit im Lichte der entsprechenden Bestimmung des ASÜ auszulegen.[933]

Auch für das Verhältnis zwischen externen Handelsabkommen und dem Antisubventionsrecht der EU kann grds. auf die Ausführungen zum Antidumpingrecht verwiesen werden.[934] Diese enthalten ebenso Regelungen zu Subventionen und Ausgleichszöllen auf Basis des ASÜ.[935] Eine Besonderheit besteht in der Praxis jedoch darin, dass die EU im Verhältnis zu Drittstaaten versucht ihr Beihilfenrecht durch eine Annäherung des WTO-Antisubventionsrechts an das Regelungsmodell des Art. 107 AEUV zu übertragen und dadurch den Regelungsbereich zu erweitern.[936] Während also im Bereich des Antidumpingrechts regelmäßig Beschränkungen oder gar ein Verzicht auf unilaterale Maßnahmen vereinbart werden, stehen Antisubventionsregeln in regionalen Handelsabkommen zumindest teilweise für eine Ausweitung des Anwendungsbereichs. Derartige Subventionsregelungen können dabei überwiegend auf Grundlage eines eigen-

---

931 Für das Verhältnis zwischen ADÜ und AD-GVO siehe bereits Kapitel 4, Abschnitt B. I. Für eine parallele Anwendung dieser Grundsätze siehe EuG, Urteil v. 24. September 2008, Rs. T-45/06, *Reliance Industries/Rat und Kommission*, Slg. 2008, II-2399, Rn. 87 f. Vgl. für eine rein subventionsrechtliche Betrachtung bspw. *Goller*, S. 146 ff.; *Neumann*, S. 34 f.

932 EuG, Urteil v. 24. September 2008, Rs. T-45/06, *Reliance Industries/Rat und Kommission*, Slg. 2008, II-2399, Rn. 90 f. Hier für Erwägungsgründe 6 u. 7 der Verordnung (EG) Nr. 2026/97.

933 EuG, Urteil v. 24. September 2008, Rs. T-45/06, *Reliance Industries/Rat und Kommission*, Slg. 2008, II-2399, Rn. 91; Urteil v. 10. April 2019, Rs. T-300/16, *Jindal Saw und Jindal Saw Italia/Kommission*, ECLI:EU:T:2019:235, Rn. 102.

934 Siehe dazu Kapitel 4, Abschnitt B. I.

935 Siehe dazu *Prusa/Teh*, in: Bagwell/Mavroidis (eds.), S. 60, 62 ff. u. 81 ff.; *Prusa*, in: Mattoo/Rocha/Ruta (eds.), S. 320, 320 ff.; *Rubini*, in: Mattoo/Rocha/Ruta (eds.), S. 427, 427 ff.

936 Dazu bspw. *Weck/Reinhold*, EuZW 2015, S. 376, 376 ff.; *Goller*, S. 127 ff. Umfassend hierzu *Neumann*. Eine gewisse Ausnahme stellen die Assoziierungsabkommen der EU dar, in denen sich der jeweilige Beitrittskandidat dazu verpflichtet ein eigenes Beihilfenkontrollsystem entsprechend der Art. 107 und 108 AEUV zu etablieren. Hierzu bspw. *Neumann*, S. 97 u. 105 f. Eine weitere Ausnahme kann in den Subventionsregelungen des kürzlich zwischen der EU und Großbritannien vereinbarten Abkommens gesehen werden, die der Aufrechterhaltung gleicher Wettbewerbsbedingungen dienen. Dazu *Kotsonis*, EStAL 1/2021, S. 15, 15 ff.; *Hoffmeister*, in: Heger/Gourdet (Hrsg.), S. 127, 134 ff.

ständigen Streitbeilegungsverfahrens durchgesetzt werden.[937] Das Antisubventionsrecht erweist sich damit auch im Kontext regionaler Handelsabkommen als ein duales Handelsschutzinstrument.

II. Der welthandelsrechtliche Subventionstatbestand als Anknüpfungspunkt eines unilateralen sowie multilateralen Verfahrens

Eingangs ist bereits darauf hingewiesen worden, dass keine übereinstimmenden Vorstellungen darüber existieren, was unter einer Subvention konkret zu verstehen ist.[938] Das WTO-Antisubventionsrecht schafft vor diesem Hintergrund ein gemeinsames welthandelsrechtliches Subventionskonzept und legt dadurch zugleich die Bedingungen für ein unilaterales sowie ein multilaterales Vorgehen fest.[939] Das ASÜ stellt dabei eine wesentliche Weiterentwicklung gegenüber dem Subventionskodex der Tokio-Runde dar, indem es erstmals eine Definition des Subventionsbegriffs enthält.[940] Für den Bereich der unilateralen Antisubventionsmaßnahmen werden die daraus hervorgehenden Rahmenbedingungen durch die AS-GVO in das EU-Antisubventionsrecht übertragen.[941]

Ein Ausgleichszoll kann gem. Art. 1 Abs. 1 AS-GVO – in Anlehnung an Art. VI:3 S. 2 GATT sowie Fn. 36 zu Art. 10 ASÜ – erhoben werden, um eine Subvention auszugleichen, die mittelbar oder unmittelbare für die Herstellung, die Produktion, die Ausfuhr oder die Beförderung einer Ware gewährt wird, deren Überführung in den zollrechtlich freien Verkehr in der Union eine Schädigung verursacht.[942] Die Einleitung eines

---

937 Dazu *Goller*, S. 135 u. 137; *Neumann*, S. 140 ff.
938 Siehe dazu Kapitel 4, Abschnitt A.
939 Sie dazu die umfassenden Darstellungen zum ASÜ bspw. bei *Rubini*, Definition of Subsidy and State Aid; *Coppens*; *Müller*. Darin spiegelt sich wiederum der – bereits aus dem Antidumpingrecht bekannte – Konflikt zwischen denjenigen Ländern, die eine Untersagung unfairer Handelspraktiken forderten und denjenigen, die den Einsatz von Ausgleichsmaßnahmen an rechtliche Anforderungen binden wollten. Siehe dazu etwa *McDonough*, in: Stewart (ed.), Vol. I, S. 809, 844 f.; *Coppens*, S. 30 ff.
940 *Rubini*, Definition of Subsidy and State Aid, S. 108; *Coppens*, S. 33; *Müller*, S. 25.
941 Siehe die umfangreichen Darstellungen zur AS-GVO bei *Van Bael & Bellis*, S. 628 ff. Für eine Betrachtung anhand älterer Fassungen bspw. *Kretschmer*, S. 48 ff.; *Beseler/Williams* S. 117 ff.; *Stanbrook/Bentley*, S. 85 ff.; *Rydelski*, S. 25 ff.; *Lukas*, in: Krenzler/Herrmann/Niestedt (Hrsg.), ASubs-GVO.
942 Aus dem Wortlaut wird bereits die historisch bedingte Ähnlichkeit einer Prüfung nach der AS-GVO und der AD-GVO deutlich: nur das Bestehen von

WTO-Streitbeilegungsverfahrens setzt das Vorliegen einer Subvention voraus, die entweder als verboten („prohibited subsidies") oder als anfechtbar („actionable subsidies") zu charakterisieren ist (Art. 4 und 7 ASÜ), wobei für anfechtbare Subventionen gem. Art. 5 ASÜ nachteilige Auswirkungen („adverse effects") nachgewiesen werden müssen.[943]

Beide Verfahrenswege gehen von dem gleichen zweistufigen Subventionskonzept aus: Gemäß Art. 2 lit. a) AS-GVO gilt eine Ware für die Zwecke der AS-GVO als subventioniert, wenn für sie eine anfechtbare Subvention im Sinne der Art. 3 und 4 AS-GVO gewährt wird. Art. 3 AS-GVO definiert dabei den Begriff „Subvention", während Art. 4 AS-GVO die Voraussetzungen einer Anfechtbarkeit (auch Spezifizität) enthält. Der multilaterale Verfahrensweg gem. Art. 4 und 7 ASÜ legt ebenfalls einen einheitlichen Subventionsbegriff zugrunde, der in Art. 1 ASÜ definiert wird. Es muss sich bei der angegriffenen Maßnahme zudem um eine spezifische Subvention i.S.v. Art. 2 ASÜ handeln (Art. 1.2 ASÜ). Art. 3 und 4 AS-GVO sowie Art. 1 und 2 ASÜ stimmen inhaltlich, überwiegend auch wörtlich miteinander überein.[944] Mangels unionsspezifischer Abweichungen vom WTO-Konsens kann daher von einem einheitlichen Subventionstatbestand ausgegangen werden.

Dumping bzw. einer ausgleichsfähigen Subvention unterscheidet die beiden Rechtsinstrumente. So auch *Lukas*, in: Krenzler/Herrmann/Niestedt (Hrsg.), Art. 1 ASubs-GVO, Rn. 4 sowie Art. 8, 9 u. 31 ASubs-GVO; *Van Bael & Bellis*, S. 625, 665 u. 667. In diesem Sinne auch die Darstellungen bei *Kretschmer*, S. 16 f. u. 59 ff.; *Beseler/Williams* S. 147 ff. u. 169 ff.; *Stanbrook/Bentley*, S. 103 ff. u. 139 ff. Dies gilt prinzipiell auch für die Ermittlung einer gleichartigen Ware sowie dem Ursprungs- bzw. Ausfuhrland (Art. 1 Abs. 2 sowie Art. 2 lit. a) u. c) AS-GVO).

943 Nachteilige Auswirkungen bestehen gem. Art. 5 ASÜ in einer Schädigung des inländischen Wirtschaftszweigs eines anderen Mitglieds (lit. a); „injury"), einer Zunichtemachung oder Schmälerung der einem anderen Mitglied mittelbar oder unmittelbar aus dem GATT erwachsenden Vorteile (lit. b); „nullification or impairment") oder in einer ernsthaften Schädigung der Interessen eines anderen Mitglieds (lit. c); „serious prejudice"). Subventionen für Agrarprodukte, die gem. Art. 13 LandÜ beibehalten werden, sind hiervon ausgeschlossen. Die Feststellung einer Schädigung entspricht dabei im Wesentlichen den Voraussetzungen für ein unilaterales Vorgehen (vgl. Art. 8 AS-GVO). Eine Zunichtemachung oder Schmälerung eines aus dem GATT erwachsenden Vorteils stellt eine wörtliche Verknüpfung mit den Voraussetzungen einer Nichtverletzungsbeschwerde gem. Art. XXIII:1 GATT bzw. Art. 26 DSU her. Die dritte Fallgruppe bezieht sich auf die von einer Subvention gem. Art. 1 und 2 ASÜ möglicherweise ausgehenden Handelseffekte; sie werden in Art. 6.3 ASÜ aufgelistet. Dazu insgesamt *Coppens*, S. 144 f., 146 f. u. 147 ff.; *Müller*, S. 269 ff., 275 ff. u. 278 ff.

944 *Stanbrook/Bentley*, S. 89 f.; *Rydelski*, S. 38 ff.; *Van Bael & Bellis*, S. 629 u. 637

Eine Subvention setzt gem. Art. 3 AS-GVO bzw. Art. 1 ASÜ eine finanzielle Beihilfe oder eine Einkommens- oder Preisstützung einer Regierung[945] und einen dadurch gewährten Vorteil voraus.[946] Der Begriff der finanziellen Beihilfe wird durch die in Art. 3 Abs. 1 lit. a) AS-GVO bzw. Art. 1.1 lit. a) 1. ASÜ aufgezählten Handlungsweisen[947] näher konkretisiert. Gemäß Art. 3 Abs. 1 lit. b) AS-GVO bzw. Art. 1.1 lit. a) 2. ASÜ wird daneben auch der Fall einer sog. „Einkommens- oder Preisstützung" i.S.v. Art. XVI GATT als Form der Subventionierung aufgefasst. Gemäß Art. 3 Abs. 2 AS-GVO bzw. Art. 1.1 lit. b) ASÜ muss durch eine dieser Unterstützungsmaßnahmen dem Empfänger ein Vorteil zukommen. Unter einem Vorteil ist in diesem Zusammenhang nur der tatsächlich gewährte und nicht ein potenzieller Vorteil zu verstehen.[948]

Für die Anfechtbarkeit bzw. die Spezifität einer Subvention ist gem. Art. 4 AS-GVO bzw. Art. 2 ASÜ zwischen verbotenen und den übrigen Subventionsformen zu unterscheiden.[949] Verboten sind Subventionen gem. Art. 4 Abs. 4 AS-GVO bzw. Art. 3 ASÜ, wenn sie – rechtlich oder tatsächlich – entweder von der Ausfuhrleistung oder einem Vorrang heimischer gegenüber eingeführter Waren abhängig sind, einschließlich derjenigen Subventionsformen, die in Anhang I beispielhaft gelistet werden. Während diese Subventionen automatisch als spezifisch gelten (Art. 4 Abs. 4 AS-GVO bzw. Art. 2.3 ASÜ), muss die Spezifität für alle sonstigen Subventionsformen im Einzelfall festgestellt werden.[950] Dabei ist anhand der in Art. 4 Abs. 2 und 3 AS-GVO bzw. Art. 2.1 und 2.2 ASÜ aufgeführten Kriterien zu ermitteln, ob es sich um eine allgemein verfügbar gemachte

---

945 Gemäß Art. 2 lit. b) AS-GVO ist darunter jede öffentliche Körperschaft im Gebiet des Ursprungs- oder Ausfuhrlandes zu verstehen. Art. 1.1 lit. a) 1. ASÜ spricht von einer Regierung oder öffentlichen Körperschaft („government or any public body").

946 *Van Bael & Bellis*, S. 634 ff.

947 Dabei handelt es sich um direkte Transfers von Geldern (z. B. Zuschüsse, Kredite u. Kapitalzufuhren) sowie potentielle direkte Transfers von Geldern oder Verbindlichkeiten (z. B. Kreditbürgschaften), um einen Verzicht auf oder eine Nichterhebung von normalerweise zu entrichtende Abgaben, um einen Ankauf oder eine Zurverfügungstellung von Waren oder Dienstleistungen sowie um Zahlungen an einen Fördermechanismus oder eine Betrauung oder Anweisung von privaten Einrichtung zu Zwecken einer Subventionsvergabe.

948 *Van Bael & Bellis*, S. 636 f.

949 *Van Bael & Bellis*, S. 637.

950 *Van Bael & Bellis*, S. 640.

(d.h. „horizontale") oder um eine selektiv an einzelne Wirtschaftsteilnehmer oder Sektoren vergebene Subvention handelt.[951]

Für die Erhebung eines Ausgleichszolls kommt es darüber hinaus maßgeblich auf die Höhe einer anfechtbaren Subvention an, die anhand der
Höhe des dem Empfänger im Untersuchungszeitraum erwachsenen Vorteils zu berechnen ist (Art. 5, 6 und 7 AS-GVO sowie die Leitlinien für die
Berechnung von Subventionen in Ausgleichszolluntersuchungen[952]).[953]
Zur Berechnung der Vorteilshöhe wird gem. Art. 6 AS-GVO bzw. Art. 14
ASÜ für die unterschiedlichen Subventionsarten angegeben, inwieweit
sich das staatliche Handeln als Abweichung von Marktbedingungen darstellt und damit zu einem Vorteil des Empfängers führt.[954] Die genaue Berechnung der Höhe der anfechtbaren Subvention erfolgt darauf aufbauend
nach den in Art. 7 AS-GVO aufgeführten Berechnungsmethoden.[955] Für
ein multilaterales Vorgehen muss der Subventionsvorteil dagegen nicht
genau beziffert werden.[956]

III. Exportabgaben als Gegenstand eines Antisubventionsverfahrens

Vor Schaffung des ASÜ existierten unter den GATT-Vertragsparteien
unterschiedliche Ansätze in Bezug auf eine Gleichsetzung von Exportbeschränkungen mit einer ausgleichsfähigen Subventionierung.[957] Während
etwa die Europäische Kommission im Einklang mit der Rechtsprechung
des EuGH eine Subventionseigenschaft von Exportbeschränkungen mangels finanzieller Belastung des staatlichen Haushalts ablehnte[958], kam es
der U.S. International Trade Administration lediglich auf die Existenz

---

951 *Van Bael & Bellis*, S. 640 f.
952 *Europäische Kommission*, Leitlinien für die Berechnung von Subventionen in
   Ausgleichszolluntersuchungen, ABl. Nr. C 394, 07.12.1998, S. 6 [im Folgenden:
   Subventionsleitlinien].
953 Zum Ganzen unter Bezugnahme auf die Subventionsleitlinien *Van Bael & Bellis*, S. 644 ff.
954 *Van Bael & Bellis*, S. 645 ff.
955 *Van Bael & Bellis*, S. 658 ff.
956 *Van Bael & Bellis*, S. 644 f.
957 Dazu *Wu*, Law and Politics on Export Restrictions, S. 36 ff.
958 EuGH, Urteil v. 14. Juli 1988, Rs. 187/85, *Fediol/Kommission*, Slg. 1988, 4155,
   Rn. 11 ff. u. 18 ff.; Urteil v. 14. Juli 1988, Rs. 188/85, *Fediol/Kommission*,
   Slg. 1988, 4193, Rn. 12 ff. u. 15 ff. Dazu *Rubini*, Definition of Subsidy and State
   Aid, S. 137 f.; *Wu*, Law and Politics on Export Restrictions, S. 37 ff.

eines selektiven Vorteils an, für den auch eine Beschränkung des Exports von Vorleistungen als ausreichend angesehen wurde.[959]

Auch nach Abschluss der Uruguay-Runde ist weiterhin ungeklärt, inwieweit Exportbeschränkungen im Allgemeinen als Fall einer ausgleichsfähigen Subventionierung angesehen werden können.[960] Nur ganz vereinzelt werden bislang in diesem Zusammenhang auch Exportabgaben angesprochen.[961] Die Europäische Kommission hat jedenfalls ihre Praxis inzwischen geändert und bereits in vier Fällen Ausgleichszölle gegenüber Formen von rohstoffbezogenen Exportabgaben und anderen Formen der Exportbeschränkung erhoben.[962] Jedoch haben diese Entscheidungen in der Literatur bislang kaum Beachtung gefunden.[963]

---

959 Zu dieser Fallpraxis *Wu*, Law and Politics on Export Restrictions, S. 39 ff.
960 *Luengo*, S. 111 ff.; *Rubini*, Definition of Subsidy and State Aid, S. 111 ff.; *ders.*, in: Elsig/Hoekman/Pauwelyn (eds.), S. 176, 296 ff. u. 302 f.; *Coppens*, S. 53 ff.; *Lee*, in: Matsushita/Schoenbaum (eds.), S. 321, 327 f.; *Müller*, S. 105 ff.; *Wu*, Law and Politics on Export Restrictions, S. 36 ff.
961 Eine ausdrückliche Bezugnahme auf Exportabgaben findet sich lediglich bei *Espa*, Export Restrictions, S. 247 ff.; *dies.*, TL&D 2/2017, S. 115, 127 ff. Eine umfassende Überprüfung und eine abschließende Positionierung sind damit jedoch nicht verbunden.
962 Durchführungsverordnung (EU) 2016/387 der Kommission vom 17. März 2016 zur Einführung eines endgültigen Ausgleichszolls auf die Einfuhren von Rohren aus duktilem Gusseisen (auch bekannt als Gusseisen mit Kugelgrafit) mit Ursprung in Indien, ABl. L 73, 18.03.2016, S. 1; Durchführungsverordnung (EU) 2019/244 der Kommission vom 11. Februar 2019 zur Einführung eines endgültigen Ausgleichszolls auf die Einfuhren von Biodiesel mit Ursprung in Argentinien, ABl. L 40, 12.02.2019, S. 1; Durchführungsverordnung (EU) 2019/1344 der Kommission vom 12. August 2019 zur Einführung eines vorläufigen Ausgleichszolls auf die Einfuhren von Biodiesel mit Ursprung in Indonesien, ABl. L 212, 13.08.2019, S. 1; Durchführungsverordnung (EU) 2019/2092 der Kommission vom 28. November 2019 zur Einführung eines endgültigen Ausgleichszolls auf die Einfuhren von Biodiesel mit Ursprung in Indonesien, ABl. L 317, 09.12.2019, S. 42; Durchführungsverordnung (EU) 2022/433 der Kommission vom 15. März 2022 zur Einführung endgültiger Ausgleichszölle auf die Einfuhren kaltgewalzter Flacherzeugnisse aus nicht rostendem Stahl mit Ursprung in Indien und Indonesien und zur Änderung der Durchführungsverordnung (EU) 2021/2012 zur Einführung eines endgültigen Antidumpingzolls und zur endgültigen Vereinnahmung des vorläufigen Zolls auf die Einfuhren von kaltgewalzten Flacherzeugnissen aus nicht rostendem Stahl mit Ursprung in Indien und Indonesien, ABl. L 88, 16.03.2022, S. 24.
963 Dazu nur *Vermulst/Sud*, in: Hahn/Van der Loo (eds.), S. 307, 309 u. 315 f. sowie *Hoffmeister* in einem noch unveröffentlichten Manuskript für Bäumler et. al (eds.), EYIEL. Zuletzt *Crochet*, EJIL 2/2022, S. 381, 401 ff.

Vor diesem Hintergrund soll nachfolgend untersucht werden, inwiefern sich ein Einsatz von rohstoffbezogenen Exportabgaben unter den welthandelsrechtlichen Subventionstatbestand fassen lässt. Dadurch wird zugleich die Frage nach der Vereinbarkeit der bisherigen Anwendungspraxis der Europäischen Kommission mit dem WTO-Recht beantwortet. Im Einzelnen soll dazu zunächst geprüft werden, ob bzw. unter welchen Umständen Exportabgaben als eine finanzielle Beihilfe bzw. als eine Einkommens- oder Preisstützung gem. Art. 3 Abs. 1 AS-GVO bzw. Art. 1.1 lit. a) ASÜ aufgefasst werden können (dazu 1.). Daran anschließend soll entlang der weiteren Voraussetzungen des welthandelsrechtlichen Subventionstatbestands untersucht werden, inwieweit dabei auch von einem relevanten Subventionsvorteil gem. Art. 3 Abs. 2 AS-GVO bzw. Art. 1.1 lit. b) ASÜ ausgegangen werden kann (dazu 2.) und Exportabgaben das Spezifitätskriterium des Art. 4 AS-GVO bzw. Art. 2 ASÜ erfüllen (dazu 3.). Für die Zwecke eines Einsatzes von Ausgleichszöllen soll zudem abschließend auf die Möglichkeit einer allgemeinen Berücksichtigung von Exportabgaben bei der Subventionsberechnung eingegangen werden (dazu 4.).

1. Exportabgaben als Subventionsmaßnahme

Eine Besonderheit von Exportbeschränkungen gegenüber anderen Formen einer staatlichen Unterstützung ist, dass dabei keine direkte Zuwendung (z.B. in Form einer Zahlung oder eines Darlehens) von Seiten des Staates gewährt wird. Vielmehr sind es regelmäßig private Unternehmen, die die betroffenen Güter zu einem niedrigeren Preis veräußern, als es in Abwesenheit derartiger Maßnahmen der Fall gewesen wäre. Eine Form der staatlichen Zuwendung kann vor diesem Hintergrund nur angenommen werden, wenn sich die private Veräußerung (bzw. der Verkaufspreis) mit einer Exportbeschränkung des Staates im Rahmen des welthandelsrechtlichen Subventionstatbestands verknüpfen lässt. Bei Exportabgaben kommt außerdem hinzu, dass diese – anders als bspw. Exportverbote – den Export nicht unmittelbar verhindern, sondern grds. lediglich verteuern.

Aufgrund ihrer Wirkweise sind Exportabgaben damit bereits dem Wortlaut nach nicht als ein Transfer von Geldern durch eine Regierung (Art. 3 Abs. 1 lit. a) i) AS-GVO bzw. Art. 1.1 lit. a) 1. i) ASÜ) anzusehen.[964] Ebenso

---

964 Zu den Voraussetzungen eines direkten oder potenziell direkten Transfers von Geldern bspw. *Müller*, S. 77 ff. Ein direkter Transfer von Geldern verlangt danach jedenfalls ein Regierungshandeln, durch das ein Empfänger zusätzliche

entsprechen sie keiner eigenständigen, direkten Zurverfügungstellung von Waren oder Dienstleistungen durch eine Regierung (Art. 3 Abs. 1 lit. a) iii) AS-GVO bzw. Art. 1.1 lit. a) 1. iii) ASÜ), da es auch hierbei zumindest auf irgendeine Art der unmittelbaren Zugangsgewährung ankommt.[965] Erst recht handelt es sich dabei nicht um eine Form des Abgabenverzichts gem. Art. 3 Abs. 1 lit. a) ii) AS-GVO bzw. Art. 1.1 lit. a) 1. ii) ASÜ.[966]

Es verbleiben somit zwei mögliche Anknüpfungspunkte im Kontext von Art. 3 Abs. 1 AS-GVO bzw. Art. 1.1 lit. a) ASÜ für eine rechtliche Erfassung von Exportabgaben:[967] Zum einen bezieht Art. 3 Abs. 1 lit. a) iv) zweiter Spstr. AS-GVO bzw. Art. 1.1 lit. a) 1. iv) Alt. 2 ASÜ auch indirekte Subventionen in den welthandelsrechtlichen Subventionstatbestand ein, die im Wege einer Betrauung oder Anweisung einer privaten Einrichtung gewährt werden (dazu a)). Zum anderen spricht Art. 3 Abs. 1 lit. b) AS-GVO bzw. Art. 1.1 lit. a) 2. ASÜ lediglich allgemein von einer Einkommens- oder Preisstützung, ohne die konkrete Subventionshandlung näher zu spezifizieren (dazu b)). Grundsätzlich schließen die einzelnen Subventionstatbestände einander nicht aus, sodass auch eine Überschneidung möglich ist.[968]

a) Exportabgaben als Fall einer Betrauung oder Anweisung

Gemäß Art. 3 Abs. 1 lit. a) iv) zweiter Spstr. AS-GVO bzw. Art. 1.1 lit. a) 1. iv) Alt. 2 ASÜ liegt eine Subvention vor, wenn „eine Regierung (…) eine private Einrichtung mit der Wahrnehmung einer oder mehrerer der unter

---

finanzielle Ressourcen erhält. Siehe dazu auch WTO, *United States – Countervailing Measures on Certain Hot-Rolled Carbon Steel Flat Products from India*, WT/DS436/AB/R, Appellate Body Report (8 December 2014), Rn. 4.89 ff.

965 Zu den Voraussetzungen dieser Fallgruppe bspw. *Müller*, S. 96 ff. Zur Auslegung des Begriffs der Zurverfügungstellung vgl. WTO, *United States – Final Countervailing Duty Determination with Respect to Certain Softwood Lumber from Canada*, WT/DS257/AB/R, Appellate Body Report (19 January 2004), Rn. 68 ff.

966 Dazu *Müller*, S. 88 ff.

967 In diesem Sinne auch *Espa*, Export Restrictions, S. 249 f.; *dies.*, TL&D 2/2017, S. 115, 128 f.

968 WTO, *United States – Measures Affecting Trade in Large Civil Aircraft (Second Complaint)*, WT/DS353/AB/R, Appellate Body Report (12 March 2012), Rn. 613; *Canada – Certain Measures Affecting the Renewable Energy Generation Sector/Canada – Measures Relating to the Feed-In Tariff Program*, WT/DS412/AB/R, WT/DS426/AB/R, Appellate Body Report (6 May 2013), Rn. 5.120 f.; *Coppens*, S. 40; *Müller*, S. 75.

Ziffern i, ii, iii genannten Aufgaben, die normalerweise der Regierung obliegen, betraut oder dazu anweist und sich diese Praktik in keiner Weise von den Praktiken unterscheidet, die normalerweise von den Regierungen ausgeübt werden". Im Einzelnen werden im Rahmen dieser Fallgruppe sowohl innerhalb der WTO-Rechtsprechung als auch der EU-Antisubventionspraxis fünf Voraussetzungen diskutiert, anhand derer nachfolgend geprüft werden soll, inwiefern Exportabgaben in diesem Zusammenhang als eine finanzielle Beihilfe angesehen werden können:[969] Danach bedarf es einer (staatlichen) Betrauung oder Anweisung (dazu aa)) gegenüber einer oder mehrerer privater Einrichtungen (dazu bb)), deren Vorgehensweise eine finanzielle Beihilfe i.S.v. Ziff. i) – iii) darstellt (dazu cc)). Darüber hinaus wird verlangt, dass die wahrgenommene Aufgabe normalerweise der Regierung obliegt und, dass sich die Wahrnehmung in keiner Weise von den Praktiken unterscheidet, die normalerweise von den Regierungen ausgeübt werden (dazu dd)).

aa) Betrauung oder Anweisung

Welche Maßnahmen im Einzelnen als eine Betrauung oder Anweisung angesehen werden können, ergibt sich nicht unmittelbar aus dem Normtext selbst. Ob Exportabgaben hierunter gefasst werden können, hängt daher von der konkreten Auslegung beider Begriffe ab. Diese ist innerhalb der WTO-Rechtsprechung[970] sowie der darauf aufbauenden wissenschaftli-

---

969 Siehe dazu WTO, *United States – Measures Treating Export Restraints as Subsidies*, WT/DS194/R, Panel Report (29 June 2001), Rn. 8.25; *United States – Countervailing duty investigation on Dynamic Random Access Memory (DRAMS) from Korea*, WT/DS296/AB/R, Appellate Body Report (27 June 2005), Rn. 110 f. Für die EU-Praxis bspw. Durchführungsverordnung (EU) 2016/387, Rn. 142; Durchführungsverordnung (EU) 2022/433, Rn. 451. So ausdrücklich für das ASÜ auch bspw. *Müller*, S. 106.

970 WTO, *United States – Measures Treating Export Restraints as Subsidies*, WT/DS194/R, Panel Report (29 June 2001); *United States – Countervailing duty investigation on Dynamic Random Access Memory (DRAMS) from Korea*, WT/DS296/R, Panel Report (21 February 2005) u. WT/DS296/AB/R, Appellate Body Report (27 June 2005); *Korea – Measures Affecting Trade in Commercial Vessels*, WT/DS273/R, Panel Report (7 March 2005); *Japan – Countervailing Duties on Dynamic Random Access Memories from Korea*, WT/DS336/AB/R, Appellate Body Report (7 December 2007); *United States – Countervailing Duty Measures on Certain Products from China*, WT/DS437/R, Panel Report (14 July 2014); *United States – Countervailing Measures on Supercalendered Paper from Canada*, WT/DS505/R,

chen Literatur[971] umstritten. Es lassen sich dabei zwei unterschiedliche Auslegungsansätze identifizieren, die im Folgenden herausgearbeitet werden sollen: Nach einer Ansicht sind die beiden Begriffe formell bzw. handlungsbezogen auszulegen, d.h. es kommt allein auf eine konkrete Art der staatlichen Maßnahme an (dazu (1)). Hiervon lässt sich ein auf die Finalität einer staatlichen Maßnahme bezogener Ansatz abgrenzen, der nicht auf eine bestimmte Handlungsform, sondern auf einen nachweisbaren Zusammenhang (Zweck-Mittel-Relation) zwischen einem staatlichen und einem privaten Verhalten abstellt (dazu (2)). Vor dem Hintergrund dieser beiden Auslegungsvarianten hat die Europäische Kommission in ihrer jüngeren Fallpraxis einen eigenen Prüfungsmaßstab für eine Anwendung auf den Fall von Exportabgaben entwickelt.[972] Dieser Ansatz soll ebenfalls aufgezeigt (dazu (3)) und anschließend im Rahmen einer eigenen Positionierung zur Auslegung der beiden Begriffe auf seine Vereinbarkeit mit dem WTO-Recht hin überprüft werden (dazu (4)).

(1) Der handlungsbezogene Auslegungsansatz in *US – Export Restraints*

Die erste Befassung eines WTO-Panels mit dem Fall einer Betrauung oder Anweisung geht auf die Rechtssache *US – Export Restraints* zurück.[973] Dabei stellte das Panel fest, dass diese Fallgruppe für eine Situation stehe, in der eine Regierung eine spezifische Politik unter Rückgriff auf eine private Einrichtung durchführe.[974] Ausgehend von den Begriffsbestimmungen verschiedener Wörterbücher gehe eine Betrauung in diesem Zusammen-

---

Panel Report (5 July 2018); *United States – Countervailing Measures on Softwood Lumber from Canada*, WT/DS533/R, Panel Report (24 August 2020). Siehe zu dieser Rechtsprechung auch *Müller*, S. 105 ff.; *Wu*, Law and Politics on Export Restrictions, S. 47 ff.

971 *Luengo*, S. 111 ff.; *Rubini*, Definition of Subsidy and State Aid, S. 111 ff.; *ders.*, in: Elsig/Hoekman/Pauwelyn (eds.), S. 176, 296 ff. u. 302 f.; *Coppens*, S. 53 ff.; *Lee*, in: Matsushita/Schoenbaum (eds.), S. 321, 327 f.; *Espa*, Export Restrictions, S. 247 ff.; *dies.*, TL&D 2/2017, S. 115,127 ff.; *Müller*, S. 105 ff.; *Wu*, Law and Politics on Export Restrictions, S. 47 ff.; *Crochet*, EJIL 2/2022, S. 381, 404 f.

972 Siehe dazu bereits die Fälle in Fn. 962.

973 WTO, *United States – Measures Treating Export Restraints as Subsidies*, WT/DS194/R, Panel Report (29 June 2001). Zu der Entscheidung siehe auch *Janow/Staiger*, WTR S1/2003, S. 201, 201 ff.; *Rubini*, in: Elsig/Hoekman/Pauwelyn (eds.), S. 176, 296 ff.; *Wu*, Law and Politics on Export Restrictions, S. 47 ff.

974 WTO, *United States – Measures Treating Export Restraints as Subsidies*, WT/DS194/R, Panel Report (29 June 2001), Rn. 8.28.

hang bereits dem Wortlaut nach mit der Übertragung von Verantwortlichkeit einher; eine Anweisung sei demgegenüber Ausdruck eines formellen Befehls oder einer Weisung etwas Bestimmtes zu tun.[975]

Diesen Konkretisierungen entnahm das Panel wiederum drei kumulative Voraussetzungen für den Fall einer Betrauung oder Anweisung:[976] Es müsse sich jeweils um eine ausdrückliche und affirmative Maßnahme einer Regierung handeln, die sich an eine bestimmte Partei richtet und die zugleich die Erfüllung einer bestimmten Aufgabe oder Verpflichtung bezweckt. Das erstgenannte Element eines ausdrücklichen und affirmativen Vorgehens sah das Panel dabei als entscheidend an; eine direkte Adressierung sowie eine konkrete Zielbestimmung seien darin regelmäßig bereits enthalten.[977] Eine direkte Adressierung und eine konkrete Zweckbestimmung lassen sich nach Ansicht des Panels auch der in Art. 1.1 lit. a) 1. iv) ASÜ enthaltenen Formulierung „mit der Wahrnehmung" („to carry out") entnehmen, die in enger Verbindung zu den beiden Begriffen der Betrauung und Anweisung stehe.[978]

Von dieser Begriffsbestimmung grenzte das Panel anschließend ausdrücklich den Fall ab, dass eine Regierung in irgendeiner Weise in den Markt eingreift und auf Grundlage dessen ein bestimmtes Marktergebnis herbeigeführt wird (oder auch nicht).[979] Nach Ansicht des Panels muss

---

975 WTO, *United States – Measures Treating Export Restraints as Subsidies*, WT/DS194/R, Panel Report (29 June 2001), Rn. 8.28 f.

976 WTO, *United States – Measures Treating Export Restraints as Subsidies*, WT/DS194/R, Panel Report (29 June 2001), Rn. 8.29: „It follows from the ordinary meanings of the two words ‚entrust' and ‚direct' that the action of the government must contain a notion of delegation (in the case of entrustment) or command (in the case of direction). To our minds, both the act of entrusting and that of directing therefore necessarily carry with them the following three elements: (i) an explicit and affirmative action, be it delegation or command; (ii) addressed to a particular party; and (iii) the object of which action is a particular task or duty. In other words, the ordinary meanings of the verbs ‚entrust' and ‚direct' comprise these elements – *something* is necessarily delegated, and it is necessarily delegated *to someone*; and, by the same token, *someone* is necessarily commanded, and he is necessarily commanded *to do something*. We therefore do not believe that either entrustment or direction could be said to have occurred until all of these three elements are present."

977 WTO, *United States – Measures Treating Export Restraints as Subsidies*, WT/DS194/R, Panel Report (29 June 2001), Rn. 8.30.

978 ibid.

979 WTO, *United States – Measures Treating Export Restraints as Subsidies*, WT/DS194/R, Panel Report (29 June 2001), Rn. 8.31: „Government entrustment or direction is thus very different from the situation in which the government

zwischen dem Charakter der staatlichen Maßnahmen und einem eintretenden Effekt streng unterschieden werden.[980] Das alleinige Abstellen auf den Effekt einer Maßnahme reiche nicht aus, um hiervon auf eine Betrauung oder Anweisung zu schließen.[981] Bei einer derartigen Auslegung, bei der es letztlich allein auf eine Kausalbeziehung ankomme, bestehe die Gefahr, dass potenziell jeder staatliche Akt, der sich in irgendeiner Weise auf den Markt auswirkt, als eine finanzielle Beihilfe im Rahmen von Art. 1.1 lit. a) 1. iv) ASÜ angesehen werde.[982] In diesem Fall wären jegliche Konturen des Begriffs selbst, inklusive des Spezifitätskriteriums gem. Art. 2 ASÜ, als überflüssig anzusehen.[983] Dies widerspreche jedoch eindeutig der Intention der Verhandlungsparteien der Uruguay-Runde, welche die Auflistung einzelner Subventionsformen gezielt als Mittel zur Einschränkung vorgesehen hätten, ebenso wie das Erfordernis eines Vorteils und der Spezifität.[984] Das Panel kam vor diesem Hintergrund zu dem Ergebnis, dass eine Exportbeschränkung nicht als eine Betrauung oder Anweisung verstanden werden könne.[985]

Diese enge, handlungsbezogene Auslegung wird in der Literatur von einer Reihe von Autoren geteilt.[986] Nach Ansicht von *Rubini* muss bei der Anwendung von Ziff. iv) ein Gleichgewicht hergestellt werden zwischen einer Verhinderung von Umgehungen und der notwendigen Begrenzung des Anwendungsbereichs von Art. 1.1 lit. a) 1. ASÜ auf die in den Ziff. i)

---

intervenes in the market in some way, which may or may not have a particular result simply based on the given factual circumstances and the exercise of free choice by the actors in that market."

980 WTO, *United States – Measures Treating Export Restraints as Subsidies*, WT/DS194/R, Panel Report (29 June 2001), Rn. 8.31 ff.

981 WTO, *United States – Measures Treating Export Restraints as Subsidies*, WT/DS194/R, Panel Report (29 June 2001), Rn. 8.34.

982 WTO, *United States – Measures Treating Export Restraints as Subsidies*, WT/DS194/R, Panel Report (29 June 2001), Rn. 8.35 f.

983 WTO, *United States – Measures Treating Export Restraints as Subsidies*, WT/DS194/R, Panel Report (29 June 2001), Rn. 8.38.

984 WTO, *United States – Measures Treating Export Restraints as Subsidies*, WT/DS194/R, Panel Report (29 June 2001), Rn. 8.39 ff. u. 8.64 ff.

985 WTO, *United States – Measures Treating Export Restraints as Subsidies*, WT/DS194/R, Panel Report (29 June 2001), Rn. 8.44 u. 8.73 f.

986 Im Grundsatz von *Rubini*, Definition of Subsidy and State Aid, S. 111 ff.; *ders.*, in: Elsig/Hoekman/Pauwelyn (eds.), S. 276, 297 u. 302 f. In diese Richtung auch *Espa*, Export Restrictions, S. 249; *dies.*, TL&D 2/2017, S. 115, 128; *Lee*, in: Matsushita/Schoenbaum (eds.) S. 321, 328; *Wu*, Law and Politics on Export Restrictions, S. 51 ff.; *Crochet*, EJIL 2/2022, S. 381, 404 f.

– iii) geregelten Subventionsarten.[987] Die Auslegung des Panels in *US – Export Restraints*, nach der die staatliche Maßnahme selbst und nicht ihre Auswirkung im Zentrum steht, entspreche diesem Gleichgewicht.[988] Eine enge Auslegung sei vor dem Hintergrund einer bezweckten Begrenzung von angreifbaren Subventionsarten durch das Tatbestandsmerkmal einer finanziellen Beihilfe gerechtfertigt.[989] Außerdem ergebe sich eine Beschränkung auf einen eindeutigen Übertragungsakt auch aus den weiteren Formulierungen in Ziff. iv), aus denen deutlich werde, dass nur klassische Staatsaufgaben an eine private Einrichtung übertragen werden können.[990] Ein Auslegung, die den Effekt einer staatlichen Maßnahme berücksichtigt, führe außerdem zu Rechtsunsicherheit, da nicht klar sei, welche Arten von Maßnahmen erfasst werden und welche nicht.[991]

(2) Der Finalitätsansatz des Appellate Body

Die Ausführungen des Panels in *US – Export Restraints* wurden zwar in der sich anschließenden WTO-Rechtsprechung dem Grunde nach bestätigt, jedoch erklärten die Panels in *US – Countervailing Duty Investigation on DRAMs*, *Korea – Commercial Vessels* und *EC – Countervailing Measures on DRAM Chips*, dass die vom Panel geforderte Maßnahme der Regierung nicht nur expliziter, sondern auch impliziter, formeller oder informeller Natur sein könne.[992] Darin liegt bereits eine Abweichung von einem streng formalistischen Ansatz, der ein ausdrückliches und affirmatives Vorgehen verlangt.

In *US – Countervailing Duty Investigation on DRAMs* äußerte sich auch erstmals der Appellate Body zu der Fallgruppe und entwickelte auf dieser

---

987 *Rubini*, Definition of Subsidy and State Aid, S. 111.
988 *Rubini*, in: Elsig/Hoekman/Pauwelyn (eds.), S. 276, 297.
989 ibid.
990 *Rubini*, Definition of Subsidy and State Aid, S. 116 ff. *Rubini* bezieht sich dabei konkret auf die folgende Formulierung: „(…) which would normally be vested in the government and the practice, in no real sense, differs from practices normally followed by governments (…)".
991 *Rubini*, Definition of Subsidy and State Aid, S. 115.
992 WTO, *United States – Countervailing Duty Investigation on Dynamic Random Access Memory Semiconductors (DRAMS) from Korea*, WT/DS296/R, Panel Report (21 February 2005), Rn. 7.31 ff.; *Korea – Measures Affecting Trade in Commercial Vessels*, WT/DS273/R, Panel Report (7 March 2005), Rn. 7.368 ff.; *European Communities – Countervailing Measures on Dynamic Random Access Memory Chips from Korea*, WT/DS299/R, Panel Report (17 June 2005), Rn. 7.57 ff.

Grundlage einen eigenen Auslegungsansatz:[993] Der Appellate Body stellte zunächst fest, dass das Panel in *US – Export Restraints* letztlich die in Ziff. iv) enthaltenen Begriffe der Betrauung und Anweisung durch die Begriffe der Befugnisübertragung („delegate") und des Befehls („command") ersetzt habe.[994] Diese Interpretation sah er auf Basis der englischen, französischen und spanischen Sprachfassung des ASÜ und der Gesamtheit der Begriffsdefinitionen in entsprechenden Wörterbüchern als zu eng an.[995] Zwar sei für den Begriff der Betrauung festzustellen, dass die Übertragung von Verantwortung als entscheidendes Element aufgefasst werden müsse, jedoch sei dies nicht auf formelle und explizite Maßnahmen begrenzt, sondern könne auch durch alle anderen Mittel erfolgen, die einer Regierung zur Verfügung stehen.[996] Selbiges nahm der Appellate Body für den Begriff der Anweisung an, der nicht lediglich mit einem Befehl gleichgesetzt werden könne, sondern auch subtilere Methoden mit einer unterschiedlich starken Zwangswirkung umfasse.[997]

Art. 1.1 lit. a) 1. iv) ASÜ dient nach Ansicht des Appellate Body vorrangig zur Verhinderung von Umgehungen durch den Einsatz privater Einrichtungen.[998] Allerdings sieht auch er die Notwendigkeit bei der Auslegung der einzelnen Tatbestandsmerkmale eine Balance herzustellen zwischen dem Ziel einer stärkeren Einschränkung der Subventionstätigkeit der Staaten sowie dem Ziel, den Einsatz von Ausgleichszöllen zu

---

993 WTO, *United States – Countervailing Duty Investigation on Dynamic Random Access Memory Semiconductors (DRAMS) from Korea*, WT/DS296/AB/R, Appellate Body Report (27 June 2005), Rn. 106 ff. Umfassend zu dieser Rechtsprechung auch *Müller*, S. 105 ff.

994 WTO, *United States – Countervailing Duty Investigation on Dynamic Random Access Memory Semiconductors (DRAMS) from Korea*, WT/DS296/AB/R, Appellate Body Report (27 June 2005), Rn. 109.

995 WTO, *United States – Countervailing Duty Investigation on Dynamic Random Access Memory Semiconductors (DRAMS) from Korea*, WT/DS296/AB/R, Appellate Body Report (27 June 2005), Rn. 110 f.

996 WTO, *United States – Countervailing Duty Investigation on Dynamic Random Access Memory Semiconductors (DRAMS) from Korea*, WT/DS296/AB/R, Appellate Body Report (27 June 2005), Rn. 110.

997 WTO, *United States – Countervailing Duty Investigation on Dynamic Random Access Memory Semiconductors (DRAMS) from Korea*, WT/DS296/AB/R, Appellate Body Report (27 June 2005), Rn. 111.

998 WTO, *United States – Countervailing Duty Investigation on Dynamic Random Access Memory Semiconductors (DRAMS) from Korea*, WT/DS296/AB/R, Appellate Body Report (27 June 2005), Rn. 113.

begrenzen.[999] Daher könne nicht jede staatliche Maßnahme von dieser Fallgruppe erfasst werden. Rein politische Statements oder Ermutigungen oder Maßnahmen, deren Auswirkungen ein reines Nebenprodukt darstellen, sind nach Ansicht des Appellate Body nicht als eine Betrauung oder Anweisung i.s.v. Ziff. iv) anzusehen.[1000] Insgesamt komme es auf eine Einzelfallbetrachtung an.[1001] Ein entsprechender Nachweis kann dabei nach Auffassung des Appellate Body auf die Gesamtheit aller verfügbaren Indizien gestützt werden; es ist danach also nicht erforderlich, dass ein Indiz für sich betrachtet als Beleg einer Betrauung oder Anweisung angesehen werden kann.[1002]

In dieser Hinsicht betonte der Appellate Body in *Japan – DRAMs (Korea)* die Notwendigkeit, alle vorhandenen Beweismittel zu betrachten, insbesondere solche, die Aufschluss über die Absicht der staatlichen Stelle geben können.[1003] Dazu gehöre zwar auch eine Gewichtung der verschiedenen Faktoren, jedoch dürfe dabei einzelnen Feststellungen keine präsumtive Bedeutung zukommen.[1004] So könne zwar bspw. die Unwirtschaftlichkeit eines Verhaltens privater Akteure als ein Indiz für einen staatlichen Einfluss herangezogen werden. Für sich genommen sei diese Feststellung jedoch nicht unbedingt entscheidend für die Annahme einer Betrauung oder Anweisung.[1005]

---

999 WTO, *United States – Countervailing Duty Investigation on Dynamic Random Access Memory Semiconductors (DRAMS) from Korea*, WT/DS296/AB/R, Appellate Body Report (27 June 2005), Rn. 115.

1000 WTO, *United States – Countervailing Duty Investigation on Dynamic Random Access Memory Semiconductors (DRAMS) from Korea*, WT/DS296/AB/R, Appellate Body Report (27 June 2005), Rn. 114.

1001 WTO, *United States – Countervailing Duty Investigation on Dynamic Random Access Memory Semiconductors (DRAMS) from Korea*, WT/DS296/AB/R, Appellate Body Report (27 June 2005), Rn. 116.

1002 WTO, *United States – Countervailing Duty Investigation on Dynamic Random Access Memory Semiconductors (DRAMS) from Korea*, WT/DS296/AB/R, Appellate Body Report (27 June 2005), Rn. 136 ff. u. 141 ff.

1003 WTO, *Japan – Countervailing Duties on Dynamic Random Access Memories from Korea*, WT/DS336/AB/R, Appellate Body Report (26 November 2007), Rn. 134. Dazu auch *Müller*, S. 119 ff.

1004 WTO, *Japan – Countervailing Duties on Dynamic Random Access Memories from Korea*, WT/DS336/AB/R, Appellate Body Report (26 November 2007), Rn. 135.

1005 WTO, *Japan – Countervailing Duties on Dynamic Random Access Memories from Korea*, WT/DS336/AB/R, Appellate Body Report (26 November 2007), Rn. 137 f.

Dieser finalitätsbezogene Auslegungsansatz des Appellate Body wird in der Literatur teilweise als zu weitgehend kritisiert[1006] oder als implizite Bestätigung eines handlungsbezogenen Ansatzes gedeutet[1007]. Ein anderer Teil der Literatur geht hingegen ebenfalls davon aus, dass es bei der Annahme einer Betrauung oder Anweisung weniger auf die Art der Maßnahme, sondern entscheidend auf den Nachweis einer hinreichenden Verbindung zwischen der Regierung und der privaten Einrichtung ankommt.[1008] Die beiden Begriffe sind danach grds. weit auszulegen, jedoch bedürfe es zumindest einer gewissen Veranlassung privater Einrichtungen, was im Wege einer Gesamtbetrachtung anhand der konkreten Umstände des Einzelfalls nachzuweisen sei.[1009] Als mögliche Indikatoren für das Bestehen einer hinreichenden Verbindung werden bspw. die Unwirtschaftlichkeit des privaten Verhaltens, eine staatliche Beteiligung, die erkennbare Absicht oder Motivation der Regierung, die Ausübung von Zwang in vergleichbaren Fällen oder die Weigerung zur Kooperation in Antisubventionsverfahren genannt.[1010]

In Panel-Entscheidungen werden seither regelmäßig die Aussagen des Panels in *US – Export Restraints* mit denjenigen des Appellate Body in *US – Countervailing Duty Investigation on DRAMs* kombiniert. Besondere Bedeutung erhält dabei zuletzt immer wieder die vom Panel hervorgehobene und vom Appellate Body bestätigte Abgrenzung einer Betrauung oder Anweisung von Fällen, in denen ein Staat in irgendeiner Weise in den Markt eingreift und – als Nebenprodukt der staatlichen Regulierung – ein bestimmtes Marktergebnis herbeigeführt wird.[1011]

1006 *Rubini*, Definition of Subsidy and State Aid, S. 111 ff.; *ders.*, in: Elsig/Hoekman/Pauwelyn (eds.), S. 276, 297 u. 302 f.

1007 So wohl *Espa*, Export Restrictions, S. 249; *dies.*, TL&D 2/2017, S. 115, 129; *Wu*, Law and Politics on Export Restrictions, S. 51 ff.

1008 *Luengo*, S. 118; *Coppens*, S. 54 ff.; *Müller*, S. 107 ff. Vielfach wird auf die bisherigen Entscheidungen allerdings lediglich Bezug genommen, ohne dass auch das darin enthaltene Begriffsverständnis interpretiert und bewertet wird. So etwa bei *Marceau*, in: Matsushita/Schoenbaum (eds.) S. 99, 134 f.; *Shadikhodjaev*, Industrial Policy and the World Trade Organization, S. 106 f.; *Pogoretskyy*, in: Selivanova (ed.), S. 181, 201 f.; *Adamantopoulos*, in: Wolfrum/Stoll/Koebele (eds.), WTO – Trade Remedies, Art. 1 ASCM, Rn. 63 ff.; *François/Palmeter*, WTR S1/2008, S. 219, 219 ff.; *Crowley/Palmeter*, WTR S1/2009, S. 259, 259 ff.; *Janow/Staiger*, WTR S1/2003, S. 201, 201 ff.; *Benitah*, S. 343 ff.

1009 *Luengo*, S. 118; *Coppens*, S. 54; *Müller*, S. 109.

1010 *Coppens*, S. 56; *Müller*, S. 109 ff.

1011 WTO, *United States – Measures Treating Export Restraints as Subsidies*, WT/DS194/R, Panel Report (29 June 2001), Rn. 8.31; *United States – Countervailing*

In *US – Supercalendered Paper* entschied das Panel auf dieser Grundlage, dass eine allgemeine Belieferungspflicht mit Strom, die in dem Fall nicht zugleich auch mit einer verbindlichen Preissetzung verbunden wurde, nicht als eine Betrauung oder Anweisung verstanden werden könne.[1012] In der Rechtssache *US – Countervailing Measures (China)* erklärte das Panel, dass der Nachweis von unterschiedlichen Formen der Exportbeschränkung sowie einer Preissenkung für das betroffene Gut auf dem Heimatmarkt bzw. einer Preissteigerung auf dem Weltmarkt nicht ausreichten, um eine Betrauung oder Anweisung annehmen zu können.[1013] Die Exportbeschränkung sowie der dadurch ausgelöste Preiseffekt seien nicht geeignet, eine Verbindung zu einer aktiven Handlung der Regierung zu belegen, auf die es für den Nachweis einer Betrauung oder Anweisung jedoch zwingend ankomme.[1014] Auf diese Feststellung griff wiederum das Panel in der Rechtssache *US – Softwood Lumber VII* im Hinblick auf unterschiedliche Formen einer Exportbeschränkung gegenüber Holz zurück.[1015]

(3) Die Antisubventionspraxis der EU

Auf Grundlage der verschiedenen Auslegungsansätze in der WTO-Rechtsprechung hat die Europäische Kommission am Beispiel von Exportabgaben und anderen Formen der Exportbeschränkung einen autonomen Prüfungsmaßstab für den Fall einer Betrauung oder Anweisung gem. Art. 3 Abs. 1 lit. a) iv) zweiter Spstr. AS-GVO entwickelt:[1016]

In dem ersten Fall *Rohre aus duktilem Gusseisen (auch bekannt als Gusseisen mit Kugelgrafit) mit Ursprung in Indien* lautete ein zentraler Vorwurf

---

Duty Investigation on Dynamic Random Access Memory Semiconductors (DRAMS) from Korea, WT/DS296/AB/R, Appellate Body Report (27 June 2005), Rn. 114.

1012 WTO, *United States – Countervailing Measures on Supercalendered Paper from Canada*, WT/DS505/R, Panel Report (5 July 2018), Rn. 7.57 ff. u. 7.62 f. Zu dieser Entscheidung auch *Benitah*, S. 349 f.

1013 WTO, *United States – Countervailing Duty Measures on Certain Products from China*, WT/DS437/R, Panel Report (14 July 2014), Rn. 7.400 ff.

1014 WTO, *United States – Countervailing Duty Measures on Certain Products from China*, WT/DS437/R, Panel Report (14 July 2014), Rn. 7.402.

1015 WTO, *United States – Countervailing Measures on Softwood Lumber from Canada*, WT/DS533/R, Panel Report (24 August 2020).

1016 Zu den Entscheidungen siehe Fn. 962. Zu dieser Fallpraxis nur *Vermulst/Sud*, in: Hahn/Van der Loo (eds.), S. 307, 309 u. 315; *Hoffmeister* in einem noch unveröffentlichten Manuskript für Bäumler et. al (eds.), EYIEL sowie *Crochet*, EJIL 2/2022, S. 381, 402 ff.

der Antragsteller, dass die indische Regierung durch den Einsatz von Exportzöllen sowie durch eine duale Frachtpolitik die Preise von Eisenerz verzerre, wodurch die verarbeitende Industrie in Indien subventioniert würde.[1017] Die Europäische Kommission prüfte daraufhin, ob das Verhalten der indischen Regierung als eine Betrauung oder Anweisung angesehen werden kann.[1018]

Unter ausdrücklicher Bezugnahme auf die Auslegung der Begriffe „Betrauung" und „Anweisung" durch das Panel in *US – Export Restraints* und den Appellate Body in *US – Countervailing Duty Investigation on DRAMs* untersuchte sie dabei, „ob die Unterstützung des Wirtschaftszweigs der duktilen Rohre seitens der indischen Regierung wirklich ein Ziel der Regierungspolitik und nicht nur eine ‚Nebenwirkung' der Ausübung allgemeiner Regulierungsbefugnisse ist".[1019] Im Rahmen dessen wurde insbesondere geprüft, ob „die festgestellten Preisverzerrungen zu den Zielen der Regierung zählten" oder, ob sie „eher ein ‚unbeabsichtigtes' Nebenprodukt der allgemeinen staatlichen Regulierung" darstellten.[1020]

Hierfür nahm die Europäische Kommission eine Gesamtbetrachtung anhand von verschiedenen Rechtsakten, offiziellen Mitteilungen, Berichten einzelner Expertengruppen, Zeitungsartikeln und politischen Stellungnahmen vor[1021], an dessen Ende sie zu dem Schluss kam, dass die indische Regierung zielgerichtet Exportbeschränkungen zur Herbeiführung einer *ex ante* bestimmten – und damit beabsichtigten – Preissenkung eingesetzt hatte.[1022] Dadurch habe sie die betroffenen Unternehmen in eine „wirtschaftlich vernunftwidrige Lage" gebracht, in der sie „dazu angereizt w[u]rden, ihre Waren zu einem niedrigeren Preis zu verkaufen,

---

1017 Durchführungsverordnung (EU) 2016/387, Rn. 131. In der deutschen Sprachfassung wird vielfach der Begriff „Ausfuhrsteuern" verwendet. Anhand der aufgeführten Zollsätze wird indes deutlich, dass es sich um Exportzölle nach der für diese Untersuchung gewählten Definition handelt. Die duale Frachtpolitik umfasst eine Diskriminierung des Exports bei der Höhe der Bahnfrachtsätze. Hierbei handelt es sich um Verwaltungsgebühren i.S.v. Art. VIII GATT, die aus dem Begriff der Exportabgaben ausgeklammert sind. Siehe dazu Kapitel 2, Abschnitt A. Zur Regelung von Verwaltungsgebühren im WTO-Recht siehe bereits Kapitel 3, Abschnitt A. I. 2. a) ee).

1018 Durchführungsverordnung (EU) 2016/387, Rn. 135 ff.

1019 Durchführungsverordnung (EU) 2016/387, Rn. 138 u. 143.

1020 Durchführungsverordnung (EU) 2016/387, Rn. 143.

1021 Zu den aus Sicht der Europäischen Kommission in Betracht kommenden Informationsquellen siehe Durchführungsverordnung (EU) 2016/387, Rn. 147.

1022 Durchführungsverordnung (EU) 2016/387, Rn. 144 ff.

als dem, den sie ohne diese Politik [hätten] erzielen [können]".[1023] Ihnen sei dadurch die Verantwortung übertragen worden „einen künstlichen, abgeschotteten Niedrigpreisbinnenmarkt in Indien zu schaffen".[1024] Im Ergebnis habe die indische Regierung die Bergwerksgesellschaften demnach damit betraut, die eigene Industriepolitik durchzuführen, einen abgeschotteten Binnenmarkt zu schaffen und der inländischen Eisen- und Stahlindustrie Eisenerz zu einem geringeren als dem angemessenen Entgelt zu liefern.[1025]

Das EuG hat dieses Vorgehen in einer gegen diese Entscheidung gerichteten Klage bestätigt.[1026] Dabei stellte das EuG zunächst grds. fest, dass der ökonomische Effekt von Exportbeschränkungen so eindeutig bestimmbar sei, dass er als ein mögliches Ziel einer staatlichen Maßnahme in Betracht komme.[1027] Im Anschluss daran widersprach es dem Vorbringen der Klägerseite, wonach die indische Regierung lediglich im Rahmen ihrer allgemeinen Regulierung in den Markt eingegriffen habe.[1028] Zu den konkreten Maßnahmen der Regierung seien nämlich nicht nur die Rechtsakte zu zählen, mit denen die Exportbeschränkungen erlassen wurden, sondern auch die kontinuierliche Marktüberwachung und Prüfung ihrer Auswirkungen und die damit einhergehenden Änderungen der in Rede stehenden Exportbeschränkungen, um sicherzustellen, dass das verfolgte Ziel erreicht wird.[1029]

Auch in den Fällen *Einfuhren von Biodiesel mit Ursprung in Argentinien*, *Einfuhren von Biodiesel mit Ursprung in Indonesien* und *Einfuhren kaltgewalzter Flacherzeugnisse aus nicht rostendem Stahl mit Ursprung in Indien und Indonesien* prüfte die Europäische Kommission das Vorliegen einer Betrauung oder Anweisung in ähnlicher Weise.[1030] In allen drei Fällen kam sie anhand der vorgelegten Beweismittel zu dem Ergebnis, dass Exportabgaben

---

1023 Durchführungsverordnung (EU) 2016/387, Rn. 167.
1024 Durchführungsverordnung (EU) 2016/387, Rn. 171.
1025 Durchführungsverordnung (EU) 2016/387, Rn. 177.
1026 EuG, Urteil v. 10. April 2019, Rs. T-300/16, *Jindal Saw und Jindal Saw Italia/ Kommission*, ECLI:EU:T:2019:235.
1027 EuG, Urteil v. 10. April 2019, Rs. T-300/16, *Jindal Saw und Jindal Saw Italia/ Kommission*, ECLI:EU:T:2019:235, Rn. 109.
1028 EuG, Urteil v. 10. April 2019, Rs. T-300/16, *Jindal Saw und Jindal Saw Italia/ Kommission*, ECLI:EU:T:2019:235, Rn. 112 ff.
1029 EuG, Urteil v. 10. April 2019, Rs. T-300/16, *Jindal Saw und Jindal Saw Italia/ Kommission*, ECLI:EU:T:2019:235, Rn. 132.
1030 Durchführungsverordnung (EU) 2019/244, Rn. 75 ff.; Durchführungsverordnung (EU) 2019/1344, Rn. 102 ff.; Durchführungsverordnung (EU) 2019/2092, Rn. 102 ff.; Durchführungsverordnung (EU) 2022/433, Rn. 446 ff.

und andere Formen der Exportbeschränkung von Seiten der Regierungen gezielt dazu eingesetzt wurden, um private Rohstoffproduzenten zu einem Verkauf im Inland zu bewegen.[1031] Sie ließ dabei offen, ob das jeweilige Handeln als eine Betrauung oder als eine Anweisung anzusehen war.[1032]

Insgesamt wird anhand dieser Entscheidungen deutlich, dass sich die Europäische Kommission in ihrer Subventionspraxis maßgeblich an der finalitätsbezogenen Auslegung der Begriffe „Betrauung" und „Anweisung" durch den Appellate Body orientiert.[1033] In enger Anlehnung an dessen Rechtsprechung grenzt sie einen reinen Nebeneffekt einer staatlichen Maßnahme von einem gezielt herbeigeführten Marktergebnis ab. Letzteres ermittelt sie durch Betrachtung aller ihr zur Verfügung stehenden Beweismittel. In den bisherigen Entscheidungen konnte sie anhand der vorhandenen Dokumente und der politischen Stellungnahmen einen industriepolitischen Einsatz von Exportabgaben feststellen, der in Folge dessen als eine Betrauung und/oder Anweisung gewertet wurde.

(4) Stellungnahme: Exportabgaben als Fall einer Betrauung oder Anweisung

Ausgangspunkt einer Auslegung der Begriffe „Betrauung" und „Anweisung" ist der allgemein dem ASÜ – und entsprechend auch der AS-GVO – zugrundeliegende Interessengegensatz zwischen einer Begrenzung von unilateralen Ausgleichsmaßnahmen und einer möglichst weitreichenden Erfassung von handelsverzerrenden Subventionen.[1034] Für Art. 1.1 lit. a) 1. iv) ASÜ bzw. Art. 3 Abs. 1 lit. a) iv) AS-GVO folgt daraus ein Spannungsverhältnis zwischen der Begrenzungsfunktion des welthandelsrechtlichen Subventionstatbestands und dem Interesse an einem möglichst weitgehenden Umgehungsschutz. Zur Auflösung dieses Spannungsverhältnisses ist die Auslegung beider Begriffe auf die Herstellung eines gewissen Interes-

---

1031 Durchführungsverordnung (EU) 2019/244, Rn. 91 ff.; Durchführungsverordnung (EU) 2019/1344, Rn. 111 ff.; Durchführungsverordnung (EU) 2019/2092, Rn. 106 ff.; Durchführungsverordnung (EU) 2022/433, Rn. 452 ff.

1032 Durchführungsverordnung (EU) 2019/244, Rn. 117; Durchführungsverordnung (EU) 2019/1344, Rn. 156; Durchführungsverordnung (EU) 2022/433, Rn. 499.

1033 Dies verkennt *Crochet*, EJIL 2/2022, S. 381, 404, wenn er davon ausgeht, dass die Kommission den fallbezogenen Ansatz des Appellate Body missachte. Dies lässt sich der Fallpraxis nicht entnehmen.

1034 Siehe dazu bereits Fn. 939.

sengleichgewichts hin auszurichten.[1035] Nach dem handlungsbezogenen Ansatz muss der Herstellung dieses Gleichgewichts durch eine enge Auslegung der beiden Begriffe der Betrauung und Anweisung Rechnung getragen werden.[1036] Der Appellate Body sieht hingegen den eigenen (finalitätsbezogenen) Auslegungsansatz als Ausdruck eines Gleichgewichts zwischen den widerstreitenden Interessen im Kontext des ASÜ.[1037]

Beide Seiten berufen sich auf die Begriffsbestimmungen einzelner Wörterbücher, wobei *Rubini* dem Appellate Body vorwirft, die zugehörige Syntax nicht hinreichend berücksichtigt zu haben.[1038] In diesem Sinne hat das Panel in *US – Export Restraints* bspw. darauf hingewiesen, dass dem Begriff „direct", wenn er mit dem Wort „to" sowie einem Verb in Verbindung steht, im Wörterbuch die Bedeutung „give a formal order or command to" zugeordnet wird.[1039] *Rubini* geht seinerseits davon aus, dass für eine Betrauung oder Anweisung jedenfalls ein klar definierter und recht ausgeprägter Grad an Lenkung und Zwang erforderlich ist.[1040]

Insgesamt scheint die starke Fokussierung auf Begriffsdefinitionen einzelner Wörterbücher, wie sie insbesondere von den Vertretern einer handlungsbezogenen Auslegung betrieben wird, nicht überzeugend. Zwar mag die Heranziehung von Wörterbüchern der von Art. 31 Abs. 1 WVK geforderten Auslegung vertraglicher Bestimmungen anhand ihrer gewöhnlichen Bedeutung entsprechen.[1041] Zudem ist die Verwendung innerhalb der WTO-Rechtsprechung etabliert.[1042] Sie wird dabei allerdings vor allem als ein erster Zugriff gesehen.[1043] Eine übermäßige Gewichtung derartiger Begriffsbestimmungen ist in der Literatur demgegenüber wiederholt als

---

1035 So auch *Rubini*, Definition of Subsidy and State Aid, S. 111.

1036 WTO, *United States – Measures Treating Export Restraints as Subsidies*, WT/DS194/R, Panel Report (29 June 2001), Rn. 8.44; *Rubini*, Definition of Subsidy and State Aid, S. 114.

1037 WTO, *United States – Countervailing Duty Investigation on Dynamic Random Access Memory Semiconductors (DRAMS) from Korea*, WT/DS296/AB/R, Appellate Body Report (27 June 2005), Rn. 115.

1038 *Rubini*, Definition of Subsidy and State Aid, S. 113 f.

1039 WTO, *United States – Measures Treating Export Restraints as Subsidies*, WT/DS194/R, Panel Report (29 June 2001), Rn. 8.28.

1040 *Rubini*, Definition of Subsidy and State Aid, S. 114 („a well defined, and rather marked, degree of direction and compulsion").

1041 *Ehlermann*, JIEL 3/2003, S. 695, 699; *Van Damme*, Treaty Interpretation, S. 221 f.; *Pavot*, JIDS 1/2013, S. 29, 31.

1042 *Ehlermann*, JIEL 3/2003, S. 695, 699; *Van Damme*, Treaty Interpretation, S. 221 f.; *Pavot*, JIDS 1/2013, S. 29, 30 u. 33.

1043 WTO, *United States – Final Countervailing Duty Determination with respect to certain Softwood Lumber from Canada*, WT/DS257/AB/R, Appellate Body Report

unzulässige Einengung kritisiert worden.[1044] Auch der Appellate Body hat immer wieder die Grenzen einer Begriffsauslegung anhand von Wörterbüchern betont.[1045] Unter Berücksichtigung der Gesamtheit der in Ziff. iv) enthaltenen Voraussetzungen sowie von Sinn und Zweck dieser Fallgruppe erweist sich die streng formale Auslegung des handlungsbezogenen Ansatzes in diesem Sinne letztlich als eine unzulässige Einengung des Bedeutungsgehalts der Norm.

Dabei lässt sich die grundsätzliche Idee hinter einer engen Auslegung durchaus nachvollziehen. Wie das Panel in *US – Export Restraints* vielfach deutlich gemacht hat, dient die begriffliche Eingrenzung vor allem dazu, den rein effektbezogenen Ansatz der U.S.A. auszuschließen, wonach ein einfacher Kausalzusammenhang zwischen einer staatlichen Maßnahme und einer Begünstigung auf Unternehmensseite ausreicht, um diese Maßnahme als eine Subvention anzusehen.[1046] Dadurch würde das welthandelsrechtliche Subventionskonzept, das eben gerade auch einer Eingrenzung dient, obsolet.[1047] Letztlich wäre damit jede Maßnahme, die sich aus ökonomischer Perspektive als Subvention verstehen lässt, auch in rechtlicher Hinsicht als eine Subvention zu beurteilen. Wie das Panel zutreffend feststellt, käme es dann allein auf den Nachweis eines Vorteils

---

(19 January 2004), Rn. 59. *Van Damme*, Treaty Interpretation, S. 226 u. 228; *Lo*, JIDS 2/2010, S. 431, 432 u. 435 ff.; *Pavot*, JIDS 1/2013, S. 29, 34 ff.

1044 Exemplarisch *Mavroidis*, AJIL 3/2008, S. 421, 446 f.; *Irwin/Weiler*, WTR 1/2008, S. 71, 95 sehen die Gefahr eines „battle of the dictionaries". *Lo*, JIDS 2/2010, S. 431, 440 ff. kritisiert stattdessen das Fehlen spezifischer Regeln für die Verwendung von Wörterbüchern. Ablehnend gegenüber der allgemeinen Kritik an der WTO-Rechtsprechung dagegen *Van Damme*, Treaty Interpretation, S. 227: „Charges of excessive reliance on dictionaries may not accurately depict the Appellate Body's jurisprudence." Siehe daneben auch die Kritik an den Vorschlägen von *Lo* in *dies.*, JIDS 1/2011, S. 223, 223 ff.

1045 So bspw. in WTO, *United States – Continued Dumping and Subsidy Offset Act of 2000*, WT/DS217/AB/R, WT/DS234/AB/R, Appellate Body Report (16 January 2003), Rn. 248; *United States – Final Countervailing Duty Determination with respect to certain Softwood Lumber from Canada*, WT/DS257/AB/R, Appellate Body Report (19 January 2004), Rn. 59. M.w.N. *Van Damme*, Treaty Interpretation, S. 223 u. 225; *Pavot*, JIDS 1/2013, S. 29, 33 ff.

1046 Siehe dazu bereits Kapitel 4, Abschnitt C. III. 1. a) aa) (1).

1047 WTO, *United States – Measures Treating Export Restraints as Subsidies*, WT/DS194/R, Panel Report (29 June 2001), Rn. 8.38. Diese Einschätzung teilt auch der Appellate Body in WTO, *United States – Final Countervailing Duty Determination with respect to certain Softwood Lumber from Canada*, WT/DS257/AB/R, Appellate Body Report (19 January 2004), Rn. 52 Fn. 35: „If that were the case, there would be no need for Article 1.1(a), because all government measures conferring benefits, per se, would be subsidies."

i.S.v. Art. 1.1 lit. b) ASÜ an.[1048] Aus der Entstehungsgeschichte des ASÜ geht indes hervor, dass gerade dies durch die Schaffung eines Subventionstatbestands verhindert werden sollte.[1049]

Aus all dem folgt allerdings weder die Notwendigkeit einer strengen Orientierung an Wörterbüchern noch die Pflicht zu einer engen Auslegung, nach der *a priori* nur bestimmte Arten von staatlichen Maßnahmen erfasst werden können. Der Subventionstatbestand in Art. 1.1 lit. a) 1. iv) Alt. 2 ASÜ besteht, wie bereits gesehen, aus verschiedenen Elementen. Es stellt sich daher die Frage, weshalb die allgemeine Begrenzungsfunktion des Art. 1.1 ASÜ gerade durch eine enge Auslegung der Begriffe Betrauung und Anweisung erfüllt werden muss. Ein Gleichgewicht zwischen der Begrenzungsfunktion und dem Umgehungsschutz könnte ebenso durch die Gesamtheit der darin enthaltenen Voraussetzungen hergestellt werden. So findet sich unter den dort genannten Anforderungen bspw. eine explizite Beschränkung des Anwendungsbereichs auf die in den Ziff. i) bis iii) geregelten Fallkonstellationen.[1050]

Angesichts dessen erscheint es auch wenig überzeugend, wenn diese übrigen Tatbestandsmerkmale zur Rechtfertigung einer engen Auslegung der beiden Begriffe herangezogen werden.[1051] Gleiches gilt für die Aussage, dass eine Betrauung oder Anweisung die in den Ziff. i) bis iii) geregelten Subventionsfälle weder begrenzen noch erweitern dürfe.[1052] Schließlich handelt es sich bei den in Ziff. iv) geregelten Fällen eindeutig um eine Erweiterung des welthandelsrechtlichen Subventionstatbestands, nämlich in Bezug auf Umgehungshandlungen von WTO-Mitgliedern.[1053] Ebenso

---

1048 WTO, *United States – Measures Treating Export Restraints as Subsidies*, WT/DS194/R, Panel Report (29 June 2001), Rn. 8.36 f.

1049 WTO, *United States – Measures Treating Export Restraints as Subsidies*, WT/DS194/R, Panel Report (29 June 2001), Rn. 8.69. So auch WTO, *United States – Final Countervailing Duty Determination with respect to certain Softwood Lumber from Canada*, WT/DS257/AB/R, Appellate Body Report (19 January 2004), Rn. 52 Fn. 35.

1050 Näher dazu in Kapitel 4, Abschnitt C. III. 1. a) cc).

1051 So aber *Rubini*, Definition of Subsidy and State Aid, S. 116 ff.

1052 *Rubini*, Definition of Subsidy and State Aid, S. 117 unter Bezugnahme auf WTO, *United States – Measures Treating Export Restraints as Subsidies*, WT/DS194/R, Panel Report (29 June 2001), Rn. 8.56 ff.

1053 Siehe dazu WTO, *United States – Final Countervailing Duty Determination with respect to certain Softwood Lumber from Canada*, WT/DS257/AB/R, Appellate Body Report (19 January 2004), Rn. 52; *United States – Countervailing Duty Investigation on Dynamic Random Access Memory Semiconductors (DRAMS) from Korea*, WT/DS296/AB/R, Appellate Body Report (27 June 2005), Rn. 108.

abzulehnen ist die Erklärung des Panels in *US – Export Restraints*, wonach es sich bei allen in Ziff. iv) genannten Fallgruppen (also der Leistung von Zahlungen an einen Fördermechanismus sowie der Betrauung und Anweisung) um dieselbe Art eines expliziten und affirmativen staatlichen Vorgehens handele.[1054] Außer des Wortes „oder", das lediglich allgemein auf alternative Fälle hinweist, findet sich kein Beleg für diese Annahme. Außerdem wäre dann womöglich eine begriffliche Unterscheidung der einzelnen Konstellationen gar nicht erforderlich.[1055]

Abgesehen davon kann auch die Entstehungsgeschichte eine enge Auslegung der Begriffe letztlich nicht rechtfertigen. Aus ihr ergibt sich lediglich die Abkehr von einem ökonomischen Ansatz der U.S.A. durch Schaffung eines Subventionstatbestands.[1056] Es finden sich keine konkreten Aussagen zu den von einer Betrauung oder Anweisung erfassten Handlungsweisen. Dagegen findet sich der im Zuge der Uruguay-Verhandlungen geäußerte Wunsch, dass bei der Definition einer finanziellen Beihilfe Umgehungen verhindert werden sollen.[1057]

Dieser Schutz vor Umgehungen kommt bei einer handlungsbezogenen Auslegung nicht hinreichend zur Geltung. Staaten können hierbei durch gezielte Wahl der Mittel einer Anwendung von Ziff. iv) entgehen. Der pauschale Ausschluss von Exportbeschränkungen durch das Panel in *US – Export Restraints* macht dies plastisch deutlich. Es erscheint daher widersprüchlich, wenn einzelne Vertreter einer engen Auslegung den Umgehungsschutz gleichwohl als wahre Funktion („true function") von Ziff. iv) verstehen.[1058]

Während Art. 1.1 ASÜ insgesamt sowohl der Begrenzung von Ausgleichsmaßnahmen als auch der Erfassung von Subventionen dient, so liegt der besondere Zweck von Art. 1.1 lit. a) 1. iv) ASÜ in dem Schutz vor Umgehungen.[1059] Dies scheint tendenziell eher auf eine weite Auslegung

---

1054 WTO, *United States – Measures Treating Export Restraints as Subsidies*, WT/DS194/R, Panel Report (29 June 2001), Rn. 8.32.

1055 So auch die Kritik bei *Rubini*, Definition of Subsidy and State Aid, S. 116.

1056 Auch *Wu*, Law and Politics on Export Restrictions, S. 51 konstatiert, dass die Einführung des Subventionsbegriffs den Streit um dessen Anwendungsbereich nicht gelöst hat.

1057 WTO, *United States – Measures Treating Export Restraints as Subsidies*, WT/DS194/R, Panel Report (29 June 2001), Rn. 8.70 Fn. 165.

1058 So etwa *Rubini*, Definition of Subsidy and State Aid, S. 111.

1059 So bereits WTO, *United States – Final Countervailing Duty Determination with respect to certain Softwood Lumber from Canada*, WT/DS257/AB/R, Appellate Body Report (19 January 2004), Rn. 52: „Paragraph (iv) of Article 1.1(a)(1) recognizes that paragraphs (i)–(iii) could be circumvented by a government

der Begriffe hinzudeuten, jedenfalls steht dieser Zweck einer pauschalen Einengung entgegen.[1060] In diesem Sinne kann auch die Aussage der Panels in *US – Countervailing Duty Investigation on DRAMs, Korea – Commercial Vessels* und *EC – Countervailing Measures on DRAM Chips* verstanden werden, wonach eine Betrauung oder Anweisung nicht nur explizit, sondern auch implizit, formell oder informell erfolgen kann.[1061] Auch die Kritik des Appellate Body an dem engen Definitionsansatz des Panels in *US – Export Restraint* trägt der besonderen Bedeutung des Umgehungsschutzes Rechnung.

Der Finalitätsansatz des Appellate Body verhindert eine Umgehung durch eine weite Auslegung der Begriffe der Betrauung und Anweisung. Durch die damit einhergehende Berücksichtigung von subtileren Formen der Einwirkung auf private Einrichtungen entsteht zugleich die Notwendigkeit, das Verhalten der Adressaten stärker in den Blick zu nehmen. Dieses erscheint als gewichtiges Indiz für den erforderlichen Zurechnungszusammenhang, besonders für Formen der indirekten Umgehung mittels regulatorischer Markteingriffe.[1062] Letztlich wird auf diese Weise das staatliche Handeln und das Verhalten privater Unternehmen durch eine Gesamtbetrachtung miteinander verklammert. Auch das EuG hat dies für Art. 3 Abs. 1 lit. a) iv) zweiter Spstr. AS-GVO explizit unterstrichen.[1063] Der Schwerpunkt der Prüfung verlagert sich dadurch von der Feststellung

---

making payments to a funding mechanism or through entrusting or directing a private body to make a financial contribution. It accordingly specifies that these kinds of actions are financial contributions as well." Hierauf wiederum bezieht sich der Appellate Body in *United States – Countervailing Duty Investigation on Dynamic Random Access Memory Semiconductors (DRAMS) from Korea*, WT/DS296/AB/R, Appellate Body Report (27 June 2005), Rn. 113. Siehe daneben auch bspw. WTO, *Korea – Measures Affecting Trade in Commercial Vessels*, WT/DS273/R, Panel Report (7 March 2005), Rn. 7.370 Fn. 209: „We are not prepared to read into Article 1.1(a)(1)(iv) terms that would allow such indirect government action to circumvent the WTO's subsidy disciplines." Dazu auch *Coppens*, S. 53 f.; *Müller*, S. 106.

1060 So aber etwa *Crochet*, EJIL 2/2022, S. 381, 404.

1061 Siehe dazu bereits Kapitel 4, Abschnitt C. III. 1. a) aa) (2).

1062 WTO, *United States – Countervailing Duty Investigation on Dynamic Random Access Memory Semiconductors (DRAMS) from Korea*, WT/DS296/AB/R, Appellate Body Report (27 June 2005), Rn. 112. Siehe dazu auch *Coppens*, S. 54 f.; *Müller*, S. 108 u. 115 ff.

1063 EuG, Urteil v. 10. April 2019, Rs. T-300/16, *Jindal Saw und Jindal Saw Italia/Kommission*, ECLI:EU:T:2019:235, Rn. 132.

einer konkreten staatlichen Handlungsform auf den Nachweis der Zweckbestimmung eines bestimmten staatlichen Verhaltens.[1064]

Kritisiert wird an diesem Ansatz zwar, dass dadurch letztlich jede staatliche Regulierung potenziell als Fall einer Betrauung oder Anweisung
angesehen werden könne, was außerdem zu Rechtsunsicherheit führe.[1065]
Jedoch hat der Appellate Body explizit deutlich gemacht, dass nicht jede
Marktintervention als Betrauung oder Anweisung anzusehen ist und hat
dadurch den Bedenken des Panels in *US – Export Restraints* Rechnung
getragen.[1066] Maßgeblich ist, dass die Einbindung privater Unternehmen
den Hauptzweck des staatlichen Handels darstellen muss.[1067] Die Finalität
dient somit als entscheidendes Abgrenzungskriterium. Dadurch erklärt
sich auch die Bedeutung, die der Appellate Body subjektiven Elementen
bei der Prüfung beimisst.[1068]

Diese Abgrenzung ist überzeugend, da sie dem Zweck eines Schutzes
vor Umgehungen unter gleichzeitiger Berücksichtigung der allgemeinen
Begrenzungsfunktion des Subventionstatbestands entspricht. Staatliches
Verhalten wird nur dann erfasst, wenn es sich als eine fassbare Umgehung
in Form einer Subventionsvergabe durch Private darstellt. Immer, aber
auch nur dann, wenn ein WTO-Mitglied private Einrichtungen gezielt
zur Gewährung einer finanziellen Beihilfe einsetzt, kann darin eine Umgehung in Form einer Betrauung oder Anweisung gesehen werden. Eine
mögliche Rechtsunsicherheit geht dabei zu Lasten des WTO-Mitglieds, das
den Nachweis einer solchen Zweckbestimmung erbringen muss.

Es rücken dadurch zwar auf den ersten Blick alle Formen von staatlichen Maßnahmen in den Fokus eines Subventionsverfahrens, allerdings
nur in Verbindung mit einer hinreichend manifestierten Zweckbestimmung. Dessen Feststellung ist vom jeweiligen Einzelfall abhängig. Der
notwendige Zurechnungszusammenhang lässt sich dabei zwar sowohl auf
objektive als auch auf subjektive Anhaltspunkte stützen. Er muss allerdings
durch die vorgelegten Beweismittel hinreichend zu Tage treten. Das notwendige Beweismaß verhindert dabei eine uferlose Anwendung.

1064 *Coppens*, S. 54 f.; *Müller*, S. 109.
1065 *Rubini*, Definition of Subsidy and State Aid, S. 115. In diese Richtung auch
      Wu, Law and Politics on Export Restrictions, S. 53.
1066 *Müller*, S. 110.
1067 Dazu bereits Kapitel 4, Abschnitt C. III. 1. a) aa) (2).
1068 WTO, *Japan – Countervailing Duties on Dynamic Random Access Memories from
      Korea*, WT/DS336/AB/R, Appellate Body Report (26 November 2007), Rn. 134
      u. 136.

Die konkreten Beweisanforderungen, die mitunter auch von der Art der Maßnahme abhängig sind, werden schrittweise durch die WTO-Rechtsprechung ausdifferenziert, wodurch zugleich die Rechtssicherheit erhöht wird.[1069] Diese rechtsprechungsbasierte Konkretisierung ist kein Problem des Finalitätsansatzes, sondern entspricht der Kernaufgabe der WTO-Streitbeilegung (Art. 3.2 DSU).

Für Exportabgaben bedeutet der Finalitätsansatz weder einen kategorischen Ausschluss noch eine automatische Erfassung. Es kommt auch hierbei auf den konkreten Einzelfall an. Exportabgaben müssen gezielt (als Hauptzweck) dazu eingesetzt werden, um etwa den verarbeitenden Industrien Rohstoffe zu niedrigeren als den gewöhnlichen Marktpreisen zukommen zu lassen. Der durch Exportabgaben ausgelöste Preiseffekt muss folglich Ausdruck einer staatlichen Industriepolitik sein. Durch die Einbindung in eine staatliche Industriepolitik macht sich die betreffende Regierung den durch Exportabgaben erzielbaren Preiseffekt zu eigen. Das bedeutet umgekehrt, dass bei einem Einsatz von Exportabgaben zu anderen Zwecken (bspw. zur Generierung von Staatseinnahmen) kein Fall einer Betrauung oder Anweisung gegeben ist. Diese Art der Abgrenzung nach dem tatsächlichen Zweck einer Maßnahme ist innerhalb des WTO-Rechts nicht ungewöhnlich. So wird bei Art. XX GATT bspw. ebenfalls ein Nexus zwischen der staatlichen Maßnahme und einem der dort genannten politischen Ziele verlangt.[1070] Für Exportabgaben auf Rohstoffe kann demnach zwischen einer industriepolitischen Nutzung und einem rein fiskalischen oder bspw. auch umweltpolitischen Einsatz unterschieden werden.

Die Europäischen Kommission hat in ihren Verfahren aufgrund einer Vielzahl von offiziellen Stellungnahmen, Einschätzungen von Expertengruppen und sonstiger verfügbarer Berichte eine industriepolitische Einbindung von Exportabgaben festgestellt und dadurch eine entsprechende Zweckbestimmung nachgewiesen.[1071] Das EuG teilt diesen Ansatz und macht in diesem Zusammenhang deutlich, dass sich der von Exportabgaben ausgehende Preiseffekt zu industriepolitischen Zwecken gezielt

---

1069 Dafür steht exemplarisch die bereits in Kapitel 4, Abschnitt C. III. 1. a) aa) (2) angesprochene Folgerechtsprechung. Siehe dazu auch *Müller*, S. 115.

1070 Ausdrücklich bspw. in WTO, *European Communities – Measures Prohibiting the Importation and Marketing of Seal Products*, WT/DS400/AB/R, WT/DS401/AB/R, Appellate Body Report (22 May 2014), Rn. 5.169. Siehe dazu bspw. *Van den Bossche/Zdouc*, S. 604 ff.

1071 Dazu bereits Kapitel 4, Abschnitt C. III. 1. a) aa) (3).

(aus)nutzen lässt.[1072] Das zugrundeliegende Prüfkonzept der Europäischen Kommission entspricht dem Finalitätsansatz des Appellate Body. Es ist mit den Anforderungen des ASÜ grds. vereinbar.

Die konkrete Anwendungspraxis steht dabei nur auf den ersten Blick im Widerspruch zu den jüngeren WTO-Panel-Entscheidungen, in denen staatliche Marktinterventionen gerade nicht als Form einer Betrauung oder Anweisung eingeordnet wurden.[1073] Bei näherer Betrachtung ging es in all diesen Fällen zentral um die konkreten Anforderungen an einen Nachweis der Zweckbindung. So hat etwa das Panel in *US – Supercalendered Paper* in einer gesetzlichen Belieferungspflicht (noch) keinen Fall einer Betrauung oder Anweisung gesehen.[1074] Schließlich lässt sich von einer derartigen Plicht allein nicht auf den tatsächlich zu zahlenden Preis der Abnehmer und eine bezweckte Umgehung der Subventionsverpflichtungen schließen.[1075] Auch die Ausführungen des Panels in *US – Countervailing Measures (China)* lassen sich mit den Anforderungen des Finalitätsansatzes erklären.[1076] Denn das Panel äußerte sich dahingehend, dass die Nachweise, die von Seiten der U.S.A. vorgelegt wurden, einzig auf das Bestehen von Exportbeschränkungen sowie den davon ausgehenden ökonomischen Effekten gerichtet seien. Die Einbeziehung von zusätzlichen staatlichen Handlungen oder der Nachweis einer breiteren Regierungspolitik zu Zwecken einer Industrieförderung fehle demgegenüber.[1077]

1072 EuG, Urteil v. 10. April 2019, Rs. T-300/16, *Jindal Saw und Jindal Saw Italia/Kommission*, ECLI:EU:T:2019:235, Rn. 109.

1073 Zu diesen Fällen bereits Kapitel 4, Abschnitt C. III. 1. a) aa) (2).

1074 Das Panel bezieht sich ausdrücklich auf die Rechtsprechung des Appellate Body. Siehe WTO, *United States – Countervailing Measures on Supercalendered Paper from Canada*, WT/DS505/R, Panel Report (5 July 2018), Rn. 7.61.

1075 WTO, *United States – Countervailing Measures on Supercalendered Paper from Canada*, WT/DS505/R, Panel Report (5 July 2018), Rn. 7.57 ff.

1076 WTO, *United States – Countervailing Duty Measures on Certain Products from China*, WT/DS437/R, Panel Report (14 July 2014), Rn. 7.391 ff. Unklar bei *Benitah*, S. 347, der wohl eher eine Übereinstimmung mit dem formalistischen Ansatz des Panels in *US – Export Restraints* sieht.

1077 WTO, *United States – Countervailing Duty Measures on Certain Products from China*, WT/DS437/R, Panel Report (14 July 2014), Rn. 7.391. An späterer Stelle erklärt das Panel, dass die von den U.S.A. vorgebrachten Nachweise für das Bestehen von Exportbeschränkungen und die dadurch ausgelösten Preiseffekte vor dem Hintergrund der bisherigen Rechtsprechung nicht zur Annahme einer Betrauung oder Anweisung führe. In diesem Zusammenhang verweist es ausdrücklich auf das Erfordernis einer Verbindung zwischen dem staatlichen und dem privaten Verhalten und die Notwendigkeit, dass es sich bei einer staatlichen Maßnahme nicht um ein reines Nebenprodukt staatlicher

Nur das Panel in *US – Softwood Lumber VII* scheint sich enger am Ansatz des Panels in *US – Export Restraints* orientiert zu haben.[1078] In diesem Fall konnte der zugrundeliegenden Regulierung und den damit verbundenen Begleitmaßnahmen der Zweck einer Förderung der heimischen Holzverarbeitungsindustrie entnommen werden.[1079] Trotzdem erklärte das Panel, ohne nähere Begründung, dass es keinerlei Beweise dafür sehe, dass ein reiner Begleiteffekt einer staatlichen Regulierung für die Annahme einer Betrauung oder Anweisung ausreiche.[1080] Insgesamt weicht das Panel dadurch von der bisherigen Rechtsprechungsentwicklung ab und neigt sich – trotz ausdrücklicher Distanzierung – wieder mehr dem handlungsbezogenen Auslegungsansatz zu.[1081]

Abschließend stellt sich für Exportabgaben die Frage, unter welchen der beiden Begriffe sie letztlich zu fassen sind. Während eine Betrauung nach der Rechtsprechung des Appellate Body eine Übertragung von Verantwortung beinhaltet, soll eine Anweisung durch die Ausübung von Autorität gekennzeichnet sein.[1082] Beide Begriffe sind in ihrer Anwendung vom Einzelfall abhängig und können sich bei expansiver Auslegung theoretisch überschneiden, was eine Festlegung erschwert[1083] und womöglich dazu geführt hat, dass die Europäische Kommission die Entscheidung darüber

---

Regulierung handeln dürfe. Im Ergebnis sah das Panel folglich keinen Fall von Ziff. iv) gegeben, erklärte jedoch, dass damit nicht zugleich gesagt sei, dass nicht ein Vorgehen gegen Exportbeschränkungen unter anderen faktischen Umständen gerechtfertigt sein könnte. Siehe a.a.O., Rn. 7.400 ff.

1078 WTO, *United States – Countervailing Measures on Softwood Lumber from Canada*, WT/DS533/R, Panel Report (24 August 2020), Rn. 7.591 ff.

1079 WTO, *United States – Countervailing Measures on Softwood Lumber from Canada*, WT/DS533/R, Panel Report (24 August 2020), Rn. 7.594 ff. u. 7.605.

1080 WTO, *United States – Countervailing Measures on Softwood Lumber from Canada*, WT/DS533/R, Panel Report (24 August 2020), Rn. 7.606.

1081 Siehe dazu die ausdrückliche Zustimmung zur Rechtsprechungslinie des Appellate Body in WTO, *United States – Countervailing Measures on Softwood Lumber from Canada*, WT/DS533/R, Panel Report (24 August 2020), Rn. 7.603 f. In Fn. 1190 heißt es ausdrücklich: „We, like the Appellate Body, disagree with the panel in US–Export Restraints that entrustment and direction occur only when there is an explicit and affirmative delegation or command form the government to a private body."

1082 WTO, *United States – Countervailing Duty Investigation on Dynamic Random Access Memory Semiconductors (DRAMS) from Korea*, WT/DS296/AB/R, Appellate Body Report (27 June 2005), Rn. 110 f.

1083 Zur Schwierigkeit der Abgrenzung *Müller*, S. 108.

teilweise offen gelassen hat.[1084] Auch macht es in der Sache keinen Unterschied, welche Zurechnungsform angenommen wird.

Jedoch scheint eine Betrauung mit der Einräumung eines gewissen Spielraums zusammenzuhängen und impliziert eine gewisse Art der Kommunikation zwischen dem Staat und der privaten Einrichtung, während es bei einer Anweisung demgegenüber auf eine reine Machtausübung ankommt. Exportabgaben, wie auch andere Formen der Exportbeschränkung, sind durch ihren Zwangscharakter geprägt, entweder in Form einer Zahlung von Exportzöllen oder einer Belastung durch eine diskriminierende Besteuerung. Zwar kann das betroffene Unternehmen theoretisch auf einen Verkauf im Inland verzichten, sodass von einem gewissen Spielraum gesprochen werden könnte, jedoch besteht zugleich eine wirtschaftliche Zwangslage durch die Notwendigkeit einer Umsatzgenerierung. Diesbezüglich kommt es u.a. auf die konkrete Höhe der Exportabgabe und auf etwaige Begleitmaßnahmen an. Die direkte Einbeziehung der privaten Einrichtung erfolgt allerdings zunächst schlicht durch den Erlass entsprechender Regeln. An einer weitergehenden Kommunikation zwischen der Regierung und den Unternehmen wird es wohl regelmäßig fehlen. Insgesamt liegt der Fall einer Anweisung deshalb jedenfalls näher, wenngleich – je nach Begleitmaßnahme – auch eine Betrauung angenommen werden kann.

Unabhängig von der konkreten Einordnung ist abschließend jedenfalls festzuhalten, dass Exportabgaben nach der hier vertretenen Ansicht dann erfasst werden, wenn im Wege einer Gesamtbetrachtung nachgewiesen werden kann, dass sie in eine staatliche Industriepolitik eingebunden sind und die Regierung den damit verbundenen Preiseffekt gezielt herbeiführen will. Die Entscheidungspraxis der Europäischen Kommission erweist sich vor diesem Hintergrund insgesamt als WTO-rechtskonform.

bb) Private Einrichtung

Eine Betrauung oder Anweisung muss sich gem. Art. 3 Abs. 1 lit. a) iv) zweiter Spstr. AS-GVO bzw. Art. 1.1 lit. a) 1. iv) Alt. 2 ASÜ an eine private Einrichtung richten. Kanada hatte in dem Fall *US – Export Restraints* argumentiert, dass es dabei einer gewissen Individualisierung durch die

---

1084 Siehe bereits Fn. 1032.

Regierung bedürfe.[1085] Die Folge wäre, dass bei einem Erlass von Export-abgaberegelungen die jeweiligen Adressaten benannt oder jedenfalls näher konkretisiert werden müssten. Das Panel lehnte eine derartige Einschränkung jedoch mit dem Hinweis darauf ab, dass der Begriff vor dem Hintergrund einer bezweckten Verhinderung von Umgehungen weit ausgelegt werden müsse. Er diene lediglich als Kontrapunkt zu den Begriffen der Regierung oder der öffentlichen Körperschaft.[1086]

Dem ist zuzustimmen. Die Norm enthält keinen Hinweis darauf, dass der Begriff der privaten Einrichtung in irgendeiner Form einschränkend verstanden werden sollte. Der Zweck der Bestimmung deutet auch an dieser Stelle auf ein eher weites Verständnis hin. Die Einbindung einer privaten Einrichtung ist von einer direkten Subventionsvergabe durch eine öffentliche Körperschaft i.S.v. Art. 1.1 lit. a) 1. ASÜ bzw. Art. 3 Abs. 1 lit. a) i.V.m. Art. 2 lit. b) AS-GVO zu unterscheiden. Letztere ist dadurch gekennzeichnet, dass sie hoheitliche Gewalt besitzt, ausübt oder dazu befugt ist.[1087]

Entlang dieser Abgrenzung legt auch die Europäische Kommission den Begriff der privaten Einrichtung aus: Einerseits wird dieser auf Unternehmen unabhängig davon angewendet, ob sie im öffentlichen oder privaten Eigentum stehen.[1088] Andererseits hat sie in *Einfuhren kaltgewalzter Flacherzeugnisse aus nicht rostendem Stahl mit Ursprung in Indien und Indonesien* klar zwischen betrauten bzw. angewiesenen privaten Unternehmen und einem Rohstoffverkauf durch hoheitlich kontrollierte Unternehmen getrennt.[1089] Für die Annahme einer hoheitlichen Kontrolle kam es der Europäischen Kommission nicht darauf an, ob zwischen dem Staat und einer gewissen Form der Subventionsvergabe ein Zusammenhang besteht. Stattdessen war die Prüfung auf die Frage hin ausgerichtet, ob ein Unternehmen

---

1085 WTO, *United States – Measures Treating Export Restraints as Subsidies*, WT/DS194/R, Panel Report (29 June 2001), Rn. 8.46.

1086 WTO, *United States – Measures Treating Export Restraints as Subsidies*, WT/DS194/R, Panel Report (29 June 2001), Rn. 8.48 f. Dazu auch *Müller*, S. 122; *Benitah*, S. 350 f.

1087 WTO, *United States – Anti-Dumping and Countervailing Duties on Certain Products from China*, WT/DS379/AB/R, Appellate Body Report (11 March 2011), Rn. 318; *United States – Countervailing Measures on Certain Hot-Rolled Carbon Steel Flat Products from India*, WT/DS436/AB/R, Appellate Body Report (8 December 2014), Rn. 4.9 f. u. 4.17 ff.; *United States – Countervailing Duty Measures on Certain Products from China*, WT/DS437/AB/R, Appellate Body Report (18 December 2014), Rn. 4.92. Zu dieser Rechtsprechung *Müller*, S. 66 ff.

1088 Durchführungsverordnung (EU) 2016/387, Rn. 180.

1089 Durchführungsverordnung (EU) 2022/433, Rn. 223 ff. u. 371 ff.

selbst ein subventionsrelevantes Verhalten aufweist, was seine wichtigsten Merkmale sind und wie seine Beziehung zur Regierung gestaltet ist, ob also ein gewisser Grad der Gemeinsamkeit oder Überschneidung ihrer wesentlichen Eigenschaften besteht.[1090] Bei dieser Art der Gesamtbetrachtung anhand verschiedenster Indizien[1091] können auch Exportbeschränkungen für die Annahme einer durch den Staat ausgeübten unmittelbaren Kontrolle berücksichtigt werden.[1092]

Insgesamt lässt sich damit festhalten, dass der Begriff der privaten Einrichtung grds. weit zu verstehen ist und keine nähere Konkretisierung des oder der Adressaten verlangt. Er baut auf einem Betrauungs- oder Anweisungsverhältnis auf und fungiert dadurch als Abgrenzungsmerkmal gegenüber einer direkten Subventionierung durch öffentliche Körperschaften. Die Existenz von Exportabgaben kann dabei grds. in beide Richtungen weisen, jedoch wird für die Annahme einer öffentlichen Körperschaft letztlich eine (noch) engere Kontrollbeziehung verlangt. In jedem Fall lassen sich bei Exportabgaben die Adressaten verhältnismäßig leicht identifizieren, da die Maßnahme naturgemäß auf ein bestimmtes Gut und damit auf einen konkreten Herstellerkreis abzielt.

cc) Finanzielle Beihilfe i.S.v. Ziff. i) bis iii)

Aus dem Wortlaut in Ziff. iv) ergibt sich ausdrücklich, dass die (staatlich veranlasste) private Subventionstätigkeit den in Ziff. i) bis iii) geregelten Fallgruppen entsprechen muss. Wie bereits mehrfach betont, dient dieser Gleichlauf zwischen staatlichen und privat ausgeführten Subventionen einer Beschränkung des Anwendungsbereichs und ist damit als Ausdruck der allgemeinen Begrenzungsfunktion des Art. 1.1 ASÜ anzusehen.[1093]

Über diese Spiegelbildlichkeit herrscht in der WTO-Rechtsprechung Einigkeit.[1094] Das Panel in *US – Export Restraints* hat in diesem Zusammenhang erklärt, der Unterschied zwischen den in Ziff. i) bis iii) gegenüber

---

1090 Durchführungsverordnung (EU) 2022/433, Rn. 229.

1091 Dazu Durchführungsverordnung (EU) 2022/433, Rn. 225 ff.

1092 Siehe Durchführungsverordnung (EU) 2022/433, Rn. 395.

1093 Dazu bereits Kapitel 4, Abschnitt C. III. 1. a) aa) (4).

1094 WTO, *United States – Measures Treating Export Restraints as Subsidies*, WT/DS194/R, Panel Report (29 June 2001), Rn. 8.50 ff.; *United States – Countervailing Duty Investigation on Dynamic Random Access Memory Semiconductors (DRAMS) from Korea*, WT/DS296/AB/R, Appellate Body Report (27 June 2005), Rn. 112.

den in Ziff. iv) geregelten Subventionsfällen hänge mit der Person des Handelnden und nicht mit der Handlung selbst zusammen.[1095] Gleichzeitig hat es darauf hingewiesen, dass Exportbeschränkungen durchaus dazu führen könnten, dass Private i.S.v. Ziff. iii) Waren, die nicht zur allgemeinen Infrastruktur gehören, zur Verfügung stellen.[1096]

Der Begriff der Zurverfügungstellung von Waren gem. Art. 1.1 lit. a) 1. iii) ASÜ wird in der WTO-Rechtsprechung grds. weit ausgelegt und kann bspw. auch reine Zugangsmöglichkeiten in Form einer Einräumung von Holzeinschlags- oder Bergbaurechten umfassen.[1097] Auf eine Gegenleistung kommt es dabei nicht an.[1098] In *US – Softwood Lumber IV* hat der Appellate Body erklärt, dass solche Transaktionen das Potenzial haben, die Kosten für die Herstellung eines Produkts künstlich zu senken, indem einem Unternehmen Vorleistungen zur Verfügung gestellt werden, die einen finanziellen Wert haben.[1099]

Der Einsatz von Exportabgaben führt dazu, dass die betreffende Ware (etwa ein Rohstoff) aufgrund höherer Kosten weniger exportiert wird. In Folge wird diese Ware wegen der damit einhergehenden Preisentwicklung zu niedrigeren Preisen im Inland verkauft. Auf diesen Verkauf kommt es im Rahmen von Art. 3 Abs. 1 lit. a) iv) zweiter Spstr. AS-GVO bzw. Art. 1.1 lit. a) 1. iv) Alt. 2 ASÜ an.[1100] Es handelt sich hierbei um eine gewöhnliche Form der Transaktion, durch die dem Käufer i.S.v. Art. 3

1095 WTO, *United States – Measures Treating Export Restraints as Subsidies*, WT/DS194/R, Panel Report (29 June 2001), Rn. 8.53. Dies wird bestätigt in *United States – Countervailing Duty Investigation on Dynamic Random Access Memory Semiconductors (DRAMS) from Korea*, WT/DS296/AB/R, Appellate Body Report (27 June 2005), Rn. 112. Dazu auch *Müller*, S. 123.

1096 WTO, *United States – Measures Treating Export Restraints as Subsidies*, WT/DS194/R, Panel Report (29 June 2001), Rn. 8.50.

1097 *Müller*, S. 98 ff.

1098 *Müller*, S. 97.

1099 WTO, *United States – Final Countervailing Duty Determination with Respect to Certain Softwood Lumber from Canada*, WT/DS257/AB/R, Appellate Body Report (19 January 2004), Rn. 53.

1100 Unklar bleibt vor diesem Hintergrund die Argumentation der U.S.A. in dem Fall *US – Export Restraints*, die in der Formulierung „type of functions" einen Hinweis auf eine große Bandbreite von anfechtbaren staatlichen Maßnahmen sehen. Es scheint, dass die U.S.A. darauf abstellen, dass auch private Unternehmen den Export beschränken können. Allerdings verbindet sich der Vorteil für die heimische Industrie demgegenüber mit dem Verkauf unter gewöhnlichen Marktpreisen. Auch das Panel kann die Argumentation nicht so richtig nachvollziehen. Siehe dazu WTO, *United States – Measures Treating Export Restraints as Subsidies*, WT/DS194/R, Panel Report (29 June 2001), Rn. 8.50 ff.

Abs. 1 lit. a) iii) AS-GVO bzw. Art. 1.1 lit. a) 1. iii) ASÜ Waren zur Verfügung gestellt werden und zugleich eine künstliche Herabsenkung der Herstellungskosten erreicht wird. Exportabgaben führen damit letztlich zu einer Zurverfügungstellung i.S.v. Ziff. iii).

Die Europäische Kommission hat in ihren bisherigen Entscheidungen allerdings an dieser Stelle zumeist eine umfassende Preisanalyse vorgenommen, bei der sie den inländischen Durchschnittspreis – ggf. für unterschiedliche Produktkategorien – ermittelt und mit internationalen Referenzpreisen, wie dem Einfuhrpreis des größten Importeurs oder dem Ausfuhrpreis des größten Exporteurs, verglichen hat, um festzustellen, ob die privaten Unternehmen die Waren „zu einem geringeren als dem angemessenen Entgelt" zur Verfügung gestellt haben.[1101]

Diese Voraussetzung findet sich weder innerhalb des Wortlauts von Art. 1.1 lit. a) 1. iii) ASÜ noch von Art. 3 Abs. 1 lit. a) iii) AS-GVO. In der Rechtssache *Jindal Saw und Jindal Saw Italia/Kommission* wurde sie durch das EuG als eine zweistufige Analyse beschrieben, bei der zunächst der Einfluss der Ausfuhrbeschränkung auf das Ausfuhrvolumen und anschließend die Auswirkungen des daraus folgenden Überangebots auf den Inlandspreis untersucht werde.[1102] Sie sei von der im Anschluss daran vorzunehmenden Vorteilsberechnung streng zu trennen.[1103] In dem Fall *Einfuhren von Biodiesel mit Ursprung in Indonesien* hat die Europäische Kommission ausdrücklich erklärt, dass diese „detaillierte Analyse der Marktentwicklungen" dem Nachweis diene, dass die privaten Einrichtungen das mit dem Einsatz von Exportbeschränkungen bezweckte Verhalten „tatsächlich umsetzten".[1104]

Damit werden innerhalb der EU-Fallpraxis durch die Voraussetzung einer finanziellen Beihilfe i.S.v. Ziff. i) bis iii) zwei Voraussetzungen miteinander verknüpft: Zunächst muss die auf Unternehmensseite gezeigte Verhaltensweise einer Handlung i.S.v. Ziff. i) bis iii) entsprechen. Darüber hinaus muss dieses Verhalten auch gleichzeitig als Vollzug des mit der Regulierungsmaßnahme verbundenen Zwecks anzusehen sein. Dies ist bei

---

1101 Vgl. Durchführungsverordnung (EU) 2016/387, Rn. 181 ff.; Durchführungsverordnung (EU) 2019/244, Rn. 136 ff.; Durchführungsverordnung (EU) 2019/1344, Rn. 161 ff. Nicht ganz eindeutig demgegenüber in Durchführungsverordnung (EU) 2022/433, Rn. 256 ff. u. 452 ff.

1102 EuG, Urteil v. 10. April 2019, Rs. T-300/16, *Jindal Saw und Jindal Saw Italia/Kommission*, ECLI:EU:T:2019:235, Rn. 147 ff.

1103 EuG, Urteil v. 10. April 2019, Rs. T-300/16, *Jindal Saw und Jindal Saw Italia/Kommission*, ECLI:EU:T:2019:235, Rn. 150.

1104 Durchführungsverordnung (EU) 2019/1344, Rn. 161.

Exportabgaben nur dann anzunehmen, wenn der von Seiten der Regierung angestrebte Preiseffekt auch tatsächlich eintritt. Es geht schließlich der Regierung nicht darum, dass die verarbeitende Industrie überhaupt mit Rohstoffen versorgt wird, sondern dass der Bezugspreis sinkt.

Ob ein derartiger Vollzug eine notwendige Voraussetzung für den Fall einer Betrauung oder Anweisung i.S.v. Ziff. iv) bildet oder eine Zurverfügungstellung mit Gütern an dieser Stelle für die Annahme einer finanziellen Beihilfe ausreichend ist, kann letztlich offenbleiben. Im zweiten Fall bliebe jedenfalls immer noch die Pflicht nachzuweisen, dass den Empfängern hierdurch gem. Art. 3 Abs. 2 AS-GVO bzw. Art. 1.1 lit. b) ASÜ auch ein relevanter Vorteil entstanden ist.[1105] Insgesamt führt daher dieser Ansatz der Europäischen Kommission nicht zu einem strengeren Prüfungsmaßstab.

dd) Regierungsaufgabe und -handlung

Zusätzlich zu der ausdrücklichen Begrenzung einer privaten Subventionstätigkeit auf die in Ziff. i) bis iii) geregelten Fälle wird in Art. 3 Abs. 1 lit. a) iv) zweiter Spstr. AS-GVO bzw. Art. 1.1 lit. a) 1. iv) Alt. 2 ASÜ erklärt, dass es sich dabei um Aufgaben handeln muss, die normalerweise der Regierung obliegen („which would normally be vested in the government"). Darüber hinaus darf sich diese Tätigkeit in keiner Weise von den Praktiken unterscheiden, die normalerweise von den Regierungen ausgeübt werden („and the practice, in no real sense, differs from practices normally followed by governments").

Ungeklärt ist bislang, inwieweit sich durch diese Formulierungen eine weitergehende Beschränkung oder auch Erweiterung der von Ziff. iv) erfassten Konstellationen ergeben könnte. In *US – Export Restraint* hatte Kanada argumentiert, dass darin eine weitergehende Begrenzung der erfassten Subventionshandlungen auf Aufgaben zu sehen sei, die gewöhnlich von Regierungen übernommen werden („habitual practice").[1106] Die von Ziff. iv) erfassten Fälle seien damit insgesamt geringer als diejenigen, die durch Ziff. i) bis iii) geregelt werden. Die U.S.A. sahen in der Formulierung demgegenüber eher einen Beleg für einen erweiterten Anwendungs-

---

1105 Zur Berechnung des Vorteils bei Exportabgaben siehe nachfolgend Kapitel 4, Abschnitt C. III. 2.

1106 WTO, *United States – Measures Treating Export Restraints as Subsidies*, WT/DS194/R, Panel Report (29 June 2001), Rn. 8.56.

bereich.[1107] Das Panel legte sich selbst zwar in dieser Sache nicht fest, jedoch zeigte es sich in Bezug auf beide Auslegungsvarianten für den Fall von Exportbeschränkungen wenig überzeugt.[1108]

In dem Fall *Korea – Commercial Vessels* neigte das Panel eher einer begrenzenden Funktion der beiden Formulierungen zu.[1109] Diese Einschätzung entnahm es einer Gleichsetzung mit den klassischen Regierungsfunktionen einer Besteuerung oder Ausgabentätigkeit in einem Bericht der Sachverständigengruppe für die Berechnung der Höhe einer Subvention im Rahmen der Tokio-Runde, der wiederum auf einen GATT-Panelbericht von 1960 verweist.[1110] In der wissenschaftlichen Literatur hat sich etwa *Rubini* dieser Einschätzung angeschlossen.[1111]

Die Europäische Kommission übersetzt demgegenüber die erste der beiden Formulierungen mit der Frage, ob die verfahrensgegenständliche Maßnahme der privaten Einrichtung grds. als Aufgabe von Seiten der Regierung wahrgenommen wird bzw. werden kann.[1112] Mit der zweiten Formulierung verbindet sie die „positive Feststellung, dass die [Maßnahme der betrauten oder angewiesenen Einrichtung] in keiner Weise von der Annahme abweicht, dass die Regierung [diese selbst vorgenommen] hätte"[1113]. Eine staatliche Aufgabenwahrnehmung wird dabei für den Rohstoffbereich grds. mit – auch völkerrechtlich anerkannten[1114] – Souveränitätsrechten begründet. Dadurch verfüge ein Staat über große Spielräume bei der Gestaltung und Nutzung seiner natürlichen Ressourcen, sodass es nicht darauf ankomme, ob Regierungen eine Funktion gewöhnlich

---

1107 WTO, *United States – Measures Treating Export Restraints as Subsidies*, WT/DS194/R, Panel Report (29 June 2001), Rn. 8.57.

1108 WTO, *United States – Measures Treating Export Restraints as Subsidies*, WT/DS194/R, Panel Report (29 June 2001), Rn. 8.58 f.

1109 WTO, *Korea – Measures Affecting Trade in Commercial Vessels*, WT/DS273/R, Panel Report (7 March 2005), Rn. 7.30.

1110 ibid. Siehe dazu auch den Auszug in *United States – Measures Treating Export Restraints as Subsidies*, WT/DS194/R, Panel Report (29 June 2001), Rn. 8.71.

1111 *Rubini*, Definition of Subsidy and State Aid, S. 118 ff.

1112 Durchführungsverordnung (EU) 2016/387, Rn. 221 ff.; Durchführungsverordnung (EU) 2019/244, Rn. 164 ff.; Durchführungsverordnung (EU) 2019/1344, Rn. 170 f.

1113 Durchführungsverordnung (EU) 2016/387, Rn. 222; Durchführungsverordnung (EU) 2019/244, Rn. 166; Durchführungsverordnung (EU) 2019/1344, Rn. 171.

1114 Siehe dazu Fn. 22 u. 23.

ausüben oder nicht.[1115] Eine Zurverfügungstellung von Rohstoffen wird demnach als Regierungsaufgabe begriffen, die ein Staat in gleicher Weise auch selbst wahrgenommen hätte, wenn diese nicht durch Einbindung privater Unternehmen vollzogen worden wäre.[1116]

Der EU-Ansatz wirft die Frage auf, ob sich diese Konkretisierungen nicht bereits aus der expliziten Anknüpfung an die in Ziff. i) bis iii) geregelten Subventionsfälle ergeben. Zugleich spricht diese ausdrückliche Bezugnahme in Ziff. iv) auch gegen eine weitere Einschränkung der erfassten Handlungsweisen. *Rubini* weist zwar darauf hin, dass eine effektive Interpretation der Formulierungen verlange, dass mit dem Zusatz eine zusätzliche Bedeutung verbunden wird.[1117] Allerdings setzt auch er diese letztlich – wie das Panel in *Korea – Commercial Vessels* – allgemein mit einer Beschränkung auf klassische Regierungsfunktionen gleich.[1118] Welche dies sind und wie diese von den in Ziff. i) bis iii) geregelten Fällen abgegrenzt werden sollen, wird dabei nicht deutlich. Außerdem hat der Appellate Body bereits früh für das ASÜ klargestellt, dass eine Subventionsvergabe nicht von einer Belastung des staatlichen Haushalts abhängt.[1119] Historischen Begrenzungen des Subventionsbegriffs – wie etwa durch den Bericht der Sachverständigengruppe bzw. die zugrundeliegende GATT-Panel-Entscheidung – ist dadurch inzwischen eine Absage erteilt worden.

Eine weitergehende Begrenzungsfunktion erscheint dadurch im Ergebnis nicht überzeugend. Sie widerstrebt auch dem Sinn und Zweck der von Ziff. iv) erfassten Handlungsweisen, nämlich eine Umgehung der Subventionstatbestände in Ziff. i) bis iii) zu verhindern. Die Spiegelbildlichkeit einer staatlichen und einer privaten Subventionstätigkeit dient diesem Zweck. Ebenso unwahrscheinlich ist es daher auch, dass hierdurch eine Erweiterung erreicht werden sollte. Dies würde zu einer nicht intendierten Asymmetrie führen und auch der ausdrücklichen Nennung der Ziff. i) bis iii) widersprechen. Vor diesem Hintergrund handelt es sich bei den beiden

---

1115 Durchführungsverordnung (EU) 2016/387, Rn. 221; Durchführungsverordnung (EU) 2019/244, Rn. 164 f.; Durchführungsverordnung (EU) 2019/1344, Rn. 170.

1116 Durchführungsverordnung (EU) 2016/387, Rn. 224; Durchführungsverordnung (EU) 2019/244, Rn. 166; Durchführungsverordnung (EU) 2019/1344, Rn. 171.

1117 *Rubini*, Definition of Subsidy and State Aid, S. 116.

1118 *Rubini*, Definition of Subsidy and State Aid, S. 118 ff.

1119 WTO, *Canada – Measures Affecting the Export of Civilian Aircraft*, WT/DS70/AB/R, Appellate Body Report (2 August 1999), Rn. 154 ff.

Formulierungen wohl eher um Klarstellungen, denen keine weiteren Einschränkungen oder Erweiterungen zu entnehmen sind.[1120]

ee) Zwischenfazit

Insgesamt zeigt sich damit, dass Exportabgaben jedenfalls dann als Fall einer Betrauung oder Anweisung gem. Art. 3 Abs. 1 lit. a) iv) zweiter Spstr. AS-GVO bzw. Art. 1.1 lit. a) 1. iv) Alt. 2 ASÜ eingeordnet werden können, wenn sie in eine politische Strategie eingebunden sind und im Wege einer Gesamtbetrachtung deutlich wird, dass der dadurch ausgelöste Preiseffekt von der handelnden Regierung auch gezielt herbeigeführt wurde.

Dann nämlich liegt der Zweck von Exportabgaben letztlich in einer Umgehung der in Ziff. iii) geregelten Verpflichtung, gegen die sich der Subventionstatbestand in Ziff. iv) richtet. Auf eine formalistische Betrachtung des zugrundeliegenden Regierungshandelns kann es angesichts der dadurch eröffneten Umgehungsmöglichkeiten nicht ankommen. Stattdessen ist ein nachweisbarer Zusammenhang zwischen dem staatlichen und dem privaten Verhalten ausreichend, zugleich aber auch erforderlich.

Damit kann zwischen dem legitimen Einsatz von Exportabgaben zu rein fiskalischen oder ökologischen Zwecken und einem industriepolitischen Einsatz entgegen dem Sinn und Zweck des ASÜ bzw. der AS-GVO unterschieden werden. Ermittlungsbehörden und Regierungen, die gegen eine Preisdiskriminierung durch Exportabgaben vorgehen wollen, müssen im Einzelfall eine verobjektivierte Zweckbindung konkret nachweisen. Die Europäische Kommission hat dies in ihren bisherigen Subventionsfällen getan.

Fälle einer Betrauung oder Anweisung betreffen private Einrichtungen. Sie stehen dadurch neben einer direkten Subventionstätigkeit der Regierungen oder der hoheitlich kontrollierten öffentlichen Körperschaften. Exportabgaben können in diesem Kontext einerseits einer industriepolitischen Einbindung privater Unternehmen dienen, andererseits aber auch Anzeichen einer weitergehenden hoheitlichen Kontrolle sein. Auch an dieser Stelle kommt es damit auf eine Gesamtbetrachtung an.

In jedem Fall wird durch die ausdrückliche Bezugnahme auf die in Ziff. i) bis iii) geregelten Fälle eine Parallelität zwischen einer staatlichen oder einer staatlich veranlassten, privaten Subventionstätigkeit i.S.v.

1120 So im Ergebnis auch *Adamantopoulos*, in: Wolfrum/Stoll/Koebele (eds.), WTO – Trade Remedies, Art. 1 ASCM, Rn. 82 f.

Ziff. iv) hergestellt. Dadurch wird vorrangig der Begrenzungsfunktion des welthandelsrechtlichen Subventionstatbestands Rechnung getragen. Eine weitergehende Beschränkung, aber auch eine Erweiterung, erscheinen angesichts des Wortlauts, insbesondere aber auch von Sinn und Zweck der Norm, nicht überzeugend.

In Summe bringt der Tatbestand damit die beiden Interessengegensätze innerhalb des ASÜ bzw. der AS-GVO in Einklang. Exportabgaben fügen sich in dieses Gleichgewicht dadurch ein, dass allein ihr industriepolitischer Einsatz hiernach als eine Subventionsmaßnahme erfasst werden kann.

b) Exportabgaben als Fall einer Einkommens- oder Preisstützung

Gemäß Art. 3 Abs. 1 lit. b) AS-GVO bzw. Art. 1.1 lit. a) 2. ASÜ ist ein staatliches Handeln auch dann als eine Subvention anzusehen, wenn es eine Form der Einkommens- oder Preisstützung im Sinne von Art. XVI GATT darstellt. In Art. XVI GATT wird zusätzlich verlangt, dass hierdurch mittelbar oder unmittelbar eine Exportsteigerung oder eine Verringerung des Imports einer Ware bewirkt wird. Diese Fallgruppe hat bislang in der Rechtsprechungs- und Verwaltungspraxis sowie in der wissenschaftlichen Auseinandersetzung eine vergleichsweise geringe Rolle gespielt.[1121] Der Appellate Body hat zwar deutlich gemacht, dass durch sie die in Art. 1.1 lit. a) 1. ASÜ aufgeführten Subventionsfälle erweitert werden.[1122] Bislang ist jedoch noch ungeklärt, welche konkreten Maßnahmen unter die sehr allgemeinen Begriffe der Einkommens- und Preisstützung zu fassen sind. Im Folgenden sollen daher in einem ersten Schritt die verschiedenen Auslegungsansätze innerhalb der bisherigen WTO- und EU-Subventionspraxis herausgearbeitet werden (dazu aa)). Anschließend soll auf dieser Grundlage untersucht werden, inwieweit Exportabgaben auch unter diese Fallgruppe einer Einkommens- und Preisstützung zu fassen sind (dazu bb)).

1121 Siehe dazu den Hinweis bei *Luengo*, S. 119. An diesem Befund hat sich seither wenig geändert, was wohl vor allem mit der geringen Bedeutung innerhalb der WTO-Rechtsprechung zusammenhängt.

1122 WTO, *United States – Countervailing Duty Determinations with Respect to Certain Softwood Lumber from Canada*, WT/DS257/AB/R, Appellate Body Report (17 February 2004), Rn. 52.

aa) Auslegung innerhalb der bisherigen WTO- und EU-Subventionspraxis

Soweit ersichtlich hat sich bislang lediglich ein WTO-Panel in dem Fall *China – GOES* mit der Auslegung von Art. 1.1 lit. a) 2. ASÜ inhaltlich auseinandergesetzt.[1123] In diesem Fall hatte China eine freiwillige Selbstbeschränkungsvereinbarung – durch die Importe von Stahl in die U.S.A. verhindert wurden – als eine Preisstützung zugunsten der amerikanischen Stahlindustrie gewertet.[1124] Das Panel ist dieser Einschätzung nicht gefolgt.[1125]

Nach Ansicht des Panels besteht zwar grds. die Möglichkeit eine Einkommens- oder Preisstützung anhand des Wortlauts weit auszulegen und damit jede staatliche Maßnahme zu erfassen, die zu einer Preissteigerung innerhalb eines Marktes führt.[1126] Allerdings lasse sich bereits anhand verschiedener Wörterbucherklärungen zu dem Begriff der Preisstützung feststellen, dass der Staat dabei zumindest einen bestimmten Preis festsetzen oder anstreben müsse und daher nicht jede Maßnahme, die einen unabsichtlichen und zufälligen Effekt nach sich zieht, von dem Begriff erfasst werde.[1127] Auch die übrigen Subventionstatbestände des Art. 1.1

1123 WTO, *China – Countervailing and Anti-Dumping Duties on Grain Oriented Flat-rolled Electrical Steel from the United States*, WT/DS414/R, Panel Report (15 June 2012), Rn. 7.81 ff. In WTO, *United States – Final Countervailing Duty Determination with Respect to Certain Softwood Lumber from Canada*, WT/DS257/AB/R, Appellate Body Report (19 January 2004), Rn. 52 wies der Appellate Body lediglich darauf hin, dass durch Art. 1.1 lit. a) 2. ASÜ die Bandbreite von Subventionen, die durch das ASÜ erfasst sind, erweitert würde. Ausdrücklich abgelehnt wurde eine Befassung bspw. in *Canada – Certain Measures Affecting the Renewable Energy Generation Sector/Canada – Measures Relating to the Feed-In Tariff Program*, WT/DS412/R, WT/DS426/R, Panel Report (19 December 2012), Rn. 7.249 u. WT/DS412/AB/R, WT/DS426/AB/R, Appellate Body Report (6 May 2013), Rn. 5.133 ff.

1124 WTO, *China – Countervailing and Anti-Dumping Duties on Grain Oriented Flat-rolled Electrical Steel from the United States*, WT/DS414/R, Panel Report (15 June 2012), Rn. 7.81.

1125 WTO, *China – Countervailing and Anti-Dumping Duties on Grain Oriented Flat-rolled Electrical Steel from the United States*, WT/DS414/R, Panel Report (15 June 2012), Rn. 7.88.

1126 WTO, *China – Countervailing and Anti-Dumping Duties on Grain Oriented Flat-rolled Electrical Steel from the United States*, WT/DS414/R, Panel Report (15 June 2012), Rn. 7.84.

1127 ibid. Dort heißt es: „According to Blacks Oxford Dictionary of Economics, price support includes ‚government policies to keep the producer prices...above some minimum level'. This does not necessarily contradict a broad reading of Article 1.1(a)(2), although it does suggest that the govern-

lit. a) ASÜ seien als Hinweis auf eine eher enge Auslegung zu verstehen, durch die eine rein effektbezogene Auslegung ausgeschlossen werde.[1128] Dem stehe auch nicht entgegen, dass Art. 1.1 lit. a) 2. ASÜ diese Fallgruppen erweitere. Denn es sei nicht davon auszugehen, dass der Zweck von Art. 1.1 lit. a) 2. ASÜ darin liege, alle Arten von staatlichen Maßnahmen zu erfassen, die ansonsten keine finanzielle Beihilfe darstellen, aber eine indirekte Auswirkung auf einen Markt haben können (einschließlich auf die Preise).[1129]

Unter Zugrundelegung der Entscheidungen des Panels in *US – Export Restraints* und des Appellate Body in *US – Countervailing Duty Investigation on DRAMs*[1130] könne unter den Begriff der Preisstützung nicht jeder staatliche Markteingriff gefasst werden, der (irgendeinen) Preiseffekt zur Folge haben kann (wie bspw. bei einem Zoll oder einer mengenmäßigen Beschränkung).[1131] Der Begriff der Preisstützung erfasse in diesem Zusammenhang nur direkte staatliche Eingriffe in den Markt mit dem Ziel, den Preis einer Ware auf einem bestimmten Niveau festzulegen, z. B. durch den Aufkauf von Produktionsüberschüssen, wenn der Preis oberhalb des Gleichgewichtswerts liegt.[1132] Dies decke sich auch mit einer Marktpreisstützung („market price support") i.S.d. LandÜ.[1133]

---

ment sets or targets a given price, and consequently does not capture every government measure that has an incidental and random effect on price."

1128 WTO, *China – Countervailing and Anti-Dumping Duties on Grain Oriented Flat-rolled Electrical Steel from the United States*, WT/DS414/R, Panel Report (15 June 2012), Rn. 7.85.

1129 ibid.

1130 Zu dieser Rechtsprechung siehe bereits Kapitel 4, Abschnitt C. III. 1. a) aa) u. bb).

1131 WTO, *China – Countervailing and Anti-Dumping Duties on Grain Oriented Flat-rolled Electrical Steel from the United States*, WT/DS414/R, Panel Report (15 June 2012), Rn. 7.85. Dort heißt es: „Reading the term ‚price support' in this context, it is our view that it does not include all government intervention that may have an effect on prices, such as tariffs and quantitative restrictions."

1132 ibid. Dort heißt es: „Consequently, the concept of ‚price support' has a more narrow meaning than suggested by the applicants, and includes direct government intervention in the market with the design to fix the price of a good at a particular level, for example, through purchase of surplus production when price is set above equilibrium."

1133 WTO, *China – Countervailing and Anti-Dumping Duties on Grain Oriented Flat-rolled Electrical Steel from the United States*, WT/DS414/R, Panel Report (15 June 2012), Rn. 7.87. Diese wird auf Grundlage von Anhang 3 als eine Differenz zwischen einem festen externen Referenzpreis und dem angewendeten amtlich geregelten Preis berechnet. In Anhang 3 zum LandÜ heißt es im Originaltext: „Market price support: market price support shall be calculated

In der wissenschaftlichen Literatur zu Art. 1.1 lit. a) 2. ASÜ wird dieser Ansatz des Panels vielfach geteilt.[1134] Es wird zwar angenommen, dass sich aus dem Wortlaut keine nennenswerte Begrenzung des Anwendungsbereichs ergibt, sodass Art. 1.1 lit. a) 2. ASÜ grds. als ein weit gefasster Auffangtatbestand verstanden werden könnte.[1135] Allerdings sei dann das Vorliegen einer Subvention (allein) von den Auswirkungen einer Maßnahme abhängig, was nicht dem Sinn und Zweck des ASÜ entspreche.[1136] Nach einer von *Luengo* vertretenen Ansicht ergibt sich hingegen aus dem Wortlaut des Art. 1.1 lit. a) 2. ASÜ, dass unter einer Einkommens- oder Preisstützung jede staatliche Maßnahme zu verstehen ist, die direkt oder indirekt einen Einfluss auf das Einkommen des Vorteilsempfängers hat und zu einer Steigerung von Exporten oder einer Verringerung von Importen führt.[1137] Man habe sich in den Verhandlungen für diese zusätzliche Fallgruppe entschieden, obwohl auch eine simplere Struktur des Art. 1.1 ASÜ möglich gewesen wäre.[1138] Für eine Begrenzung auf den Bereich der Landwirtschaft fehlt es nach der Ansicht von *Luengo* an einer entsprechenden Klarstellung im Text.[1139] Eine derartige Begrenzung auf Unterstützungsmaßnahmen des LandÜ wird hingegen bspw. von *Adamantopoulos* der Ähnlichkeit der verwendeten Begriffe entnommen.[1140] Andere Autoren versuchen eher allgemein den Begriffen der Einkommens- und Preisstützung zumindest eine gewissen Begrenzung zu entnehmen, bspw. auf eine Begünstigung, die eher den Produzenten zukommt.[1141]

Die Europäische Kommission geht in ihrer Antisubventionspraxis aufgrund der Formulierung „irgendeine Form" und der ausdrücklichen Be-

---

using the gap between a fixed external reference price and the applied administered price multiplied by the quantity of production eligible to receive the applied administered price. Budgetary payments made to maintain this gap, such as buying-in or storage costs, shall not be included in the AMS."

1134 *Coppens*, S. 58 f.; *Rubini*, Definition of Subsidy and State Aid, S. 123 f. In diese Richtung wohl auch *Mavroidis*, Vol. 2, S. 215.

1135 So ausdrücklich *Mavroidis*, Vol. 2, S. 215. Auch *Rubini*, Definition of Subsidy and State Aid, S. 123 f. u. *Coppens*, S. 57 f. sehen keine nennenswerte Begrenzung durch den Wortlaut.

1136 *Coppens*, S. 58. Wohl auch *Rubini*, Definition of Subsidy and State Aid, S. 123.

1137 *Luengo*, S. 120 ff.

1138 *Luengo*, S. 122.

1139 *Luengo*, S. 123.

1140 *Adamantopoulos*, in: Wolfrum/Stoll/Koebele (eds.), WTO – Trade Remedies, Art. 1 ASCM, Rn. 85.

1141 *Pogoretskyy*, in: Selivanova (ed.), S. 181, 202; *Espa*, Export Restrictions, S. 250; *dies.*, TL&D 2/2017, S. 115, 129.

zugnahme auf Art. XVI GATT grds. von einem weiten Anwendungsbereich der Fallgruppe aus.[1142] Insgesamt erfasse Art. 3 Abs. 1 lit. b) AS-GVO „von der Regierung ergriffene Maßnahmen jeder Form (…), mit denen mittelbar oder unmittelbar eine Einkommens- oder Preisstützung gewährt wird und die potenziell oder tatsächlich die Wirkung haben, die Ausfuhr einer Ware aus dem Gebiet eines WTO-Mitgliedstaats zu steigern oder die Einfuhr dieser Ware in sein Gebiet zu vermindern".[1143] Dieser Prüfungsmaßstab stimme mit der Rechtsprechung des Panels in *China – GOES* überein, da es dabei letztlich auf einen nachweisbaren Zusammenhang zwischen einem bestimmten Regierungshandeln und den konkreten Auswirkungen einer Einkommens- oder Preisstützung ankomme.[1144]

Im Einzelnen prüfte die Europäische Kommission in ihren bisherigen Fällen, ob eine Regierung die Schaffung und Entwicklung einer bestimmten Branche zu unterstützen beabsichtigte, welche Art von Maßnahmen sie dazu ergriffen hat, und ob diese Maßnahmen unter die Kategorie einer Einkommens- oder Preisstützung i.S.v. Art. XVI GATT gefasst werden konnten.[1145] Vergleichbar mit ihrem Vorgehen im Kontext von Art. 3 Abs. 1 lit. a) iv) zweiter Spstr. AS-GVO[1146] ermittelte sie dabei in einem ersten Schritt anhand verschiedener Informationsquellen eine Absicht der Regierung, die heimische Industrie zu fördern.[1147] In einem zweiten

---

1142 Durchführungsverordnung (EU) 2019/244, Rn. 172 f.; Durchführungsverordnung (EU) 2019/1344, Rn. 175 f. Siehe dazu auch *Van Bael/Bellis*, S. 633; *Crochet*, EJIL 2/2022, S. 381, 405 f.

1143 Durchführungsverordnung (EU) 2019/244, Rn. 176; Durchführungsverordnung (EU) 2019/1344, Rn. 180. „Potenzielle Auswirkungen" werden dabei in Fn. 69 bzw. Fn. 45 definiert als „Auswirkungen, die sich naturgemäß aus dem Gesamtaufbau, der Konzeption und der Struktur der Maßnahme ergeben, ohne dass ‚beobachtete' oder tatsächliche Auswirkungen auf den Markt erforderlich sind". Den Begriff der „Unterstützung" bzw. „Stützung" versteht die Europäische Kommission dabei als „das Handeln der Regierung, das zum Erfolg oder zur Werterhaltung der Preise oder des bezogenen Einkommens von jemandem beiträgt", wobei sie darauf hinweist, dass der Begriff häufig im Zusammenhang mit Stützungsprogrammen für die Landwirtschaft verwendet werde. Siehe dazu Durchführungsverordnung (EU) 2019/244, Rn. 174; Durchführungsverordnung (EU) 2019/1344, Rn. 177.

1144 Durchführungsverordnung (EU) 2019/244, Rn. 179; Durchführungsverordnung (EU) 2019/1344, Rn. 178 u. 185.

1145 Durchführungsverordnung (EU) 2019/244, Rn. 177; Durchführungsverordnung (EU) 2019/1344, Rn. 181.

1146 Siehe dazu bereits Kapitel 4, Abschnitt C. III. 1. cc).

1147 Durchführungsverordnung (EU) 2019/244, Rn. 186 ff.; Durchführungsverordnung (EU) 2019/1344, Rn. 182 ff.

Schritt entnahm sie diesen Informationsquellen Maßnahmen, mit denen die Regierung in den Markt eingreift, um ihr industriepolitisches Ziel zu erreichen.[1148] Vor diesem Hintergrund prüfte sie in einem dritten Schritt, ob in diesem staatlichen Vorgehen eine Einkommens- oder Preisstützung i.S.v. Art. XVI GATT gesehen werden kann.[1149] Dabei ordnete sie staatliche Maßnahmen, die zu einer Senkung der Produktionskosten führen, als eine Einkommensstützung und Maßnahmen, die zu einer Gewinnsteigerung führen, als eine Preisstützung ein.[1150] Darüber hinaus ermittelte sie in den Fällen eine Steigerung der Ausfuhr[1151] oder der Kapazitätsauslastung[1152], die sie auf die Unterstützung der jeweiligen Branche zurückführte.

Insgesamt zeigt sich dabei innerhalb der EU-Antisubventionspraxis ein gewisser Gleichlauf zwischen einer Betrauung oder Anweisung gem. Art. 3 Abs. 1 lit. a) iv) AS-GVO und einer Einkommens- und Preisstützung gem. Art. 3 Abs. 1 lit. b) AS-GVO. Dieser ist auch in der WTO-Rechtsprechung und der WTO-rechtlichen Literatur angelegt. Die Europäische Kommission bemüht sich in beiden Fällen nachzuweisen, dass es sich bei einem konkreten Marktergebnis nicht nur um einen Nebeneffekt einer staatlichen Regulierungsmaßnahme handelt, sondern um ihren Hauptzweck. Auch bei einer Einkommens- oder Preisstützung kommt es damit auf einen „nachweisbaren Zusammenhang" an.[1153] Es mag daher nicht überraschend sein, dass in den bisherigen EU-Fällen jeweils auch eine Betrauung oder Anweisung festgestellt wurde.[1154] Als zusätzliches Element bleibt damit für Art. 3 Abs. 1 lit. b) AS-GVO im Grunde lediglich der Nachweis einer Export- oder Importwirkung i.S.v. Art. XVI GATT.

1148 Durchführungsverordnung (EU) 2019/244, Rn. 202; Durchführungsverordnung (EU) 2019/1344, Rn. 188 ff.

1149 Durchführungsverordnung (EU) 2019/244, Rn. 203 ff.; Durchführungsverordnung (EU) 2019/1344, Rn. 191 ff.

1150 Durchführungsverordnung (EU) 2019/244, Rn. 203 ff.; Durchführungsverordnung (EU) 2019/1344, Rn. 191.

1151 Durchführungsverordnung (EU) 2019/244, Rn. 208 ff.

1152 Durchführungsverordnung (EU) 2019/1344, Rn. 192 ff.

1153 Durchführungsverordnung (EU) 2019/1344, Rn. 178.

1154 Siehe zu den Fällen bereits Kapitel 4, Abschnitt C. III. 1. a) cc).

bb) Stellungnahme: Exportabgaben als Fall einer Einkommens- oder Preisstützung

Aus dem Vorstehenden wird deutlich, dass sich auch die Fallgruppe einer Einkommens- oder Preisstützung in den allgemeinen Interessenkonflikt zwischen der effektiven Erfassung handelsverzerrender Subventionen und der Begrenzung einer ausufernden Anwendung von Ausgleichsmaßnahmen einfügt. Einerseits deutet dabei der Wortlaut auf eine sehr weite Auslegung hin, die letztlich dazu führen könnte, dass Art. 3 Abs. 1 lit. b) AS-GVO bzw. Art. 1.1 lit. a) 2. ASÜ als eine Art Auffangtatbestand fungiert. Denn den Begriffen selbst lassen sich keine nennenswerten Eingrenzungen entnehmen. Andererseits dient die in Art. 1.1 lit. a) 1. ASÜ enthaltene Auflistung – nach einhelliger Auffassung und unter Bezugnahme auf die Verhandlungsgeschichte – zur Schaffung eines abgrenzbaren Subventionstatbestands, durch den ein rein effektbezogener Ansatz verhindert werden soll.[1155]

Die Historie zu Art. XVI:1 GATT deutet darauf hin, dass sich die Vertragsparteien bewusst gewesen sind, dass in der Bestimmung ein weites Subventionsverständnis angelegt ist.[1156] Über die genaue Reichweite scheint allerdings von Anfang an Unklarheit geherrscht zu haben.[1157] Zwar verweist *Rubini* auf die Entscheidung eines GATT-Panels aus dem Jahr 1961, in der ein regulierter Minimalpreis mittels mengenmäßiger Beschränkungen nicht als eine Subvention i.S.v. Art. XVI GATT 1947 eingestuft wurde.[1158] Allerdings ist festzustellen, dass dabei noch davon ausgegangen wurde, dass eine Subvention nur bei einer Belastung des

---

1155 Siehe dazu bereits Kapitel 4, Abschnitt C. III. 1. a) aa) u. dd).

1156 Vgl. *Jackson*, World Trade and the Law of GATT, S. 383 f. („Thus the concept of subsidy is broad indeed"). Siehe auch *Evans*, Md. J. Int'l L. 1/1977, S. 211, 213 f., der darauf hindeutet, dass der Bestimmung ein ökonomisches Verständnis zugrunde liegt, durch das jeder Wettbewerbsvorteil als eine notifizierungsbedürftige Subvention aufgefasst wurde.

1157 So wurden die GATT-Vertragsparteien bspw. dazu aufgefordert, Informationen über Subventionen zu übermitteln, unabhängig davon, ob einzelne Mitglieder eine Maßnahme als Subvention einstufen oder nicht. Dazu *Jackson*, World Trade and the Law of GATT, S. 389.

1158 GATT, *Review Pursuant to Article XVI:5*, L/1160, BISD 9S/188, GATT-Panel Report (24 May 1960), Rn. 11; *Rubini*, Definition of Subsidy and State Aid, S. 123. Siehe zu dem Fall auch *Jackson*, World Trade and the Law of GATT, S. 386.

Staatshaushalts gegeben ist.[1159] Für das ASÜ gilt inzwischen eine Belastung des Haushalts nicht mehr als Voraussetzung, weshalb die einschränkende Lesart nicht uneingeschränkt übernommen werden kann.[1160] In der gesamten Verhandlungsgeschichte zu Subventionen im WTO-Recht hat der Fall einer Einkommens- und Preisstützung scheinbar keinen großen Diskussionsbedarf ausgelöst.[1161] Die Fallgruppe scheint somit in das ASÜ eingeführt worden zu sein, ohne dass sich die Vertragsparteien darüber klar waren, welche Konsequenzen hieraus folgen könnten.[1162]

Geht man vom Wortlaut in Art. XVI:1 GATT aus, so hat die Fallgruppe zwei Voraussetzungen: Zum einem muss es sich bei der untersuchten Maßnahme um irgendeine Form der Einkommens- oder Preisstützung handeln. Zum anderen muss dadurch direkt oder indirekt der Export einer Ware gesteigert oder der Import einer konkurrierenden Ware verringert werden. Exportabgaben belasten zunächst einmal das Einkommen des davon betroffenen Produzenten bzw. den Preis der betroffenen Ware. Daher wären sie auf den ersten Blick aus dem Anwendungsbereich auszuschließen. Allerdings geht es ausdrücklich um irgendeine Form der Einkommens- oder Preisstützung („any form of"). Theoretisch kann darunter also auch der Fall verstanden werden, dass durch die reduzierten Warenpreise der Gewinn und damit das Einkommen auf Seiten der die Ware verarbeitenden Industrien gesteigert wird, wie dies die Europäische Kommission angenommen hat.[1163]

Es stellt sich an dieser Stelle dasselbe Problem, welches auch im Zusammenhang mit einer Betrauung oder Anweisung i.S.v. Ziff. iv) relevant geworden ist: Wird die Formulierung „irgendeine Form" so verstanden, dass eine einfache Kausalität zwischen einer staatlichen Maßnahme und dem Ergebnis einer Einkommens- oder Preisstützung ausreicht, so ist letztlich von einem rein auswirkungsbezogenen Subventionsbegriff auszugehen,

---

1159 *Jackson*, World Trade and the Law of GATT, S. 385; *Evans*, Md. J. Int'l L. 1/1977, S. 211, 217 f.

1160 So auch das Panel in WTO, *China – Countervailing and Anti-Dumping Duties on Grain Oriented Flat-rolled Electrical Steel from the United States*, WT/DS414/R, Panel Report (15 June 2012), Rn. 7.86. Davon scheint auch *Rubini* letztlich selbst auszugehen, siehe *Rubini*, Definition of Subsidy and State Aid, S. 123.

1161 So *Coppens*, S. 59 sowie 450. Vgl. auch die Darstellung der Verhandlungen bei *McDonough*, in: Stewart (ed.), Vol. I, S. 809, 809 ff.

1162 *Luengo*, S. 122; *Coppens*, S. 57.

1163 Siehe dazu Kapitel 4, Abschnitt C. III. 1. b) aa). Für eine Begrenzung auf den Bereich der Landwirtschaft findet sich hingegen kein Hinweis, worauf bereits *Luengo* aufmerksam macht.

der die Listung einzelner Subventionsmaßnahmen überflüssig macht. Dies steht im Widerspruch zur Begrenzungsfunktion des ASÜ. Es stellt sich dann jedoch die Frage, welche weiteren Anforderungen an das staatliche Handeln zu stellen sind.

Vor diesem Hintergrund ist es wohl kein Zufall, dass das Panel in *China – GOES* zum Zweck einer Eingrenzung auf die Entscheidungen in *US – Export Restraints* und *US – Countervailing Duty Investigation on DRAMs* Bezug genommen hat.[1164] Aufbauend auf dieser Rechtsprechung hat das Panel den Konflikt zwischen dem weiten Wortlaut und der Begrenzungsfunktion des ASÜ in der Weise gelöst, dass die Einkommens- oder Preisstützung kein reines Nebenprodukt der staatlichen Maßnahme sein darf und hat dadurch den Schwerpunkt auf die Maßnahme selbst verlagert.[1165] Damit sollte letztlich verhindert werden, dass der auswirkungsbezogene Ansatz, den die bisherige Rechtsprechung bei der Auslegung von Art. 1.1 lit. a) 1. iv) ASÜ ausgeschlossen hat, über Art. 1.1 lit. a) 2. ASÜ doch noch seinen Weg in den welthandelsrechtlichen Subventiontatbestand findet.[1166]

Ginge man in diesem Zusammenhang ebenfalls von einem handlungsbezogenen Auslegungsansatz aus[1167], nach dem ein explizites und affirmatives Vorgehen des Staates verlangt wird, wären Exportabgaben – ebenso wie bei Art. 1.1 lit. a) 1. iv) Alt. 2 ASÜ – nicht erfasst. Denn der unmittelbare Effekt von Exportabgaben ist zunächst eine finanzielle Belastung, keine Einkommens- oder Preisstützung. Berücksichtigt man jedoch den weiten Maßnahmenbegriff des Art. 1.1 lit. a) 2. ASÜ bzw. Art. 3 Abs. 1 lit. b) AS-GVO und versteht man die Norm als eine Bestimmung, die (ebenfalls) der Verhinderung von Umgehungen dient[1168], dann kommt es auch in diesem Kontext auf ein finalitätsbezogenes Verständnis an.[1169] Gerade dieses Verständnis macht sich auch das Panel in *China – GOES* durch seinen Verweis auf die Rechtsprechung des Appellate Body in *US – Countervailing Duty Investigation on DRAMs* zu eigen.

1164 Erstaunlich ist umgekehrt, dass das Panel in *US – Export Restraints* eine Prüfung von Art. 1.1 lit. a) 2. ASÜ ausgelassen hat, ohne dies zu begründen. So auch *Coppens*, S. 58.

1165 WTO, *China – Countervailing and Anti-Dumping Duties on Grain Oriented Flatrolled Electrical Steel from the United States*, WT/DS414/R, Panel Report (15 June 2012), Rn. 7.85 u. 7.87.

1166 In diesem Sinne auch die Auslegung bei *Coppens*, S. 58 f.

1167 Siehe dazu Kapitel 4, Abschnitt C. III. 1. a) aa).

1168 So bspw. *Mavroidis*, Vol. 2, S. 215.

1169 Dazu bereits Kapitel 4, Abschnitt C. III. 1. a) bb).

Demnach kann eine bezweckte Einkommensstützung auch durch den Einsatz von Exportabgaben bewirkt werden. Wird eine Exportabgabe auf Rohstoffe erhoben, weil eine Regierung dadurch gezielt zu einem höheren Einkommen der verarbeitenden Industrie gelangen will und tritt der gewünschte Effekt auch ein, so wird auf diesem Weg eine Form der Einkommensstützung erreicht. Parallel zu dem Fall einer Betrauung oder Anweisung reicht das Bestehen einer Exportabgabe allein in diesem Zusammenhang nicht aus, sondern es muss auch der eingetretene Effekt nachgewiesen werden. Darüber hinaus müssen diese beiden Elemente durch eine (industrie)politische Zielbestimmung verklammert sein.

Dies macht auch im Fall von Art. 3 Abs. 1 lit. b) AS-GVO bzw. Art. 1.1 lit. a) 2. ASÜ eine Gesamtbetrachtung von Indizien erforderlich, mittels derer eine gezielte Förderung durch staatliche Maßnahmen in Form einer Einkommens- und Preisstützung gem. Art. XVI:1 GATT nachgewiesen werden muss. In diesem Sinne kann auch die Formulierung des Panels in *China – GOES* verstanden werden, wonach es für die Annahme einer Preisstützung entscheidend auf die Ausgestaltung der staatlichen Maßnahme ankommt.[1170] Erklären lässt sich dadurch auch die dreistufige Prüfung der Europäischen Kommission, die sowohl die „Absicht" der Regierung als auch die Art der getroffenen Maßnahmen und den daraus resultierenden Effekt einbezieht.[1171] Sie fügt sich dadurch in die bisherige WTO-Rechtsprechung ein, die auch durch eine Mehrheit in der Literatur unterstützt wird.[1172] Ein von *Coppens* in diesem Zusammenhang angenommener Ausschluss von Exportbeschränkungen lässt sich dadurch erklären, dass er diese bzw. den dadurch ausgelösten Preiseffekt isoliert betrachtet. Ihm ist in dieser Beziehung zwar im Grundsatz zuzustimmen, dass der Preiseffekt allein für den Nachweis einer Einkommens- und Preisstützung nicht ausreicht, jedoch ist dadurch die Frage, ob der Einsatz von Exportbeschränkungen (bspw. in Form von Exportabgaben) zu einer Einkommensstützung führen kann, nicht abschließend beantwortet. Denn auch sie

---

1170 WTO, *China – Countervailing and Anti-Dumping Duties on Grain Oriented Flat-rolled Electrical Steel from the United States*, WT/DS414/R, Panel Report (15 June 2012), Rn. 7.85: „(…) direct intervention in the market with the design to fix the price of a good at a particular level (…)".

1171 Siehe Kapitel 4, Abschnitt C. III. 1. b) aa).

1172 Unklar ist vor diesem Hintergrund die Einschätzung bei *Van Bael/Bellis*, S. 633, wonach die EU-Praxis im Widerspruch zu der Rechtsprechung des Panels in *China – GOES* steht. Ebenso bei *Crochet*, EJIL 2/2022, S. 381, 406. Eine Auseinandersetzung mit dem Finalitätskriterium findet in diesem Zusammenhang jedoch nicht statt.

können mit dem alleinigen Zweck einer Senkung von Produktionskosten der verarbeitenden Industrie (und damit letztlich einer Einkommensstützung) verbunden werden.[1173]

Deutlich wird aus dem Vorstehenden, dass auch bei einer Einkommensstützung zwischen dem industriepolitischen Einsatz von Exportabgaben und ihrer rein fiskalischen oder ökologischen Nutzung unterschieden werden kann. Neben einer industriepolitischen Zweckbindung bedarf es auf Basis von Art. XVI:1 GATT außerdem des zusätzlichen Nachweises, dass es durch die Unterstützung insgesamt zu einer Exportsteigerung oder einer Importverringerung gekommen ist. Für diese rein wirkungsbezogene Voraussetzung kommt es ebenso auf die Umstände des jeweiligen Einzelfalls an. Während der Begriff einer Einkommens- oder Preisstützung damit grds. weit auszulegen ist, wird durch diese einschränkende Voraussetzung sichergestellt, dass nur solche Maßnahmen erfasst werden, die sich auch auf den Handel mit anderen Mitgliedstaaten auswirken.

c) Zwischenfazit

Aus dem Vorstehenden wird deutlich, unter welchen Voraussetzungen Exportabgaben als Fall einer Subventionierung anzusehen sind. Sie können danach sowohl eine Betrauung oder Anweisung einer privaten Einrichtung als auch eine Einkommensstützung darstellen, sofern sie mit einem politischen Ziel der Förderung der heimischen Industrie erfolgreich eingesetzt werden.

Die Möglichkeit einer gleichzeitigen Anwendung beider Fallgruppen folgt daraus, dass jeweils ein weiter Maßnahmenbegriff zugrunde gelegt wird. Während im Fall einer Betrauung oder Anweisung jedoch zumindest eine Einbindung privater Einrichtungen erforderlich ist, kommt es bei einer Einkommensstützung, mangels weiterer Eingrenzungen, letztlich allein auf ein bezwecktes Marktergebnis an, das durch eine oder mehrere staatliche Maßnahmen herbeigeführt werden muss. Es wäre an dieser Stelle möglicherweise an eine Vorrangregel zu denken, wenngleich bei einer Einkommensstützung zusätzlich auch eine Exportsteigerung oder Importverringerung nachgewiesen werden muss.

Die Vertragsparteien haben bei dem Fall einer Einkommens- oder Preisstützung einen tendenziell weiten Anwendungsbereich und daraus folgende Überschneidungsmöglichkeiten durch die gewählte Formulierung und

---

1173 Dies deckt sich grds. auch mit dem Ansatz von *Coppens*, S. 59.

Einbettung in Art. 1.1 ASÜ in Kauf genommen. In der Sache scheint die Gefahr, dass hierdurch die „Büchse der Pandora" geöffnet werden könnte[1174], allerdings gering. Der Grund ist, dass bei indirekten Begünstigungen – wie im Fall von Exportabgaben – aufgrund der Notwendigkeit einer Finalitätsbeziehung weitere Anforderungen an die Maßnahme gestellt werden, deren Erfüllung auch nachgewiesen werden muss. Dies betrifft beide Fallgruppen in gleicher Weise und schafft für Exportabgaben die Trennung zwischen einem industriepolitischen Einsatz, durch den eine Umgehung von Verpflichtungen des ASÜ bezweckt wird, und einem legitimen Einsatz zu anderen Zwecken.

2. Vorteilsberechnung im Fall von Exportabgaben

Von einer Subvention i.S.d. AS-GVO bzw. des ASÜ kann nur dann gesprochen werden, wenn durch die staatliche Maßnahme auch ein Vorteil gewährt wird (Art. 3 Abs. 2 AS-GVO bzw. Art. 1.1 lit. b) ASÜ). Für den Begriff existiert zwar keine Definition, jedoch enthalten die Art. 6 AS-GVO und Art. 14 ASÜ einzelne Vorgaben für die Vorteilsberechnung. Anders als im Rahmen von nationalen Antisubventionsverfahren, muss der Vorteil im Rahmen eines multilateralen Streitbeilegungsverfahrens zwar nicht genau beziffert werden, jedoch dient Art. 14 ASÜ gleichwohl als wichtige Orientierung bei der Frage, ob überhaupt von einem Vorteil auszugehen ist.[1175]

Dies hängt nach der WTO-Rechtsprechung grds. davon ab, ob der Empfänger eine finanzielle Zuwendung zu günstigeren Bedingungen erhalten hat, als sie ihm auf dem Markt zur Verfügung stehen bzw. gestanden hätten.[1176] Wenn ein privater Marktteilnehmer die Zuwendung zu den gleichen Bedingungen gewährt hätte, ist mit der staatlichen Maßnahme

---

1174 So *Luengo*, S. 122.
1175 WTO, *United States – Subsidies on Upland Cotton*, WT/DS267/AB/R, Appellate Body Report (3 March 2005), Rn. 462; *United States – Measures Affecting Trade in Large Civil Aircraft (Second Complaint)*, WT/DS353/AB/R, Appellate Body Report (12 March 2012), Rn. 679; *Canada – Certain Measures Affecting the Renewable Energy Generation Sector/Canada – Measures Relating to the Feed-In Tariff Program*, WT/DS412/AB/R, WT/DS426/AB/R, Appellate Body Report (6 May 2013), Rn. 5.163. Siehe dazu *Coppens*, S. 60 u. 89; *Müller*, S. 429.
1176 Siehe dazu ausdrücklich WTO, *Canada – Measures Affecting the Export of Civilian Aircraft*, WT/DS70/AB/R, Appellate Body Report (2 August 1999), Rn. 158; *Coppens*, S. 60; *Müller*, S. 126 u. 428.

kein Vorteil verbunden (sog. „private market test").[1177] Das Panel in *Korea – Commercial Vessels* hat diese Voraussetzung mit einem Filter verglichen, durch den kommerzielles Verhalten aus dem Anwendungsbereich des ASÜ herausgefiltert werden soll.[1178] Verhält sich der Staat demnach wie ein privater Marktteilnehmer, so kann dieses Verhalten nicht als handelsverzerrend eingestuft werden.[1179]

Es kommt damit auf die Art der Subventionsmaßnahme an, aber auch auf die konkreten Marktbedingungen. Der Appellate Body greift für die Konkretisierung seines Markttests auf die in Art. 14 ASÜ genannten Fallgruppen zurück, in denen sich für unterschiedliche Formen von Zuwendungen Angaben darüber finden lassen, wann diese von gewöhnlichen Marktbedingungen abweichen.[1180] Die AS-GVO enthält insgesamt detailliertere Bestimmungen, auf deren Grundlage anhand eines festgestellten Vorteils die genaue Höhe der Subventionierung bestimmt wird (Art. 5, 6 und 7 AS-GVO sowie die Leitlinien von 1998). Der für die Vorteilsberechnung zentrale Art. 6 AS-GVO stimmt jedoch weitgehend mit Art. 14 ASÜ überein und die europäische Rechtsprechung orientiert sich im Übrigen auch hier eng an der Auslegung des WTO-Rechts.[1181]

Exportabgaben können – wie vorstehend gezeigt – einerseits als Form einer indirekten Zurverfügungstellung von Waren durch eine Betrauung oder Anweisung gem. Art. 3 Abs. 1 lit. a) iii) und iv) AS-GVO bzw. Art. 1.1 lit. a) 1. iii) und iv) ASÜ eingeordnet werden. Andererseits lassen sie sich auch als eine Einkommensstützung i.S.v. Art. 3 Abs. 1 lit. b) AS-GVO bzw. Art. 1.1 lit. a) 2. ASÜ qualifizieren. Da für die Vorteilsberechnung zwischen den einzelnen Subventionsarten unterschieden wird, soll daher nachfolgend auch für Exportabgaben entlang dieser beiden Beihilfeformen ermittelt werden, inwieweit von einem Vorteil für die verarbeitende Industrie auszugehen ist:

1177 So ausdrücklich *Coppens*, S. 60.

1178 WTO, *Korea – Measures Affecting Trade in Commercial Vessels*, WT/DS273/R, Panel Report (7 March 2005), Rn. 7.28.

1179 *Coppens*, S. 60; *Müller*, S. 126.

1180 Siehe dazu bspw. die Darstellungen bei *Coppens*, S. 60 ff.; *Müller*, S. 142 ff. u. 443 ff.

1181 Siehe bspw. EuG, Urteil v. 11. Oktober 2012, Rs. T-556/10, *Novatex/Rat*, ECLI:EU:T:2012:537, Rn. 119 ff.

a) Vorteilsberechnung im Fall einer indirekten Zurverfügungstellung von Waren

Die Zurverfügungstellung von Waren gilt gem. Art. 14 lit. d) ASÜ bzw. 6 lit. d) AS-GVO nur dann als Vorteil, wenn diese „zu einem geringerem als dem angemessenen Entgelt (...) erfolgt" („less than adequate remuneration"). Die Angemessenheit wird dabei „in Bezug auf die herrschenden Marktbedingungen für die betreffende Ware (...) im Land der Zur-Ver-fügung-Stellung oder des Kaufs, einschließlich Preis, Qualität, Verfügbarkeit, Marktgängigkeit, Beförderung und sonstiger Kauf- oder Verkaufsbedingungen bestimmt".[1182] Der heimische Markt der Zurverfügungstellung bildet demnach den Ausgangspunkt bei der Ermittlung einer geeigneten Bezugsgröße.[1183] Der Appellate Body hat dem eine weitere wichtige Konkretisierung hinzugefügt, indem er in zeitlicher Hinsicht festgestellt hat, dass es sich um die Marktbedingungen zum Zeitpunkt der Zuwendung handeln muss.[1184]

Für Exportabgaben stellt sich dabei das Problem, dass regelmäßig alle Waren im Anwendungsbereich der staatlichen Regelung einer Abgabe unterworfen werden (soweit keine individuellen Ausnahmetatbestände bestehen). In diesem Fall fehlt es an einer von der staatlichen Zuwendung unbeeinflussten Bezugsgröße, wie sie dann gegeben wäre, wenn der Staat als ein Anbieter (bspw. von Rohstoffen) neben anderen privaten Anbietern auf dem Markt tätig ist. Bei Exportabgaben sind es gerade diese Marktbedingungen, die mit dem Vorwurf einer Subventionierung verbunden wer-

---

1182 Vgl. den nahezu gleichen Wortlaut in Art. 14 lit. d) ASÜ: „The adequacy of remuneration shall be determined in relation to prevailing market conditions for the good or service in question in the country of provision or purchase (including price, quality, availability, marketability, transportation and other conditions of purchase or sale)."

1183 WTO, *United States – Countervailing Duty Determinations with Respect to Certain Softwood Lumber from Canada*, WT/DS257/AB/R, Appellate Body Report (17 February 2004), Rn. 90; *United States – Countervailing Measures on Certain Hot-Rolled Carbon Steel Flat Products from India*, WT/DS436/AB/R, Appellate Body Report (8 December 2014), Rn. 4.154. Dazu *Müller*, S. 452.

1184 WTO, *European Communities and Certain Member States – Measures Affecting Trade in Large Civil Aircraft*, WT/DS316/AB/R, Appellate Body Report (18 May 2011), Rn. 706: „Under a 'benefit' analysis, a comparison is made between the terms and conditions of the financial contribution when it is granted with the terms and conditions that would have been offered on the market at that time." Dazu *Coppens*, S. 61.

den. Es stellt sich demnach die Frage, auf welche Bezugsgröße in einem derartigen Fall abzustellen ist.[1185]

aa) Möglichkeit einer Abweichung von Marktpreisen im Land der Zurverfügungstellung

Trotz einer vorrangigen Anknüpfung an die inländischen Marktpreise hat der Appellate Body in einer Reihe von Entscheidungen deutlich gemacht, dass in Fällen einer Marktverzerrung von einem Rückgriff auf private Marktpreise für die betreffende Ware im Land der Zurverfügungstellung abgesehen werden kann.[1186] Dies bedeutet nicht, dass der Markt völlig frei von jeglicher staatlichen Intervention sein muss.[1187] Der Appellate Body hat unter einer Marktverzerrung bisher ausdrücklich den Fall verstanden, dass der Staat der einzige oder der dominierende Anbieter der Ware ist oder eine Preiskontrolle ausübt, wobei er jedoch jeweils darauf hingewiesen hat, dass es für die Feststellung einer Marktverzerrung auf den konkreten Einzelfall ankomme.[1188]

1185 Auf das Problem der geeigneten Bezugsgröße weist auch *Espa* hin. Siehe *Espa*, Export Restrictions, S. 250; *dies.*, TL&D 2/2017, S. 115, 130.

1186 WTO, *United States – Countervailing Duty Determinations with Respect to Certain Softwood Lumber from Canada*, WT/DS257/AB/R, Appellate Body Report (17 February 2004), Rn. 89 ff.; *United States – Definitive Anti-Dumping and Countervailing Duties on Certain Products from China*, WT/DS379/AB/R, Appellate Body Report (11 February 2011), Rn. 437 f.; *United States – Countervailing Measures on Certain Hot-Rolled Carbon Steel Flat Products from India*, WT/DS436/AB/R, Appellate Body Report (8 December 2014), Rn. 4.155; *United States – Countervailing Duty Measures on Certain Products from China*, WT/DS437/AB/R, Appellate Body Report (18 December 2014), Rn. 4.50; *Canada – Certain Measures Affecting the Renewable Energy Generation Sector/Canada – Measures Relating to the Feed-In Tariff Program*, WT/DS412/AB/R, WT/DS426/AB/R, Appellate Body Report (6 May 2013), Rn. 5.184. Zu dieser Rechtsprechung bspw. *Coppens*, S. 65 ff.; *Pogoretskyy*, in: Selivanova (ed.), S. 181, 203 ff.; *Müller*, S. 451 ff.; *Qin*, U. Pa. J. Int'l L. 2019, S. 575, 587 ff.

1187 So in WTO, *United States – Countervailing Duty Determinations with Respect to Certain Softwood Lumber from Canada*, WT/DS257/AB/R, Appellate Body Report (17 February 2004), Rn. 87.

1188 WTO, *United States – Countervailing Duty Determinations with Respect to Certain Softwood Lumber from Canada*, WT/DS257/AB/R, Appellate Body Report (17 February 2004), Rn. 98 u. 102; *United States – Definitive Anti-Dumping and Countervailing Duties on Certain Products from China*, WT/DS379/AB/R, Appellate Body Report (11 February 2011), Rn. 440 u. 442 ff.; *United States – Countervailing Measures on Certain Hot-Rolled Carbon Steel Flat Products from In-*

In *US – Softwood Lumber IV* hat der Appellate Body zunächst erklärt, dass es insgesamt um Fälle gehe, in denen der Staat eine so dominante Rolle bei der Zurverfügungstellung von Waren einnimmt, dass er den Preis bestimmen kann.[1189] In *US – Anti-Dumping and Countervailing Duties (China)* hat er diesbezüglich klargestellt, dass es nicht auf die Dominanz des Staates *per se* ankomme, sondern auf eine Preisverzerrung, die sich ggf. hieraus ergeben könne.[1190] Das Bestehen einer Preisverzerrung müsse von den Behörden für jeden Einzelfall anhand einer Marktanalyse konkret nachgewiesen werden, wobei je nach Marktposition des Staates eine Marktverzerrung als wahrscheinlicher angesehen werden könne.[1191] In *US – Carbon Steal (India)* hat der Appellate Body eine solche Preisverzerrung davon abhängig gemacht, dass die Preise nicht durch den Markt bestimmt werden.[1192] Dabei hat er den von Art. 14 lit. d) ASÜ angesprochenen Bezugsmaßstab für die Vorteilsberechnung ausdrücklich an das Bestehen von marktwirtschaftlichen Bedingungen geknüpft.[1193]

---

dia, WT/DS436/AB/R, Appellate Body Report (8 December 2014), Rn. 4.155 f.; *United States – Countervailing Duty Measures on Certain Products from China*, WT/DS437/AB/R, Appellate Body Report (18 December 2014), Rn. 4.50.

1189 WTO, *United States – Countervailing Duty Determinations with Respect to Certain Softwood Lumber from Canada*, WT/DS257/AB/R, Appellate Body Report (17 February 2004), Rn. 90: „This is because the government's role in providing the financial contribution is so predominant that it effectively determines the price at which private suppliers sell the same or similar goods, so that the comparison contemplated by Article 14 would become circular."

1190 WTO, *United States – Definitive Anti-Dumping and Countervailing Duties on Certain Products from China*, WT/DS379/AB/R, Appellate Body Report (11 February 2011), Rn. 446 f. So auch *United States – Countervailing Duty Measures on Certain Products from China*, WT/DS437/AB/R, Appellate Body Report (18 December 2014), Rn. 4.59.

1191 WTO, *United States – Definitive Anti-Dumping and Countervailing Duties on Certain Products from China*, WT/DS379/AB/R, Appellate Body Report (11 February 2011), Rn. 443 f.; *United States – Countervailing Measures on Certain Hot-Rolled Carbon Steel Flat Products from India*, WT/DS436/AB/R, Appellate Body Report (8 December 2014), Rn. 4.156 f.; *United States – Countervailing Duty Measures on Certain Products from China*, WT/DS437/AB/R, Appellate Body Report (18 December 2014), Rn. 4.51 f. u. 4.62.

1192 WTO, *United States – Countervailing Measures on Certain Hot-Rolled Carbon Steel Flat Products from India*, WT/DS436/AB/R, Appellate Body Report (8 December 2014), Rn. 4.155. Siehe auch *United States – Countervailing Duty Measures on Certain Products from China*, WT/DS437/AB/R, Appellate Body Report (18 December 2014), Rn. 4.50 u. 4.61.

1193 WTO, *United States – Countervailing Measures on Certain Hot-Rolled Carbon Steel Flat Products from India*, Appellate Body Report v. 8.12.2014, WT/

Die Möglichkeit einer Abweichung von den tatsächlich Marktbedingungen ist in der Literatur vielfach kritisiert worden, da sie sich nicht auf den Wortlaut von Art. 14 lit. d) ASÜ stützen lasse: Die Formulierung „in Bezug auf" („in relation to"), die sich auf die Marktbedingungen im Land der Zurverfügungstellung bezieht, könne nicht derart weit ausgelegt werden, dass dadurch eine Abweichung von diesen Marktbedingungen erlaubt werde. Dies komme einer Erweiterung von Art. 14 lit. d) ASÜ gleich.[1194]

Diese Kritik scheint zum einen sehr weitgehend. Denn schließlich knüpft der Appellate Body an eine Formulierung an, die von ihrem Wortlaut her nicht zwingend so verstanden werden muss, dass allein der tatsächliche Preis im Land der Zurverfügungstellung maßgeblich ist. Zum anderen erkennen auch die Kritiker an, dass es Situation gibt, in denen eine alternative Bezugsgröße aufgrund von Marktverzerrungen nicht festgestellt werden kann.[1195] Eine Vorteilsberechnung liefe dann ins Leere. Schließlich wurde diese Rechtsprechung inzwischen mehrfach bestätigt und kann daher als gefestigt angesehen werden.[1196]

Geht man von dieser Rechtsprechung aus, so folgt daraus für einen industriepolitischen Einsatz von Exportabgaben, dass durch sie der Preis der Ware determiniert und letztlich verzerrt wird, sodass sich dieser nicht für eine Vorteilsberechnung eignet. Der Verkauf ins Ausland verteuert sich. Durch das daraus folgende Überangebot auf dem Heimatmarkt sinkt der Inlandspreis. Zwar finden weiterhin Transaktionen zwischen privaten Unternehmen statt, jedoch werden diese durch den gezielten Einsatz von Exportabgaben beeinflusst. In dem gezahlten Preis materialisiert sich somit die staatliche Handlung. In Folge kann der Inlandspreis für eine mit Exportabgaben belastete Ware nicht als Bezugsmaßstab für die Vorteilsberechnung herangezogen werden. Dies gilt unabhängig davon, ob dabei die privaten Anbieter in Fortschreibung der Betrauung oder Anweisung für die Zwecke der Vorteilsberechnung als (dominante) staatliche Anbieter

---

DS436/AB/R, Rn. 4.154: „We emphasize that whether a price may be relied upon for benchmarking purposes under Article 14(d) is not a function of its source but, rather, whether it is a market-determined price reflective of prevailing market conditions in the country of provision."

1194 So bspw. *Horn/Mavroidis*, WTR S1/2006, S. 130, 138 f.; *Coppens*, S. 67.

1195 *Horn/Mavroidis*, WTR S1/2006, S. 130, 138. Dies teilt wohl auch *Coppens*, S. 67.

1196 Siehe zuletzt auch WTO, *United States – Anti-Dumping and Countervailing Measures on Certain Coated Paper from Indonesia*, WT/DS491/R, Panel Report (6 December 2007), Rn. 7.31 ff.; *United States – Countervailing Measures on Softwood Lumber from Canada*, WT/DS533/R, Panel Report (24 August 2020), Rn. 7.28 f.

verstanden werden, oder ob auf die staatliche Handlung selbst (die Erhebung der Exportabgaben zu industriepolitischen Zwecken) abgestellt wird. In jedem Fall liegt eine Marktverzerrung vor.

Ausgehend von den Maßstäben der WTO-Rechtsprechung fehlt es in einem solchen Fall an der Existenz zweier unterschiedlicher Bezugsgrößen, da der Staat das Preisniveau entscheidend bestimmt. Abgesehen davon, ist es ja gerade der durch den Einsatz von Exportabgaben beeinflusste Preis, der in einem hiergegen gerichteten Subventionsverfahren mit einem anderen (unbeeinflussten) Bezugswert verglichen werden soll. Mit den Worten des Appellate Body in *US – Carbon Steal (India)* wäre es unsinnig zu verlangen, dass genau der staatliche Preis, den die Ermittlungsbehörden mit dem Markt vergleichen wollen, als Bezugsgröße für die Zwecke von Art. 14 lit. d) ASÜ (bzw. Art. 6 lit. d) AS-GVO) verwendet wird.[1197]

Bei Exportabgaben stimmt die Subventionsmaßnahme mit der Marktverzerrung auf Ebene der Vorteilsprüfung überein, sodass der entsprechende Nachweis durch die Ermittlungsbehörden bereits für die Feststellung einer finanziellen Beihilfe erbracht werden muss. In diesem Sinne hat das Panel in *US – Supercalendered Paper* angenommen, dass aufgrund der nicht hinreichend nachgewiesenen und damit unzulässigen Annahme einer Verzerrung der Strompreise in Kanada auch die nachfolgende Ablehnung dieser Preise im Rahmen der Vorteilsermittlung gegen Art. 1.1 lit. b) bzw. Art. 14 lit. d) ASÜ verstoße.[1198]

Auch innerhalb der Praxis der Europäischen Kommission zu Exportbeschränkungen wird diese Doppelnatur deutlich. So hat sie bspw. in dem Fall *Einfuhren von Rohren aus duktilem Gusseisen (auch bekannt als Gusseisen mit Kugelgrafit) mit Ursprung in Indien* die Inlandspreise für Eisenerz mit dem Hinweis darauf abgelehnt, dass die herrschenden Marktbedingungen von den zielgerichteten Ausfuhrbeschränkungen der Regierung in einer Weise beeinflusst werden, die eine Ermittlung unverzerrter Kosten unmöglich mache.[1199] In *Einfuhren kaltgewalzter Flacherzeugnisse aus nicht rostendem Stahl mit Ursprung in Indien und Indonesien* stellte sie ebenfalls eine

---

1197 WTO, *United States – Countervailing Measures on Certain Hot-Rolled Carbon Steel Flat Products from India*, WT/DS436/AB/R, Appellate Body Report (8 December 2014), Rn. 4.166: „Certainly, it is inherently circular to require that the very government price that investigating authorities are seeking to test against the market be used as the market benchmark for the purposes of Article 14(d)."

1198 WTO, *United States – Countervailing Measures on Supercalendered Paper from Canada*, WT/DS505/R, Panel Report (5 July 2018), Rn. 7.71 ff.

1199 Durchführungsverordnung (EU) 2016/387, Rn. 234.

Verbindung zwischen den Subventionsmaßnahmen und einer Verzerrung des Marktes her.[1200] In anderen Fällen hat sie die Ablehnung der tatsächlich gegebenen Marktpreise für die Vorteilsberechnung nicht (mehr) weiter begründet.[1201]

bb) Alternative Bezugsgrößen für eine Vorteilsberechnung

Für die Ermittlung einer alternativen Bezugsgröße finden sich in Art. 6 lit. d) Uabs. 2 AS-GVO zwei unterschiedliche Methoden: Sie kann entweder auf Grundlage der tatsächlichen Marktbedingungen in dem betreffenden Land durch verschiedene Anpassungen (Ziff. i)) oder anhand der Marktbedingungen in einem anderen Land oder auf dem Weltmarkt berechnet werden (Ziff. ii)).

In ihren bisherigen Verfahren hat die Europäische Kommission jeweils unterschiedliche Preisinformationen für die Ermittlung einer alternativen Bezugsgröße herangezogen: In *Einfuhren von Rohren aus duktilem Gusseisen (auch bekannt als Gusseisen mit Kugelgrafit) mit Ursprung in Indien* versuchte sie bspw. zunächst den Preis für Eisenerz i.S.v. Art. 6 lit. d) i) AS-GVO ohne den Einfluss der festgestellten Exportbeschränkungen zu errechnen.[1202] Hierfür fehlten ihr allerdings eine Reihe notwendiger Angaben (z.B. über die Entwicklung von Angebot und Nachfrage in der Vergangenheit).[1203] In Folge dessen griff sie auf den Preis für Eisenerz in Australien zurück, wobei sie – mangels Verfügbarkeit von Preisen ab Grube und unter Berücksichtigung der indischen Preisdaten – die Frachtkosten zu einem australischen Hafen mitberücksichtigte.[1204] Davon ausgehend nahm sie weitere Anpassungen für Transport- und Verarbeitungskosten vor, um sich den Marktbedingungen in Indien weiter anzunähern.[1205] In anderen

---

1200 Durchführungsverordnung (EU) 2022/433, Rn. 273 u. 504 ff.
1201 Siehe Durchführungsverordnung (EU) 2019/244, Rn. 219 ff.; Durchführungsverordnung (EU) 2019/1344, Rn. 197 ff.
1202 Durchführungsverordnung (EU) 2016/387, Rn. 235 f.
1203 Durchführungsverordnung (EU) 2016/387, Rn. 236.
1204 Durchführungsverordnung (EU) 2016/387, Rn. 240 ff.
1205 Durchführungsverordnung (EU) 2016/387, Rn. 243 ff. Diese Vorgehensweise wurde in dem dagegen gerichteten Gerichtsverfahren von den Klägerinnen nicht angegriffen, sondern einzig die Tatsache, dass die Europäische Kommission bei der Annäherung an die Marktgegebenheiten in Indien nicht die tatsächlichen Kosten der betroffenen Unternehmen zugrunde gelegt hatte, worin das EuG ihnen zustimmte. Siehe dazu EuG, Urteil

Fällen wählte die Europäische Kommission den Einfuhr-[1206] bzw. Ausfuhr-preis[1207] der betreffenden Ware oder den Preis für die Ausfuhr aus einem Drittland[1208] als Ausgangspunkt für die Berechnung einer alternativen Bezugsgröße.

Dieses Vorgehen der Europäischen Kommission entspricht den Anforderungen, die innerhalb der WTO-Rechtsprechung für einen Rückgriff auf alternative Bezugsmaßstäbe formuliert worden sind.[1209] In einer Vielzahl von Entscheidungen hat der Appellate Body festgestellt, dass Art. 14 lit. d) ASÜ nicht in jedem Fall dazu verpflichtet, private Marktpreise im Inland als Bezugsgröße für die Vorteilsberechnung zu verwenden.[1210] Als Alternativen nannte er in diesem Zusammenhang u.a. Preise für vergleichbare Produkte auf dem Weltmarkt oder einen anhand von Produktionskosten errechneten Vergleichswert.[1211] Auch Preise für die Ausfuhr aus dem oder die Einfuhr in das Land der Zurverfügungstellung hat der Appellate Body als einen tauglichen Vergleichswert angesehen.[1212] Dadurch wird deutlich, dass es für eine angemessene Bezugsgröße grds. nicht darauf ankommt, ob diese anhand von Preisdaten innerhalb oder außerhalb des betreffenden Landes ermittelt wird.

Allerdings hat der Appellate Body gleichzeitig erklärt, dass bei einem Rückgriff auf alternative Werte nachgewiesen werden müsse, dass der gewählte Vergleichsmaßstab sich auf die Bedingungen auf dem Markt des Landes, in dem die Leistung erbracht wird, bezieht oder mit diesen in Zusammenhang steht.[1213] Die dafür notwendigen Anpassungen sieht

---

v. 10. April 2019, Rs. T-300/16, *Jindal Saw und Jindal Saw Italia/Kommission*, ECLI:EU:T:2019:235, Rn. 194 ff.

1206 Durchführungsverordnung (EU) 2019/244, Rn. 220 ff.

1207 Durchführungsverordnung (EU) 2019/1344, Rn. 198 f.

1208 Durchführungsverordnung (EU) 2022/433, Rn. 275 ff. u. 523.

1209 Siehe zu diesen Anforderungen auch bspw. *Coppens*, S. 70 ff.; *Müller*, S. 463 ff.

1210 Siehe dazu bereits Fn. 1186.

1211 WTO, *United States – Countervailing Duty Determinations with Respect to Certain Softwood Lumber from Canada*, WT/DS257/AB/R, Appellate Body Report (17 February 2004), Rn. 106; *United States – Countervailing Measures on Certain Hot-Rolled Carbon Steel Flat Products from India*, WT/DS436/AB/R, Appellate Body Report (8 December 2014), Rn. 4.284.

1212 WTO, *United States – Countervailing Measures on Certain Hot-Rolled Carbon Steel Flat Products from India*, WT/DS436/AB/R, Appellate Body Report (8 December 2014), Rn. 4.251 ff. u. 4.283 ff.

1213 WTO, *United States – Countervailing Duty Determinations with Respect to Certain Softwood Lumber from Canada*, WT/DS257/AB/R, Appellate Body Report (17 February 2004), Rn. 89, 103 u. 106; *United States – Definitive Anti-Dumping and Countervailing Duties on Certain Products from China*, WT/DS379/AB/R, Appel-

der Appellate Body bei drittstaatlichen Bezugsgrößen zwar als schwierig an – insbesondere aufgrund der Rolle von komparativen Kostenvorteilen – jedoch scheint er zugleich implizit davon auszugehen, dass diese in ausreichender Weise möglich sind.[1214] Letztlich steht dahinter lediglich die Notwendigkeit einer Einpassung alternativer Bezugsgrößen in das Marktumfeld im Inland. Diese ist in Art. 6 lit. d) Uabs. 2 AS-GVO bereits ausdrücklich angelegt.

Zusammenfassend lässt sich für den industriepolitischen Einsatz von Exportabgaben damit Folgendes feststellen: Durch die damit verbundenen Auswirkungen auf den Inlandspreis fehlt es für die Vorteilsberechnung an einer unverzerrten Bezugsgröße i.S.v. Art. 6 lit. d) AS-GVO bzw. Art. 14 lit. d) ASÜ. Nach gefestigter WTO-Rechtsprechung wird für derartige Fälle einer Marktverzerrung eine Methodik als zulässig erachtet, nach der ein Bezugsmaßstab auch auf andere Werte gestützt werden kann, solange er sich auf die Bedingungen im Land der Zurverfügungstellung bezieht oder mit diesen im Zusammenhang steht. Dies erfordert eine mehr oder weniger umfangreiche Anpassung von alternativen Marktdaten. Ein Vorteil ergibt sich immer dann, wenn der so ermittelte Bezugsmaßstab eine Besserstellung der verarbeitenden Industrie durch den mittels Exportabgaben herbeigeführten Preis erkennen lässt. Dieser Methodik entspricht die Europäische Kommission in ihrer bisherigen Fallpraxis, wobei sie den konkreten Vergleichswert jeweils von den Umständen des Einzelfalls abhängig macht.

b) Vorteilsberechnung im Fall einer Einkommens- oder Preisstützung

Für Fälle einer Einkommens- oder Preisstützung finden sich weder in Art. 14 ASÜ noch in Art. 6 AS-GVO konkrete Vorgaben für die Vorteilsberechnung. Auch hat der Fall in der Rechtsprechung bislang keine Rolle

---

late Body Report (11 February 2011), Rn. 483 u. 488; *United States – Countervailing Measures on Certain Hot-Rolled Carbon Steel Flat Products from India*, WT/DS436/AB/R, Appellate Body Report (8 December 2014), Rn. 4.208 u. 4.284; *United States – Countervailing Duty Measures on Certain Products from China*, WT/DS437/AB/R, Appellate Body Report (18 December 2014), Rn. 4.53.

1214 WTO, *United States – Countervailing Duty Determinations with Respect to Certain Softwood Lumber from Canada*, WT/DS257/AB/R, Appellate Body Report (17 February 2004), Rn. 106 ff.; *United States – Countervailing Measures on Certain Hot-Rolled Carbon Steel Flat Products from India*, WT/DS436/AB/R, Appellate Body Report (8 December 2014), Rn. 4.252 ff. u. 4.284

gespielt.[1215] Die Ursache könnte darin liegen, dass hierunter eine Vielzahl von unterschiedlichen Konstellationen subsumiert werden können und ein Vorteil daher jeweils in unterschiedlicher Weise berechnet werden muss. Die Europäische Kommission hat bislang für eine indirekte Zurverfügungstellung von Waren durch eine Betrauung oder Anweisung und für eine Einkommens- oder Preisstützung eine einheitliche Vorteilsprüfung vorgenommen.[1216] Dies entspricht der bereits festgestellten Parallelität in der Anwendung der beiden Fallgruppen.[1217] Da die Art der Vorteilsberechnung von der Art der Subventionierung abhängig ist, erfolgt diese im Fall von Exportabgaben demnach auch im Hinblick auf eine Einkommens- oder Preisstützung grds. nach den bereits dargestellten Maßstäben des Art. 6 lit. d) AS-GVO bzw. Art. 14 lit. d) ASÜ.

Zwar besteht ein gewisser Unterschied darin, dass es bei einer Betrauung oder Anweisung allein darauf ankommt, dass ein Preisvorteil durch einen niedrigeren Warenpreis erzielt wird, während Art. 1.1 lit. a) 2. ASÜ bzw. Art. 3 Abs. 1 lit. b) AS-GVO demgegenüber dem Wortlaut nach von einer konkreten Einkommens- oder Preisstützung des Empfängers spricht. Für Exportabgaben ergibt sich hieraus in der Sache jedoch kein großer Unterschied. Wie die Europäische Kommission in ihren bisherigen Fällen festgestellt hat, kann aus Einsparungen bei den Ausgaben für Rohstoffe das eigene Einkommen gesteigert werden. Die Kostendifferenz ist dabei deckungsgleich mit einer Gewinnsteigerung.[1218] Damit ist auch für den gezielten Einsatz von Exportabgaben zu Zwecken einer Einkommensstützung zu ermitteln, ob bzw. in welcher Höhe eine Differenz zwischen dem dadurch beeinflussten Warenpreis und einer geeigneten Bezugsgröße besteht. Darüber hinausgehender Feststellungen zum Unternehmenseinkommen bedarf es nicht.

c) Zwischenfazit

Insgesamt zeigt sich damit, dass die durch den Einsatz von Exportabgaben bewirkte Senkung der Herstellungskosten als ein subventionsrechtlicher

---

1215 Zu der bislang einzigen WTO-Panel-Entscheidung in *China – GOES*, siehe bereits Kapitel 4, Abschnitt C. III. 1. b) aa). In dieser wurde das Bestehen eines Vorteils allerdings nicht geprüft.

1216 Durchführungsverordnung (EU) 2019/244, Rn. 214; Durchführungsverordnung (EU) 2019/1344, Rn. 195.

1217 Vgl. dazu Kapitel 4, Abschnitt C. III. 1. b) bb).

1218 So ausdrücklich in Durchführungsverordnung (EU) 2019/244, Rn. 215 f.

Vorteil zu verstehen ist. Die Besonderheit ist, dass im Rahmen der Vorteilsberechnung nicht auf den tatsächlichen Inlandspreis zurückgegriffen werden kann, da Exportabgaben insoweit eine Doppelnatur zukommt. Sie bewirken einerseits die bezweckte Begünstigung durch eine Preissenkung für das erfasste Gut. Andererseits führen sie zu einer Marktverzerrung, durch die der Inlandspreis als Bezugsgröße für den Privatmarkttest ausscheidet. Es besteht in diesem Fall die Möglichkeit bzw. Notwendigkeit alternative Bezugsgrößen zu ermitteln, die jedoch an die Marktgegebenheiten im Inland angepasst werden müssen. Die Methodik ist dabei für den Fall einer Betrauung oder Anweisung und den Fall einer Einkommensstützung gleich. Auch an dieser Stelle zeigt sich die starke Überschneidung beider Fallkonstellationen. Hiernach kann in Fällen einer Differenz zwischen dem durch Exportabgaben verzerrten Preis und einer alternativen Bezugsgröße ein subventionsrechtlich relevanter Vorteil festgestellt werden. Ob bzw. in welcher Höhe dieser Vorteil besteht, hängt dabei vom jeweiligen Einzelfall ab.

3. Spezifität im Fall von Exportabgaben

Gemäß Art. 4 AS-GVO bzw. Art. 2 ASÜ muss eine Subvention schließlich auch spezifischer Natur sein, um eine Anfechtbarkeit zu rechtfertigen. Eine Ausnahme besteht für Subventionen, die rechtlich oder tatsächlich von der Ausfuhrleistung oder davon abhängig sind, dass einheimische Waren Vorrang vor eingeführten Waren erhalten (Art. 4 Abs. 4 AS-GVO bzw. Art. 2.3 i.V.m. Art. 3 ASÜ). Exportabgaben knüpfen zwar an die Ausfuhr an, jedoch handelt es sich dabei um eine gezielte Belastung des Exports, die – in Fällen einer industriepolitischen Einbindung – zur Förderung von inländischen Produzenten eingesetzt wird. Es geht dabei nicht unmittelbar um die Begünstigung einer bestimmten Ausfuhrleistung oder einen Vorrang einheimischer vor eingeführten Waren. Daher gilt für Exportabgaben das Spezifitätserfordernis.[1219]

Das Kriterium der Spezifität setzt voraus, dass es sich bei der Subvention nicht um eine allgemein zugängliche Zuwendung handelt, sondern dass der Adressatenkreis in irgendeiner Weise auf einzelne Unternehmen beschränkt wird.[1220] Sie kann gem. Art. 4 AS-GVO bzw. Art. 2 ASÜ sowohl *de jure* als auch *de facto* gegeben sein. Adressaten können dabei gem.

1219 So auch *Espa*, Export Restrictions, S. 251; *dies.*, TL&D 2/2017, S. 115, 130.
1220 *Müller*, S. 161.

Art. 4 Abs. 2 AS-GVO bzw. Art. 2.1 ASÜ einzelne Unternehmen oder Wirtschaftszweige oder eine Gruppe von Unternehmen oder Wirtschaftszweigen sein.

Nach einer Ansicht in der Literatur fehlt es bei Exportbeschränkungen und anderen Formen der Marktregulierung an der erforderlichen Spezifität, da der dadurch eintretende Preiseffekt der gesamten Wirtschaft zugutekomme.[1221] Dem wird von anderer Seite entgegengehalten, dass die verarbeitende Industrie trotzdem in besonderer Weise von der herbeigeführten Preissenkung profitiere.[1222] Die Europäische Kommission hat in ihren bisherigen Fällen eine ausdrückliche Vorteilsbegrenzung gem. Art. 4 Abs. 2 lit. a) AS-GVO angenommen, da der durch Exportbeschränkungen herbeigeführte Preis nur den Branchen zukomme, die an der Wertschöpfungskette des betroffenen Gutes beteiligt sind.[1223] Das EuG hat dieses Vorgehen in der Rechtssache *Jindal Saw und Jindal Saw Italia/Kommission* dem Grunde nach bestätigt, ohne jedoch auf die genaue Art der Spezifität näher einzugehen.[1224] Das Gericht erklärte, dass sich ein Gut, wie das streitgegenständliche Eisenerz, von anderen Inputstoffen wie Wasser, Öl oder Gas unterscheide, da es nicht einer unüberschaubaren Zahl von Verbrauchern zugutekomme, sondern allein denjenigen Unternehmen, die Eisenerz in ihrer Produktion verwenden, darunter insbesondere der Stahlindustrie.[1225] Die Tatsache, dass die Stahlindustrie die subventionsbedingten Kostenvorteile möglicherweise an nachgelagerte Glieder der Wertschöpfungskette weiterreiche, ändere nichts an der spezifischen Unterstützung selbst.[1226]

Art. 2 ASÜ knüpft an den Zugang zu einer Subvention i.S.v. Art. 1.1 ASÜ an.[1227] Anders als bei allgemein zugänglichen Subventionen steht der Zugang zu einer spezifischen Subvention nur einem abgrenzbaren Segment einer Volkswirtschaft offen.[1228] Für eine *De-jure*-Spezifität muss

---

1221 *Janow/Staiger*, WTR S1/2003, S. 201, 230 f.; *Wu*, Law and Politics on Export Restrictions, S. 53; *Crochet*, EJIL 2/2022, S. 381, 404.

1222 *Sykes*, JLA 2/2010, S. 473, 509; *Coppens*, S. 448 Fn. 5.

1223 Durchführungsverordnung (EU) 2016/387, Rn. 272; Durchführungsverordnung (EU) 2019/244, Rn. 252 ff.; Durchführungsverordnung (EU) 2019/1344, Rn. 202; Durchführungsverordnung (EU) 2022/433, Rn. 295 u. 537.

1224 EuG, Urteil v. 10. April 2019, Rs. T-300/16, *Jindal Saw und Jindal Saw Italia/ Kommission*, ECLI:EU:T:2019:235, Rn. 161 ff.

1225 EuG, Urteil v. 10. April 2019, Rs. T-300/16, *Jindal Saw und Jindal Saw Italia/ Kommission*, ECLI:EU:T:2019:235, Rn. 162.

1226 EuG, Urteil v. 10. April 2019, Rs. T-300/16, *Jindal Saw und Jindal Saw Italia/ Kommission*, ECLI:EU:T:2019:235, Rn. 163.

1227 *Müller*, S. 161 u. 168 f.

1228 ibid.

der Zugang dabei ausdrücklich beschränkt sein. Der Appellate Body hat in *US – Countervailing Measures (China)* erklärt, dass die fragliche Subventionsmaßnahme selbst zwar grds. auch ungeschrieben sein könne, um jedoch *de jure* spezifisch zu sein, müsse die gewährende Behörde oder die Rechtsvorschrift, auf deren Grundlage die gewährende Behörde handelt, den Zugang zu der fraglichen Subvention explizit beschränken.[1229] Die Beschränkung des Zugangs zu der Subvention muss demnach ausdrücklich, eindeutig oder aus dem Inhalt des betreffenden Instruments klar hervorgehen, darf also nicht nur implizit oder angedeutet sein.[1230] In *US – Large Civil Aircraft (2nd complaint)* hat der Appellate Body zudem erklärt, dass für die Feststellung einer expliziten Beschränkung nicht nur auf die konkret angefochtene Subvention abzustellen sei, sondern dass auch eine zugehörige Subvention, der allgemeine rechtliche Rahmen, eine Äußerung von den beteiligten Behörden und auch das übergeordnete Ziel von Subventionen einbezogen werden könne.[1231]

Exportabgaben sind für sich genommen nur auf diejenigen Unternehmen anwendbar, die durch sie belastet werden, was gegen eine ausdrückliche Beschränkung des Empfängerkreises spricht.[1232] Allerdings liegt eine finanzielle Beihilfe gem. Art. 3 AS-GVO bzw. Art. 1.1 ASÜ überhaupt nur dann vor, wenn sich die Regierung den daraus resultierenden Preiseffekt zu eigen macht.[1233] Dabei wird sich regelmäßig eine ausdrückliche Eingrenzung von Adressaten vielleicht nicht aus der Verhängung der Exportabgabe selbst, jedoch aus den damit zusammenhängenden politischen Erwägungen heraus ergeben. So hatte bspw. die indonesische Regierung in *Einfuhren von Biodiesel mit Ursprung in Indonesien* ausdrücklich erklärt, dass

---

1229 WTO, *United States – Countervailing Duty Measures on Certain Products from China*, WT/DS437/AB/R, Appellate Body Report (18 December 2014), Rn. 4.129.

1230 WTO, *United States – Definitive Anti-Dumping and Countervailing Duties on Certain Products from China*, WT/DS379/AB/R, Appellate Body Report (11 February 2011), Rn. 372. Zur Ausdrücklichkeit der Beschränkung bspw. *Coppens*, S. 103 ff.; *Müller*, S. 171 f. Unerheblich ist es dabei allerdings, ob der Zugang zur finanziellen Beihilfe selbst oder zu dem daraus erwachsenen Vorteil begrenzt wird. Dazu *Coppens*, S. 103; *Müller*, S. 171.

1231 WTO, *United States – Measures Affecting Trade in Large Civil Aircraft (Second Complaint)*, WT/DS353/AB/R, Appellate Body Report (12 March 2012), Rn. 748 ff. Dazu *Coppens*, S. 103 f.

1232 *Espa*, Export Restrictions, S. 251; *dies.*, TL&D 2/2017, S. 115, 130.

1233 Siehe Kapitel 4, Abschnitt C. III. 1.

zur Unterstützung der Palmöl-Industrie eine Neugestaltung der Exportzölle notwendig ist.[1234]

Selbst in den Fällen, in denen bei Exportabgaben nicht von einer Spezifität i.S.v. Art. 4 Abs. 2 lit. a) AS-GVO bzw. Art. 2.1 lit. a) ASÜ ausgegangen werden kann, besteht immer noch die Möglichkeit einer *De-facto*-Spezifität. Art. 4 Abs. 2 lit. c) AS-GVO bzw. Art. 2.1 lit. c) ASÜ enthalten diesbezüglich eine nicht abschließende[1235] Liste von Anhaltspunkten: die Inanspruchnahme eines Subventionsprogramms durch eine begrenzte Anzahl bestimmter Unternehmen, die vorwiegende Inanspruchnahme durch bestimmte Unternehmen, die Gewährung unverhältnismäßig hoher Subventionsbeträge an bestimmte Unternehmen und die Art und Weise, in der die gewährende Behörde bei der Entscheidung über die Gewährung einer Subvention von ihrem Ermessen Gebrauch gemacht hat.

Das EuG scheint – entgegen einem Teil der Literatur – davon auszugehen, dass bei rohstoffbezogenen Exportabgaben (wie bspw. Eisenerz) nur eine begrenzte Zahl von Unternehmen den dadurch bewirkten Preisvorteil tatsächlich in Anspruch nimmt. Diese Einschätzung deckt sich auch mit der WTO-Rechtsprechung. In dem Fall *US – Carbon Steal (India)* argumentierte Indien, dass es für eine begrenzte Inanspruchnahme erforderlich sei, dass innerhalb der Nutzer von Eisenerz eine weitere Untergruppe von Subventionsempfängern identifiziert werden kann.[1236] Sowohl das Panel als auch der Appellate Body widersprachen jedoch dieser Einschätzung und erklärten, dass die Feststellung einer begrenzten Anzahl von Unternehmen lediglich voraussetze, dass die Empfänger einer Subvention hinreichend quantifiziert werden können.[1237] Das Panel widersprach in diesem Zusammenhang auch ausdrücklich der Einschätzung, dass es bei Eisenerz an einer abgrenzbaren Gruppe von Empfängern fehle, da der Vorteil der Gesamtbevölkerung zugutekomme.[1238]

1234 Durchführungsverordnung (EU) 2019/1344, Rn. 202.

1235 *Müller*, S. 183 ff.

1236 WTO, *United States – Countervailing Measures on Certain Hot-Rolled Carbon Steel Flat Products from India*, WT/DS436/R, Panel Report (4 July 2014), Rn. 7.120 u. WT/DS436/AB/R, Appellate Body Report (8 December 2014), Rn. 4.371.

1237 WTO, *United States – Countervailing Measures on Certain Hot-Rolled Carbon Steel Flat Products from India*, WT/DS436/R, Panel Report (4 July 2014), Rn. 7.121 ff., WT/DS436/AB/R, Appellate Body Report (8 December 2014), Rn. 4.378 f.

1238 WTO, *United States – Countervailing Measures on Certain Hot-Rolled Carbon Steel Flat Products from India*, WT/DS436/R, Panel Report (4 July 2014), Rn. 7.131.

Es bezog sich dabei auf die Einschätzung des Panels in *US – Softwood Lumber IV*, wonach im Falle eines Gutes, das vom Staat bereitgestellt wird und das (aufgrund seiner inhärenten Eigenschaften) nur für bestimmte Unternehmen von Nutzen ist, es umso wahrscheinlicher ist, dass eine Subvention, die über die Bereitstellung dieses Gutes gewährt wird, nur bestimmte Unternehmen begünstigt.[1239] Allerdings bedeute dies nicht, dass die Bereitstellung eines Gutes in Form einer natürlichen Ressource automatisch spezifisch wäre, gerade weil in einigen Fällen die bereitgestellten Güter (wie z. B. Öl, Gas, Wasser usw.) von einer unbestimmten Anzahl von Unternehmen genutzt werden könnten.[1240] An dieser Argumentation scheint das EuG sich im Rahmen seiner eigenen Entscheidung orientiert zu haben.

Für Exportabgaben wird dadurch deutlich, dass eine *De-facto*-Spezifität letztlich von dem erfassten Gut und seiner Verwendung abhängt. Bei Rohstoffen, die typischerweise ein notwendiges Einsatzmittel für die industrielle Produktion darstellen, kann vor diesem Hintergrund von einer beschränkten Nutzbarkeit ausgegangen werden. In *US – Softwood Lumber IV* sah das Panel bspw. einen begrenzten Nutzerkreis für stehendes Holz („standing timber"), ohne dabei auf die Art der daraus hergestellten Endprodukte abzustellen.[1241]

Für Güter wie bspw. Strom scheint die Rechtsprechung demgegenüber von einem unbegrenzten Nutzerkreis auszugehen. Jedoch weist *Pogoretskyy* darauf hin, dass auch in diesen Fällen – je nach Art des Industriezweigs sowie Ausgestaltung der nationalen Wirtschaftsstrukturen – nur ein kleiner Kreis von Unternehmen von niedrigen Energiepreisen profitiert oder diese vorwiegend in Anspruch nimmt oder diesbezüglich eine unverhältnismäßig hohe Subvention erhält.[1242] Gemäß Art. 4 Abs. 2 lit. c) AS-GVO bzw. Art. 2.1 lit. c) ASÜ wird berücksichtigt, in welchem Maß die Wirtschaftstätigkeit diversifiziert ist und wie lange das Subventionsprogramm bereits angewandt wird. Insgesamt kommt es also – neben der Art des Gutes – auch auf die Art des Zugangs sowie die wirtschaftlichen Strukturen in dem Land der Zurverfügungstellung an.

1239 WTO, *United States – Final Countervailing Duty Determination with Respect to Certain Softwood Lumber from Canada*, WT/DS257/R, Panel Report (29 August 2003), Rn. 7.116.

1240 ibid.

1241 WTO, *United States – Final Countervailing Duty Determination with Respect to Certain Softwood Lumber from Canada*, WT/DS257/R, Panel Report (29 August 2003), Rn. 7.116 u. 7.119 ff.

1242 *Pogoretskyy*, in: Selivanova (ed.), S. 181, 211 f.

Exportabgaben können danach einerseits *de jure* spezifisch sein soweit sich aus der staatlichen Industriepolitik heraus eine ausdrückliche Begrenzung auf einen bestimmten Adressatenkreis ergibt. Daneben können Exportabgaben auch *de facto* spezifisch sein, sofern die betroffenen Waren schwerpunktmäßig von einer abgrenzbaren Gruppe von Unternehmen verwendet wird. Für Rohstoffe im hier definierten Sinne ist dies regelmäßig anzunehmen.

4. Exportabgaben als Faktor bei der Subventionsberechnung

Abschließend soll noch auf eine weitere Bedeutung von Exportabgaben im Kontext einer Subventionsprüfung hingewiesen werden. Sie betrifft Fälle, in denen das von Exportabgaben betroffene Gut selbst zum Gegenstand eines unilateralen Antisubventionsverfahren gemacht wird. Bei der Berechnung der Höhe der anfechtbaren Subventionen anhand des dem Empfänger erwachsenden Vorteils im Subventionierungszeitraum (Art. 5 AS-GVO) sind gem. Art. 7 Abs. 1 lit. b) AS-GVO „Ausfuhrsteuern, Zölle oder andere Abgaben, die auf die in die Union ausgeführte Ware erhoben wurden, um die Subvention auszugleichen", abzuziehen. Exportabgaben können dadurch – ebenso wie gem. Art. 2 Abs. 10 lit. k) AD-GVO im Rahmen eines Antidumpingverfahrens – zu einer Anpassung verpflichten, die dazu dient, die tatsächliche Höhe der anfechtbaren Subvention festzustellen.

IV. Zwischenfazit: Die Regelung von Exportabgaben im Antisubventionsrecht

Die vorstehende Untersuchung des Antisubventionsrechts hat gezeigt, dass Exportabgaben auf Grundlage der AS-GVO bzw. dem ASÜ als eine anfechtbare Subvention angesehen werden können. Dem Vorwurf eines unfairen Preis- bzw. Wettbewerbsvorteils durch Einsatz rohstoffbezogener Exportabgaben kann daher auf Basis des Antisubventionsrechts begegnet werden. Die Voraussetzung dafür ist, dass der betreffende Staat sie als ein industriepolitisches Mittel einsetzt. In einem solchen Fall macht er sich die dadurch bewirkte Preissenkung zu eigen, worin eine Umgehung von Art. 3 Abs. 1 lit. a) iii) AS-GVO bzw. Art. 1.1 lit. a) 1. iii) ASÜ zu sehen ist. Der Zweck des Regierungshandelns wird dabei zu einem Unterscheidungskriterium, welches es erlaubt eine staatliche Industriepolitik von anderen politischen Zielen abzugrenzen. Während ein Ausschluss nicht-wirtschaftlicher Ziele im Kontext des GATT auf Rechtfertigungsebene greift (Art. XX GATT), schließen sie in diesem Zusammenhang eine Anwendung bereits auf Tatbestandsebene aus.

Wird hingegen durch den industriepolitisch motivierten Einsatz von Exportabgaben zielgerichtet eine Preissenkung herbeigeführt, so liegt darin auch ein subventionsrechtlich relevanter Vorteil. Da die bewirkte Kostenbegünstigung durch eine Verzerrung des Marktpreises im Land der Zurverfügungstellung bzw. der Einkommensstützung herbeigeführt wird, muss zu dessen Feststellung eine angemessene Bezugsgröße ermittelt werden, die mit dem verzerrten Preis verglichen werden kann.

Im Bereich rohstoffbezogener Exportabgaben ist der erzielte Kostenvorteil auch immer als eine selektive Begünstigung anzusehen. Er kommt denjenigen Industriezweigen zugute, die das betroffene Gut zur Produktion einsetzen. Hieraus ergibt sich erst der industriepolitische Nutzen. Der Empfänger lässt sich dabei entweder in Form einer ausdrücklichen Nennung, jedenfalls aber anhand des konkreten Ausgangsstoffes abgrenzen.

Insgesamt erfordert die Subventionsprüfung eine umfangreiche Gesamtbetrachtung der Umstände, unter denen Exportabgaben eingesetzt werden, sowie der wirtschaftlichen Strukturen des jeweiligen Landes. Der Prüfungsmaßstab ist dabei für das ASÜ und die AS-GVO deckungsgleich. Eine Kollision ergibt sich daher nicht. In Folge dessen kann die EU gegen rohstoffbezogene Exportabgaben sowohl unilateral durch den Einsatz von Ausgleichszöllen als auch im Wege eines multilateralen Streitbeilegungsverfahrens auf Grundlage des ASÜ vorgehen. Nehmen externe Handelsabkommen auf diese Regeln Bezug, so steht der EU zudem ein dritter Verfahrensweg auf Grundlage des jeweiligen Handelsabkommens offen.

D. Das Antidumping- und Antisubventionsrecht als ein alternativer Regelungsansatz zum Umgang mit Exportabgaben

Während Exportabgaben im Antidumpingrecht nur eine geringe Bedeutung zukommt, kann ihr industriepolitischer Einsatz zum Gegenstand eines Antisubventionsverfahrens gemacht werden. Das Antisubventionsrecht erweist sich damit als ein alternativer Regelungsansatz für den Umgang mit Exportabgaben, der den Beschränkungsverboten innerhalb der WTO-Beitrittsprotokolle und der verschiedenen externen Handelsabkommen der EU gegenübergestellt und mit diesen verglichen werden kann.

Ein deutlicher Unterschied zwischen beiden Ansätzen liegt zunächst darin, dass das Antisubventionsrecht auf dem ASÜ aufbaut und daher durch einheitliche Regelungen gegenüber allen WTO-Mitgliedern gekennzeichnet ist, während die einzelnen Zugeständnisse im Rahmen eines WTO-Beitritts und bei Abschluss externer Handelsabkommen jeweils individuell ausgestaltet sind. Das Antisubventionsrecht entspricht dadurch dem „single-undertaking"-Ansatz und ist zugleich auch Ausdruck eines Konsenses zwischen allen WTO-Mitgliedern.[1243] Die einzelnen Beitrittsverpflichtungen, insbesondere aber die Vereinbarungen innerhalb einzelner externer Handelsabkommen stehen demgegenüber für eine Fragmentierung des Welthandelsrechts und sind in deutlich stärkerem Maße Ausdruck eines Verhandlungsungleichgewichts zwischen den jeweiligen Vertragsparteien.[1244] Die EU kann dabei ihr handelspolitisches Gewicht nutzen, um den Zugang zu Rohstoffen zu verbessern.

Anders als die einheitlich geltenden Regelungen des Antisubventionsrechts bewegen sich die Bestimmungen externer Handelsabkommen dabei in einem offenen Spannungsverhältnis zum WTO-Recht.[1245] Relativierend ist allerdings einzuwenden, dass auch das Antisubventionsrecht bereits zum Gegenstand von externen Handelsabkommen gemacht wurde und daher potenziell ebenfalls individuellen Modifikationen unterliegen kann.[1246] Bislang ist eine wesentliche Abweichung vom ASÜ und dem daraus hervorgehenden welthandelsrechtlichen Subventionstatbestand allerdings nicht ersichtlich.[1247]

Vergleicht man die Reichweite beider Regelungsansätze miteinander, so verfügt das Antisubventionsrecht tendenziell über einen engeren Anwendungsbereich. Ein Antisubventionsverfahren kann nur gegen den industriepolitischen Einsatz von Exportabgaben geführt werden. Darüber hi-

---

1243 Siehe zur Kritik an der Durchbrechung des „single-undertaking"-Ansatzes durch die individuellen Beitrittsverpflichtungen bereits Kapitel 3, Abschnitt A. II. u. IV.

1244 Zur Kritik an den Folgen dieses außerhalb des WTO-Forums in besonderem Maße zu Tage tretenden Verhandlungsungleichgewichts etwa *Abbott*, JIEL 3/2007, S. 571, 578 f.

1245 Dazu Kapitel 3, Abschnitt B. II.

1246 Dazu bereits Kapitel 4, Abschnitt C. I.

1247 Eine gewisse Ausnahme stellten die einzelnen Erweiterungen auf den Dienstleistungsbereich z.B. in Art. 11.5 Abs. 1 EU-Singapur FHA oder Art. 10.5 Abs. 1 EU-Vietnam FHA dar, die allerdings weiterhin auf dem ASÜ aufbauen. Als Sonderfall lassen sich darüber hinaus die auf die eine gewisse Wettbewerbsgleichheit („level playing field") zielenden Art. 355 ff. des EU-GB-HKA begreifen. Siehe dazu *Hoffmeister*, in: Heger/Gourdet (Hrsg.), S. 127, 132 ff.

naus bedarf es einer nachteiligen Auswirkung gem. Art. 5 ASÜ bzw. einer Schädigung gem. Art. 8 AS-GVO. Das Antisubventionsrecht steht damit für eine auswirkungsbezogene Betrachtungsweise. Dagegen erfassen die verschiedenen Verbotstatbestände der WTO-Beitrittsprotokolle und der externen Handelsabkommen Exportabgaben allgemein. Es kommt in diesem Zusammenhang allein auf die Existenz einer entsprechenden Maßnahme an.

Durch diesen engeren Anwendungsbereich dient das Antisubventionsrecht stärker dem Interessengleichgewicht zwischen den rohstoffexportierenden und den rohstoffimportierenden Staaten. Es greift nur dann ein, wenn bestehende Marktzugangsvereinbarungen (auf Grundlage des WTO-Rechts oder externer Handelsabkommen) industriepolitisch ausgenutzt werden. In Anknüpfung an den handelspolitischen Fairness-Begriff richtet es sich gegen einzelne Verzerrungen des internationalen Wettbewerbs.[1248] Diese werden entweder durch den Einsatz von Ausgleichszöllen gegenüber den geförderten ausländischen Industrien sanktioniert oder es besteht die Möglichkeit auf Grundlage einer nachteiligen Auswirkung ein Streitbeilegungsverfahren einzuleiten. Ein direktes Verbot von Exportabgaben entspricht demgegenüber eher den Vorstellungen einer fortschreitenden Marktintegration und der damit verbundenen gegenseitigen Handelsliberalisierung. Auf eine tatsächliche Beeinträchtigung des Wettbewerbsverhältnisses kommt es dabei nicht an.

Ein legitimer Einsatz von Exportabgaben hängt in diesem Zusammenhang von einer Rechtfertigung auf Grundlage allgemeiner Ausnahmebestimmungen ab (bspw. Art. XX GATT). Wie der WTO-Beitritt Chinas zeigt, kann jedoch in Folge individueller Vereinbarungen – je nach der konkreten Ausgestaltung – ein Rückgriff abgeschnitten sein.[1249] Die regionalen Handelsabkommen der EU verfügen regelmäßig über entsprechende Ausnahmeregelungen.[1250] Für das Antisubventionsrecht kommt es auf derartige Rechtfertigungsmöglichkeiten nicht an, da bereits auf Tatbestandsebene ein Einsatz, der außerhalb von industriepolitischen Zwecken erfolgt, ausgeschlossen wird. Allerdings ist hervorzuheben, dass bspw. innerhalb der Entwicklungsassoziierungsabkommen der EU auch ein industriepolitischer Einsatz von Exportabgaben in gewissen Grenzen anerkannt wird.[1251] Im Kontext des Antisubventionsrechts ist im Hinblick auf die we-

---

1248 Hierzu Kapitel 4, Abschnitt A.
1249 Dazu Kapitel 3, Abschnitt A. II. 1.
1250 Dazu im Einzelnen Kapitel 3, Abschnitt B. I.
1251 Dazu Kapitel 3, Abschnitt B. I. 2. c).

nig entwickelten Länder indes wiederum denkbar, dass regelmäßig auch bei einem industriepolitischen Einsatz von Exportabgaben im Verhältnis zur EU jedenfalls keine Schädigung oder sonstige nachteilige Wirkung feststellbar sein wird.

In praktischer Hinsicht geht der wirkungsbezogene Ansatz des Antisubventionsrechts mit hohen Nachweisanforderungen einher und erfordert demnach ein höheres Maß an Ermittlungsaufwand. Es muss nicht nur die Existenz von Exportabgaben nachgewiesen werden, wofür es womöglich bereits an hinreichenden Informationen fehlt.[1252] Darüber hinaus bedarf es ausreichender Hinweise auf eine industriepolitische Einbindung. Bei den direkten Verbotstatbeständen stellen sich – wie gesehen – demgegenüber eher rechtliche Unsicherheiten in Bezug auf die im Einzelfall erfassten Arten von Exportabgaben. Offen ist, ob ggf. Feststellungen zur Existenz und dem Zweck von Exportabgaben aus einem Streitbeilegungsverfahren (etwa auf Grundlage eines externen Handelsabkommens) in einem Antisubventionsverfahren verwertet werden könnten. Bislang sind derartige Fälle – soweit ersichtlich – nicht bekannt geworden.

Auf Ebene der Durchsetzung ermöglicht das Antisubventionsrecht den autonomen Einsatz von Ausgleichszöllen, während die direkten Verbotstatbestände des WTO-Rechts und der einzelnen externen Handelsabkommen auf die Durchführung eines Streitbeilegungsverfahrens angewiesen sind. Der Einsatz von Ausgleichszöllen beschränkt sich allerdings in geografischer Hinsicht auf Einfuhren in die EU. Das Ausfuhrland oder andere Drittlandsmärkte werden hiervon nicht erfasst. Auch das geplante neue Subventionsinstrument der EU beschränkt sich auf den Binnenmarkt.[1253] Daneben kann allerdings auch das Antisubventionsrecht im Wege eines Streitbeilegungsverfahrens durchgesetzt werden. In den regionalen Handelsabkommen der EU finden sich dazu teils eigenständige Verfahrensregelungen.[1254] Im Hinblick auf die Durchführung eines WTO-Streitbeilegungsverfahrens stellt sich für beide Regelungsansätze das Problem der derzeitigen Blockade des Appellate Body, soweit nicht die von der EU aufgestellten Übergangsregelungen Anwendung finden.[1255] Auf die stärkere Fokussierung der EU-Handelspolitik auf die Durchsetzung von Handelszugeständnissen wurde bereits hingewiesen.[1256]

1252 Zur Datenlage bei Exportbeschränkungen bereits Fn. 74.
1253 *Ritzek-Seidl*, in: Heger/Gourdet (Hrsg.), S. 29, 34.
1254 Siehe dazu bereits Fn. 937.
1255 Hierzu bereits Fn. 533.
1256 Dazu Kapitel 3, Abschnitt B. I. 4.

Das Antisubventionsrecht ist damit aufgrund seines engeren Anwendungsbereichs in stärkerem Maße Ausdruck eines Interessengleichgewichts, jedoch zugleich auch mit größerem Aufwand in der praktischen Handhabung verbunden. Letztlich sind beide Regelungsansätze allerdings nicht getrennt, sondern nebeneinander als Mittel für einen Umgang mit Exportabgaben durch das Welthandelsrecht zu betrachten. Setzt man beide Ansätze ins Verhältnis zueinander, so ist davon auszugehen, dass eine zunehmende Marktintegration und Rohstoffkooperation durch den Abschluss externer Handelsabkommen die Notwendigkeit von Subventionsverfahren deutlich reduzieren wird. Umgekehrt können Antisubventionsverfahren dazu dienen, um eine rechtliche Lücke zu schließen, wenn zwischen Staaten keine spezifische Handelsvereinbarung zu Exportabgaben besteht, sei es auf Grundlage des WTO-Rechts oder anderer externer Handelsabkommen. Interessanterweise sind es gerade Indien, Argentinien und Indonesien, gegen die die EU bislang autonome Antisubventionsverfahren aufgrund eines Einsatzes von Exportabgaben gerichtet hat.[1257] Diese Länder sind weder gegenüber der EU noch im Rahmen ihrer WTO-Mitgliedschaft besondere Zugeständnisse im Bereich von Exportabgaben eingegangen. In Bezug auf Argentinien könnte das derzeit bereits in fortgeschrittenen Verhandlungen befindliche Abkommen zwischen der EU und MERCOSUR dann womöglich schon bald die Notwendigkeit einer Einleitung von Antisubventionsverfahren entfallen lassen.[1258] Ein multilaterales WTO-Abkommen zu Exportabgaben ist demgegenüber in naher Zukunft nicht zu erwarten.[1259]

E. Zwischenfazit: Exportabgaben als Gegenstand des Antidumping- und Antisubventionsrechts

Exportabgaben können nicht nur zu einem Gegenstand gegenseitiger Handelszugeständnisse gemacht werden. Aufgrund ihrer wirtschaftlichen Auswirkungen lassen sie sich daneben auch als eine unfaire Handelspraktik qualifizieren und stellen dadurch ein potenzielles Ziel des Antidumping- und Antisubventionsrechts dar. Rohstoffbezogene Exportabgaben sind in diesem Zusammenhang unter die handelspolitischen Begriffe des Input Dumping und der Subventionierung zu fassen.

1257 Siehe dazu die in Fn. 962 genannten Fälle.
1258 Dazu Kapitel 3, Abschnitt B. I. 1. a).
1259 So bereits Kapitel 3, Abschnitt A. IV.

Für das Antidumpingrecht ist allerdings festzustellen, dass sich diese Ausprägung des Input Dumping nicht in nennenswerter Weise auf die Dumpingprüfung auswirken darf, da diese von den tatsächlichen Produktionskosten des Ausführers auszugehen hat. Dies bedeutet, dass sich auch etwaige Anpassungen an der tatsächlichen Kostenstruktur orientieren müssen. Einzelne Ausnahmen von diesem Grundsatz können lediglich dort angenommen werden, wo die EU unionsspezifische Regelungen erlassen hat bzw. den ihr ausdrücklich durch das WTO-Recht eingeräumten Spielraum nutzt. Dadurch lässt sich der Einsatz von Exportabgaben zwar in Einzelfällen sanktionieren, insbesondere bei der Anwendung der Niedrigzollregelung. Angesichts einer vorrangigen Anknüpfung an eine private Preisdiskriminierung erscheint das Antidumpingrecht jedoch insgesamt eher ungeeignet, um den Preisverzerrungen bei Rohstoffen in Folge eines Einsatzes von Exportabgaben zu begegnen.

Etwas anderes gilt für das Antisubventionsrecht, das jedenfalls gegenüber einem industriepolitischen Einsatz von Exportabgaben zur Anwendung gebracht werden kann. Es besteht dann die Möglichkeit eines unilateralen Vorgehens nach der AS-GVO oder einer Einleitung eines Streitbeilegungsverfahrens auf Grundlage des ASÜ, ggf. auch aufgrund eines regionalen Handelsabkommens der EU. Wesentliche Voraussetzung ist hierfür nach dem Finalitätsansatz des Appellate Body, dass im Wege einer Gesamtbetrachtung aller zur Verfügung stehenden Informationen eine Einbindung von Exportabgaben in eine staatliche Industriestrategie nachgewiesen wird. In diesem Fall macht sich die Regierung das private Marktverhalten der Rohstoffproduzenten zu eigen. Es wird dadurch zwischen der legitimen Wahrnehmung souveräner Rechte und einer staatlichen Industriepolitik unterschieden, durch die den Verwendern des betroffenen Ausgangsstoffs ein selektiver Preisvorteil gewährt werden soll.

Im Verhältnis zu den direkten Verbotstatbeständen, wie sie im 3. Kapitel dieser Untersuchung herausgearbeitet wurden, erweist sich das Antisubventionsrecht damit als ein alternativer Regelungsansatz für einen rechtlichen Umgang mit Exportabgaben. Im Unterschied zu einer direkten Regelung ist der subventionsrechtliche Ansatz durch einen engeren Anwendungsbereich und zugleich durch höhere Beweisanforderungen gekennzeichnet. Dadurch wird den rohstoffexportierenden Staaten tendenziell ein größerer Handlungsspielraum belassen. Er basiert zudem auf dem einheitlich für alle WTO-Mitglieder geltenden ASÜ. Letztlich stehen beide Regelungsansätze jedoch gleichberechtigt nebeneinander. Dabei kann das Antisubventionsrecht rechtliche Lücken schließen, die mangels einer WTO-rechtlichen oder auf einem sonstigen Handelszugeständnis beruhenden Regelung zu Exportabgaben bestehen. Umgekehrt kann die Vereinbarung einer entsprechenden Regelung dazu führen, dass ein Einsatz des Antisubventionsrechts in dieser Hinsicht nicht mehr erforderlich ist.

Kapitel 5: Schlussbetrachtungen

In Rahmen dieser Arbeit ist der Umgang mit Exportabgaben auf Rohstoffe innerhalb des welthandelsrechtlichen Mehrebenensystems am Beispiel der Europäischen Union untersucht worden. Abschließend sollen nun die dabei gewonnenen Erkenntnisse zunächst zu einem Gesamtbild zusammengeführt (dazu A.) und anhand dessen einige Reformüberlegungen für den Umgang mit Exportabgaben durch das Welthandelsrecht angestellt werden (B.). Darüber hinaus soll ein Ausblick auf die zukünftige Bedeutung von Exportabgaben im Welthandelsrecht gegeben werden (dazu C.).

A. Zusammenfassung der wesentlichen Forschungsergebnisse

Der Umgang mit Exportabgaben innerhalb des welthandelsrechtlichen Mehrebenensystems ist durch dessen fortschreitende Fragmentierung geprägt. Ausgehend von einer Regelungslücke im GATT können Rohstoffimporteure – wie die EU – diesbezüglich auf einzelne WTO-Beitrittsverpflichtungen oder aber auf unterschiedliche Formen von Handelszugeständnissen außerhalb des multilateralen Rahmens der WTO zurückgreifen. Exportabgaben stehen dabei als WTO$^+$- oder WTO$^-$-Regelungen in einem offenen Konflikt zum Geltungsanspruch des WTO-Rechts. Darüber hinaus lassen sich Exportabgaben auf Rohstoffe auch durch das Antisubventionsrecht erfassen, das an den unfairen Handelsvorteil anknüpft, der durch eine damit verbundene Beeinflussung von Rohstoffpreisen gezielt herbeigeführt werden kann. Hierdurch können die noch bestehenden Regelungslücken geschlossen werden soweit es um gleiche Wettbewerbsbedingungen (i.S.e. level playing field) geht. Daneben kann sein Einsatz aber auch einen Anreiz für die Vereinbarung eines weitergehenden Rohstoffzugangs schaffen.

Nachfolgend sollen die wesentlichen Forschungsergebnisse dieser Arbeit thesenhaft zusammengefasst werden. Diese Zusammenfassung folgt dabei dem chronologischen Aufbau der Untersuchung:

1. Exportabgaben stellen eine Form der Exportbeschränkung dar, die sowohl in Form einer Grenzabgabe (Exportzoll) als auch einer diskriminierenden Binnenbesteuerung denkbar ist (Exportsteuer). Während durch sie einerseits Staatseinnahmen generiert werden, können sie an-

dererseits auch industriepolitischen Zwecken dienen. Unabhängig von der konkreten Ausgestaltung führt die Erhebung von Exportabgaben zu einem Absinken der Preise im Binnenmarkt in Folge einer Verteuerung des Exports. Verfügt der Staat bzw. verfügen die heimischen Rohstoffproduzenten über einen hohen Weltmarktanteil, so steigt daneben auch der Weltmarktpreis für das betroffene Gut. Angesichts der entscheidenden Bedeutung von Rohstoffen für die industrielle Produktion und der Tatsache, dass diese geografisch ungleich verteilt, dabei meist auch geografisch konzentriert sind, folgt daraus für Importstaaten ein Zugangsproblem. Dieses wirkt sich letztlich nachteilig auf den weltweiten Wettbewerb der verarbeitenden Industrien aus.

2. Das WTO-Recht regelt Exportbeschränkungen allgemein im Rahmen von Art. XI:1 GATT, jedoch werden fiskalische Beschränkungsformen hiervon ausdrücklich nicht erfasst. Dies entspricht der Systematik des GATT, die durch eine doppelte Asymmetrie zwischen tarifären und nicht-tarifären sowie zwischen import- und exportbezogenen Regelungen geprägt ist. Für Exportabgaben insgesamt gelten lediglich die Transparenz- und Verfahrensanforderungen gem. Art. X:1 und X:3 GATT. Während Exportzölle zusätzlich dem Meistbegünstigungsgrundsatz gem. Art. I:1 GATT unterfallen, bleiben Exportsteuern als Maßnahme „hinter der Grenze" durch die Verknüpfung von Art. I:1 GATT mit dem asymmetrisch ausgestalteten Art. III:2 GATT hiervon ausgenommen. Allerdings können sich die WTO-Mitglieder für den Gesamtbereich der Exportabgaben durch Zugeständnisse gem. Art. II:1(a) GATT verpflichten. Darüber hinaus besteht die Möglichkeit einer Nichtverletzungseschwerde gem. Art. XXIII:1(b) GATT bzw. 26.1 DSU, durch die ein WTO-Mitglied allerdings nicht zur Aufhebung einer Maßnahme verpflichtet werden kann.

3. Diese für alle WTO-Mitglieder in gleicher Weise geltende Rechtslage wird durch eine Vielzahl von individuellen Zugeständnissen im Rahmen des Beitritts zur WTO durchbrochen. In der Vergangenheit sind bereits eine Reihe von Staaten Zugeständnisse im Bereich von Exportabgaben eingegangen, darunter insbesondere das bei einer Vielzahl von kritischen Rohstoffen marktbeherrschende China. Die Zugeständnisse umfassen sowohl eine reine Verpflichtung auf den Stand des WTO-Rechts als auch eine Verpflichtung zur Aufhebung, Reduzierung oder Bindung von Exportabgaben. Die Reichweite ist dabei ebenso unterschiedlich, wie die rechtstechnische Ausgestaltung. Letzteres kann dazu führen, dass die eingegangenen Verpflichtungen isoliert vom GATT zu behandeln sind. Das betreffende WTO-Mitglied kann sich

dann bspw. nicht auf die in Art. XX GATT genannten Rechtfertigungsgründe berufen.

4. Diese selektive Erfassung von Exportabgaben führt insgesamt zu einem
   fragmentierten Regelungsrahmen innerhalb des WTO-Rechts. Für jedes Mitglied muss dabei die konkrete Art und Reichweite der Verpflichtung im Einzelfall festgestellt werden. Ob die im Rahmen von
   Beitrittsverhandlungen vereinbarten Abweichungen vom „single-undertaking"-Ansatz gerechtfertigt sind, ist letztlich eine politische Frage.
   Art. XII:1 WTO-Übereinkommen sieht jedenfalls die Aushandlung
   von Beitrittsbedingungen ausdrücklich vor und nimmt dadurch die
   Folgen eines dabei zu Tage tretenden Verhandlungsungleichgewichts
   in Kauf.

5. Eine allgemeine Regelung von Exportabgaben in Form eines multilateralen (oder zunächst plurilateralen) Übereinkommens, wie dies
   insbesondere von der EU vorgeschlagen wurde, fand bislang keine
   Zustimmung. Dadurch würden einheitlich geltende Regelungen für
   alle oder – bei Abschluss eines plurilateralen Abkommens – zumindest
   einen Teil der WTO-Mitglieder geschaffen. Jedoch würde der Verzicht
   auf Exportabgaben dabei vorwiegend rohstoffimportierenden WTO-
   Mitgliedern nützen. Dies kann als Erklärungsansatz für die fehlende
   Unterstützung durch die rohstoffexportierenden WTO-Mitglieder herangezogen werden. Bislang bleibt es für Exportabgaben dadurch bei
   einem System individueller Verpflichtungen.

6. Die Fragmentierung der WTO-rechtlichen Verpflichtungen wird
   durch die zunehmende Zahl von Handelsabkommen, die außerhalb
   der WTO geschlossen werden, weiter fortgesetzt, wenn nicht sogar verstärkt. Angesichts der Tatsache, dass die Erhebung von Exportabgaben
   für einzelne WTO-Mitglieder ungeregelt bleibt, während sich andere
   Mitglieder unterschiedlichen Arten von Verpflichtungen unterworfen
   haben, können Exportabgaben in diesem Zusammenhang entweder
   in Form einer WTO+- oder als eine WTO--Bestimmung vereinbart werden.

7. Die EU hat in nahezu allen Abkommen bislang eine Regelung zu
   Exportabgaben vereinbart und dadurch die auf Ebene der WTO bestehende Lücke vielfach geschlossen. Die einzelnen Abkommen enthalten mehrheitlich Bestimmungen, die an die Systematik des GATT und
   den Wortlaut von Art. 1 des AET-Vorschlags anknüpfen. Sie können
   als Ersatz für die erfolglosen Reformbemühungen angesehen werden.
   In anderen Fällen hat die EU demgegenüber die binnenmarktrechtlichen Bestimmungen der Art. 30 und 110 AEUV in das betreffende Ab-

kommen integriert. Dieser Export des Binnenmarktrechts ist regelmäßig mit einer Integrationsperspektive verbunden und umfasst in Folge dessen auch das rechtsprechungsgeprägte Konzept der Neutralität
des nationalen Steuersystems gegenüber dem grenzüberschreitenden
Handel. Dadurch kann die im Wortlaut des Art. 110 AEUV angelegte
Asymmetrie im Wege der Auslegung überwunden werden.

8. Einige der regionalen Handelsabkommen der EU enthalten daneben
   spezifische Ausnahmebestimmungen, durch die mitunter auch ein industriepolitischer Einsatz von Exportabgaben gerechtfertigt werden
   kann. Zugleich finden sich allerdings auch Meistbegünstigungsgebote, durch die eine Gleichbehandlung gegenüber anderen großen Handelsnationen und damit eine Wettbewerbsgleichheit beim Zugang
   zu Rohstoffen erreicht werden soll. Noch weiter gehen in dieser Hinsicht die jüngsten Verhandlungen zu den Abkommen mit Mexiko,
   Australien sowie Neuseeland. Bei diesen drängt die EU auf die Vereinbarung eines eigenständigen Rohstoffkapitels. Regulierungsvorgaben
   und Kooperationsmechanismen bei der Rohstoffförderung deuten in
   diesem Zusammenhang auf eine tiefgehende Marktintegration hin,
   die über die Beseitigung einzelner Handelsbeschränkungen deutlich
   hinausgeht.

9. Parallel zu den Bemühungen um einen verbesserten Rohstoffzugang
   aufgrund von weitreichenden Handelsvereinbarungen wird innerhalb
   der EU-Handelspolitik inzwischen ein stärkerer Fokus auf eine effektive Durchsetzung von Handelsabkommen gelegt. In praktischer Hinsicht wird dies anhand von personellen Aufstockungen, rechtlichen
   Anpassungen sowie an der steigenden Zahl von eingeleiteten Streitbeilegungsverfahren deutlich. Zur Durchsetzung von regionalen Handelsabkommen kommt es dabei auf den individuell vereinbarten Streitbei-
   legungsmechanismus an. Das WTO-Streitbeilegungssystem steht hierfür (bislang) nicht zur Verfügung.

10. Externe Handelsabkommen und das WTO-Recht stehen insgesamt
    in einem ungelösten Spannungsverhältnis zueinander. Verstöße ge-
    gen den Meistbegünstigungsgrundsatz oder gegen einzelne Beitritts-
    verpflichtungen, wie sie sich aus WTO⁺- oder WTO⁻-Vereinbarungen
    zu Exportabgaben potenziell ergeben können, lassen sich – je nach Art
    des Abkommens – zwar möglicherweise durch Art. XXIV GATT oder
    Art. XX(h) GATT rechtfertigen. Allerdings sind zum einen die tatsäch-
    lichen Anforderungen der beiden Vorschriften bislang ungeklärt. Zum
    anderen findet eine materielle Überprüfung in praktischer Hinsicht
    nicht statt. Während zwischenstaatlichen Grundstoffabkommen der-

zeit keinerlei materielle Bedeutung zukommt, fehlt es hinsichtlich der steigenden Zahl von regionalen Abkommen am politischen Willen für eine materielle Vereinbarkeitsprüfung. Für die Gesamtheit der von der EU vereinbarten Regelungen zu Exportabgaben bleibt dadurch die Vereinbarkeit mit dem WTO-Recht offen.

11. Neben die einzelnen Beschränkungsverbote des Welthandelsrechts treten die gegen unfaire Handelspraktiken gerichteten Handelsschutzinstrumente des Antidumping- und Antisubventionsrechts. Ihnen liegt ein handelspolitisches Fairness-Konzept zugrunde, mit dem sich das Ziel einer gewissen Wettbewerbsgleichheit i.S.e. level playing field verbindet. Der Einsatz von Exportabgaben ist hiernach als Form des Input Dumping sowie einer unfairen Subventionierung und damit als eine unfaire Handelspraktik zu betrachten.

12. Die handelspolitische Einordnung von Exportabgaben korrespondiert indes nicht mit den Vorgaben des Antidumpingrechts. Dieses basiert auf den Rahmenbedingungen des WTO-Rechts, die durch die AD-GVO weitestgehend umgesetzt werden. Wenngleich der EuGH gegenüber der Bedeutung des WTO-Rechts eine tendenziell restriktive Haltung einnimmt, ist das ADÜ für die Anwendung des Antidumpingrechts dennoch von entscheidender Bedeutung. Hiernach können Antidumpingmaßnahmen nur gegenüber Preisdiskriminierungen von Unternehmen eingesetzt werden. Im Zentrum steht dabei ein Vergleich zwischen dem Inlands- und dem Ausfuhrpreis. Exportabgaben selbst werden daher nicht in direkter Weise erfasst.

13. Im Rahmen einer Normalwertberechnung ergeben sich zwar eine Reihe von Anknüpfungspunkten für eine rechnerische Anpassung der von Seiten der Ausführer vorgelegten Preisdaten. Die Europäische Kommission hat in diesem Zusammenhang einen ungleichen Zugang zu Rohstoffen in Antidumpingverfahren berücksichtigt, indem sie bei einer staatlichen Beeinflussung von Rohstoffpreisen die Produktionskosten des Ausführers gem. Art. 2 Abs. 5 AD-GVO als unangemessen abgelehnt und diese daraufhin rechnerisch angepasst hat. Die staatlichen Eingriffe haben sich dadurch im Ergebnis auf die Ermittlung des Normalwerts ausgewirkt. Aus der WTO-Rechtsprechung ergibt sich allerdings, dass die Dumpingermittlung einer wirklichkeitsnahen Betrachtungsweise folgen muss. Eine Anpassung der Produktionskosten des Ausführers bei niedrigen Rohstoffpreisen im Inland ist damit nicht vereinbar. Dies gilt unabhängig davon, ob eine solche Anpassung an den Begriff der Angemessenheit oder an die Formulierung „normalerweise" in Art. 2 Abs. 5 AD-GVO bzw. Art. 2.2 und 2.2.1.1

ADÜ anknüpft. Ebenso ergibt sich aus der WTO-Rechtsprechung, dass staatliche Interventionen in den heimischen Rohstoffmarkt nicht zu einer „besonderen Marktlage" führen, die gem. Art. 2 Abs. 3 AD-GVO bzw. Art. 2.2 ADÜ einen angemessenen Vergleich zwischen dem heimischen Preis und dem Ausfuhrpreis der verfahrensgegenständlichen Ware ausschließen würde. Auch die unionsspezifische Regelung des Art. 2 Abs. 6a AD-GVO ist auf den Einsatz von Exportabgaben nicht anwendbar, soweit dieser nicht Bestandteil von systemischen Marktverzerrungen innerhalb des Ausfuhrlands ist.

14. Wird allerdings der Normalwert aus anderen Gründen rechnerisch ermittelt, so können Exportabgaben im Rahmen einer alternativen Normalwertberechnung berücksichtigt werden. Im Verhältnis zu Nicht-WTO-Mitgliedern findet das Prinzip der Wirklichkeitsnähe keine Anwendung. Deshalb können Rohstoffpreise angepasst werden, wenn sie durch den Einsatz von Exportabgaben beeinflusst sind. Im Fall von nennenswerten Verzerrungen gem. Art. 2 Abs. 6a AD-GVO gilt dieses Prinzip indes fort. Daher ist ein Ausschluss von Kostenfaktoren, der allein mit der Existenz von Exportbeschränkungen begründet wird, nicht mit dem Ansatz des ADÜ vereinbar. Mangels direkter Wirkung des WTO-Rechts bleibt die Anwendung von Art. 2 Abs. 6a lit. a) AD-GVO allerdings davon unberührt.

15. Keinerlei Auswirkungen haben Exportabgaben darüber hinaus auf den Ausfuhrpreis. Auf Vergleichsebene können Exportabgaben nur dann gem. Art. 2 Abs. 10 lit. k) AD-GVO berücksichtigt werden, wenn sie die verfahrensgegenständliche Ware betreffen. In diesem Zusammenhang geht es dann jedoch um einzelne Anpassungen, die einer besseren Vergleichbarkeit von Inlands- und Ausfuhrpreis dienen. Für die Ermittlung der finalen Dumpingspanne sind Exportabgaben ebenso ohne Bedeutung.

16. Eine direkte Sanktionsmöglichkeit verbleibt der EU allein im Rahmen der reformierten Niedrigzollregelung des Art. 7 Abs. 2a AD-GVO. Auf dieser Grundlage berücksichtigt die Europäische Kommission seit der Reform des Antidumpingrechts im Jahr 2018 das Bestehen von Exportbeschränkungen zum Nachteil der betroffenen Exporteure. Sie handelt dabei innerhalb des ihr WTO-rechtlich eingeräumten Spielraums.

17. Das Antisubventionsrecht knüpft – anders als das Antidumpingrecht – an die staatliche Maßnahme selbst an. Ein weiterer Unterschied liegt darin, dass das Antisubventionsrecht sowohl einen unilateralen als auch einen multilateralen Verfahrensweg gegenüber staatlichen Subventionen eröffnet. Durch das ASÜ wurde hierfür ein welthandels-

rechtlicher Subventionstatbestand geschaffen, der durch die AS-GVO in das europäische Recht übertragen wird und der als gemeinsamer Ausgangspunkt beider Verfahrenswege fungiert.

18. Exportabgaben lassen sich in diesem Zusammenhang als eine Betrauung oder Anweisung zur Gewährung von preisgünstigen Rohstoffen gem. Art. 1.1 lit. a) 1. iv) Alt. 2 ASÜ bzw. Art. 3 Abs. 1 lit. a) iv) zweiter Spstr. AS-GVO einordnen. Entscheidende Voraussetzung ist dafür nach dem vorzugswürdigen Finalitätsansatz des Appellate Body, dass im Wege einer Gesamtbetrachtung ein industriepolitischer Einsatz von Exportabgaben in hinreichender Weise nachgewiesen werden kann, durch den die gezielte Förderung der heimischen Industrie als Zweck der Maßnahme erscheint. Gelingt der Nachweis, so handelt es sich um eine Umgehung der unter Ziff. iii) geregelten direkten Zurverfügungstellung von Gütern durch den zurechenbaren Einsatz privater Unternehmen. Nach vergleichbaren Maßstäben können Exportabgaben daneben auch als eine Einkommensstützung gem. Art. 1.1 lit. a) 2. ASÜ bzw. Art. 3 Abs. 1 lit. b) AS-GVO verstanden werden, sofern dadurch direkt oder indirekt der Export eines Gutes gesteigert oder der Import eines im Wettbewerb stehenden Gutes verringert wird. Entscheidend ist jeweils, dass die durch Exportabgaben bewirkte Preisverzerrung nicht als ein reines Nebenprodukt staatlicher Regulierung erscheint, sondern gezielt zu industriepolitischen Zwecken eingesetzt wird.

19. Durch den niedrigeren Rohstoffpreis erhält die verarbeitende Industrie einen Vorteil gem. Art. 1.1 lit. b) ASÜ bzw. Art. 3 Abs. 2 AS-GVO. Für dessen Feststellung auf Grundlage des Privatmarkttests kann nicht auf den Inlandspreis zurückgegriffen werden, da dieser durch die Exportabgabe verzerrt ist. Exportabgaben kommt damit im Rahmen eines Antisubventionsverfahrens eine Doppelnatur zu: Einerseits führen sie zu einem Preisvorteil für die verarbeitende Industrie. Andererseits führt die damit verbundene Marktverzerrung dazu, dass die inländischen Preise des betroffenen Gutes im Rahmen der Vorteilsberechnung nicht als Vergleichsgröße herangezogen werden können. Die Europäische Kommission bestimmt stattdessen im Einklang mit der WTO-Rechtsprechung einen Vergleichsmaßstab auf Grundlage von externen Kostenfaktoren. Bei dieser Berechnung des Vergleichswerts müssen die einzelnen Faktoren allerdings an die Marktgegebenheiten innerhalb des subventionierenden Staates angepasst werden.

20. Der Vorteil ist in diesen Fällen auch gem. Art. 2 ASÜ bzw. Art. 4 AS-GVO als spezifisch anzusehen. Die Spezifität kann bei Exportabgaben

sowohl *de jure* als auch *de facto* gegeben sein. Einerseits kann aufgrund von politischen Äußerungen ausdrücklich eine Begrenzung auf eine konkrete Industrie angenommen werden, die durch den Einsatz von Exportabgaben begünstigt werden soll. Andererseits lässt sich die Spezifität des Subventionsvorteils auch *de facto* anhand des Kreises der Unternehmen im Inland ermitteln, die den vergünstigten Rohstoff verarbeiten. Es kommt dabei letztlich auf den konkreten Einzelfall an.

21. Abgesehen von einem Vorgehen gegen Exportabgaben, die auf Ausgangsstoffe erhoben werden, können diese – wie auch auf Grundlage von Art. 2 Abs. 10 lit. k) AD-GVO – eine Anpassung des Subventionsbetrags erforderlich machen. Dies allerdings nur, wenn sie die verfahrensgegenständliche Ware betreffen (Art. 7 Abs. 1 lit. b) AS-GVO).

22. Insgesamt kann rohstoffbezogenen Exportabgaben damit sowohl durch direkte Verbotstatbestände als auch im Wege eines Antisubventionsverfahrens begegnet werden. Das Antisubventionsrecht entspricht dabei einem multilateralen Ansatz des WTO-Rechts, durch den lediglich ein industriepolitischer Einsatz erfasst wird, soweit dieser zugleich auch nachteilige Auswirkungen i.S.v. Art. 5 ASÜ bzw. Art. 8 AS-GVO nach sich zieht. Die Souveränität rohstoffexportierender Staaten wird dadurch in geringerem Maße eingeschränkt. Der Ansatz dient daher eher einem Interessengleichgewicht zwischen rohstoffimportierenden und rohstoffexportierenden Staaten. Gleichzeitig kann er sowohl durch unilaterale Ausgleichszölle als auch durch Einleitung eines Streitbeilegungsverfahrens effektuiert werden. Direkte Verbotstatbestände, wie sie sich insbesondere aus regionalen Handelsabkommen ergeben, ermöglichen der EU und anderen großen Handelsnationen dagegen eine tendenziell einfachere Durchsetzung ihrer Interessen. Mit ihnen kann auf den anhaltenden Stillstand der WTO reagiert werden. Durch die damit einhergehende Flexibilität lassen sich individuelle Vereinbarungen zu Exportabgaben treffen, durch die auch etwa der Entwicklungsstand eines Handelspartners berücksichtigt werden kann. In praktischer Hinsicht müssen zudem aufgrund der direkten Anknüpfung an Exportabgaben keine Nachweise für eine industriepolitische Einbindung erbracht werden.

B. Mögliche Reformen für den Umgang mit Exportabgaben im Welthandelsrecht

Die vorstehende Untersuchung hat einerseits Möglichkeiten für eine rechtliche Erfassung von Exportabgaben, andererseits aber auch eine Reihe von rechtlichen Unzulänglichkeiten und Spannungen offengelegt. Nachfolgend sollen daher Überlegungen dazu angestellt werden, welche Optionen für deren Behebung in Betracht kommen. Dabei soll zunächst die direkte Erfassung von Exportabgaben auf Ebene der WTO (dazu I.) und anschließend im Rahmen externer Handelsabkommen unter Beteiligung der EU (dazu II.) in den Blick genommen werden. Daneben soll auch für den Bereich des Antidumping- und Antisubventionsrechts (dazu III.) auf Reformmöglichkeiten hingewiesen werden.

I. Reformmöglichkeiten auf Ebene der WTO

Vielfach wurde im Rahmen dieser Untersuchung darauf hingewiesen, dass auf Ebene der WTO derzeit generell keine Aussicht auf konkrete Reformen besteht. Sollte aber dennoch eine Reform angestrebt werden[1260], so wäre für den Bereich der Exportabgaben der Abschluss eines – ggf. zunächst plurilateralen – Übereinkommens nach dem Vorbild des AET-Vorschlags der EU oder des überarbeiteten Vorschlags aus dem Jahr 2008 am besten geeignet, um die derzeit bestehenden Fragmentierungen des WTO-Rechts zu überwinden.[1261]

Zwar wäre theoretisch auch eine Reform des GATT denkbar, durch die eine Bestimmung zu Exportabgaben aufgenommen wird, etwa durch Anpassung von Art. XI GATT. Allerdings widerspräche dies der bisherigen Systematik des GATT und auch dem bisherigen Rechtsetzungsansatz, wonach die Erfassung zusätzlicher nicht-tarifärer Handelsbeschränkungen oder die Erweiterung von innerhalb des GATT angelegten Beschränkungs-

---

1260 Siehe für Vorschläge zu einer allgemeinen Modernisierung der WTO das sog. „Concept paper", das von der *Europäischen Kommission* für weitere Diskussionen (auch EU-intern) erstellt wurde. Dieses ist abrufbar unter: <https://trade.ec .europa.eu/doclib/docs/2018/september/tradoc_157331.pdf>, (letzter Abruf am 1.11.2022). Siehe daneben auch Reforming the WTO – Towards a Sustainable and Effective Multilateral Trading System, 2021, abrufbar unter: <https://trade. ec.europa.eu/doclib/docs/2021/april/tradoc_159544.1329_EN_02.pdf>, (letzter Abruf am 1.11.2022).

1261 Zu den bisherigen Reformvorschlägen siehe Kapitel 3, Abschnitt A. III.

verboten durch eigenständige Übereinkommen erreicht wird. Abgesehen davon scheint ein eigenständiges Übereinkommen besser geeignet, um einen notwendigen Interessenausgleich zwischen den rohstoffimportierenden- und den rohstoffexportierenden Mitgliedern herzustellen. Schließlich können derartige Übereinkommen – anders als eine Reform des GATT – auch zunächst als plurilaterale Vereinbarungen abgeschlossen werden. Sie setzen also die Zustimmung aller Mitglieder zunächst nur hinsichtlich einer Aufnahme in Anhang 4 zum WTO-Übereinkommen voraus (Art. X:9 WTO-Übereinkommen).

In jedem Fall müssten die verschiedenen Regelungen innerhalb der einzelnen Beitrittsprotokolle durch eine neue GATT-Regelung oder ein Übereinkommen über Exportabgaben verdrängt werden, um die rechtlichen Verpflichtungen in diesem Bereich zu vereinheitlichen. Ein Übereinkommen über Exportabgaben könnte alternativ auch lediglich eine einheitliche rechtliche Basis für die derzeit geltenden Beitrittsregelungen zu Exportabgaben schaffen. So könnte etwa ein allgemeiner Zugang zu den Rechtfertigungsgründen in Art. XX und XXI GATT eröffnet werden, was insbesondere im Interesse Chinas wäre. In praktischer Hinsicht stellt sich allerdings insgesamt die Frage, ob sich im Bereich von Exportabgaben in absehbarer Zeit irgendein Konsens erzielen lässt. Rohstoffexportierende Staaten lehnen ihrerseits bereits die Notifizierung und Bindung von Exportabgaben nach dem überarbeiteten Vorschlag der EU aus dem Jahr 2008 ab. Rohstoffimportierende Staaten könnten ihrerseits wiederum aufgrund von regionalen Handelsabkommen und anderer nationaler Politiken ihr Interesse an einem multilateralen Ansatz inzwischen verloren haben.[1262]

Allerdings könnte ein Übereinkommen über Exportabgaben auch als ein rein verfahrensrechtliches Instrument eine begrenzte Öffnung des WTO-Streitbeilegungssystems für regionale Handelsabkommen bewirken. Dies wäre ein Novum für das WTO-Rechtssystem, jedoch ließe sich dadurch am Beispiel von Exportabgaben eine Verknüpfung zwischen WTO-Recht und den regionalen Handelsabkommen austesten. Ein derartiges Übereinkommen ließe sich auch zeitlich befristen. Es würden dadurch die bereits bestehenden Regelungsmodelle auf multilateraler Ebene ausgelegt und die Schaffung eines einheitlichen Standards womöglich beschleunigt.

1262 Daher halten z.B. *Oehl*, S. 236 und *Zeisberg*, S. 235 den Abschluss eines multilateralen Grundstoffabkommens derzeit für wenig wahrscheinlich.

Dazu müsste das Übereinkommen aber wohl zusätzlich in das DSU einbezogen werden.[1263]

Abgesehen von einer spezifischen Regelung von Exportabgaben wäre angesichts der allgemeinen Auseinandersetzung um den Zugang zu Rohstoffen – die über einen Einsatz von Exportabgaben deutlich hinausgeht – auch an die Vereinbarung multilateraler Rohstoffregeln zu denken.[1264] Der Abschluss eines Übereinkommens zu Rohstoffen oder eine Erweiterung des GATT[1265] würden einen einheitlichen Ansatz zur Lösung des Kampfes um Rohstoffe bedeuten. Allerdings steht diesen Überlegungen erst recht der Interessenkonflikt zwischen den rohstoffexportierenden und rohstoffimportierenden Staaten entgegen.[1266]

Angesichts der unterschiedlichen Regelungsoptionen, die sich alle mit dem Problem einer Konsensfindung konfrontiert sehen, wäre allgemein auch an eine Anpassung der Rechtsetzungsmechanik innerhalb der WTO zu denken. So enthält der Reformvorschlag der Europäischen Kommission bspw. die Möglichkeit, dass einzelne WTO-Mitglieder plurilaterale Vereinbarungen zu Bereichen treffen, die bislang nicht konsensfähig sind, und diese anschließend auf MFN-Basis auch auf andere WTO-Mitglieder erstrecken können.[1267] Insgesamt scheint die Stärkung plurilateraler Vereinbarungen derzeit die einzige Möglichkeit, um die Rechtsentwicklung innerhalb der WTO zu revitalisieren.[1268]

Dieser Befund steht in einem gewissen Widerspruch zu der – unabhängig vom Bereich der Exportabgaben – dringend notwendigen allgemeinen Reform des auf Art. XXIV GATT aufbauenden Kontrollsystems.[1269] Aufgrund der zunehmenden Bedeutung von regionalen Handelsabkommen für einen regelbasierten Welthandel muss die WTO ihr Verhältnis zu diesen Abkommen grundsätzlich klären. Soll die faktische Trennung aufrechterhalten bleiben? Soll das Streitbeilegungssystem für regionale

---

1263 Siehe dazu bereits Fn. 528.
1264 Siehe dazu etwa den Reformvorschlag von *Zeisberg*, S. 245 ff.
1265 So der Vorschlag von *Zeisberg*, S. 245.
1266 So auch *Zeisberg*, S. 265 ff., die allerdings zugleich auf die zwingende Notwendigkeit einer Reform vor dem Hintergrund der globalen Machtverschiebungen und Konflikte hinweist.
1267 Siehe dazu *Europäische Kommission*, Concept paper: WTO modernisation, S. 7 f.; Reforming the WTO – Towards a Sustainable and Effective Multilateral Trading System, 2021, S. 10 ff.
1268 In diesem Sinne auch der Vorschlag von *Bercero*, S. 24 ff.
1269 Zum Spannungsverhältnis zwischen dem WTO-Recht und den regionalen Handelsabkommen, siehe Kapitel 3, Abschnitt B. II. 1. u. 3.

Handelsabkommen geöffnet werden? Sollen Modifikationen zwischen den einzelnen Parteien eines Abkommens möglich sein? Der Umgang mit diesen Fragen ist bislang stark rechtsprechungsgeprägt. Den dabei gewählten Abgrenzungen fehlt daher die Legitimation durch eine ausdrückliche Entscheidung der Mitglieder. Auch an dieser Stelle käme ein eigenständiges – ggf. plurilaterales – Übereinkommen in Betracht, durch das zumindest eine Einbindung in das WTO-Streitbeilegungssystem erreicht werden könnte.[1270] Es würde dadurch zugleich weiterer politischer Druck vom WTO-Streitbeilegungssystem genommen. Notwendigerweise müsste dazu die Funktionsfähigkeit der WTO-Streitbeilegung wieder voll hergestellt werden.[1271]

II. Reformmöglichkeiten auf Ebene der externen Handelsabkommen der EU

Anders als auf Ebene des WTO-Rechts sind unterschiedlich weitreichende Regelungen im Rahmen der verschiedenen externen Handelsabkommen einzelner WTO-Mitglieder grds. unproblematisch, da diesen nicht der „single-undertaking"-Ansatz zugrunde liegt. Allerdings sollten die darin getroffenen Vereinbarungen auch dem ursprünglichen Willen der Verhandlungsparteien entsprechen. Redaktionelle Ungenauigkeiten in den bislang abgeschlossenen regionalen Handelsabkommen der EU sollten daher schnellstmöglich bereinigt werden.[1272] Außerhalb eines Beitrittsszenarios sollte sich die EU bei Verhandlungen zudem am GATT-Ansatz orientieren, was indes derzeit bereits beobachtet werden kann. In Anbetracht der neueren Entwicklungen empfiehlt es sich daneben, das Verhältnis zwischen allgemeinen Exportabgaberegelungen und den einzelnen Bestimmungen spezifischer Rohstoffkapitel zu klären.[1273]

Abgesehen von dem Abschluss regionaler Handelsabkommen könnte die EU angesichts des derzeitigen Wettlaufs um einen möglichst weitgehenden Rohstoffzugang, der nicht nur den Vorschlägen zu einer Aufnahme von Rohstoffkapiteln, sondern auch der Vereinbarung besonderer

---

1270 Für einen solchen Vorschlag etwa *H. Gao*, S. 3 ff.
1271 Siehe auch dazu die Vorschläge in *Europäische Kommission*, Concept paper: WTO modernisation, S. 13 ff.; Reforming the WTO – Towards a Sustainable and Effective Multilateral Trading System, 2021, S. 9.
1272 Siehe dazu Kapitel 3, Abschnitt B. I. 1. a) u. 2. b).
1273 Dazu Kapitel 3, Abschnitt B. I. 1. b).

Meistbegünstigungsgebote im Hinblick auf andere große Handelsnationen zu entnehmen ist, auch versuchen, ein multilaterales zwischenstaatliches Grundstoffabkommen zu initiieren.[1274] Angesichts der derzeitigen politischen Lage scheinen die Aussichten für ein solches externes Handelsabkommen indes ebenso gering, wie die Vereinbarung rohstoffbezogener Regelungen innerhalb der WTO.[1275] Bis auf Weiteres kommt es daher aus Sicht der EU entscheidend auf die Aushandlung weitgehender Handelszugeständnisse im Rahmen von regionalen Handelsabkommen an.

Inwieweit sich eine Durchsetzung dieser Zugeständnisse im Rahmen von bilateralen Streitbeilegungsverfahren – ggf. unter Hinzuziehung autonomer Instrumente wie der Handelsvergeltungs-VO – in der Praxis als effektiv erweisen wird, muss sich erst noch zeigen.[1276] Zur besseren Effektuierung sollte daneben auch für eine Einbindung derartiger Streitigkeiten auf WTO-Ebene geworben werden. Hierdurch könnte das etablierte Streitbeilegungssystem der WTO und womöglich auch ein zusätzlicher politischer Druck für die Umsetzung von Entscheidungen genutzt werden.[1277] Zugleich könnte dadurch die Transparenz derartiger Verfahren gesteigert und diese für eine multilaterale Diskussion geöffnet werden. Auch dazu kommt es allerdings entscheidend auf die Aufhebung der derzeit bestehenden Blockade des Appellate Body an.

III. Reformmöglichkeiten auf Ebene des Antidumping- und Antisubventionsrechts

Eine Reform des Antidumping- und Antisubventionsrechts ist grds. sowohl auf nationaler als auch auf Ebene der WTO denkbar. Wie am Beispiel der alternativen Normalwertberechnung gem. Art. 2 Abs. 6a AD-GVO gezeigt wurde, besteht bei einer autonomen Reform allerdings die Möglichkeit eines Verstoßes gegen WTO-Recht.[1278] Das Antidumpingrecht scheidet indes bereits nach seinem Grundansatz für ein direktes Vorgehen gegen Exportabgaben aus. Eine Anpassung durch tiefgreifende Veränderung der zugrundeliegenden Berechnungsmethodik erscheint nicht nur

---

1274 Zu dem Vorschlag für ein solches zwischenstaatliches Grundstoffabkommen *Oehl*, S. 225 ff.; *Zeisberg*, S. 227 ff.
1275 So auch *Oehl*, S. 236; *Zeisberg*, S. 234 ff.
1276 Dazu Kapitel 3, Abschnitt B. I. 4.
1277 Dazu bereits der Vorschlag von *H. Gao*, S. 3 ff.
1278 Dazu Kapitel 4, Abschnitt B. III. 1. b) aa) (2).

wenig realistisch, sondern im Bereich von Exportabgaben auch nicht erforderlich, da jedenfalls das Antisubventionsrecht hiergegen zum Einsatz gebracht werden kann. Wollte man jedoch staatliche Markteingriffe auf einer vorgelagerten Wertschöpfungsstufe durch das Antidumpingrecht erfassen, so wäre die Schaffung einer Regelung innerhalb des ADÜ denkbar, durch die es den Mitgliedern erlaubt wird, in Fällen von Input Dumping die Produktionskosten des betroffenen Unternehmens zurückzuweisen und zu ersetzen. Bestehende Spielräume außerhalb einer Dumpingermittlung hat die EU bereits durch die Reform der Niedrigzollregel ausgeschöpft.[1279]

Das Antisubventionsrecht ist derzeit grundsätzlich geeignet, um einen durch Exportabgaben bewirkten Wettbewerbsvorteil zu erfassen. Dennoch wären einzelne rechtliche Anpassungen hilfreich. Zum einen könnte das notwendige Beweismaß für den Nachweis einer industriepolitischen Einbindung von Exportabgaben ausdrücklich innerhalb des ASÜ festgeschrieben werden. Dies ließe sich bspw. durch Aufnahme einer Definition für das Begriffspaar der Betrauung und Anweisung, aber auch der Einkommens- und Preisstützung erreichen. Alternativ könnte auch lediglich eine nähere Konkretisierung der Tatbestandsmerkmale in das ASÜ aufgenommen werden. Letzteres wird bereits für andere Voraussetzungen durch eine Reihe von Fußnoten innerhalb des ASÜ praktiziert. Durch eine ausdrückliche Definition oder eine textliche Konkretisierung wäre eine Ausdifferenzierung der Beweisanforderungen durch die WTO-Rechtsprechung nicht länger erforderlich, jedenfalls nicht im bisherigen Ausmaß. Es könnte dadurch der Kritik begegnet werden, dass der Finalitätsansatz zu erheblicher Rechtsunsicherheit führe.[1280]

Zum anderen könnten klare Regelungen bzgl. einer Ablehnung von Marktpreisen sowie Vorgaben zur Auswahl von alternativen Bezugsgrößen bei der Vorteilsberechnung in das ASÜ aufgenommen werden. Hinsichtlich einer Ablehnung von Marktpreisen in Fällen einer Verzerrung würde die bisherige Rechtsprechung des Appellate Body kodifiziert.[1281] Die zutreffender Weise vom Appellate Body identifizierte Notwendigkeit einer Anpassung von verzerrten Marktpreisen, wenn diese selbst Ausdruck einer Subventionshandlung sind[1282], wird bislang textlich nur unzureichend abgebildet. Eine Klarstellung im Text würde auch der bisherigen Kritik in

---

1279 Dazu Kapitel 4, Abschnitt B. IV.
1280 Siehe dazu Kapitel 4, Abschnitt C. III. 1. a) aa) u. dd).
1281 Dazu Kapitel 4, Abschnitt C. III. 2. a) aa).
1282 Siehe dazu das Zitat in Fn. 1197.

der Literatur entgegenwirken.[1283] Zugleich stellt sich bei einer wörtlichen Aufnahme dieser Ablehnungsmöglichkeit in Art. 14 ASÜ die Frage nach den Vorgaben für eine sich daran anschließende rechnerische Anpassung der Marktdaten. Diese sollten ebenfalls – vergleichbar mit dem ADÜ – innerhalb des ASÜ festgehalten werden. Art. 6 lit. d) AS-GVO könnte diesbezüglich als Inspirationsquelle dienen. Insgesamt würde auch in Folge dieser textlichen Konkretisierungen die Rechtssicherheit erhöht und zugleich der autonome Spielraum der WTO-Mitglieder begrenzt.

Eine solche Anpassung des ASÜ im Bereich der Vorteilsberechnung wurde auch bereits von der EU, den U.S.A. und Japan im Rahmen einer gemeinsamen Stellungnahme vorgeschlagen.[1284] Sie fordern zugleich bzgl. der negativen Auswirkungen einer Subvention eine Beweislastumkehr, wenn durch staatlichen Markteingriff die Preise für Vorleistungen im Inland im Vergleich zu den Preisen für dieselben Waren, die für den Export bestimmt sind, gesenkt werden.[1285] Auch dies würde bei Exportabgaben die Anwendung des Antisubventionsrechts erleichtern. Insgesamt ist allerdings auch an dieser Stelle festzuhalten, dass all diesen Reformüberlegungen derzeit die allgemein fehlende Reformfähigkeit der WTO entgegensteht.[1286]

C. Ausblick

Der Umgang mit Exportabgaben auf Rohstoffe steht in engem Zusammenhang mit dem allgemeinen Konflikt um den Rohstoffzugang. Hieran hat sich im Grunde seit dem Beginn der industriellen Revolution nicht viel

---

1283 Siehe dazu Fn. 1194.

1284 Siehe dazu und zu anderen Vorschlägen für den Umgang mit sog. „industrial subsidies" innerhalb des ASÜ: Joint Statement of the Trilateral Meeting of the Trade Ministers of Japan, the United States and the European Union, 14 January 2020, abrufbar unter: <https://trade.ec.europa.eu/doclib/docs/2020/ja nuary/tradoc_158567.pdf>, (letzter Abruf am 1.11.2022). Siehe daneben auch *Europäische Kommission*, Concept paper: WTO modernisation, S. 3 ff.

1285 Joint Statement of the Trilateral Meeting of the Trade Ministers of Japan, the United States and the European Union, 14 January 2020, S. 1.

1286 Angesichts dieser festgefahrenen Situation werben der IMF, die OECD, die Weltbank und die WTO nunmehr gemeinsam in einem Bericht zu Subventionen, Handel und internationaler Zusammenarbeit für eine koordinierte, stufenweise Reform der internationalen Regulierung von Subventionen. Siehe dazu *IMF/OECD/World Bank/WTO*, Subsidies, Trade, and International Cooperation.

verändert. Durch die digitale Entwicklung und das Ziel einer nachhaltigeren Wirtschaft, aber auch durch den stärkeren Wettbewerbsdruck in Folge des chinesischen Aufstiegs zu einer wirtschaftlichen Weltmacht und zuletzt den Krieg in der Ukraine, dessen Ende derzeit nicht absehbar ist, verschärft sich der Konflikt allerdings. Auf Ebene der WTO ist eine Klärung dieses Konflikts derzeit nicht zu erwarten. Die WTO-Mitglieder können sich bereits seit langer Zeit schon nicht mehr über größere Reformschritte einigen. Der Bereich der Exportabgaben ist nur eines von vielen Beispielen für Streitpunkte für die derzeit eine multilaterale Lösung nicht wahrscheinlich erscheint. Gerade für den Bereich der Exportabgaben ist auch nicht ersichtlich, weshalb die rohstoffexportierenden Länder einer Reform zustimmen sollten, außer wenn sie selbst bereits weitreichende Zugeständnisse eingegangen sind und diese auch auf andere Exportländer erstrecken wollten. Eine Besserstellung ist für sie mit der Einführung strengerer Regeln jedenfalls nicht verbunden.

In Folge des Stillstands auf Ebene der WTO, rücken regionale Handelsabkommen als Mittel für einen besseren Rohstoffzugang ins Zentrum. Dabei stehen die Industriestaaten wiederum im Wettbewerb miteinander um den bestmöglichen Zugang. Es ist zu erwarten, dass die Bedeutung regionaler Handelsabkommen in dieser Hinsicht weiter zunehmen wird. Unabhängig von den globalen Auswirkungen der Ukraine-Krise legen dies für die EU zumindest die überarbeitete Handelsstrategie der Europäischen Kommission aus dem Jahr 2021 sowie die Pläne rund um die Schaffung eines EU-weiten Gesetzes zu kritischen Rohstoffen nahe. Es ist zu erwarten, dass es hierdurch jedenfalls zu einem noch stärkeren Ungleichgewicht zwischen Industriestaaten und Entwicklungsländern beim Zugang zu den wichtigen Rohstoffen für Zukunftstechnologien kommt. Letzteren fehlt es dafür insoweit am entscheidenden Verhandlungsgewicht. Für die Industriestaaten wird es demgegenüber auf eine effektive Durchsetzung der Zugeständnisse außerhalb des WTO-Streitbeilegungsmechanismus ankommen.

Neben der vertraglichen, werden Exportabgaben auch innerhalb der autonomen Handelspolitik weiterhin eine wichtige Rolle spielen. Durch den Einsatz von Handelsschutzinstrumenten werden die EU und andere Rohstoffimporteure versuchen, den durch einen vergünstigten Rohstoffzugang geschaffenen Vorteil im internationalen Wettbewerb auszugleichen. Darüber hinaus lässt sich auf diesem Weg auch ein Anreiz für die Aushandlung umfassenderer Handelsabkommen schaffen. Die Rohstofffrage und dadurch auch der Umgang mit Exportabgaben bleiben damit auf Dauer ein Konfliktbereich der internationalen Wirtschaftsbeziehungen.

Literaturverzeichnis

Abbott, Frederick M., A New Dominant Trade Species Emerges: Is Bilateralism a Threat?, in: Journal of International Economic Law, 3/2007, S. 571–583.

Ahn, Dukgeun, Foe or Friend of GATT Article XXIV: Diversity in Trade Remedy Rules, in: Journal of International Economic Law, 1/2008, S. 107–133.

Andersen, Hendrik, EU Dumping Determinations and WTO Law, Alphen aan den Rijn 2009.

Antonini, Renato, A 'MES' to be adjusted: past and future treatment of Chinese imports in EU anti-dumping investigations, in: Global Trade and Customs Journal, 3/2018, S. 79–94.

Bagwell, Kyle W./Mavroidis, Petros C. (eds.), Preferential Trade Agreements, A Law and Economics Analysis, Cambridge 2011.

Bagwell, Kyle/Staiger ,Robert W., Will International Rules on Subsidies Disrupt the World Trading System?, in: American Economic Review, 3/2006, S. 877–895.

Baroncini, Elisa, The China-Rare Earths WTO Dispute: A Precious Chance to Revise the China-Raw Materials Conclusions on the Applicability of GATT Article XX to China's WTO Accession Protocol, in: Cuadernos de Derecho Transnacional, 2/2012, S. 49–69.

Bartels, Lorand, Regional Trade Agreements in: Peters, Anne (ed.), The Max Planck Encyclopedia of Public International Law, Online Edition, March 2013, abrufbar unter: <https://opil.ouplaw.com/view/10.1093/law:epil/9780199231690/law-9 780199231690-e1803?prd=EPIL>, (letzter Abruf am 1.11.2022).

Bäumler, Jelena, The WTO's Crisis: Between a Rock and a Hard Place in: Bungenberg, Marc/Krajewski, Markus/Tams, Christian/Terhechte, Jörg/Ziegler, Andreas R. (eds.), European Yearbook of International Economic Law 2020, Cham, 2021, S. 321–357.

Bender, Tobias, § 10 GATT 1994, in: Hilf, Meinhard/Oeter, Stefan (Hrsg.), WTO-Recht: Rechtsordnung des Welthandels, 2. Aufl., Baden-Baden, 2010.

Benitah, Marc, The WTO Law of Subsidies, A Comprehensive Approach, Alphen aan den Rijn 2019.

Bercero, Ignacio Garcia, What Do We Need a World Trade Organization For? The Crisis of the Rule-Based Trading System and WTO Reform, Bertelsmann Stiftung, Gütersloh 2020, abrufbar unter: <https://www.bertelsmann-stiftung.de/file admin/files/user_upload/MT_WTO_Reform_2020_ENG.pdf>, (letzter Abruf am 1.11.2022).

Beseler, Hans F./Neville, Williams, Anti-Dumping and Anti-Subsidy Law: The European Communities, London 1986.

Bhagwati, Jagdish/Ramaswami, V. K., Domestic Distortions, Tariffs and the Theory of Optimum Subsidy, in: Journal of Political Economy 1/1963, S. 44–50.

Bierwagen, Rainer M., GATT article VI and the Protectionist Bias in Anti-dumping Laws, Deventer 1990.

Boltuck Richard/Litan, Robert E. (eds.), Down in the dumps: Administration of the unfair trade laws, Washington D.C. 1991.

Bonarriva, Joanna/Koscielski, Michelle/Wilson, Edward, Export Controls: An Overview of their Use, Economic Effects, and Treatment in the Global Trading System, U.S. International Trade Commission, Office of Industries Working Paper No. ID-23, Washington D.C. 2009.

Bouët, Antoine/Laborde Debucquet, David, The Economics of Export Taxes in the Context of Food Security, in: OECD (ed.), The Economic Impact of Export Restrictions on Raw Materials, Paris, 2010, S. 59–78.

Brander, James/Krugman, Paul, A 'reciprocal dumping' model of international trade, in: Journal of International Economics, 3–4/1983, S. 313–321.

Broadway, Robin/Keen, Michael, Theoretical perspectives on resource tax design, in: Daniel, Philip/Keen, Michael/McPherson, Charles (eds.), The Taxation of Petroleum and Minerals: Principles, Problems and Practice, London/New York, 2010, S. 13–74.

Brockhaus, Nachschlagwerke, abrufbar unter: <https://brockhaus.de/ecs/>, (letzter Abruf am 1.11.2022).

Bundesverband der Deutschen Industrie, Handels- und Wettbewerbsverzerrungen bei Rohstoffen – Für einen diskriminierungsfreien Zugang und verlässliche Handelsregeln, BDI-Publikations-Nr. 0038, Berlin 2015, abrufbar unter: <https://bdi.eu/media/publikationen/#/publikation/news/handels-und-wettbewerbsverzerrungen-bei-rohstoffen/>, (letzter Abruf am 1.11.2022).

Bungenberg, Marc, EU-Freihandelsabkommen in der Entwicklung, in: Müller-Graff, Peter-Christian (Hrsg.), Europäische Union und USA – Europas nordatlantische Aufgaben, Baden-Baden, 2016, S. 91–106.

Bungenberg, Marc, Der Reformvorschlag der Kommission zum EU-Antidumpingrecht vom 9. November 2016 – Bewertung und Nachbesserungsmöglichkeiten, Februar 2017, abrufbar unter: <https://www.stahl-online.de/wp-content/uploads/20170222_Bungenberg_Bewertung_AD-Vorschlag_final.pdf>, (letzter Abruf am 1.11.2022).

Bungenberg, Marc, § 14 Europäische Internationale Investitionspolitik, in: von Arnauld, Andreas/Bungenberg, Marc (Hrsg.), Enzyklopädie Europarecht, Band 12: Europäische Außenbeziehungen, 2. Aufl., Baden-Baden, 2022, S. 959–1028.

Bungenberg, Marc/Hobe, Stefan, Der Kampf um Ressourcen, FAZ online, 26. Dezember 2012, abrufbar unter: <https://www.faz.net/aktuell/politik/staat-und-recht/wirtschaftsrecht-kampf-um-ressourcen-12006277.html>, (letzter Abruf am 1.11.2022).

Bungenberg, Marc/Weiss, Wolfgang, § 7 Internationale Rohstoffmärkte, in: Tietje, Christian/Nowrot, Karsten (Hrsg.), Internationales Wirtschaftsrecht, 3. Aufl., Berlin/Boston, 2022, S. 328–370.

Caiado, José Guilherme Moreno, Commitments and Flexibilities in the WTO Agreement on Subsidies and Countervailing Measures, An Economically Informed Analysis, Cambridge 2019.

Cameron, James/Gray, Kevin R., Principles of International Law in The WTO Dispute Settlement Body, in: International & Comparative Law Quarterly, 2/2001, S. 248–298.

Carter, Colin A./Rausser, Gordon C./Smith, Aaron, Commodity Booms and Busts, in: Annual Review of Resource Economics, 3/2011, S. 87–118.

Charnovitz, Steve, Mapping the Law of WTO Accession, George Washington University Law School, Public Law and Legal Theory Working Paper No. 237, Legal Studies Research Paper No. 237, 2013, abrufbar unter: <https://scholarship.la w.gwu.edu/cgi/viewcontent.cgi?article=1430&context=faculty_publications>, (letzter Abruf am 1.11.2022).

Chase, Kerry, Multilateralism compromised: the mysterious origins of GATT Article XXIV, in: World Trade Review, 1/2006, S. 1–30.

Cho, Sungjoon, GATT Non-Violation Issues in the WTO Framework: Are They the Achilles' Heel of the Dispute Settlement Process, in: Harvard International Law Journal, 2/1998, S. 311–356.

Coffin, David/Horowitz, Jeff, The Supply Chain for Electric Vehicle Batteries, in: Journal of International Commerce and Economics, Washington D.C. 2018.

Coppens, Dominic, WTO Disciplines on Subsidies and Countervailing Measures, Balancing Policy Space and Legal Constraints, Cambridge 2014.

Cornelis, Joris, The EU's Modernization Regulation: Stronger and More Effective Trade Defence Instruments?, in: Global Trade and Customs Journal, 11&12/2018, S. 539–543.

Cottier, Thomas/Foltea, Marina, Constitutional Functions of the WTO and Regional Trade Agreements, in: Bartels, Lorand/Ortino, Federico (eds.), Regional Trade Agreements and the WTO Legal System, Oxford, 2006, S. 43–76.

Crawford, Jo-Ann, A New Transparency Mechanism for Regional Trade Agreements, in: Singapore Year Book of International Law and Contributors, 11/2007, S. 133–140.

Crochet, Victor, Trade Defence Instruments: A New Tool for the European Union's Extractivism, in: European Journal of International Law, 2/2022, S. 381–410.

Crowley, Meredith A./Hillman, Jennifer A., Slamming the Door on Trade Policy Discretion? The WTO Appellate Body's Ruling on Market Distortions and Production Costs in EU–Biodiesel (Argentina), in: World Trade Review 2/2018, S. 195–213.

Crowley, Meredith A./Palmeter, David, Japan – Countervailing Duties on Dynamic Random Access Memories from Korea (DS 336 and Corr.1, adopted 17 December 2007), in: World Trade Review, S1/2009, S. 259–272.

Cunningham, Richard O./Lichtenbaum, Peter, The Agreement on Trade in Civil Aircraft and Other Issues Relating to Civil Aircraft in the GATT/WTO System, in: Macrory, Patrick F.J./Appleton, Arthur E./Plummer, Michael G. (eds.), The World Trade Organization: Legal, Economic and Political Analysis, Vol. I, New York, 2005, S. 1165–1195.

Dale, Richard, Anti-dumping Law in a Liberal Trade Order, London 1980.

Davey, William J./Sapir, André, The Soft Drinks Case: The WTO and Regional Agreements, in: World Trade Review, 1/2009, S. 5–23.

De Baere, Philippe, The EU's Amended Basic Anti-dumping Regulation – a Practioner's View, in: Hahn, Michael/Van der Loo, Guillaume (eds.), Law and Practice of the Common Commercial Policy – The first 10 years after the Treaty of Lisbon, Leiden, 2020, S. 355–379.

De Baere, Philippe/du Parc, Clothilde/Van Damme, Isabelle, The WTO Anti-Dumping Agreement – A Detailed Commentary, Cambridge 2021.

De Kok, Jochem, The Future of EU Trade Defence Investigations against Imports from China, in: Journal of International Economic Law, 2/2016, S. 515–547.

Deardorff, Alan V., Economic Perspectives on Antidumping Law, in: Jackson, John H./ Vermulst, Edwin A. (eds.), Antidumping Law and Practice: A Comparative Study, Michigan, 1989, S. 23–39.

Debroy, Bibek/Chakraborty, Debashis, Anti-Dumping – Global Abuse of a Trade Policy Instrument, New Delhi 2007.

Dederer, Hans-Georg, Rohstoffausbeutung, -bewirtschaftung und -verteilung aus Sicht des allgemeinen Völkerrechts, in: Ehlers, Dirk/Herrmann, Christoph/Wolffgang, Hans-Michael/Schröder, Jan Ulrich (Hrsg.), Rechtsfragen des internationalen Rohstoffhandels, Tagungsband zum 16. Außenwirtschaftsrechtstag 2011, Frankfurt am Main, 2012, S. 37–55.

Depayre, Gérard, Anti-dumping Rules: For a Predictable, Transparent and Coherent Application, in: Global Trade and Customs Journal, 4/2008, S. 123–139.

Desta, Melaku, Geboye, The Organization of Petroleum Exporting Countries, the World Trade Organization, and Regional Trade Agreements, in: Journal of World Trade 3/2003, S. 523–551.

Desta, Melaku, Geboye, Commodities, International Regulation of Production and Trade in: Peters, Anne (ed.), The Max Planck Encyclopedia of Public International Law, Online Edition, March 2010, abrufbar unter: <https://opil.ouplaw.com/view/10.1093/law:epil/9780199231690/law-9780199231690-e1511>, (letzter Abruf am 1.11.2022).

Devarajan, Shantayanan/Go, Delfin/Schiff, Maurice/Suthiwart-Narueput, Sethaput, The Whys and Why Nots of Export Taxation, World Bank Policy Research Working Paper 1684, Washington D.C. 1996.

Do, Viet D./Watson, William, Economic Analysis of Regional Trade Agreements, in: Bartels, Lorand/Ortino, Federico (eds.), Regional Trade Agreements and the WTO Legal System, Oxford, 2006, S. 7–22.

Dolle, Tobias, Streitbeilegung im Rahmen von Freihandelsabkommen, Wirtschaftliche Integration und Streitbeilegung im internationalen Handelsbereich, Baden-Baden 2015.

Duden, Online-Wörterbuch, abrufbar unter: <https://www.duden.de/woerterbuch>, (letzter Abruf am 1.11.2022).

Edminster, Lynn, Ramsay, Control of Exports of Raw Materials: an International Problem, in: The Annals of the American Academy of Political and Social Science, 1/1930, S. 89–97.

Edozien, Margaret E., Non-Tariff Measures, in: Stewart, Terence P. (ed.), The GATT Uruguay, A Negotiation History (1986 – 1992), Vol. I: Commentary, Deventer, 1993, S. 699–802.

Ehlermann, Claus-Dieter, Reflections on the Appellate Body of the WTO, in: Journal of International Economic Law, 3/2003, S. 695–708.

Ehring, Lothar, Nature and Status of WTO Accession Commitments: "WTO-Plus" Obligations and Their Relationship to Other Parts of the WTO Agreement, in: Cremona, Marise/Hilpold, Peter/Lavranos, Nikos/Schneider, Stefan Staiger/Ziegler, Andreas R. (eds.), Reflections on the Constitutionalization of International Economic Law: Liber Amicorum for Ernst-Ulrich Petersmann, Leiden/Boston, 2014, S. 337–361.

Ehring, Lothar/Chianale, Gian Franco, Export Restrictions in the Field of Energy, in: Selivanova, Yulia (ed.), Regulation of Energy in International Trade Law: WTO, NAFTA and Energy Charter, Alphen aan den Rijn, 2011, S. 109–147.

Engelbutzeder, Olesia, EU Anti-Dumping Measures Against Russian Exporters, In View of Russian Accession to the WTO and the EU Enlargement, Bern 2004.

Espa, Ilaria, Export Restrictions on Critical Minerals and Metals, Testing the Adequacy of WTO Disciplines, Cambridge 2015.

Espa, Ilaria, Re-Assessing Mineral Export Restraints as Industrial Policy Instrument: What Role, If Any, for the WTO Subsidy Law, in: Trade Law & Development, 2/2017, S. 115–137.

Estrella, Angela T. Gobbi/Horlick, Gary N., Mandatory Abolition of Anti-dumping, Countervailing Duties and Safeguards in Customs Unions and Free Trade Areas Constituted between WTO Members: Revisiting a Long-standing Discussion in Light of the Appellate Body's Turkey–Textiles Ruling, in: Bartels, Lorand/Ortino, Federico (eds.), Regional Trade Agreements and the WTO Legal System, Oxford, 2006, S. 109–148

Evans, John W., Subsidies and Countervailing Duties in the Gatt, in: Maryland Journal of International Law, 1/1977, S. 211–245.

Fakhri, Michael, Sugar and the Making of International Trade Law, Cambridge 2014.

Fang, Dong, EU – Price Comparison Methodologies (DS516): Interpretation of Section 15 of China's WTO Accession Protocol, in: Bungenberg, Marc/Hahn, Michael/ Herrmann, Christoph/Müller-Ibold, Till (eds.), The Future of Trade Defence Instruments, Global Policy Trends and Legal Challenges, European Yearbook of International Economic Law 2018, Cham, 2018, S. 107–124.

Feichtner, Isabel, Rohstoffe und Entwicklung, in: Dann, Philipp/Kadelbach, Stefan/Kaltenborn, Markus (Hrsg.), Entwicklung und Recht, Eine systematische Einführung, Baden-Baden, 2014, S. 287–340.

Finger, Michael J., Dumping and Anti-dumping: The Rhetoric and the Reality of Protection in Industrial Countries, in: The World Bank Research Observer, 2/1992, S. 121–143.

Flett, James, Referring PTA disputes to the WTO dispute settlement system, in: Dürr, Andreas/Elsig, Manfred (eds.), Trade Cooperation: The Purpose, Design and Effects of Preferential Trade Agreements World Trade Forum, Cambridge, 2015, S. 555–579.

Fliess, Barbara/Arriola, Christine/Liapis, Peter, Recent developments in the use of export restrictions in raw materials trade, in: OECD (ed.), Export Restrictions in Raw Materials Trade: Facts, fallacies and better practices, Paris, 2014, S. 17–61.

Fliess, Barbara/Idsardi, Ernst/Rossouw, Riaan, Export controls and competitiveness in African mining and minerals processing industries", OECD Trade Policy Papers No. 204, Paris 2017.

Fliess, Barbara/Mård, Tarja, Taking Stock of Measures Restricting the Export of Raw Materials: Analysis of OECD Inventory Data, OECD Trade Policy Papers No. 140, Paris 2012.

François, Joseph F./Palmeter, David, US – Countervailing Duty Investigation of DRAMS, Appellate Body Report, United States – Countervailing Duty Investigation on Dynamic Random Access Memory Semiconductors (DRAMS) from Korea, WT/DS296/AB/R, adopted 20 July 2005, in: World Trade Review, S1/2008, S. 219–229.

Franke, Martina, Historische und aktuelle Lösungsansätze zur Rohstoffversorgungssicherheit, in: Tietje, Christian/Kraft, Gerhard (Hrsg.), Beiträge zum Transnationalen Wirtschaftsrecht, Heft 84/2009.

Franke, Martina, WTO, China – Raw Materials: Ein Beitrag zu fairem Rohstoffhandel?, in: Tietje, Christian/Kraft, Gerhard/Lehmann, Matthias (Hrsg.), Beiträge zum Transnationalen Wirtschaftsrecht, Heft 114/2011.

Fung, K.C. /Korinek, Jane, Economics of export restrictions as applied to industrial raw materials, in: OECD (ed.), Export Restrictions in Raw Materials Trade: Facts, fallacies and better practices, Paris, 2014, S. 63–92.

Gafafer, Tobias/Sieber, Frank/Arnold, Franco, „Neue Etappe in der Europapolitik: Der Bundesrat beerdigt das Rahmenabkommen – welche Optionen bleiben?", NZZ online, 26. Mai 2021, abrufbar unter: <https://www.nzz.ch/schweiz/schweiz-was-die-alternativen-zum-eu-rahmenabkommen-sind-ld.1609095?reduced=true>, (letzter Abruf am 1.11.2022).

Gantz, David A., Commentary on "Contingent Protection Rules in Regional Trade Agreements", in: Bagwell, Kyle W./Mavroidis, Petros C. (eds.), Preferential Trade Agreements, A Law and Economics Analysis, Cambridge, 2011, S. 101–114.

Gao, Henry, The WTO Dispute Settlement Mechanism: A Trade Court for the World, RTA Exchange, International Centre for Trade and Sustainable Development (ICTSD) and the Inter-American Development Bank (IDB), Geneva 2018.

Gao, Henry/Lim, Chin L., Saving the WTO from the Risk of Irrelevance: The WTO Dispute Settlement Mechanism as a 'Common Good' for RTA Disputes, in: Journal of International Economic Law, 4/2008, S. 899–925.

Gao, Nannan/Zheng, Fangying, The WTO-Plus Obligations: Dual Class or a Strengthened System?, in: Kireyev, Alexei/Osakwe, Chiedu (eds.) Trade Multilateralism in the Twenty-First Century – Building the Upper Floors of the Trading System Through WTO Accessions, Cambridge, 2017, S. 357–368.

Goller, Lena, Die Rolle des Europäischen Beihilferechts im globalen Standortwettbewerb, Berlin 2019.

Goode, Walter, Dictionary of Trade Policy Terms, Sixth Edition, Cambridge 2020.

Goode, Richard/Lent, George E./Ojha, P. D., Role of Export Taxes in Developing Countries (Rôle des taxes d'exportation dans les pays en voie de développement) (Función de los derechos de exportación en los países en desarrollo), in: International Monetary Fund Staff Papers, 3/1966, S. 453–503.

Grabitz, Eberhard/Hilf, Meinhard/Nettesheim (Hrsg.), Das Recht der Europäischen Union, 72. Ergänzungslieferung, München, Februar 2021.

Griller, Stefan/Obwexer, Walter/Vranes, Erich, Mega-Regional Trade Agreements: New Orientations for EU External Relations?, in: Griller, Stefan/Obwexer, Walter/Vranes, Erich, (eds.), Mega-Regional Trade Agreements: CETA, TTIP, and TiSA – New Orientations for EU External Economic Relations, Oxford, 2017, S. 3–16.

Gutschker, Thomas, „Doch ein schneller EU-Beitritt für die Ukraine?", FAZ online, 8. April 2022, abrufbar unter: <https://www.faz.net/aktuell/politik/ausland/eu-will-beitragsantrag-der-ukraine-schnell-pruefen-17946272.html>, (letzter Abruf am 1.11.2022).

Haberler, Gottfried, Der Internationale Handel, Berlin 1933.

Han, Xiuli/Gao, Bo, Export Taxes under the WTO System: China's Way out of the Dilemma, in: Manchester Journal of International Economic Law, 3/2013, S. 336–361.

Hartmann, Benjamin, Aktuelle staatliche Beschränkungen des globalen internationalen Rohstoffhandels im Überblick, in: Ehlers, Dirk/Herrmann, Christoph/Wolffgang, Hans-Michael/Schröder, Jan Ulrich (Hrsg.), Rechtsfragen des internationalen Rohstoffhandels, Tagungsband zum 16. Außenwirtschaftsrechtstag 2011, Frankfurt am Main, 2012, S. 29–32.

Hasan, Mohamad F./Reed, Michael R./Marchant, Mary A., Effects of an Export Tax on Competitiveness: The Case of the Indonesian Palm Oil Industry, in: Journal of Economic Development, 2/2001, S. 77–90.

Herrmann, Christoph/Streinz, Thomas, § 13 Die EU als Mitglied der WTO, in: von Arnauld, Andreas/Bungenberg, Marc (Hrsg.), Enzyklopädie Europarecht, Band 12: Europäische Außenbeziehungen, 2. Aufl., Baden-Baden, 2022, S. 799–905.

Herz, Bernhard/Drescher, Christian, Rohstoffe und wirtschaftliche Entwicklung, in: Eller, Roland/Heinrich, Markus/Perrot, René/Reif, Markus (Hrsg.), Management von Rohstoffrisiken, Strategien, Märkte und Produkte, Wiesbaden, 2010, S. 85–103.

Herzstein, Robert E./Whitlock, Joseph P., Regulating Regional Trade Agreements – A Legal Analysis, in: Macrory, Patrick F.J./Appleton, Arthur E./Plummer, Michael G. (eds.), The World Trade Organization: Legal, Economic and Political Analysis, Vol. II, New York, 2005, S. 203–245.

Hilf, Meinhard, § 6 WTO: Organisationsstruktur und Verfahren in: Hilf, Meinhard/Oeter, Stefan (Hrsg.), WTO-Recht: Rechtsordnung des Welthandels, 2. Aufl., Baden-Baden, 2010.

Hilpold, Peter, Die EU im GATT/WTO-System, 4. Aufl., Baden-Baden/Wien/Zürich 2018.

Hoda, Anwarul, Tariff Negotiations and Renegotiations under the GATT and the WTO, Second Ed., Cambridge 2018.

Hoffmeister, Frank, Bilateral Developments in EU Trade Policy Seven Years After Lisbon: A Look into the Spaghetti-Bowl à la Bruxelloise (2010–2016), in: Bungenberg, Marc/Krajewski, Markus/Tams, Christian/Terhechte, Jörg/Ziegler, Andreas R. (eds.), European Yearbook of International Economic Law 2017, Cham, 2017, S. 411–436.

Hoffmeister, Frank, The Devil is in the Detail – a First Guide on the EU's New Trade Defence Rules, in: Hahn, Michael/Van der Loo, Guillaume (eds.), Law and Practice of the Common Commercial Policy – The first 10 years after the Treaty of Lisbon, Leiden, 2020, S. 335–354.

Hoffmeister, Frank, Securing a Level Playing Field Through EU Free Trade Agreements – from traditional competition chapters to a dedicated title in the EU-UK Trade and Cooperation Agreement, in: Heger, Alexander/Gourdet, Sascha (Hrsg.), Fairen Wettbewerb in der Europäischen Union sichern, Baden-Baden, 2022, S. 127–143.

Hoffmeister, Frank, Seven Years Inside the Trade Defence Machinery Room – How Political is the European Commission?, in: Bäumler, Jelena/Bungenberg, Marc/Krajewski, Markus/Tams, Christian/Terhechte, Jörg/Ziegler, Andreas R. (eds.), European Yearbook of International Economic Law 2021 (im Erscheinen).

Holmes, Peter/Kempton, Jeremy, Study on the Economic and Industrial Aspects of Anti-Dumping Policy, SEI Working Paper No. 22, Falmer (Sussex) 1997.

Hook, Christopher, Was lange währt wird endlich gut? Die neuen Änderungsverordnungen im Bereich der handelspolitischen Schutzinstrumente, in: Europäische Zeitschrift für Wirtschaftsrecht, 5/2019, S. 188–193.

Horlick, Gary/Peggy A. Clarke, Rethinking Subsidy Disciplines for the Future, E15 Task Force on Rethinking International Disciplines – Policy Options Paper, E15 Initiative, International Centre for Trade and Sustainable Development (ICTSD) and World Economic Forum, Geneva 2016.

Horn, Henrik/Mavroidis, Petros C., United States – Final Determination with Respect to Certain Softwood Lumber from Canada (AB-2003-6, WT/DS257/AB/R), World Trade Review, S1/2006, S. 130–145.

Horn, Henrik/Mavroidis, Petros C./Sapir, André, Beyond the WTO? An Anatomy of EU and US Preferential Trade Agreements, in: World Economy, 11/2010, S. 1565–1588.

Howse, Robert/Josling, Tim, Agricultural Export Restrictions and International Trade Law: A Way Forward, International Food & Agricultural Trade Policy Council, Washington D.C. 2012, abrufbar unter: <http://citeseerx.ist.psu.edu/viewdoc/download;jsessionid=105772B6DE4925A4D9A8271832F2E0E6?doi=10.1.1.259.8 38&rep=rep1&type=pdf>, (letzter Abruf am 1.11.2022).

Hummer, Waldemar/Weiss, Friedl, Vom GATT '47 zur WTO '94, Wien 1997.

Hund, Kirsten/La Porta, Daniele/Fabregas, Thao P./Laing, Tim/Drexhage, John, Minerals for Climate Action: The Mineral Intensity of the Clean Energy Transition, Washington D.C. 2020, abrufbar unter: <https://pubdocs.worldbank.org/en/961 711588875536384/Minerals-for-Climate-Action-The-Mineral-Intensity-of-the-Cle an-Energy-Transition.pdf>, (letzter Abruf am 1.11.2022).

Huyghebaert, Kiliane, Changing the Rules Mid-Game: The Compliance of the Amended EU Basic Anti-Dumping Regulation with WTO Law, in: Journal of World Trade, 3/2019, S. 417–432.

IMF/OECD/World Bank/WTO, Subsidies, Trade, and International Cooperation, Washington D.C. 2022, abrufbar unter: <https://www.wto.org/english/news_e/n ews22_e/igo_22apr22_e.pdf>, (letzter Abruf am 1.11.2022).

Irwin, Douglas, Free Trade under Fire, Fourth Ed., Princeton/Oxford 2015.

Irwin, Douglas/Weiler, Joseph, Measures Affecting the Cross-Border Supply of Gambling and Betting Services (DS 285), in: World Trade Review, 1/2008, S. 71–113.

Irwin, Douglas A./Petros C. Mavroidis/Alan O. Sykes, The Genesis of the GATT, Cambridge 2008.

Islam, Md. Rizwanul/Alam, Shawkat, Preferential Trade Agreements and the Scope of GATT Article XXIV, GATS Article V and the Enabling Clause: An Appraisal of GATT/WTO Jurisprudence, in: Netherlands International Law Review, 1/2009, S. 1–34.

Jackson, John J., World Trade and the Law of GATT, Indianapolis 1969.

Jackson, John J., The World Trading System, Cambridge MA/London 1997.

Janow, Merit E./Staiger, Robert W., US – Export Restraints: United States – Measures Treating Export Restraints as Subsidies, in: World Trade Review, S1/2003, S. 201–235.

Karapinar, Baris, China's export restriction policies: complying with 'WTO plus' or undermining multilateralism, in: World Trade Review, 3/2011, S. 389–408.

Karapinar, Baris, Export Restrictions and the WTO Law: How to Reform the 'Regulatory Deficiency', in: Journal of World Trade, 6/2011, S. 1139–1155.

Karapinar, Baris, Defining the Legal Boundaries of Export Restrictions: A Case Law Analysis, in: Journal of International Economic Law, 2/2012, S. 443–479.

Kim, Jeonghoi, Recent Trends in Export Restrictions on Raw Materials, in: OECD (ed.), The Economic Impact of Export Restrictions on Raw Materials, Paris, 2010, S. 13–57.

Kireyev, Alexei/Osakwe, Chiedu/Varyanik, Anna, The Accession of Kazakhstan: Dealing with Complexity, in: Kireyev, Alexei/Osakwe, Chiedu (eds.) Trade Multilateralism in the Twenty-First Century – Building the Upper Floors of the Trading System Through WTO Accessions, Cambridge, 2017, S. 70–80.

Korinek, Jane/Bartos, Jessica, Multilateralising Regionalism: Disciplines on Export Restrictions in Regional Trade Agreements, in: OECD (ed.), Export Restrictions in Raw Materials Trade: Facts, fallacies and better practices, Paris, 2014, S. 149 – 182.

Kotsonis, Totis, The Squaring of the Circle: Subsidy Control Under the UK-EU Trade and Cooperation Agreement, European State Aid Law Quarterly, 1/2021, S. 15–29.

Krappel, Franz, Die Havanna-Charta und die Entwicklung des Weltrohstoffhandels, Berlin 1975.

Krause, Stefanie, Ökonomische Mechanismen zur Durchsetzung von Freihandel: Eine evolutionsökonomische Analyse, Marburg 2013.

Krenzler, Horst Günter/Herrmann, Christoph/Niestedt, Marian (Hrsg.), EU-Außenwirtschafts- und Zollrecht, 19. Ergänzungslieferung, München, April 2022.

Kretschmer, Hansjörg, Das Antidumping- und Antisubventionsrecht der Europäischen Gemeinschaften, Frankfurt am Main 1980.

Latina, Joelle/Piermartini, Roberta/Ruta, Michele, Natural Resources and Non-Cooperative Trade Policy, WTO Economic Research and Statistics Division, Staff Working Paper ERSD-2011-06, Geneva 2011.

Lee, Jaemin, Export Restraints of Natural Resources and the SCM Agreement, in: Matsushita, Mitsuo/Schoenbaum, Thomas J. (eds.), Emerging Issues in Sustainable Development, International Trade Law and Policy Relating to Natural Resources, Energy, and the Environment, Tokyo, 2016, S. 321–421.

Lerner, Abba P., The Symmetry between Import and Export Taxes, in: Economica, 11/1936, S. 306–313.

Lester, Simon/Mercurio, Bryan/Davies, Arwel, World Trade Law, Text, Cases and Commentary, Third Ed., Oxford 2018.

Levin, Jonathan V., The Export Economies: Their Pattern of Development in Historical Perspective, Cambridge MA 1960.

Lewis, Meredith Kolsky/Nakagawa, Junji/Neuwirth, Rostam J./Picker, Colin B./Stoll, Peter-Tobias (eds.), A Post-WTO International Legal Order: Utopian, Dystopian and Other Scenarios, Cham 2020.

Liapis, Peter, How export restrictive measures affect trade in agricultural commodities, in: OECD (ed.), Export Restrictions in Raw Materials Trade: Facts, fallacies and better practices, Paris, 2014, S. 115–148.

Liefert, William M./Westcott, Paul C./Waino, John, Modifying Export Taxes and Quotas To Make Them Less Market-Distorting, IATRC Working Paper #13–04, Washington D.C. 2013.

Liu, Jingdong, Accession Protocols: Legal Status in the WTO Legal System, in: Journal of World Trade, 4/2014, S. 751–771.

Lo, Chang-Fa, Good Faith Use of Dictionary in the Search of Ordinary Meaning under the WTO Dispute Settlement Understanding, in: Journal of International Dispute Settlement, 2/2010, S. 431–445.

Loets, Adrian, Die neue Verzerrungsregelung im EU-Antidumpingzollrecht, in: Europäische Zeitschrift für Wirtschaftsrecht, 8/2018, S. 309–314.

Lowenfeld, Andreas F., Fair or Unfair Trade: Does it Matter, in: Cornell International Law Journal, 2/1980, S. 205–219.

Luengo Hernández de Madrid, Gustavo E., Regulation of Subsidies and State Aids in WTO and EC Law: Conflicts in International Trade Law, Alphen aan den Rijn 2007.

Mahncke, Hans, The relationship between WTO anti-dumping law and GATT non-discrimination principles, Zürich 2014.

Makhinova, Anzhela/Shulha, Mariia, The Arbitration Panel Ruling on Ukraine's Certain Wood Restrictions under the EU-UA Association Agreement, in: Global Trade and Customs Journal, 7–8/2021, S. 355–362.

Mankiw, Gregory N./Taylor, Mark P., Grundzüge der Volkswirtschaftslehre, 7. Aufl., Stuttgart 2018.

Marceau, Gabrielle Zoe, Anti-Dumping and Anti-Trust Issues in Free-Trade Areas, Oxford 1994.

Marceau, Gabrielle Zoe, Conflicts of norms and conflicts of jurisdictions: the relationship between the WTO agreement and MEAs and other treaties, in: Journal of World Trade, 6/2001, S. 1081–1131.

Marceau, Gabrielle Zoe, The primacy of the WTO dispute settlement system, in: Questions of International Law, Zoom-in, 23/2015, S. 3–13.

Marceau, Gabrielle Zoe, The World Trade Organization and Export Restrictions, in: Matsushita, Mitsuo/Schoenbaum, Thomas J. (eds.), Emerging Issues in Sustainable Development, International Trade Law and Policy Relating to Natural Resources, Energy, and the Environment, Tokyo, 2016, S. 99–137.

Marceau, Gabrielle Zoe, WTO and Export Restrictions, in: Journal of World Trade, 4/2016, S. 563–586.

Marceau, Gabrielle Zoe, Never Waste a Good Crisis, The End of the WTO Dream, or the Beginning of Something Greater?, in: International Organizations Review, 17/2020, S. 345–349.

Marscheider-Weidemann, Frank/Langkau, Sabine/Hummen, Torsten/Erdmann, Lorenz/ Tercero Espinoza, Luis/Angerer, Gerhard/Marwede, Max/Benecke, Stephan, Rohstoffe für Zukunftstechnologien 2016, DERA Rohstoffinformationen 28, Berlin 2016.

Marscheider-Weidemann, Frank/Langkau, Sabine/Hummen, Torsten/Erdmann, Lorenz/ Tercero Espinoza, Luis/Angerer, Gerhard/Marwede, Max/Benecke, Stephan, Rohstoffe für Zukunftstechnologien 2021, DERA Rohstoffinformationen 50, Berlin 2021.

Martin, Will/Anderson, Kym, Export Restrictions and Price Insulation during Commodity Price Booms, World Bank Policy Research Working Paper 5645, Washington D.C. 2011.

Mathis, James, Regional Trade Agreements in the GATT/WTO: Article XXIV and the Internal Trade Requirement, The Hague 2002.

Mathis, James, Regional Trade Agreements and Domestic Regulation: What Reach for 'Other Restrictive Regulations of Commerce'?, in: Bartels, Lorand/Ortino, Federico (eds.), Regional Trade Agreements and the WTO Legal System, Oxford, 2006, S. 79–109.

Mathis, James, WTO Appellate Body, Peru – Additional Duty on Imports of Certain Agriculture Products, WT/DS457/AB/R, 20 July 2015, in: Legal Issues of Economic Integration, 1/2016, S. 97–106.

Matsushita, Mitsuo, Export Control of Natural Resources: WTO Panel Ruling on the Chinese Export Restrictions of Natural Resources, in: Trade Law & Development, 2/2011, S. 267–295.

Matsushita, Mitsuo/Schoenbaum, Thomas J./Mavroidis, Petros C./Hahn, Michael, The World Trade Organization, Third Ed., Cambridge 2015.

Matsushita, Mitsuo/Schoenbaum, Thomas J., A Note on the China Rare Earths Case, in: Matsushita, Mitsuo/Schoenbaum, Thomas J. (eds.), Emerging Issues in Sustainable Development, International Trade Law and Policy Relating to Natural Resources, Energy, and the Environment, Tokyo, 2016, S. 79–98.

Mavroidis, Petros C., Do Not Ask Too Many Questions: The Institutional Arrangements for Accommodating Regional Integration within the WTO, in: Choi, Kwan E./Hartigan, James C. (eds.), Handbook of International Trade: Economic and Legal Analysis of Trade Policy Institutions, Vol. II, Malden MA/Oxford/Melbourne, 2005, S. 239–278.

Mavroidis, Petros C., No Outsourcing of Law? WTO Law as Practiced by WTO Courts, in: The American Journal of International Law 3/2008, S. 421–474.

Mavroidis, Petros C., The Regulation of International Trade, Vol. 1: GATT, Cambridge MA/London 2016.

Mavroidis, Petros C., The Regulation of International Trade, Vol. 2: The WTO Agreements on Trade in Goods, Cambridge MA/London 2016.

McDonough, Patrick J., Subsidies and Countervailing Measures, in: Stewart, Terence (ed.), The GATT Uruguay Round: A Negotiating History (1986–1992), Vol. I: Commentary, Deventer, 1993, S. 809–1008.

Mendez Parra, Maximiliano/Schubert, Samuel R./Brutschin, Elina, Export taxes and other restrictions on raw materials and their limitation through free trade agreements: Impact on developing countries, Study prepared for DG for External Policies, Policy Department, Brussels 2016.

Milthorp, Peter/Christy, David, Energy Issues in Selected WTO Accessions, in: Selivanova, Yulia (ed.), Regulation of Energy in International Trade Law: WTO, NAFTA and Energy Charter, Alphen aan den Rijn, 2011, S. 259–302.

Mitchell, Andrew D./Lockhart, Nicolas J. S., Legal requirements for PTAs under the WTO, in: Lester, Simon/Mercurio, Bryan/Bartels, Lorand (eds.), Bilateral and Regional Trade Agreements, Commentary and Analysis, Vol. 1, Second Ed., Cambridge, 2016, S. 81–114.

Monopolkommission, Wettbewerbspolitik oder Industriepolitik, IX. Hauptgutachten (1990/1991), Baden-Baden 1992.

Monopolkommission, Wettbewerb 2020, XXIII. Hauptgutachten (2020), Baden-Baden 2020.

Müller, Wolfgang, WTO Agreement on Subsidies and Countervailing Measures – A Commentary, Cambridge 2017.

Müller, Wolfgang/Khan, Nicholas/Scharf, Tibor, EC and WTO Anti-Dumping Law – A Handbook, Second Edition, Oxford 2009.

Müller-Ibold, Till, EU Trade Defence Instruments and Free Trade Agreements: Is Past Experience an Indication for the Future? Implications for Brexit?, in: Bungenberg, Marc/Hahn, Michael, Herrmann, Christoph/Müller-Ibold, Till (eds.), The Future of Trade Defence Instruments, Global Policy Trends and Legal Challenges, European Yearbook of International Economic Law 2018, Cham, 2018, S. 191–231.

Nettesheim, Martin, Ziele des Antidumping- und Antisubventionsrechts, München 1995.

Neukirchen, Florian/Ries, Gunnar, Die Welt der Rohstoffe. Lagerstätten, Förderung und wirtschaftliche Aspekte, 2. Auflage, Berlin/Heidelberg 2016.

Neumann, Felix, Export des europäischen Beihilfenrechts, Eine Analyse der Europäisierung des internationalen Subventionsrechts durch bilaterale Handelsabkommen, Wiesbaden 2019.

Noël, Stéphanie, Why the European Union Must Dump So-called 'Non-market Economy' Methodologies and Adjustments in Its Anti-dumping Investigations, in: Global Trade and Customs Journal, 7–8/2016, S. 296–305.

Noël, Stéphanie/Zhou, Weihuan, Replacing the Non-Market Economy Methodology: Is the European Union's Alternative Approach Justified Under the World Trade Organization Anti-Dumping Agreement?, in: Global Trade and Customs Journal, 11–12/2016, S. 559–567.

Noël, Stéphanie/Zhou, Weihuan, EU's New Anti-dumping Methodology and the End of the Non-market Economy Dispute?, in: Global Trade and Customs Journal, 9/2019, S. 417–424.

o.V., Russland verhängt Exportverbot für Hunderte Produkte, Zeit Online, 10. März 2022, abrufbar unter: <https://www.zeit.de/politik/ausland/2022-03/russland-sanktionen-export-energie-gas>, (letzter Abruf am 1.11.2022).

OECD, Analysis of Non-Tariff Measures: The Case of Export Restrictions, Paris 2003, abrufbar unter: <http://www.oecd.org/officialdocuments/publicdisplaydocumentpdf/?doclanguage=en&cote=TD/TC/WP(2003)7/FINAL>, (letzter Abruf am 1.11.2022).

OECD, Regional trade agreements, Trade policy brief, Paris 2020, abrufbar unter: <https://issuu.com/oecd.publishing/docs/regional_trade_agreements>, (letzter Abruf am 1.11.2022).

OECD, Covid-19 and International Trade: Issues and Actions, Paris 2020, abrufbar unter: <https://read.oecd-ilibrary.org/view/?ref=128_128542-3ijg8kfswh&title=COVID-19-and-international-trade-issues-and-actions>, (letzter Abruf am 1.11.2022).

OECD, Methodological note to the Inventory of Export Restrictions on Industrial Raw Materials, last updated 1.12.2020, abrufbar unter: <https://www.oecd.org/tr ade/topics/trade-in-raw-materials/documents/methodological-note-inventory-exp ort-restrictions-industrial-raw-materials.pdf>, (letzter Abruf am 1.11.2022).

Oehl, Maximilian Eduard, Sustainable Commodity Use – Its Governance, Legal Framework, and Future Regulatory Instruments, Cham 2022.

Osakwe, Chiedu, Contributions and lessons from WTO accessions: the present and future of the rules-based multilateral trading system, in: Dadush, Uri/Osakwe, Chiedu (eds.), WTO Accessions and Trade Multilateralism – Case Studies and Lessons from the WTO at Twenty, Cambridge, 2015, S. 219–308.

Osakwe, Chiedu/Yu, Dayong/Beslać, Petra, Export duty commitments: the treaty dialogue and the pattern of commitments, in: Dadush, Uri/Osakwe, Chiedu (eds.), WTO Accessions and Trade Multilateralism – Case Studies and Lessons from the WTO at Twenty, Cambridge, 2015, S. 741–763.

Oxford English Dictionary, Online Dictionary, abrufbar unter: <https://www.oed. com>, (letzter Abruf am 1.11.2022).

Pauwelyn, Joost, The Role of Public International Law in the WTO: How Far Can We Go?, in: The American Journal of International Law, 3/2001, S. 535–578

Pauwelyn, Joost, The Puzzle of WTO Safeguards and Regional Trade Agreements, in: Journal of International Economic Law, 1/ 2004, S. 109–142.

Pauwelyn, Joost/Alschner, Wolfgang, Forget about the WTO: the network of relations between PTAs and double PTAs, in: Dürr, Andreas/Elsig, Manfred (eds.), Trade Cooperation: The Purpose, Design and Effects of Preferential Trade Agreements World Trade Forum, Cambridge, 2015, S. 497–532.

Pauwelyn, Joost, Interplay between WTO Treaty and Other International Legal Instruments and Tribunals: Evolution after 20 Years of WTO Jurisprudence, 10 February 2016, http://ssrn.com/abstract=2731144 or http://dx.doi.org/10.2139/ssr n.2731144 (letzter Abruf am 1.11.2022).

Pavot, David, The Use of Dictionary by the WTO Appellate Body: Beyond the Search of Ordinary Meaning, in: Journal of International Dispute Settlement, 1/2013, S. 29–46.

Pechstein, Matthias/Nowak, Carsten/Häde, Ulrich (Hrsg.), Frankfurter Kommentar zu EUV/GRC/AEUV, 1. Aufl., Tübingen, 2017.

Peeling, Gordon/Stothart, Paul/Toms, Bill/McIlveen, Neil, Increasing Demand for and Restricted Supply of Raw Materials, in: OECD (ed.), The Economic Impact of Export Restrictions on Raw Materials, Paris, 2010, S. 155–173.

Pieremartini, Roberta, The Role of Export Taxes in the Field of Primary Commodities, WTO Discussion Paper, 2004, abrufbar unter: <https://www.wto.org/englis h/res_e/booksp_e/discussion_papers4_e.pdf>, (letzter Abruf am 1.11.2022).

Pitschas, Christian, Internationaler Rohstoffhandel aus Sicht des WTO-Rechts, in: Ehlers, Dirk/Herrmann, Christoph/Wolffgang, Hans-Michael/Schröder, Jan Ulrich (Hrsg.), Rechtsfragen des internationalen Rohstoffhandels, Tagungsband zum 16. Außenwirtschaftsrechtstag 2011, Frankfurt am Main, 2012, S. 57–70.

Pogoretskyy, Vitaliy, The System of Energy Dual Pricing in Russia and Ukraine: The Consistency of the Energy Dual Pricing System with the WTO Agreement on Anti-dumping, in: Global Trade and Customs Journal, 10/2009, S. 313–323.

Pogoretskyy, Vitaliy, Energy Dual Pricing in International Trade: Subsidies and Anti-dumping Perspectives, in: Selivanova, Yulia (ed.), Regulation of Energy in International Trade Law: WTO, NAFTA and Energy Charter, Alphen aan den Rijn, 2011, S. 181–228.

Pothen, Frank/Goeschl, Timo/Löschel, Andreas, Strategic Trade Policy and Critical Raw Materials in Stainless Steel Production, commissioned by the KMR Stainless AG, Mannheim 2013, abrufbar unter: <https://ftp.zew.de/pub/zew-docs/gu tachten/StrategicTradePolicy_StainlessSteelProductionZEW2014.pdf>, (letzter Abruf am 1.11.2022).

Prusa Thomas, Anti-Dumping and Countervailing Duties, in: Mattoo, Aaditya/Rocha, Nadia/Ruta, Michele (eds.), Handbook of Deep Trade Agreements, Washington D.C., 2020, S. 320–342.

Prusa, Thomas J./Teh, Robert, Contingent Protection Rules in Regional Trade Agreements, in: Bagwell, Kyle W./Mavroidis, Petros C. (eds.), Preferential Trade Agreements, A Law and Economics Analysis, Cambridge, 2011, S. 60–100.

Puth, Sebastian/Stranz, Kathleen, § 11 Zölle und allgemeine Fragen des Marktzugangs, in: Hilf, Meinhard/Oeter, Stefan (Hrsg.), WTO-Recht: Rechtsordnung des Welthandels, 2. Aufl., Baden-Baden, 2010, S. 261–288.

Qin, Julia Y., WTO-Plus Obligations and Their Implications for the World Trade Organization Legal System, in: Journal of World Trade, 3/2003, S. 483–522.

Qin, Julia Y., Reforming WTO Discipline on Export Duties: Sovereignty over Natural Resources, Economic Development and Environmental Protection, in: Journal of World Trade, 5/2012, S. 1147–1190.

Qin, Julia Y., Market Benchmarks and Government Monopoly: The Case of Land and Natural Resources under Global Subsidies Regulation, in: University of Pennsylvania Journal of International Law, 3/2019, S. 575–642.

Rai, Sheela, Antidumping Measures and the Most-favoured Nation Treatment Requirement, in: Foreign Trade Review, 4/2017, S. 233–246.

Reinhold, Philipp/Van Vaerenbergh, Pieter, Significant Distortions Under Article 2 (6a) BADR: Three Years of Commission Practice, in: Global Trade and Customs Journal, 5/2021, S. 193–202.

Reubens, Edwin P., Commodity Trade, Export Taxes and Economic Development, in: Political Science Quarterly, 1/1956, S. 42–70.

Rey, Jean-Daniel, Antidumping Regional Regimes And The Multilateral Trading System – Do Regional Antidumping Regimes Make A Difference?, WTO Economic Research and Statistics Division, Staff Working Paper ERSD-2012-22, Geneva 2012.

Riffel, Christian, Mega-Regionals in: Peters, Anne (ed.), The Max Planck Encyclopedia of Public International Law, Online Edition, December 2016, abrufbar unter: <https://opil.ouplaw.com/view/10.1093/law:epil/9780199231690/law-9780 199231690-e2177>, (letzter Abruf am 1.11.2022).

Ritzek-Seidl, Simone, Verordnungsvorschlag der Kommission über den Binnenmarkt verzerrende drittstaatliche Subventionen, in: Heger, Alexander/Gourdet, Sascha (Hrsg.), Fairen Wettbewerb in der Europäischen Union sichern, Baden-Baden, 2022, S. 29–38.

Rivers, Richard R./Greenwald, John D., The Negotiation of a Code on Subsidies and Countervailing Measures: Bridging Fundamental Policy Differences Symposium on the Multilateral Trade Agreements I: Countervailing Duties, in: Law and Policy in International Business, 4/1979, S. 1447–1495.

Roessler, Frieder, The GATT and Access to Supplies, in: Journal of World Trade, 1/1975, S. 25–40.

Rovnov, Yury, The Relationship between the MFN Principle and Anti-Dumping Norms of the WTO Law Revisited, in: Journal of World Trade, 1/2015, S. 173–197.

Rowe, John W. F., Primary commodities in international trade, Cambridge 1965.

Rubini, Luca, The Definition of Subsidy and State Aid, WTO and EC Law in Comparative Perspective, Oxford 2009.

Rubini, Luca, The Age of Innocence: The evolution of the case-law of the WTO dispute settlement. Subsidies as case-study, in: Elsig, Manfred/Hoekman, Bernard/Pauwelyn, Joost (eds.), Assessing the World Trade Organization, Fit for purpose?, Cambridge, 2017, S. 276–318.

Rubini, Luca, Subsidies, in: Mattoo, Aaditya/Rocha, Nadia/Ruta, Michele (eds.), Handbook of Deep Trade Agreements, Washington D.C., 2020, S. 427–461.

Rydelski, Michael Sánchez, EG und WTO Antisubventionsrecht, Ein konzeptioneller Vergleich der EG-Antisubventions-Verordnung mit den Beihilfevorschriften des EG-Vertrages unter Berücksichtigung des Subventionsübereinkommens der WTO, Baden-Baden 2001.

Sacher, Vinzenz, Freihandelsabkommen und WTO-Recht – Der Peru-Agricultural Products Fall, in: Tietje, Christian/Kraft, Gerhard (Hrsg.), Beiträge zum Transnationalen Wirtschaftsrecht, Heft 139/2015.

Sacher, Vinzenz, Neuer Kurs im Umgang mit China? Die Reformvorschläge zum EU-Antidumpingrecht und ihre Vereinbarkeit mit dem WTO-Recht, in: Tietje, Christian/Kraft, Gerhard/Kumpan, Christoph (Hrsg.), Beiträge zum Transnationalen Wirtschaftsrecht, Heft 146/2017.

Schladebach, Marcus, Zur Renaissance des Rohstoffvölkerrechts, in: Lorenzmeier, Stefan/Folz, Hans-Peter (Hrsg.), Recht und Realität – Festschrift für Christoph Vedder, Baden-Baden, 2017, S. 593–612.

Schmalenbach, Kirsten, § 6 Assoziierung und Erweiterung, in: von Arnauld, Andreas/Bungenberg, Marc (Hrsg.), Enzyklopädie Europarecht, Band 12: Europäische Außenbeziehungen, 2. Aufl., Baden-Baden, 2022, S. 351–401.

Schmidt, Ingo/Haucap, Justus, Wettbewerbspolitik und Kartellrecht, Eine interdisziplinäre Einführung, 10. Aufl., München 2013.

Schoenbaum, Thomas J., Antidumping and Countervailing Duties and the GATT: An Evaluation and a Proposal for a Unified Remedy for Unfair International Trade, in: Delbrück, Jost/Hofmann, Rainer/Zimmermann, Andreas (eds.), German Yearbook of International Law 1987, Berlin, 1988, S. 177–204.

Schorkopf, Frank, Internationale Rohstoffverwaltung zwischen Lenkung und Markt, in: Archiv des Völkerrechts, 2/2008, S. 233–258.

Schön, Wolfgang, Der freie Warenverkehr, die Steuerhoheit der Mitgliedstaaten und der Systemgedanke im europäischen Steuerrecht – Teil I: Die Grundlagen und das Verbot der Zölle und zollgleichen Abgaben, in: Europarecht, 2/2001, S. 216–233.

Schön, Wolfgang, Der freie Warenverkehr, die Steuerhoheit der Mitgliedstaaten und der Systemgedanke im europäischen Steuerrecht – Teil II: Das Verbot diskriminierender und protektionistischer Abgaben und das Problem der Belastung „exotischer" Waren, in: Europarecht, 3/2001, S. 341–362.

Schrijver, Nico, Sovereignty Over Natural Resources, Balancing Rights and Duties, Cambridge 1997.

Schüler-Zhou, Yun/Felizeter, Bernhard/Ottsen, Ann Katrin, DERA Rohstoffinformationen 41: Einblicke in die chinesische Rohstoffwirtschaft, Berlin 2020.

Shadikhodjaev, Sherzod, The "Regionalism vs Multilateralism" Issue in International Trade Law: Revisiting the Peru–Agricultural Products Case, in: Chinese Journal of International Law, 1/2017, S. 109–123.

Shadikhodjaev, Sherzod, Industrial Policy and the World Trade Organization, Between Legal Constraints and Flexibilities, Cambridge 2018.

Shadikhodjaev, Sherzod, Non-Market Economies, Significant Market Distortions, and the 2017 EU Anti-Dumping Amendment, in: Journal of International Economic Law, 4/2018, S. 885–905.

Shadikhodjaev, Sherzod, Input Cost Adjustments and WTO Anti-Dumping Law: A Closer Look at the EU Practice, in: World Trade Review, 1/2019, S. 81–107.

Shaffer, Gregory/Winters, Alan L., FTA Law in WTO Dispute Settlement: Peru–Additional Duty and the Fragmentation of Trade Law, in: World Trade Review, 2/2017, S. 303–326.

Shi, Cheng, Rechtliche Rahmenbedingungen für die Entwicklung der Handelsbeziehungen zwischen China und der EU im Rohstoffsektor, Diss. Hamburg, LIT-Verlag Münster 2016.

Siedenbiedel, Christian/Plickert, Philip/Piller, Tobias, Ansturm auf die Industriemetalle, FAZ online, 10. März 2022, abrufbar unter: <https://www.faz.net/aktuell/finanzen/industriemetall-preise-steigen-durch-ukraine-krieg-und-teure-energie-17864568.html>, (letzter Abruf am 1.11.2022).

Sievers, Henrike, Kritische Rohstoffe – Langfristig betrachtet, in: Ehlers, Dirk/Herrmann, Christoph/Wolffgang, Hans-Michael/Schröder, Jan Ulrich (Hrsg.), Rechtsfragen des internationalen Rohstoffhandels, Tagungsband zum 16. Außenwirtschaftsrechtstag 2011, Frankfurt am Main, 2012, S. 195–211.

Snape, Richard H., International Regulation of Subsidies, in: The World Economy, 2/1991, S. 139–164.

Snyder, Francis, The Origins of the 'Nonmarket Economy': Ideas, Pluralism & Power in EC Anti-dumping Law about China, in: European Law Journal, 4/2001, S. 369–424.

Spencer, Barbara J., Countervailing Duty Laws and Subsidies to Imperfectly Competitive Industries, in: Baldwin, Robert E./Hamilton, Carl/Sapir, André (eds.), Issues in US-EC Trade Relations, Chicago/London, 1988, S. 313–334.

Staiger, Robert W., Non-tariff Measures and the WTO, WTO Economic Research and Statistics Division, Staff Working Paper ERSD-2012–01, Geneva 2012.

Stanbrook, Clive/Bentley, Philip, Dumping and Subsidies, Third Ed., London/The Hague/Boston 1996.

Steinberger, Helmut, GATT und regionale Wirtschaftszusammenschlüsse: eine Untersuchung der Rechtsgrundsätze des Allgemeinen Zoll- und Handelsabkommens vom 30. Oktober 1947 (GATT) über die Bildung regionaler Wirtschaftszusammenschlüsse, Köln 1963.

Stewart, Terence P./Markel, S.G./Kerwin, M.T., Antidumping, in: Stewart, Terence P. (ed.), The GATT Uruguay Round: A Negotiating History (1986–1992), Vol. II: Commentary, Deventer, 1993, S. 1309–1710.

Stiglitz, Joseph E., Dumping on Free Trade: The U. S. Import Trade Laws, in: Southern Economic Journal, 2/1997, S. 402–424.

Stoler, Andrew L., The Evolution of Subsidies Disciplines in GATT and the WTO, in: Journal of World Trade, 4/2010, S. 797–808.

Stucke, Maurice E., What is Competition? in: Zimmer, Daniel (ed.), The Goals of Competition, Cheltenham/Northampton, 2012, S. 27–52.

Summersberger, Walter/Bieber, Thomas, Exportbeschränkungen für COVID-19-Impfstoffe? Zugleich ein Beitrag zur dogmatischen Einordnung von Ausfuhrabgaben, in: Recht der Transportwirtschaft, 4/2021, S. 145–156.

Suse, Andrei, Old Wine in a New Bottle: The EU's Response to the Expiry of Section 15(a)(ii) of China's WTO Protocol of Accession, in: Journal of International Economic Law, 4/2017, S. 951–977.

Sykes, Alan O., Countervailing Duty Law: An Economic Perspective, in: Columbia Law Review, 2/1989, S. 199–263.

Sykes, Alan O., Subsidies and Countervailing Measures, in: Macrory, Patrick F.J./Appleton, Arthur E./Plummer, Michael G. (eds.), The World Trade Organization: Legal, Economic and Political Analysis, Vol. II, New York, 2005, S. 83–107.

Sykes, Alan O., The Questionable Case for Subsidies Regulation: A Comparative Perspective, in: Journal of Legal Analysis, 2/2010, S. 473–523.

Sykes, Alan O., The Limited Economic Case for Subsidies Regulation, E15 Initiative, International Centre for Trade and Sustainable Development (ICTSD) and World Economic Forum, Geneva 2015.

Terhechte, Jörg, Philipp, Strukturen und Probleme des Brexit-Abkommens, in: Neue Juristische Wochenzeitschrift, 7/2020, S. 425–430.

Terhechte, Jörg, Philipp, All's well that ends well? – Das EU/VK-Handels- und Kooperationsabkommen, in: Neue Juristische Wochenzeitschrift, 7/2021, S. 417–424.

Tietje, Christian, Normative Grundstrukturen der Behandlung nichttarifärer Handelshemmnisse in der WTO/GATT-Rechtsordnung, Eine Untersuchung unter besonderer Berücksichtigung des Countertrade, Berlin 1998.

Tietje, Christian, Welthandelsorganisation: WTO, 6. Aufl., München 2020.

Tietje, Christian, § 1 Begriff, Geschichte und Grundlagen des Internationalen Wirtschaftssystems und Wirtschaftsrechts, in: Tietje, Christian/Nowrot, Karsten (Hrsg.), Internationales Wirtschaftsrecht, 3. Aufl., Berlin/Boston, 2022, S. 1–67.

Tietje, Christian/Kluttig, Bernhard/Franke, Martina, Cost of Production Adjustments in Anti-dumping Proceedings: Challenging Raw Material Inputs Dual Pricing Systems in EU Anti-dumping Law and Practice, Journal of World Trade, 5/2011, S. 1071–1102.

Trapp, Patricia, The European Union's Trade Defence Modernisation Package – A Missed Opportunity at Reconciling Trade and Competition?, Cham 2022.

Trebilcock, Michael/Howse, Robert/Eliason, Antonia, The Regulation of International Trade, Fourth Ed., London 2013.

Van Bael & Bellis, EU Anti-Dumping and Other Trade Defence Instruments, Sixth Ed., Alphen aan den Rijn 2019.

Van Damme, Isabelle, Treaty Interpretation by the WTO Appellate Body, Oxford 2009.

Van Damme, Isabelle, On 'Good Faith Use of Dictionary in the Search of Ordinary Meaning under the WTO Dispute Settlement Understanding' – A Reply to Professor Chang-Fa Lo, in: Journal of International Dispute Settlement, 1/2011, S. 231–239.

Van den Bossche, Peter/Zdouc, Werner, The Law and Policy of the World Trade Organization, Text, Cases and Materials, Fifth Ed., Cambridge 2022.

Van der Loo, Guillaume, EU-Russia Trade Relations: It Takes WTO to Tango?, in: Legal Issues of Economic Integration, 1/2013, S. 7–32.

Van der Loo, Guillaume, The EU-Ukraine Association Agreement and Deep and Comprehensive Free Trade Area, A New Legal Instrument for EU Integration without Membership, Leiden/Boston 2016.

Van Vaerenbergh, Pieter, EU Trade Defence Policy Against Unfair Trade From Chinese SOEs: Unilateral or Multilateral Approaches?, Geneva Jean Monnet Working Papers 01/2019.

Vermulst, Edwin/Sud, Juhi, Treatment of China in EU Anti-dumping Investigations Post-December 2017: Plus ça change, plus c'est la même chose, in: Nedumpara, James J./Zhou, Weihuan (eds.), Non-market Economies in the Global Trading System, The Special Case of China, Singapore, 2018, S. 235–255.

Vermulst, Edwin/Sud, Juhi, The New Rules Adopted by the European Union to Address "Significant Distortions" in the Anti-Dumping Context, in: Bungenberg, Marc/Hahn, Michael, Herrmann, Christoph/Müller-Ibold, Till (eds.), The Future of Trade Defence Instruments, Global Policy Trends and Legal Challenges, European Yearbook of International Economic Law 2018, Cham, 2018, S. 63–87.

Vermulst, Edwin/Sud, Juhi, The EU's Anti-Subsidy Practice During the Last Decade, Increasingly Aggressive Application, in: Hahn, Michael/Van der Loo, Guillaume (eds.), Law and Practice of the Common Commercial Policy, The first 10 years after the Treaty of Lisbon, Leiden/Boston, 2020, S. 307–334.

Viner, Jacob, Dumping: A Problem in International Trade, Chicago 1923.

Viner, Jacob, National Monopolies of Raw Materials, in: Foreign Affairs, 4/1926, S. 585–600.

Viner, Jacob, The Customs Union Issue, New York 1950.

Vitzthum, Wolfgang Graf, Begriff, Geschichte und Rechtsquellen des Völkerrechts, in: Vitzthum, Wolfgang Graf/Proelß, Alexander (Hrsg.), Völkerrecht, 8. Aufl., Berlin/Boston 2019, S. 1–71.

von Trott, Friedrich Wilhelm, Die Strategie der Europäischen Union zur Sicherung des Zugangs zu Rohstoffen, in: Ehlers, Dirk/Herrmann, Christoph/Wolffgang, Hans-Michael/Schröder, Jan Ulrich (Hrsg.), Rechtsfragen des internationalen Rohstoffhandels, Tagungsband zum 16. Außenwirtschaftsrechtstag 2011, Frankfurt am Main, 2012, S. 185–192.

Walker, Herman, The International Law of Commodity Agreements, in: Law and Contemporary Problems, 2/1963, S. 392–415.

Weck, Thomas/Reinhold, Philipp, Europäische Beihilfenpolitik und völkerrechtliche Verträge, in: Europäische Zeitschrift für Wirtschaftsrecht, 10/2015, S. 376–381.

Weiß, Wolfgang, Umsetzung und Durchsetzung der EU-Handelspolitik: Neue Entwicklungen der „Open Strategic Autonomy", in: Europäische Zeitschrift für Wirtschaftsrecht, 18/2020, S. 787–793.

Weiß, Wolfgang/Furculita, Cornelia, The EU in Search for Stronger Enforcement Rules: Assessing the Proposed Amendments to Trade Enforcement Regulation 654/2014, in: Journal of International Economic Law, 4/2020, S. 865–884.

Weiß, Wolfgang/Ohler, Christoph/Bungenberg, Marc, Welthandelsrecht, 3. Aufl., München 2022.

Wenzel, Udo, Das Recht der internationalen Rohstoffabkommen, Göttingen 1961.

Wolfrum, Rüdiger/Stoll, Peter-Tobias/Kaiser, Karen (eds.), Max Planck Commentaries on World Trade Law, Band 2: WTO – Institutions and Dispute Settlement, Leiden/Boston, 2006.

Wolfrum, Rüdiger/Stoll, Peter-Tobias/Koebele, Michael, (eds.), Max Planck Commentaries on World Trade Law, Band 4: WTO – Trade Remedies, Leiden/Boston, 2008.

Wolfrum, Rüdiger/Stoll, Peter-Tobias/Hestermeyer, Holger (eds.), Max Planck Commentaries on World Trade Law, Band 5: WTO – Trade in Goods, Leiden/Boston, 2011.

WTO, World Trade Report 2006, Exploring the links between subsidies, trade and the WTO, Geneva 2006.

WTO, World Trade Report 2010, Trade in natural resources, Geneva 2010.

WTO, World Trade Report 2011, The WTO and preferential trade agreements: From co-existence to coherence, Geneva 2011.

WTO, World Trade Report 2012, Trade and public policies: A closer look at non-tariff measures in the 21st century, Geneva 2012.

Wu, Chien-Huei, Law and Politics on Export Restrictions – WTO and beyond, Cambridge 2021.

Wu, Mark, China's Export Restrictions and the Limits of WTO Law, in: World Trade Review, 4/2017, S. 673–691.

Wüstenberg, Moritz, Anti-dumping Off the Rails: The European Union's Practice to Alleged Input Dumping, in: Global Trade and Customs Journal, 9/2019, S. 407–416.

Yavnych, Ivan, EU-Ukraine Arbitration on the Export of Wood: Will Protectionism Prevail?, Kluwer Arbitration Blog, 23 April 2020, http://arbitrationblog.kluwerar bitration.com/2020/04/23/eu-ukraine-arbitration-on-the-export-of-wood-will-prot ectionism-prevail/, (letzter Abruf am 1.11.2022).

Yearwood, Ronnie R. F., The interaction between World Trade Organization (WTO) Law and External International Law, The constrained openness of WTO law (a prologue to a theory), London/New York 2012.

Zanardi, Maurizio, Antidumping: A Problem in International Trade, CentER Discussion Paper No. 2005–85, Tilburg 2005.

Zang, Michelle Q., When the Multilateral Meets the Regionals: Regional Trade Agreements at WTO Dispute Settlement, in: World Trade Review, 1/2019, S. 33–61.

Zeisberg, Marie-Christine, Ein Rohstoffvölkerrecht für das 21. Jahrhundert, Baden-Baden 2021.

Zhang, Weiwei, Tracing GATT-Minus Provisions on Export Restrictions in Regional Trade Agreements, in: Global Trade and Customs Journal, 3/2016, S. 122–133.

Zhou, Weihuan, The Issue of 'Particular Market Situation' Under WTO Anti-dumping Law, in: Nedumpara, James J./Zhou, Weihuan (eds.), Non-market Economies in the Global Trading System, The Special Case of China, Singapore, 2018, S. 185–200.

Zhou, Weihuan/Percival, Andrew, Debunking the Myth of 'Particular Market Situation' In WTO Antidumping Law, in: Journal of International Economic Law, 4/2016, S. 863–892.